그리스도인과 교회를 위한

실천신학

임영효 著

도서
출판 영문

Practical Theology
For Christians and The Lord's Church

by

Rev. Young Hyo Im, D. Miss., Ph. D.

2008
Young Moon Publishing Co.,
Seoul, Korea

머 리 말

　본서에 포함되어진 내용들은 지금까지 "고신신학" 및 "개혁주의 교회성장" 학회지를 위시하여 여러 논문집들에 수록된 본인의 글들 가운데 실천신학의 영역에 관련된 것들을 선별하여 정리해 놓은 것이다. 이렇게 한 권의 책으로 편집하게 된 것은 일차적으로 저자가 사역하고 있는 대학에서 실천신학개론 수업시간에 참여하는 신학도들에게 필요한 자료를 제공해 주고자하는 것이며, 한 걸음 더 나아가, 오늘 이 시대에 주님의 교회를 섬기며 사역하는 목회자들과 교회 봉사자들에게 조금이나마 도움을 주고자 하는 목적으로 되어진 것이다.
　실천신학은 언제나 본문(text)과 현장(context)을 항상 염두에 두고 이루어져야 하는 신학의 한 분과로서 교회를 섬기고 부름받은 주의 백성들을 세워나가는데 그 존재 목적이 있다. 이 일을 위해서는 그리스도인의 삶과 교회사역의 기준이 되고 근거가 되는 하나님의 말씀에 깊이 뿌리를 내릴 수 있어야 하며, 동시에 이 시대의 그리스도인들이 살아가는 삶과 사역의 현장에 대한 올바른 이해를 가져야 하는 이중적인 작업이 필요한 것이다. 또한 실천신학은 공허한 사변적이고 이론적인 것으로 끝나서는 아니 되며, 사역의 현장에 사용되어질 수 있는 적용이 가능할 수 있는 것들을 제시할 수 있어야만 한다.

아무리 이론신학이 바로 되어 있어도 그것을 현장(context)에 바르게 적용하지 못한다면 그 이론은 무의미한, 이론을 위한 이론이 될 수밖에 없을 것이다. 사실 모든 신학이 살아있는 올바른 신학이 되기 위해서는 실천신학적인 관점에서 성경신학, 조직신학, 역사신학을 연구할 수 있어야만 할 것이다. 이런 의미에서 실천신학의 연구는 참으로 중요하며 신학의 결론에 해당되는 신학의 응용분과로서 그 필요성은 더욱 크다고 하지 아니할 수 없다. 아무쪼록 본서가 실천신학의 분야를 연구하고자 하는 신학도들과 교회 사역자들과 그리스도인들에게 조금이나마 유익이 되고 도움이 되어질 수 있기를 기도하는 바이다.

2008년 9월
고신대학교 연구실에서
임 영 효

목 차

머리말 / 3

제 1 장 실천신학 서론 / 13
(An Introduction of Practical Theology)

1. 실천신학의 정의 ···13
2. 실천신학의 명칭 ···15
3. 다른 학문과의 관계 ···17
4. 실천신학의 중요성 ··18
5. 실천신학의 연구방법 ···21
6. 실천신학의 연구영역 ···32

제 2 장 기독교대학과 영적성장 / 37
(Christian University and Spiritual Growth)

1. 서 론 ··39
2. 영적 성장의 중요성 ··40
3. 영적 성장의 필요성 ··42
4. 영적 성장의 주요 요소들 ·····································49

5. 영적 성장의 결과 및 목표 ···83
6. 결 론 ···85

제 3 장 예배의 원리 / 91
(The Principles of Worship)

1. 서론 ··93
2. 참된 예배의 중요성 ··95
3. 참된 예배의 의미와 예배의 우선성 ···································98
4. 참된 예배의 범위 ··103
5. 그리스도인이 예배해야하는 이유 ····································108
6. 참된 예배의 조건과 목적 ··110
7. 참된 예배의 3가지 차원 ··114
8. 참된 예배가 가져다주는 축복 ··116
9. 결론 ··119

제 4 장 영성개발과 교회성장 / 123
(Spirituality Development and Church Growth)

1. 서론 ··125
2. 영성개발과 교회성장의 의미 ··127
3. 영성개발과 교회성장을 위한 하나님의 계획 ·················129
4. 영성개발과 교회성장의 직접적인 목표 ··························149
5. 영성개발과 교회성장의 계획에 따라 사역하는 자에게
   주어진 약속 ···161
6. 결론 ··163

제 5 장 효과적인 기독교 교육의 원리 / 171
(Principle of Effective Christian Education)

1. 서론 ···173
2. 교육자의 교육의 내용 ··175
3. 교육자의 전달 방법 ··182
4. 교육자의 행위 ··187
5. 기독교 교육의 최종 목적 ··190
6. 결론 ···193

제 6 장 성육신적 전도방법 / 197
(A Method of Incarnational Evangelism)

1. 서론 ···199
2. 성육신적 전도방법 ··202
   (1) 보여주는 전도 / 202
   (2) 낮아지는 전도 / 208
   (3) 삶을 함께하는 전도 / 213
   (4) 삶의 필요를 채워주는 전도 / 217
   (5) 은혜가 먼저 전달되고 진리가 증거되는 전도 / 222
3. 결론 ···232

제 7 장 크리스천 리더십의 원리 / 239
(The Principles of Christian Leadership)

1. 서론 ···241
2. 크리스천 리더십의 특징 ··243
3. 크리스천 리더십의 목표 ··257

4. 결론 ···266

제8장 영적 지도력과 사역개발 / 271
(Spiritual Leadership and Ministry Development)

1. 서론 ···273
2. 영적 지도력의 의미 ···274
3. 영적 지도자의 사역성격 ···283
4. 영적 지도자의 사역목표 ···288
5. 영적 지도자의 사역방법 ···289
6. 결론 ···310

제9장 부흥의 원리 / 315
(The Principles of Revival)

1. 서론 ···317
2. 부흥의 정의 ···319
3. 부흥의 원형으로서의 오순절 ···320
4. 부흥의 단회성과 반복성에 관한 견해들 ···································322
5. 부흥에 있어서의 하나님의 주권과 인간의 책임 ·····················326
6. 부흥에 있어서의 기도의 위치 ···328
7. 부흥의 목적 ···329
8. 부흥의 특징 ···331
9. 부흥의 결과 ···333
10. 부흥을 위해 그리스도인과 교회가 준비해야 될 것 ···············337
11. 결론 ···339

제 10장 효과적인 사역의 모델로서의 팀 사역 / 345
(Team Work as A Model of Effective Ministry)

1. 서론 ··347
2. 팀 사역의 정의 ··349
3. 팀 사역의 필요성 ··349
4. 팀 사역의 이점 ··353
5. 성공적인 팀 사역의 실례 ····································354
6. 팀 사역의 기본자세 ··361
7. 팀 사역의 목적 ··364
8. 효과적인 팀을 구성하는 방법 ····························368
9. 팀 사역의 구체적 적용 ··379
10. 결론 ··380

제 11장 형제사랑과 이웃사랑의 장(場)으로서의 직업생활 / 385
(Occupation Life as A Field of Brotherly Love and Neighborly Love)

1. 서론 ··387
2. 노동과 직업의 성경적 근거 ································389
3. 예수 그리스도를 섬기는 봉사와 예배의 장(場)으로서의
   직업생활 ··391
4. 살전 4:912이 보여주는 그리스도인의 직업생활의 자세 ········395
5. 살전 4:912이 보여주는 그리스도인의 직업생활의 목적 ········407
6. 결론 ··410

1장

실천신학 서론

An Introduction of Practical Theology

제 1 장
실천신학 서론
(An Introduction of Practical Theology)

1. 실천신학의 정의(Definition of Practical Theology)

실천신학이란 하나님의 백성들과 교회로 하여금 하나님의 말씀과 하나님의 부르심에 대한 효율적 순종과 섬김으로 이어지게 하는 학문으로서, 예수 그리스도의 몸된 교회가 세상에서 교회로서의 기능(function)과 사명(Task)을 올바르게 수행해 나가게 하는 적용(application)과 봉사(service)의 신학이다.

뮬러(A.D. Muller)는 "실천신학은 교회 안에서, 그리고 교회를 통하여 하나님의 나라를 세상에 본격적으로 실현시키는 일에 관한 신학"이라고 정의했다.[1] 이와 같이, 실천신학은 그 성격상 교회적인 신학이라는 본질적인 특징을 가지고 있다. 왜냐하면 실천신학은 교회의 기능과 사명을 다루는 학문이기 때문이다. 그리해서 하나님의 설계에 부합되는 성경적이고 건강한 교회 상을 이루어 나가게 하고 세상을 향한 교회의 책임과 사명을 일깨워주며 그것을 이루어

---

1) 정성구, 칼빈주의와 실천신학, 한빛기획, 2005, p. 294.

나가는 구체적인 방법들을 연구하고 제시해야 하는 것이 실천신학이다.

☆ 신학의 4분과 ☆

1) **주경신학**(Exegetical theology)은 성경의 개별적 본문을 연구하는 것으로서 원래의 문법적, 역사적, 문학적 배경을 발견함으로써 각 구절의 의미를 파악하는 것이다.

2) **조직신학**(Systematic theology)은 성경 본문 속에 나타나고 있는 개개의 가르침(교훈)을 광범위한 신학적 원리와 상호 연관시키는 것이다.

3) **역사신학**(Historical theology)은 교회 역사를 통하여 하나님의 섭리를 발견하고 오늘 이 시대를 향한 영적교훈을 받고자 하는 신학의 한 분과이다.

4) **실천신학**(Practical theology)은 주경신학과 조직신학, 역사신학을 통하여 발견된 성경적 진리들을 통합하여 오늘날의 구체적인 상황에 적용하는 것이며, 교회와 삶의 현장에서 일어나는 다양한 사건들과 제기되는 제반 문제들을 신학적으로 분석하고 하나님의 말씀으로 조명하여 올바른 처방으로 재적용하는 것이다.

이상의 신학의 4분과 가운데 실천신학은 적용(application)과 봉사(service)를 위한 신학으로서 신학 연구의 마지막 결론에 해당되는 분과이다. 사실 나머지 모든 신학분야들은 실천신학을 위하여 존재한다고 볼 수 있으며, 다른 신학은 실천신학의 객관성을 보증

하는 전제가 된다고 할 수 있다. 이런 의미에서 실천신학은 신학의 Climax(최고절정)이라고 말할 수 있으며, 신학의 면류관(crown of theology)이라고 말을 할 수 있다.

Translation / Exegesis ◄──► Practice / Application
번역 / 석의   실천 / 적용
본문(Text)   상황(Context)

2. 실천신학의 명칭(Name of Practical Theology)

이 실천신학이란 용어가 처음으로 등장하게 된 것은 Philipp Marheinecke(필립 말하이네케: 1780-1846)가 1837년에 "실천신학개요"라는 책을 출판하게 되면서였다. 그러나 실제로 실천신학을 신학의 중요한 위치에 올려놓은 신학자는 독일의 자유주의 개신교 신학자 F. Schleiermacher(슐라이엘마허:1768-1834)였는데, 그는 실천신학은 나무의 성장과정과 같다고 비유하면서 말하기를 "마치 나무가 그 뿌리와 줄기가 모든 수액을 다 빨아 올리므로 말미암아 풍성한 나무가 되는 것처럼 실천신학이야말로 신학의 모든 힘을 다 끌어 올린 면류관이라 할 수 있다"고 설명하였다.[2]
실천신학의 명칭과 그 성격에 대하여 G. Krause(크라우제)는 실천신학을 "교회의 행동학"이라고 말을 하였고, Yorick Spiegel(슈피겔)은 "경험적 신학"(Empirische theologie), 화란의 신학자 A.

---

[2] 정성구, *실천신학개론*, 총신대학출판부, 1980, p. 19.

Kuyper(카이퍼:1837-1920)는 실천신학을 "봉사신학"으로 호칭하면서, 신학전체에 관련된 "종합적 학문"으로 보았다.[3] 미국의 W. G. T. Shedd(쉐드)는 일종의 "응용신학"으로 보았으며,[4] A. A. Hodge(하지:1823-1886)는 실천신학을 "성경계시에 나타난 대로 기독교인을 인도하는 원리와 법칙"으로 보았다.[5] Rudolf Bohren(루돌프 보렌)은 실천신학을 "하나님의 선교(Missio Dei)에 대한 교회의 참여를 다루는 학문이다. 그리고 그것은 현재의 교회를 다루는 학문이다"라고 정의하고 있다.[6]

종교개혁자 Calvin(칼빈)은 '실천신학'이라는 용어를 직접 사용하지는 않았으나 그 시대의 일반 그리스도인들의 신앙생활을 돕기 위한 실천적 목적 때문에 그 유명한 "기독교강요"를 저술하였는데, 그는 "기독교 강요" 제 4권에서 교회에 관해 구체적이며 실제적으로 다루고 있는 것을 볼 수 있다. 또한 칼빈의 신구약 주석은 그의 목회사역과 특별히 설교사역의 결과로 나타나진 실천신학의 구체적인 열매라고 볼 수 있다. 이와 같이, 칼빈의 사역은 언제나 실천적인 목적을 염두에 두고 수행되어진 것으로 칼빈이야말로 진정한 실천신학자의 모델이었다고 말을 할 수 있을 것이다. 이와 같이, 실천신학은 교회의 실제적 활동을 전반적으로 취급하는 신학의 한 분야인 것이다.

---

3) 정성구, op. cit., pp. 22, 24, 25.
4) W.G.T. Shedd, *Homiletics and Pastoral Theology*, (New York: Charles Scribner's Sons, 1867), pp. 319-320.
5) 한국개혁주의신행협회, *신학사전*, 1981, p. 417.
6) Rudolf Bohren, *신학총론*, 한국신학연구소 역, 1975, p. 7.

3. 다른 학문과의 관계
   (Relationship to Other Theological Disciplines)

실천신학과 타 신학분과와의 관계는 서로 독립적인 것이 아니라 상호의존적인 관계를 가진다. 그래서 독일의 Marburg대학의 실천신학 교수였던 F. Niebergall(니버갈:1866-1932)은 실천신학을 신학의 합성학문(合成學問)으로 보았고,[7] 빌렘 단틴(W. Dantine)은 "실천신학은 조직신학을 포함한 기타의 모든 분야를 집결시킨 결정체이다. 언제나 개체로서가 아니 전체로 보아야 한다. 그러면서도 제 나름대로의 특수성을 잃지 말아야 한다"고 적절히 언급하였던 것이다.[8] 이와 같이, 실천신학은 다른 신학분과들 위에 굳게 세워지며, 또한 실천신학이 없다면 다른 신학은 사실 불완전한 절름발이의 상태에 머물 수밖에 없다. 다시 말하면 실천신학이 없다면 신학 본래의 사명을 감당할 수가 없게 된다는 뜻이다. 왜냐하면 모든 신학이 실천적 적용을 갖지 못할 때 무의미한 것이 되고 말 것이기 때문이다.

아무리 이론신학이 바로 되어 있어도 그것을 context(현장)에 바르게 적용하지 못한다면 그 이론은 무의미한, 이론을 위한 이론이 될 수밖에 없다. 이론의 올바른 적용과 특정 상황(Particular context)에서 일어나는 여러 가지 문제들과 그 상황에서 체험하게 되는 다양한 경험들을 신학적으로 분석하고, 성경으로 조명하여 비판 및 수정 작업을 통하여 다시금 그 특정 상황에 재적용하는 작업이 바로 실천신학이 해야 될 과제요, 사명이다.

---
7) 정성구, *실천신학개론*, 총신대학출판부, 1980, p. 16.
8) Ibid., p. 23.

따라서 실천신학을 올바르게 연구하려고 하면 Text(본문)와 Context(현장) 둘 다를 정확하게 볼 수 있어야 하며, Text의 의미를 Context에 적절히 적용할 줄 아는 능력이 있어야 하며, Context의 다양한 사건과 겪는 다양한 실제적인 경험들을 Text의 관점에서 바르게 분석, 평가하여 재해석 및 재적용 할 수 있는 능력이 있어야 한다. 특히, 실천신학은 성경해석자가 그 자신의 "배경(Background) 또는 상황(Context)를 이해할 수 있도록 해준다. 그리해서 실천신학은 석의(Exegesis)에서 얻어진 성경의 진리를 가지고 실천사역 쪽으로 옮겨가게 한다. 화란의 개혁주의 실천신학자로 알려진 J. Firet(피레트)가 "실천을 위한 최선의 조력자는 바로 좋은 이론이다"라고 지적한 그대로 성경에서 추출되어진 원리적이고 기본적인 이론을 바로 이해하는 것이 중요하다는 것이다.[9]

한 걸음 더 나아가, 모든 신학이 살아있는 올바른 신학이 되기 위해서는 실천신학적인 관점에서 성경신학, 조직신학, 역사신학을 연구할 수 있어야 한다. 다시 말하면 오늘날의 현재의 삶 속에 구체적으로 적용이 될 수 있는 그런 신학 연구가 되어야 그 신학 연구가 열매가 있는, 의미있는 연구가 되어지는 것이다.

4. 실천신학의 중요성(Importance of Practical Theology)

오늘날 한국교회에는 아직까지 실천신학의 정립이 안 되어 있기 때문에 방법론에서부터 적용에 이르기까지 말씀의 기본원리와는

---

9) Ibid., p. 79.

거리가 먼, 원리는 원리대로, 적용은 적용대로 따로 따로 움직이고 있는 그런 실정이다. 이와 같이, 사상적으로는 개혁주의 신학의 입장을 취한다고 하면서도 실천신학의 문제에 있어서는 너무도 주관적이고 비성경적인 방법일지라도 쉽게 포용해 버리는 이런 현상은 실천신학에 대한 올바른 이해를 하지 못한 무지에서 나온 잘못된 것이 아닐 수 없다. 이것은 프락시스(praxis)[10] 자체의 효용성에 집착하거나 여기에 사로잡힌 결과로 일어나는 현상인 것이다.

실천신학이 학문적으로 발전해나가기 위해서는 교회의 사역자들과 구성원들의 사역 현장에서 직면하는 다양한 문제들과 경험들을 살펴보는 것이 중요하다. 그러나 사역의 현장에서 일어나는 프락시스(praxis) 자체는 실천신학의 연구대상이 되어지지마는 그 프락시스 자체가 실천신학이 되어지는 것이 아니다.

따라서 모든 프락시스는 신학과 신앙의 근거가 되고 척도가 되어지는 성경진리에 기초하여 예외 없이 평가되어져야 하고 성경적인 관점에서 수정 보완되어지므로 체계화되어질 때 비로소 수용 가능한 것이 되어지고, 학문적으로 정립하는 것이 되어진다. 그러므로 실천신학은 성경진리의 텍스트(Text)와 사역의 현장인 교회와 세상이라는 컨텍스트(Context)를 동시에 바라보고 다루는 포괄적인 학문으로서 교회와 그 구성원들이 나아가야 할 방향과 사용해야 할 구체적인 내용을 제시해 주어야 하는 중차대한 역할을 수행해 나가야 하는 적용의 신학이라고 할 수 있을 것이다.

---

10) praxis(프락시스)라는 단어는 "실천" 혹은 "실천적 경험"으로 번역되고 있는데 본래 "행동"을 의미하는 단어이다. Sinclair B. Ferguson, David F. Wright, and J. I. Packer, *New Dictionary of Theology*, (Downers Grove, Ill.: InterVarsity Press, 1988), p. 527.

이러한 실천신학의 중요성에 반하여 일반 신학계에서 실천신학을 가볍게 취급하는 경향이 있어온 것은 사실이다. 이런 경향에 대하여 정성구 교수는 "신학이 복음선포와 선교적 사명을 감당해야 함에도 불구하고 역사적으로 볼 때 신학에 지나치게 합리적 또는 스콜라스틱(Scholastic)해서 신학이론이 목양의 현장이나 선교의 현장과는 전혀 다른 걸음을 걸었던 것이다. 바로 이런 경향이 상대적으로 실천신학을 가볍게 보는 풍조가 생겼고 구라파에서는 일반 대학의 신학부에는 실천신학을 생략해 버리는 학교가 있을 정도였다"고 언급하면서 신학은 처음부터 신앙생활과 목회에 도움을 주기 위한 학문이었는데 그렇지 못했음을 지적하고 있다.[11]

신학자체의 실천적 성격에 관하여 화란의 실천신학자이며 개혁주의 설교자인 훅스트라(T. Hoekstra)는 "철학은 사색적이고 이론적이지만 신학은 순수하게 실천적이다"라고 말한바 있다.[12] 독일의 종교개혁자 마르틴 루터(Martin Luther) 역시 "진정한 신학은 실천적이어야 한다. 순전히 이론적인 신학은 지옥에 있는 마귀에 속한 것이다"라고 말하면서 "신학은 사용되고 실천되는데 그 존재 의미가 있는 것이지 사색과 묵상의 대상이 되는 것에 그 존재 의미가 있는 것이 아니다"라고 언급한바 있다.[13] 그러므로 실천신학은 신학의 변두리 학문이 아니라 신학의 목표이며 교회를 세우는 신학이라고 말을 해야 할 것이다.

실천신학은 1960년대 전만 하더라도 별로 관심과 주목을 받지

---

11) 정성구, 칼빈주의와 실천신학, 한빛기획, 2005, p. 301.
12) Ibid.
13) Duncan B. Forrester, "Practical Theology Yesterday, Today, and Tomorrow" (실천신학의 어제와 오늘 그리고 내일), 신학이해, 제 15 집, 1997, 호남신학대학, p. 410.

못했으나, 교회의 발전과 사명이 새로 인식됨으로 최근에 많은 책들과 논문들이 쏟아져 나왔으며, 오늘날에 와서 활발한 연구 분위기가 조성 되어져 가고 있다. 앞서 설명한대로 실천신학은 Context에의 적용을 중시하기 때문에 실천적 경험(praxis)이 기초가 되는 사회과학 분야의 학문들(문화사, 문화인류학, 경제학, 종교역사, 교육학, 심리학, 사회학, 환경학 등)도 상당한 관련을 가지게 된다. 따라서 실천신학은 신학의 다른 어느 분과보다도 가장 넓은 범위의 연구영역을 가지고 있는 가장 어렵고 동시에 가장 방대한 신학분야라고 말을 할 수 있을 것이다. 결론적으로, 실천신학은 "그러므로의 신학"(롬12:1)이라고 할 수 있을 것이다.

5. 실천신학의 연구방법
(Method of Study for Practical Theology)

실천신학의 주요 연구대상이 사역의 현장에서 일어나는 프락시스라고 할 때, 이를 분석하고 평가하며 바른 방향을 제시하기 위해서는 신학방법론이 중요해지며 이 방법론에 따라 사역의 방향과 내용이 달라지게 되어진다.

오늘날 한국교회가 처해 있는 상황은 개혁주의 실천신학의 무지와 정립 부족으로 말미암아 신학적인 평가나 정리 없이 교회성장을 이유로 무비판적으로 받아들이고 있는 혼란스러운 현실이다. 정성구 교수는 "오늘날 한국 교회의 목양의 현장은 신학교에서 배운 이론 신학이 무색해지고 오직 교회 성장을 위해서는 수단과 방법을 가리지 않고 그것이 인본주의적이 됐던 프로이드적인 방법이 되었던 마케팅이론이 되었던 시장 원리를 교회에 도입해서 써먹는 실정이다"라고 말하고 있다.[14] 이런 형편을 고려할 때 실천신학의 방법론의 올바른 정립이 급선무라고 하지 아니할 수 없다.

(1) 슐라이엘마허(F. Schleiermacher)의 방법론

19세기 자유주의 신학자의 대부(代父)이면서 실천신학의 학문적인 디딤돌을 놓았던 슐라이엘마허(1768-1834)의 방법론은 그리스도인 개개인의 종교적 경험을 학문의 내용으로 삼고 있다. 이것은 감정의 신학자로서 가질 수밖에 없는 방법론이었음을 알 수 있다. 그는 성경본문이나 교의가 아닌 인간의 종교적 경험 혹은 그리스도인의 자기의식, 그리고 현실상황을 신학의 기본 자료로 삼았다. 그의 성경관은 개혁주의 성경관과는 근본적으로 차이가 있는데, 그는 성경이 하나님께로부터 말미암는 특별계시로 보기 보다는 인간의 종교적 경험에 의한 기록으로 보기 때문에 기독교 신앙의 유일한 기초가 되지 않는다.

따라서 그의 방법은 감정과 경험에 근거하는 주관주의적인 방법으로 결국 신비주의적인 경향으로 기울어지게 되었고, 모든 자유주의 신학사상이 자리잡게 되는 출발점이 되어진 것이다. "실제로 오늘날 오순절 신학이나 신비주의적인 신학운동은 슐라이엘마허의 신학적인 입장인 개인의 종교 경험에 기초한 것임은 두말할 필요가 없다."[15]

---

14) 정성구, 『칼빈주의와 실천신학』, 한빛기획, 2005, p. 308.
15) Ibid., p. 310.

(2) 루돌프 보렌(Rudolf Bohren)의 방법론

보렌(1920-)은 독일 베른과 바젤에서 신학을 연구하고, 1946년부터 1958년까지 베른, 홀데르방크, 알레스하임 등에서 목회를 하였으며, 1958년 이후 독일 부페탈 신학교에서 실천신학 교수로 사역하였는데, 그가 편집한 "신학총론"의 실천신학 부분에서 다음과 같은 몇 가지 방법들을 소개하고 있다.[16]

1) 실천신학이 다른 신학 분야와 따로 독립되어 있을 수가 없기 때문에 먼저 다른 분야에 관한 기본적인 연구가 있어야 한다.
2) 실천신학은 현실 교회의 개혁을 중요시 하므로 이것을 연구하는 사람은 교회의 타성에서 초연할 수 있어야 한다.
3) 어느 분야를 막론하고 본질적으로 연구를 진행하려면 자유롭게 의문을 제기하고, 자유롭게 연구하는 자세를 지녀야 한다.
4) 교회를 아는 것이 바로 신학의 본질이므로 신학도는 먼저 교회에 대한 질문을 늘 던져야 한다.
5) 교회생활을 직접 체험하면서 문제들을 발견하여 관찰하는 것이 좋다.
6) 교부들의 글이나 기타 신학서 등을 충분히 참조할 것.
7) 자기 주변의 세계와 그 시대의 현상들을 신학적으로 잘 고찰할 필요가 있다.
8) 현지 실습이 특히 중요하다. 자기 주변의 사람들이 바로 복음을 전달받아야 할 사람들이기 때문이다. 문제를 파고들어 연구하기 위해서는 어찌 문제를 안고 있는 사람들에게 관심과 열의를 가지고 파고들지 않을 수 있겠는가!

---

[16] Rudolf Bohren, 신학총론, 김정준 외역, 한국신학연구소, 1975, pp. 18-19.

(3) 투루나이젠(Thurneysen)의 방법론

투루나이젠(1888-1974)은 "변증법신학의 아버지" "신학개혁의 아버지" "고전목회학의 아버지"라고 불리워지고 있다. 그는 1927년 스위스 바젤대학의 실천신학 교수로서 40년간 봉직하면서 같은 학교의 조직신학 교수였던 칼 발트(Karl Barth)와 신학적 입장을 같이 하였던 신학자였고, 목회자인 동시에 설교자였다. 그의 저서 "목회학 원론"에서 목회의 전반적인 기능은 인간을 돌보아 주는 것이라고 설명하면서 그 구체적인 도구를 "대화"라고 언급하고 있다.[17] 그는 실천신학은 복음의 선포에 강조를 두어야 한다고 말하면서 보조학문들로서 심리학과 정신치료법을 사용할 수 있다는 입장을 보여주고 있으며, 동시에 이런 인접학문이 잘못 사용될 위험성을 지적하였다. 따라서 그의 방법론은 인접학문의 보조적인 사용을 통한 실천신학의 연구를 시도한 것이었다.

(4) 힐트너(Hiltner)의 방법

힐트너는 미국의 실천신학자로서 시카고 대학 신학부, 예일대학 신학부, 유니온 신학교 등에서 가르쳤고, 1961년 이후에는 프리스톤 대학 신학부의 실천신학 교수로서 목회심리학을 연구하고 가르쳤다. 그는 임상목회 교육의 선구자인 안톤 보이슨(Anton T. Boisen)의 영향을 받아 살아있는 인간자료(living human documents)들을 중요한 실천신학의 연구대상으로 삼았고, 이것을 자신의 방법론의 전제

---

17) 정성구, 칼빈주의와 실천신학, 한빛기획, 2005, p. 310.

로 삼았다. 따라서 그의 방법론은 로저스 학파(Carl R. Rogers' School)의 비지시적 요법(Non-directive theraphy)과 프로이드(Freud)의 정신분석과학, 정신의학, 임상심리학과 에릭 프롬(Erich Fromm)의 이론 등에서 얻은 프락시스를 실천신학에 그대로 적용하였다.

"그가 기도나 성경, 교리, 성례전 등의 모든 종교적 자원들은 상담에서 중요한 역할을 한다고 주장하지만 이들의 본래적인 목적보다는 단지 이들의 기능적인 면을 강조하는 면이 강하다. 예를 들면, 기도의 근본적인 의미는 하나님께 감사하고 고백하고 우리의 간구를 아뢰는 것이지만, 그는 이것이 기능상 스트레스와 긴장의 상황 안에서 나타나는 인간의 영적인 욕구를 채워줄 수 있는 것으로 본다. 즉 기도의 근본적인 출발점이 하나님에게 얘기하거나 듣는 것보다는 사람의 심리적 필요에 의해 이루어지는 것이라는 인상을 갖게 한다."[18]

"그래서 힐트너에게 있어서 목회는 바로 치료한다는 말과 같은 뜻으로 쓰이고 있다. 즉 그것은 기능이 완전히 작용하도록 원상 복귀시켜 준다는 뜻이다. ... 목회를 하나의 심리요법같은 방법으로 쓸 때, 성경에서 말하는 인간관을 우선 부정하고 낙관주의적인 방법이 되는 것이다. 따라서 죄를 결함이나 왜곡 등과 같이 생각한다. 또한 이런 정신적 치료로 말미암은 것이 구원이며 기능적으로 건전해지고 성숙해지는 것이라고 한다."[19]

따라서 그의 방법론은 신학과 인접학문의 통합을 추구하는 방법

---

18) 김순환, "실천신학의 학문적 위치와 방법론," *복음주의 실천신학개론*, 도서출판 세복, 1999, p. 37.
19) 정성구, *실천신학개론*, 총신대학 출판부, 1980, p. 66.

을 사용하였으나 성경신학적인 고찰과 비판 없이 분석과학적인 기능중심의 방법론에 치우친 것으로 평가되어지고 있다.

(5) 카이퍼(Kuiper), 아담스(Adams), 클라우니(Clowney)의 방법론

이들 3명의 학자들은 모두가 미국 웨스트민스터 신학대학원의 실천신학 교수들이었다. 이들은 다같이 칼빈(John Calvin)을 위시하여 카이퍼(A. Kuyper), 바빙크(H. Bavinck), 하지(C. Hodge) 등의 개혁주의자들의 신학의 기초 위에 실천신학 이론을 정립하기 위하여 노력하였던 학자들로서 "인간의 경험과 교회의 모든 프락시스는 성경을 표준하고 성경에 의해서 비판받고 교회의 성장과 목양의 원리를 성경에서 찾고자"하였다.[20] 즉 성경에서 프락시스의 원리를 발견하고자 한 것이 이들의 공통점이었다.

1) R. B. 카이퍼의 방법론

그가 쓴 "그리스도의 영광스러운 몸"이라는 저서는 교회론을 논하고 있는데, "그는 처음부터 모든 개혁자들의 방법대로 독자들에게 교회 안에 일어나는 모든 프락시스에 대해서 인간의 경험이나 단순한 분석적 방법이 아니고 성경에 귀를 기울이도록 한다. 한마디로 그의 실천신학 방법론은 성경신학(Biblical Theology)적인 방법이었다."[21] 그는 예수 그리스도가 교회의 머리가 되신다는 단순한 진리에서 그의 신학을 전개해 나가면서, 인간적이고 세속적인

---

20) Ibid., p. 70.
21) Ibid., p. 71.

방법으로 교인들의 숫자를 늘리는 것은 도리어 그리스도의 몸된 교회에 욕을 돌리고, 그리스도의 영광을 탈취하는 것과 같다고 강조하고 있다. 그는 "교회의 참된 부흥은 영광에서 영광으로 지속되는 것을 말하는 것이다"라고 말하며 교회의 외면적인 숫자만을 가지고 부흥을 판단할 수 없다는 것을 지적하고 있다.[22] 또한 그는 "오늘날 교회의 가장 심각한 위기는 다른데 있는 것이 아니라 교회 그 자체의 내부에서 발생되어지는 문제들이다"라고 진단하고 있다.[23]

따라서 그는 대부분의 교회가 나약한 상태를 면치 못하고 있는 근본적인 이유를 다음과 같이 언급하면서 그 대처방안을 제시하고 있다: "그것은 유능한 인재를 교육시키는 일에 실패하고 있으며 하나님의 말씀에 대해 무식한 자들을 교인으로 무제한 입적시키고 있는 교회의 그릇된 열심 때문이 아닌가! 교회가 필요로 하는 것은 교육적 복음전도에 대한 구체적인 계획과 기독교의 기본진리에 대해 확고한 신념을 표방할 수 있는 자만이 교인의 자격을 주는 확고한 결단성이 필요하다. 이 길만이 현 교회를 뒤덮고 있는 타락의 조류를 근절시킬 수 있으며 기독교의 영광을 다시 찾을 수 있는 길이 되는 것이다."[24]

또한 카이퍼는 자신이 쓴 다른 저서인 "전도학"을 "하나님 중심의 전도학" (God-Centered Evangelism)이라고 제목을 붙이고서는 부제로 "성경적 전도신학을 제시함"이라고 언급하므로 그의 방법론을 암시해 주고 있다. 그는 "모든 신학이 정확무오한 하나님의 말

---

22) R. B. Kuiper, *The Doctrine of Biblical Church* (누가 그리스도의 영광을 탈취했는가?), 이창우 역, 성광문화사, 1978, p. 13.
23) Ibid., p. 15.
24) Ibid., p. 250.

씀에 근거를 두었듯이, 전도 신학도 정확무오한 하나님 말씀에 근거를 둔다. 성경은 복음 전도가 하나님에게서 나오고 하나님으로 말미암고 하나님께로 돌아감을 요구한다(롬 11:36)"라고 자신의 전도신학의 근거를 성경과 하나님께 두고 있음을 밝힐 뿐만 아니라 자신의 전도학에서 500번이상 성경인용을 하므로 성경 중심의 방법을 자신의 실천신학의 틀로 삼고 있음을 밝혀주고 있다.[25] 결국 그는 실천신학의 원리와 교회 안에서 일어나는 모든 프락시스에 대한 경험적이고 분석적인 방법이 아닌 성경에 철저히 의존해야 할 것을 강조하였다.

2) 아담스(J.E. Adams)

그는 "목회학" "목회상담학" "설교학" 분야에서 다양한 저서를 출판한 실천신학자였다. 그는 프로이드(Freud)나 힐트너(Hiltner)의 정신분석학적이고 과학적인 방법을 강하게 비판하였을 뿐만 아니라, 로저스의 비지시적 방법(non-directive method)이나 피상담자 중심상담(client-centered counseling)의 방법에 반대하여 성경적 상담원리를 자신의 방법으로 사용하고 있다. 그는 카이퍼의 입장을 따라 성경적인 방법이 진부한 것이 아니라 더 새로운 방법임을 말하면서, 성경은 자신이 모든 것을 판단하는 기초이고 기준이 됨을 천명하고 있다.[26]

그는 자신이 과학을 무시하지 않으며 설명을 하기위한 목적으로

---

25) R. B. Kuiper, *God Centered Evangelism*, (Carlisle, Penn.: The Banner of Truth Trust, 1966), pp. 8-9.
26) J. Adams, *Competent to Counsel (목회상담학)*, 정정숙 역, 총신대학출판부, 1981, p. 64.

과학을 부가적으로 사용하는 것을 환영하지만 정신의학 분야에서는 과학이 인간적인 철학과 조잡한 사색적인 방법을 제시하고 있기 때문에 그런 방법을 거부하는 것임을 밝히고 있다.[27] 아담스는 상담에서 성령의 역사를 가장 중요하게 생각하면서, 성령은 하나님의 말씀으로 봉사하는 것과 성찬식과 기도 그리고 하나님의 백성들의 교제 등의 방법을 통하여 역사하며, 성령의 사역은 주권적이며 하나님의 말씀에 의해 역사한다고 언급하고 있다.[28]

그는 성령이 상담사역에 미치는 영향에 대하여 "성령은 믿는 자의 성화를 포함한 모든 참된 퍼스낼리티(personality)의 변화를 가져오게 하는 근원이다. 성령은 또한 진실로 멸망할 수밖에 없는 죄인에게 생명을 주시는 분이다"라고 설명하고 있다.[29] 그는 목회자가 교인들의 문제를 다루는데 늘 실패하고 있다면 그것의 원인이 경험이나 정책이나 기술 부족에서 오는 경우보다 대개는 잘못된 성경이해와 그릇된 신학적인 사상에 근거하고 있는 경우가 많다고 지적하고 있다.[30] 이렇게 아담스는 실천신학이 제대로의 성경이해와 올바른 신학사상에 근거하여 정립되어져 나갈 때에 비로소 사역의 현장에서 결실을 거두게 되어짐을 일깨워주고 있다.

3) 클라우니(Edmond P. Clowney)

클라우니는 1942년에 웨스트민스터 신학교를 졸업한 후 10년 동안 목회하였고, 1952년부터 32년 동안 웨스트민스터 신학교에서

---

27) Ibid., pp. 66-67.
28) Ibid., pp. 97-99.
29) Ibid., p. 96.
30) J. Adams, *The Pastoral Life* (*성공적인 목회사역*), 정삼지 역, 예수교 문서선교회, 1979, p. 9.

실천신학 교수와 신학교 학장을 역임하였다. 그의 실천신학 방법론은 앞서 소개되어진 카이퍼와 아담스의 방법과 일치하고 있다. 그가 쓴 "설교와 성경신학"(Preaching and Biblical Theology)은 종래의 설교학이 설교기술이나 방법에 치우친데서 벗어나 설교를 성경신학적인 관점에서 잘 조명해 주고 있다. 그는 성경신학 연구가 설교사역을 위하여 중요하다는 것을 강조하면서 "성경신학은 설교가 그 근본 메시지인 예수 그리스도에 중심을 모으도록 도움을 준다"고 말하고 있다.[31] 또한 "성경신학적 안목은 본문의 의미를 명확하게 해주고, 그 중심 메시지를 강조해 주며, 건전한 적용을 가능케 해 준다"고 설명하면서,[32] 개혁주의 설교학의 구조로서 성경의 구속사적 접근방법을 제시해 주고 있다.

그는 신학의 여러 분야를 폭넓게 연구하면서 저서를 출판하였는데, "구약에 나타난 그리스도"(The Unfolding Mystery: Discovering Christ in the Old Testament) "베드로전서의 메시지"(The Message of 1 Peter) "교회"(The Church)라는 제목의 책들을 저술하므로 성경신학의 구약과 신약 그리고 조직신학 분야에 이르기까지 종합적인 연구를 하므로 개혁주의 실천신학 연구에 기여하였음을 볼 수 있다. 따라서 그의 방법론은 철저히 성경에 근거하고 신학의 다른 연구 분야에 대한 폭넓은 이해를 통하여 실천신학을 연구하는 통전적인 연구 방법이었다.

이상과 같이 여러 실천신학자들의 방법론을 살펴보는 가운데, 개혁주의 실천신학자들은 성경이 신앙과 행위의 유일한 법칙으로 보

---

31) Edmond P. Clowney, *Preaching and Biblical Theology* (설교와 성경신학), 한국기독교 교육연구원, 1982, p. 90.
32) Ibid., p. 110.

고 성경에 근거하여 교회와 사회의 모든 프락시스를 비판하고 신학 연구의 다른 영역들과의 유기적 통일성을 염두에 두면서 칼빈주의적인 입장에서 종합적인 접근 방식을 추구해 나갔던 것을 볼 수 있다. 따라서 개혁주의 실천신학 연구에 있어서 가장 중요한 것은 모든 신학과 신앙의 척도와 기준이 되는 특별계시인 하나님의 말씀 속에서 실천신학의 원리를 찾아 사역의 현장에 적용할 수 있도록 성경자체(Scripture Itself)에 대한 깊이 있는 연구가 선행되어져야 한다는 것이다.

오늘날 신학의 학문 영역을 4가지로 분류하게 되어진 4중적 형태(fourfold pattern)는 종교개혁으로부터 유래된 것으로 개신교 교역자들과 교사들에게 목회에 필요한 일종의 필수적 지식, 능력, 이해를 마련해 주려는 의도에서 시작되어진 것이었다.[33] 이러한 "4중적 형태의 신학을 하나로 통합하는 원리는 '성경만으로' 라는 종교개혁의 기본 원리였다. 신학은 여기에서 비록 4가지의 구별되는 형태를 지니고 있었으나 하나의 통합된 전체로 생각되었고, 각자 구분된 독립적인 전문 학문 분야로, 즉 복수의 학문들(sciences)로 이해되지는 않았다."[34]

그러나 오늘 이 시대의 신학연구는 지나치게 개별화되어지고 축소화되어지므로 신학의 각 영역의 유기적인 통일성을 상실하고 있는 것은 참으로 안타까운 현상이 아닐 수 없다. 왜냐하면 신학의 학문 영역 전체의 유기적 통일성과 이에 대한 이해가 없는 신학연구는 절름발이의 불완전하고 한편으로 치우친 편향적인 것이 될 수밖

---

33) 장신근, "근대 실천신학의 신학백과사전 패러다임에 관한 역사적, 비판적 고찰," *21세기 기독교교육의 과제와 전망*, 예영 커뮤니케이션, 2002, p. 123.
34) Ibid., p. 124.

에 없기 때문이다.

따라서 오늘날의 개혁주의 실천신학의 방법은 신학의 4영역을 통합적인 관점에서 연구하는 간학문적/종합적 신학연구(Inter-disciplinary/Multi-disciplinary study) 즉 전체적인 연구(wholistic study)방식을 지향하므로, 급변하는 사역의 현장(context)에 대한 올바른 분석을 통하여 효과적인 적용을 이루어 나가야할 것이다. 그리해서 실천신학의 학문이 올바르게 자리잡고 정립되어 나갈 때에 교회가 새로워지고 하나님의 계획에 부합되는 건강한 모습으로 그 역할과 사명을 다하게 되어지므로 하나님의 나라가 확장되고 하나님의 뜻이 이 땅위에서도 이루어지는 역사가 일어나게 될 것이다.

6. 실천신학의 연구영역
(Spheres of Study for Practical Theology)

(1) 예배학(Liturgy)

하나님과 그의 백성의 만남에 관한 연구 분야이다. 성령은 하나님과 그의 백성사이의 언약의 교제생활을 창조하고 유지하신다. 교회는 모임(assembly)으로, 하나님과 그의 백성과의 만남이 이를 통해 지상에서 이루어진다. 하나님의 백성은, 하나님의 영광과 자신들의 복리를 위하여 하나님을 만나는 모임을 가질 사명을 가진다. 이런 필연적인 봉사행위 전체를 예배(worship)라는 이름으로 요약할 수 있고, 이와 관련된 연구 분야를 예배학(Liturgy)이라고 부르게 된다.

(2) 설교학(Homiletics)

하나님의 말씀을 정확하게 해석하여 특정 상황 속에 삶을 살아가는 청중에게 적용하여 하나님의 뜻을 공적으로 선포하는 것을 연구하는 분야이다. 하나님의 백성이 모일 때 거기 그리스도의 복음이 선포된다. 살아계신 그리스도는 무엇보다 먼저 복음을 선포함으로 그의 백성들에 대한 은혜의 통치권을 행사하신다. 이 핵심적인 부분을 연구하고 말씀을 전달하는 방법을 제시하는 것이 설교학의 과제이다.

(3) 기독교 교육(Christian Education), 교리문답교육(Catechetics)

하나님의 말씀을 체계적으로 가르치며, 그리스도인들로서의 올바른 인격을 형성시켜주며, 교회와 사회에서 그리스도인으로서 사명을 다할 수 있도록 돕는 연구 분야이다. 하나님의 말씀과 성경교리의 내용을 하나님의 자녀들에게 해설하게 되는데 여기에는 Didache(Teaching)가 중심이 된다.

(4) 목회학(Poimenics)

하나님께로부터 세움받은 목회자가 맡겨주신 하나님의 백성들의 영혼을 돌보는 사역을 연구하는 분야이다. 각기 다양한 환경 안에 사는 양무리들을 복음으로 격려, 위로, 책망하게 된다. 이렇게 그리스도께서 그의 백성을 돌보시는 일을 연구하는 영역을 목회학이라고 한다.

(5) 교회정치, 교회 행정학(Church Government or Administration)

교회정치 혹은 행정학은 유기적 조직체인 교회를 그리스도의 이름의 영광을 위하여 그의 뜻을 따라 어떻게 유지하고 봉사할 것인 가를 연구하는 분야이다.

(6) 평신도 신학(Theology of the Laity)

교회 안에 안수 받지 않은 다수의 일반 구성원들의 정체성과 사역에 관하여 신학적으로 연구하는 분야이다.

(7) 전도학과 선교학(Evangelism and Missions)

복음 증거하는 사역을 연구하는 분야인데, 전도학은 동일 문화권에 속한 사람들에게 복음 증거하는 사역을 연구하는 분야이며, 선교학은 타 문화권에 속한 사람들에게 복음 증거하는 사역을 연구하는 분야이다. 천국의 복음은 그리스도의 분부하심을 따라 모든 민족에게 증거되기 위하여 전파되어야 한다(마24:14).

(8) 목회 상담학(Pastoral Counseling)

문제 속에 있는 인간으로 하여금 하나님과 이웃간에 올바른 관계를 갖게 하며, 하나님의 말씀 안에서 영적으로 성숙한 사람이 되도록 도와주는 사역에 관한 연구이다.

(9) 교회 성장학(Church Growth)

교회의 영적 및 양적성장을 연구하는 분야이다.

(10) 찬송학(Hymnology)

올바른 찬양을 통하여 하나님께 영광을 돌리는 일을 연구하는 분야이다.

(11) 영적성장학(Spiritual Growth), 영성신학(Theology of Spirituality)

그리스도인의 영성개발과 계속적인 영적 성장을 돕는 연구 분야이다.

(12) 기독교 지도자론(Christian Leadership)

그리스도인이 가지는 영적 지도력의 특징과 목표, 기독교 지도자의 비전과 자질, 지도력 개발을 연구하는 분야이다.

1967년에 출판된 "Baker's Dictionary of Practical Theology(베이커의 실천신학사전)"에서는 실천신학의 분야를 ①설교(Preaching) ②설교학(Homiletics) ③해석학(Hermeneutics) ④전도-선교학(Evangelism-Missions) ⑤상담학(Counseling) ⑥행정학(Administration) ⑦목회학(Pastoral) ⑧청지기론(Stewardship) ⑨예배학(Worship) ⑩교육학(Education)으로 분류하여 설명하고 있다.

참고도서(Reference List)

Adams, J. *The Pastoral Life* (성공적인 목회사역). 정삼지 역, 예수교 문서선교회, 1979.

──────. *Competent to Counsel* (목회상담학). 정정숙 역, 총신대학출판부, 1981.

Bohren, Rudolf. *신학총론*. 한국신학연구소 역, 1975.

Clowney, Edmond P. *Preaching and Biblical Theology* (설교와 성경신학). 한국기독교 교육연구원, 1982,

Ferguson, Sinclair B., David F. Wright, and J. I. Packer. *New Dictionary of Theology*. Downers Grove, Ill.: Inter-Varsity Press, 1988.

Forrester, Duncan B. "Practical Theology Yesterday, Today, and Tomorrow" (실천신학의 어제와 오늘 그리고 내일), *신학이해*, 제 15 집, 호남신학대학, 1997.

Kuiper, R. B. *God Centered Evangelism*. Carlisle, Penn.: The Banner of Truth Trust, 1966.

──────. *The Doctrine of Biblical Church* (누가 그리스도의 영광을 탈취했는가?), 이창우 역, 성광문화사, 1978

Shedd, W.G.T. *Homiletics and Pastoral Theology*. New York: Charles Scribner's Sons, 1867.

김순환. "실천신학의 학문적 위치와 방법론," *복음주의 실천신학개론*. 도서출판 세복, 1999.

장신근. "근대 실천신학의 신학백과사전 패러다임에 관한 역사적, 비판적 고찰," *21세기 기독교교육의 과제와 전망*. 예영 커뮤니케이션, 2002.

정성구. *실천신학개론*. 총신대학출판부, 1980.

──────. *칼빈주의와 실천신학*. 한빛기획, 2005.

한국개혁주의신행협회. *신학사전*. 1981.

2장

기독교대학과 영적성장

Christian University and Spiritual Growth

제 2 장
기독교 대학과 영적 성장
(Christian University and Spiritual Growth)

1. 서 론(Introduction)

　기독교 대학은 성경에 기초한 기독교 세계관(Christian worldview)에 따른 기독교적 관점에서 학문 활동을 하며 그 학문 활동의 결과를 통하여 교회와 사회와 국가와 세계에 이바지하기 위하여, 다시 말하면 하나님 사랑과 이웃 사랑을 학문적으로, 실제적으로 실천해 나가기 위한 기독교 학문 공동체이다. 기독교 대학에서의 학문 활동은 단순히 더 나은 직장을 얻거나, 현실적인 자기 유익과 자기 욕망 달성을 위해서가 아니라 하나님의 문화적인 명령(창 1:28)에 대한 순종과 하나님의 나라와 그의 의를 구하는 일(마 6:33)이 되어지기 때문에 창조주가 되시고, 섭리주가 되시고, 구속주가 되시는 하나님과의 올바른 영적 관계가 무엇보다도 먼저 정립되어져야만 할 것이다.
　이런 하나님과의 영적 관계가 일단 정립되어지고 난 후 계속 성숙되어져 가야만이 객관적 진리체계인 하나님의 특별계시에 근거해서 성령의 조명과 인도를 받고, 통제와 수정을 받으면서, 기독교 세계관적 관점에서 모든 학문 분야를 연구하여 그 결과를 통하여 하나님께 영광을 돌릴 수가 있을 것이며, 현실 삶 속에 구체적인 적용이 보다 역동적으로 이루어질 수 있게 될 것이다. 따라서 기독교 대학의 교육은 일반 세속 대학의 교육과는 분명히 달라야만 한다. 기독교 대학에서의 교육은 단순한 지식전달에서 그쳐서는 안되며, 전인교육, 즉 학생의 영적 성장을 포함하는 균형잡힌 온전한 성장이 일어날 수 있도록 교육하여야 한다.

2. 영적 성장의 중요성(Importance of Spiritual Growth)

영적성장이란 말씀과 성령으로 거듭난 인간이 그의 전 인격의 변화와 성숙(the transformation and maturity of the whole character) 통하여 기독교적 가치관을 가지고 온전한 하나님의 형상이신 예수 그리스도를 닮아 가는 것이다. 이런 성장이 없이는 기독교적인 학문 연구를 수행해 나갈 수가 없고, 기독교적인 삶을 올바르게 그리고 힘있게 살아갈 수가 없기 때문에, 기독교대학 공동체에서의 모든 구성원들의 영적성장은 기독교 대학 설립 목적 구현을 위해서는 참으로 중요하며, 필수불가결의 요소라고 말할 수 있을 것이다. 아무리 교육이념이나 교육목표가 확립되어져 있다고 할지라도 대학공동체의 영적 성장이 뒷받침 되지 않고서는 기독교 대학의 정체성은 유지해 나가기가 어렵게 될 것이고, 기독교 대학으로서의 그 독특한 영향력의 약화 내지 상실을 초래할 수밖에 없지 않겠는가?

대학 공동체의 영적 성장을 단순히 개인의 신앙적인 차원의 문제로 생각할 것이 아니라 그 대학 공동체의 학문연구와 교육이념

실현에 엄청난 영향을 미치게 된다는 점을 인식해야 할 것이다. 실제적으로 대학 공동체의 영적 성장이 정체 내지 쇠퇴되어져 갈 때 영적 민감성 내지 영적 통찰력이 둔화 되어지므로 기독교 학문 연구의 의욕상실 내지 방향성 상실을 가져오게 될 것이며, 기독교 학문의 실제적 현실적용이 피상적이 되거나 불가능 하게 될 수밖에 없을 것이기에 참으로 중요하다고 하지 않을 수 없다.

기독교 대학에서의 학문연구가 성숙한 그리스도인으로서의 학문연구가 되어야지, 일반 세속대학에서와 같이 단순한 학생으로서 연구하는 그런 학문연구가 되어서는 아니 될 것이다. 론 심킨스(Ron Simkins)는 다음과 같이 그 자신의 12년 동안의 대학 생활을 통하여 깨닫게 된 중요한 사실을 고백하고 있다: "대학에서의 12년을 기억해 보건대, 나는 고통스럽게 하나의 진리를 깨닫는다. 대학에서도 교회 학교에서도 (몇 가지 예외는 있지만) 나는 **그리스도인**으로서 연구하는 것과 **학생**으로서 연구하는 것이 근본적으로 다른 것이라고 하는 점을 깨닫도록 도움받지 못했다. 성서 대학 학생이 성경을 별개의 과정으로 취급하며, 창조에 나타난 하나님을 만나지 못하면서 생물학을 연구하며, 창조의 이 핵심적인 측면에 대한 예수님의 주권을 생각함이 없이 언어학을 연구하며, 헬라어와 히브리어를 공부할 때 그러한 언어로 우리에게 말씀하시기로 결정하셨던 주님께 대한 일말의 경외와 감사조차 없이 그 언어들을 연구하며, 데이빗 흄(David Hume)과 The Bnagavad Gita를 연구하는 불신자 동료 학생들과 같은 마음가짐으로 연구하는 것은 가능한 일일 뿐만 아니라 흔히 있는 일이다."[1]

---

1) 케네스 헤르만, 론 심킨스, 브리안 월시, *기독신앙과 전공과목*, 한국기독학생회 (IVP), 1986, p. 30.

워렌 W. 위어스비(Warren W. Wiersbe)는 다음과 같이 그리스도인 사역자의 영적 성장의 중요성에 관하여 말하고 있다: "사역에 대한 보상은 교인들이 자신을 인정해 주는 것이나 교인들의 수가 증가하는 것이 아니다. 물론 이것은 환영할 일이긴 하다. 그러나 진정한 보상은 우리를 더 나은 종이 되게 해주며, 우리가 하나님이 허락하신 도전거리에 맞설 수 있도록 해주는 영적 성장이다. ... 우리가 성장을 멈춰 버릴 때, 우리의 사역은 정체되고 와해되기까지 한다. ... 그 사역자는 또한 점차 자기 보호적이며 자기 방어적으로 변해 갈 것이다. ... 어느 교인들보다 더 그리스도의 사역자들은 한층 그리스도를 닮아가며 그리스도께서 행하신 것처럼 자신의 사역을 행하여야 한다"[2] 이와 같이 그리스도인에게는 무엇을 성취했느냐 하는 외면적인 업적보다 더 중요한 것은 내가 어떤 존재로 변화되어지고 있는가 하는 내면적인 영적 성장이 최우선적으로 중요하다는 것이다. "행복이란 성장이다"는 존 맥스웰(John Maxwell)의 고백처럼[3] 그리스도인이 무엇보다도 영적으로 성장해 나갈 때에 참된 만족과 행복을 누리게 되어질 것이다.

3. 영적 성장의 필요성(Necessity of Spiritual Growth)

첫째로, 인간은 하나님의 형상으로 지음 받은 영적 존재이기 때

---

2) Warren W. Wiersbe, *10 Power Principles for Christian Service (건강한 사역자입니까?)*, 김모루 역, 디모데, 1998, pp. 134, 136-137, 165.
3) John Maxwell, *Partners in Prayer (기도 동역자)*, 정인홍 역, 도서출판 디모데, 1998, p. 116.

문이다(창 1:27, 2:7, 요삼 2, 벧전 1:22). 창 2장 7절에 "여호와 하나님이 흙으로 사람을 지으시고 생기를 그 코에 불어넣으시니 사람이 생령이 된지라"는 말씀대로 하나님께서 창조하신 피조물 가운데 오직 인간만이 영혼을 가진 존재로 지음 받았기 때문에 육신뿐만 아니라 영혼이 함께 자라갈 때에 온전한 인간으로서의 삶을 살아갈 수 있기 때문이다. 영적으로 죽은 사람은 육의 소욕에 지배를 받는 삶이 되어지므로 인간으로서의 정상적인 삶이 불가능하며 따라서 불행스러운 삶이 될 수밖에 없다.

특별히 기독교 대학에서 올바른 학문연구를 위해서 영적 성장이 요구되어지는 이유가 무엇인가? 이점에 대해서 케네스 헤르만(Kenneth W. Hermann)은 적절히 그 이유를 다음과 같이 설명하고 있다. "인간은 하나님에 의해 창조되어졌으므로, 종교적 존재이다. 그의 전 삶은 신앙 가운데 하나님의 면전에서(Coram Deo) 영위되어야 하는 것이다. 이 관계 내에서만 인간은 생명, 성취, 완전함을 발견한다. 아담 안에서 하나님께 불순종했을 때, 인간이 종교적 존재임을 멈춘 것이 아니다. 인간은 하나님을 떠나 자신이 고안한 성취와 완전의 대안적 원천을 향하여 그의 신앙의 방향을 반항적으로 수정했다. 이것을 이해하는 것이 매우 중요하다. 그리스도인이든 비그리스도인이든 모든 인간은 하나님의 피조물로서, 그들의 삶에 있어 의미, 완전, 구원을 발견하도록 유도되어진다. 하나님 외부에서 완전과 의미를 추구하고자 하는 이 반항적인 시도가 가장 고도로 표출되어지는 곳이 바로 대학이다."[4] 따라서 기독교 학문 활동을 올바르게, 효과적으로 능력있게 수행해 나가기 위하여 영적 성

---

4) 케네스 헤르만, op. cit., pp. 40-41.

숙이 필요하다.

고후10:4-5의 말씀은 영적으로 성숙한 그리스도인을 통하여 나타나지는 하나님의 능력을 통해서만이 하나님 아는 것을 대적하여 높아진 것을 다 파하고 모든 생각을 사로잡아 그리스도에게 복종케 할 수 있음을 보여주고 있다. 바울은 엡 1:17에서 이미 엡 1:13에서 성령을 소유한 자들(즉 성령으로 인치심을 받은 자들)에게 지혜와 계시의 성령을 주셔서 하나님을 더욱 잘 알도록 기도하고 있는 것을 볼 수 있다. 윌리엄 헨드릭슨(William Hendriksen)은 그의 에베소서 주석 가운데서 이 구절을 설명하기를, "바울은 에베소교인들이 지혜와 분명한 지식의 계속적 성장을 간구하고 있다"[5]라고 언급하고 있는데, 성령의 보다 온전한 조명(illumination)을 통하여 하나님을 더욱 깊이 알고, 성령이 주시는 통찰력을 가지고 기독교적인 관점에서 학문 활동을 하기 위해서는 기독교 학문 활동의 주체가 되는 그리스도인의 영적성장이 이루어져야만 가능하다는 것을 가르쳐 주고 있다(엡 3:16-19).

두 번째로, 영적성장이 필요한 이유는 하나님의 자녀로서 부르심의 목적대로의 삶을 살아가기 위해서이다(마 5:13-16, 행 1:6-8, 2:1-4, 고후 2:15, 3:2, 5:20). 성경은 그리스도인들을 "소금과 빛," "그리스도의 증인," "그리스도의 향기," "그리스도의 편지," "그리스도의 사신"으로 묘사해 주고 있다. 그러나 그리스도인이 영적으로 성장해 가지 아니할 때 몸된 교회의 지체로서의 정상적인 역할을 할 수 없게 되어지므로 온전한 봉사와 헌신의 자리에 나아가지 못하게 될 뿐만 아니라 오히려 문제를 일으키는 존재가 되어지고,

---

5) William Hendriksen, *New Testament Commentary: Ephesians*, p. 98.

따라서 부르심의 목적대로의 사명자의 삶을 살아갈 수 없기 때문이다.

세 번째로, 영적으로 성숙한 자리에 나아가므로 영적 열매를 풍성히 맺어 하나님을 기쁘시게 하고 하나님께 영광을 돌릴 수 있기 때문이다. 사도바울은 빌 1:9-11에서 "내가 기도하노라 너희 사랑을 지식과 모든 총명으로 더 풍성하게 하사 너희로 지극히 선한 것을 분별하며 또 진실하여 허물없이 그리스도의 날까지 이르고 예수 그리스도로 말미암아 의의 열매가 가득하여 하나님의 영광과 찬송이 되게 하시기를 구하노라"고 빌립보 교회 구성원들이 영적으로 성숙한 자리에 나아가므로 하나님께 영광을 돌릴 수 있기를 기도하였으며, 골 1:10에서 "주께 합당히 행하여 범사에 기쁘시게 하고 모든 선한 일에 열매를 맺게 하시며"라고 주께 합당히 행하는 영적 성장의 결과 영적 열매를 풍성히 맺어 주님을 기쁘시게 하는 자리에 이르기를 기도하였던 것을 볼 수 있다. 그러나 영적으로 어린 아이의 상태에 있을 때에 성령의 9가지 열매들을 풍성히 맺을 수가 없을 뿐만 아니라 하나님을 근심되게 하고, 하나님께 영광을 돌리는 삶을 살아갈 수가 없게 되는 것이다.

네 번째로, 영적성장이 필요한 이유는 이 영적성숙은 그리스도인의 전 인격(지,정,의)과 육체에 영향을 미치기 때문이다.[6] 특히 바울은 롬 12:2에서 "마음을 새롭게 함으로 변화를 받아(be transformed by the renewing of your mind)"야 할 것을 촉구하고 있는데, 존 머레이(John Murray)는 이 부분에 대해서 언급하기를 "우리의 사상과 이해의 자리(the seat of thought and understanding)인 마음을 새롭

---

6) 영적 성숙 즉 성화가 전 인격에 영향을 미치는 것에 대한 보다 상세한 논의는 Wayne Grudem의 *Systematic Theology*, pp. 756-757을 참고하라.

게 하므로 끊임없이 변화되어지는 과정속에 있어야 한다"[7]고 설명한다. 제임스 던(James D. G. Dunn)은 마음(mind)을 인간의 이성(man's rationality)을 뜻하는 말로 설명하고 있다.[8] "새롭게 한다(renewing)"는 말은 "사고의 새로운 방향(a new way of thinking)"[9]을 언급한다. "변화를 받아(be transformed)"라는 말은 현재 명령형 동사로 계속적으로 변화가 일어나야 할 것을 강조하고 있다. 조지 엘돈 래드(George Eldon Ladd)는 마음(mind)에 대하여 다음과 같이 설명한다.: 1)마음은 이해의 기관이다(nous is the organ of understanding). 2)마음은 구체적으로 의지와 행위를 결정하는 도덕의식을 지칭할 수 있다(Nous can also designate the moral consciousness as it concretely determines will and action).[10] 그러므로 말씀과 성령으로 사고와 추론의 기관인 마음(nous)이 지속적인 영향을 받는 영적 성숙을 통하여 올바른 기독교적 사고(right Christian thinking)가 가능해 진다는 것을 성경은 가르쳐 주고 있다.

또한 골 3:10의 "새 사람을 입었으니 이는 자기를 창조하신 자의 형상을 따라 지식에까지 새롭게 하심을 받는 자니라"는 말씀과 히 5:14에 "단단한 식물은 장성한 자의 것이니 저희는 지각을 사용하므로 연단을 받아 선악을 분변하는 자들이니라"는 말씀은 영적 성장이 그리스도인의 지성과 지식에 영향을 끼치는 것을 말씀해 주고 있다.

---

7) John Murray, *The Epistle to the Romans*, Vol. 2. p. 114.
8) James D. G. Dunn, *Word Biblical Commentary: Romans 9-16*. Vol. 38. p. 714.
9) Bruce B. Barton, David R. Veerman, and Neil Wilson, *Life Application Bible Commentary: Romans*, p. 231.
10) G. Eldon Ladd, *A Theology of the New Testament*, p. 476.

그리고 영적 성장은 그리스도인의 감정에 영향을 준다는 사실을 성경은 말씀하고 있다. 갈 5:22-23의 성령의 9가지 열매들은 감정과 많이 관련되어 있는데 영적으로 자라가게 될 때 이러한 감정에 변화가 일어나게 되어진다는 것이다. 또한 그리스도인이 영적으로 자라가게 될 때 "이 세상이나 세상에 있는 것들을 사랑치 말라"(요일 2:15)는 명령에 온전히 순종하게 되어지며 "모든 악독과 노함과 분냄과 떠드는 것과 훼방하는 것"(엡 4:31)을 버리는 감정적인 차원에서의 변화가 일어나게 될 것이다.

이뿐만 아니라, 영적 성장은 그리스도인의 의지에도 영향을 미치게 되어 진다. 빌 2:13에 "너희 안에 행하시는 이는 하나님이시니 자기의 기쁘신 뜻을 위하여 너희로 소원을 두고 행하게 하시나니"라고 영적으로 자라가면 자라갈수록 그리스도인은 점점 더 하나님의 뜻을 행하고자하는 강한 의지를 가지게 되어질 것을 말씀하고 있다.

한 걸음 더 나아가, 영적 성장은 그리스도인의 육체에도 영향을 미치게 되어진다. 고후 7:1의 말씀 그대로 "하나님을 두려워하는 가운데서 거룩함을 온전히 이루어 육과 영의 온갖 더러운 것에서 자신을 깨끗게"하는 변화가 일어나므로 자신의 몸이 더욱 하나님께서 사용하실 만한 그릇이 되어지도록 바르게 보존하고 관리하는 자리에 이르게 되어질 것이다. 그래서 더 이상 음행이나 다른 죄가 자신의 몸을 다스리지 못하는 자리에 나아가게 될 것이며(고전 6:13, 롬 6:12), 성령의 전으로 자신의 몸을 구별하여 하나님께 영광을 돌리는 자리에 이르게 되어질 것이다(고전 6:19-20).

다섯 번째로, 영적 성장의 필요성은 성경이 영적성장을 선택사항으로서가 아니라 필수적인 것으로 명령하고 있기 때문이다. 사도 베드로는 그의 생애 마지막으로 기록한 베드로후서의 서론 부분과 결론 부분에서 이 사실을 언급하고 있다. 벧후 1:5-7에서 "이러므로 너희가 더욱 힘써 너희 믿음에 덕을, 덕에 지식을, 지식에 절제를, 절제에 인내를, 인내에 경건을, 경건에 형제 우애를, 형제 우애에 사랑을 공급하라"고 그리스도인의 영성이 개발되어져 나갈 수 있도록 더욱 힘써야 함을 명령하고 있다. 또한 베드로후서의 마지막 결론부분인 벧후3:18의 "오직 우리 주 곧 구주 예수 그리스도의 은혜와 저를 아는 지식에서 자라가라(But grow in the grace and knowledge of our Lord and Savior Jesus Christ)"는 말씀의 주동사 "grow"(αὐξάνετε)는 현재 능동태 명령형으로 나타나고 있다. 이 단어는 "계속해서 자라가라"는 뜻을 가지고 있는데 그리스도인의 영적 성장은 일생의 과업이며 평생토록 계속되어져야할 과제로서 요구되어지고 있다는 사실을 나타내 보여주고 있다. 그래서 사도 바울은 빌 2:12에서 "두렵고 떨림으로 너희 구원을 이루라"고 영적 성장의 필요성을 강조해 주고 있다.

　이와 같이, 영적 성장은 하나님께서 우리에게 요구하시는 명령의 문제이기 때문에 그리스도인이라면 여기에 계속적인 관심을 가지고 끊임없이 힘써야 하는 진정한 제자도(real discipleship)의 핵심이라고 결론지을 수 있다. 왜냐하면 그리스도인의 사역 수준은 그의 영적 수준과 비례하기 때문이다. 그러나 오늘날 많은 그리스도인들이 영적으로 정체상태에 있거나 오히려 퇴보하는 자리에 있다. 그 이유는 영적 성장의 필요성과 이것이 그리스도인에게 주어진 명령이라는 사실을 바르게 인식하지 못해서 이거나, 영적 성장의 결과 자신의 현재의 삶이 중단되거나 대변동을 가져올 것을 두려워하기 때문인지도 모른다. 그렇지 않으면 그리스도를 향한 첫 사랑을 잃어 버렸거나, 거룩한 것들에 대한 열정을 상실하여 데마와 같이 이 세상을 더 사랑하는 상태에 있기 때문인지도 모른다(딤후 4:10).

4. 영적 성장의 주요 요소들(Main Factors of Spiritual Growth)

성경은 인간에게 주신 하나님의 최종적이고, 완전하며, 충족한, 무오류의 권위있는 계시이기 때문에 그리스도인의 신앙과 행위의 기준이 되고 척도가 되어지며, 그리스도인의 성장과 능력과 승리와 행복의 원천이 되어진다(엡 6:17, 요일 2:14, 시 1:1-6, 119:9,11). 그러므로 그리스도인을 위한 영적성장의 원리들도 인간을 영적존재로 창조하신 하나님께서 우리에게 주신 성경가운데서 당연히 찾아야만 할 것이다. 존 맥아더(John MacArthur)는 "영적 성장은 하나님의 말씀 속에 주어진 원리들을 이해하고 실천하는 것을 통해서 주어진다"[11]라고 언급하였다.

---

11) John MacArthur, *Keys to Spiritual Growth*, p. 16.

＊ 성령이 영적 성장의 근본 동인이며 최고의 원천이다.
＊↔ 표시는 영적 성장의 각 요소들 상호간에 영향을 주고받음을 나타낸다.

1) 말씀연구와 순종(Bible Study and Obedience)

    성령은 영적으로 죽은 인간에게 생명을 부여하고, 성장시키기 위하여 하나님의 말씀을 사용하시고, 하나님의 말씀을 통하여 역사하신다(벧전 1:23, 행 10:44, 11:15). 벧전 2:2은 그리스도인이 영적으로 성장해 나아가기 위해서는 순전하고 신령한 젖 즉 하나님의 말씀을 사모해야 할 것을 가르쳐 주고 있다. 어린아이가 젖을 먹고 자라듯이 그리스도인도 말씀을 먹음으로 영적으로 자라가게 되어지고(렘 15:16, 고전 3:1-2), 믿음 가운데 든든히 서게 되어진다. 밀레도에서 에베소 교회 장로들을 향한 바울의 고별 설교 가운데서 바울은"지금 내가 너희를 주와 그 은혜의 말씀께 부탁하노니 그 말씀이 너희를 능히 든든히 세우사 기업이 있게 하시리라(행 20:32)"

고 그리스도인들을 믿음 가운데서 굳게 세우며 영적으로 성장케 하는 것이 바로 하나님의 말씀인 것을 분명히 나타내 보여 주고 있다.

하나님의 말씀은 신자들을 믿음 가운데 세우며 강하게 하는 본래적인 능력을 가지고 있다. 그래서 토마스 왓슨(Thomas Watson)은 "하나님의 말씀은 생명의 부여자인 동시에 생명의 양육자이다. 하나님의 말씀에 의해서 우리는 영적으로 출생하며 그것에 의해서 성숙에 이르도록 양육받는다"[12]고 하나님의 말씀이 영적성장의 가장 중요한 요소인 것을 언급하였다. 존 맥아더(John MacArthur)는 "내 개인의 영적 진보에 있어서 가장 현저한 진전은 내가 성경연구에 몰두했을 때 일어났다. …. 성령께서는 나를 그리스도의 형상으로 변화시키시기 위하여 말씀을 사용하신다는 것을 나는 배웠다"라고 고백하면서, "성경은 우리의 영적 삶에 중심적이다. 성경은 우리의 중생에 도구적이며, 우리의 영적성장에 결정적이다"[13]라고 말하고 있다. 오늘날 많은 그리스도인들이 영적 영양실조에 걸려 영적으로 성장하지 못하는 것은 하나님의 말씀을 강하게 사모하지 않기 때문이고 말씀이 주는 놀라운 효력을 맛보지 못했기 때문이다 (시 119:97,103,131, 렘 15:16, 행 17:11-12).

집중적인 성경연구(Intensive Bible Study)를 통하여 깨달아진 말씀에 대해서 그리스도인이 나타내 보여야 할 반응은 즉각적인 순종과 자신의 삶에 적용하는 것이다. 순종하지 아니할 때에 성경연구의 아무런 효과가 없을 것이며 영적성장의 자리에 이를 수 없다. 벧전 1:22의 "너희가 진리를 순종하므로 너의 영혼을 깨끗하게 하

---

12) Ibid., p. 19.
13) Ibid., p. 21.

여 거짓이 없이 형제를 사랑하기에 이르렀으니"라는 구절은 말씀을 순종함으로 영혼을 깨끗하게 하는 영적성장의 결과를 가져온다는 것을 분명히 말씀하고 있다. 사이먼 키스터메이커(Simon J. Kistemaker)는 "우리가 하나님의 말씀을 순종할 때, 우리는 우리의 사랑을 하나님에게 뿐만 아니라 우리의 이웃들에게도 나타내게 된다"[14]고 설명하고 있는바 하나님의 말씀을 순종함으로, 크고 첫째 되는 계명인 하나님 사랑과 둘째되는 계명인 이웃 사랑을 실천하게 되어지는 영적성장의 자리에 이르게 된다는 것이다. 예수님의 지상사역 기간 중 첫 번째로 행하신 물로 포도주를 만드신 이적의 그 정확한 내용을 바로 이해하는 영적성장의 자리에 이르렀던 자들은 주님의 말씀에 순종하여 돌항아리에 물을 채워서 연회장에게 갖다 주었던 하인들이었다는 것은 말씀 순종이 영적이해와 성장에 결정적인 영향을 미친다는 사실을 암시해 주고 있다(요 2:7-10).

요 14:21에서 "나의 계명을 가지고 지키는 자라야 나를 사랑하는 자니 ...... 나도 그를 사랑하여 그에게 나를 나타내리라"고 주님께서 말씀하신 것은 성경연구가 하나님의 말씀에 대한 단순한 지적 이해로 그쳐서는 아니되며, 매일 매일의 생활 속에서 순종하고 적용해 나가야할 필요성을 일깨워주고 있다. 이런 순종이 있을 때에 주님께서 자신을 나타내 보이실 것을 약속하셨다. 즉 주님의 현존을 체험하고 주님과의 계속적이고 보다 깊은 영적 교통이 있게 되는 놀라운 영적 성장을 체험하게 된다는 것이다(마 28:20).

눅 8:15의 좋은 땅에 뿌리워진 씨와 같이 "착하고 좋은 마음으로

---

[14] Simon J. Kistemaker, *New Testament Commentary: Exposition of the Epistles of Peter and of the Epistles of Jude*, p. 71.

말씀을 듣고 지키어 인내로 결실하는자"가 어떤 사람인가? 사이먼 키스터메이커(Simon J. Kistemaker)는 "그는 말씀을 듣는자요 동시에 실행하는 자이다 …… 그는 전인격적으로, 즉 의지와 지성과 감정에 있어서 하나님의 말씀의 통치를 받는 자이다. 영적성장이 일어나며 따라서 그 신자는 열매를 맺는다; 그는 하나님의 뜻을 행하는 자이다"15)라고 설명하고 있다. 요일 2:3의 "우리가 그의 계명을 지키면 이로써 우리가 저를 아는 줄로 알 것이요"라는 말씀가운데서 "하나님을 안다는 것은 하나님에 대해서 배우게 되고 하나님을 사랑하게 되고, 또한 하나님의 사랑을 경험하게 된다는 것을 의미한다."16) 즉 순종을 통해서 영적성숙의 자리에 이르게 된다는 뜻이다. 요일 2:5의 "누구든지 그의 말씀을 지키는 자는 하나님의 사랑이 참으로 그 속에서 온전케 되었나니"라는 말씀도 순종할 때 하나님의 무제한적인 사랑을 경험하는 영적성장이 일어난다는 의미를 내포하고 있다.

2) 성령 충만(The Filling of The Holy Spirit)

말씀을 통하여 역사하시는 성령님만이 우리를 그리스도 안에서 성숙에 이를 수 있게 하는 능력(power)을 가지고 계신다. 성령은 그리스도인의 속사람을 강건하게 만들기 때문에 성령 충만은 그리스도인의 영적성장의 결과를 가져오게 된다(엡 3:16). 즉 성령 충만은 (1)그리스도인에게 예수 그리스도를 닮은 성품을 가지게 한다 (고후 3:18). (2)하나님과 이웃을 섬기는데 필요한 능력을 부여받게

---

15) Simon J. Kistemaker, *The Parables of Jesus*, pp. 28-29.
16) Simon J. Kistemaker, *New Testament Commentary: Exposition of the Epistle of James and the Epistles of John*, p. 255.

한다(행 1:8). (3)그리스도인으로 하여금 승리의 삶을 살게 한다(갈 5:16). (4)올바른 인간관계가 회복되는 삶을 살게 한다(엡 5:18-6:9). (5)성령의 9가지 열매들을 그리스도인의 삶 속에 풍성히 맺을 수 있게 한다(갈 5:22-23).

행 13:52의 "제자들은 기쁨과 성령이 충만하니라"는 언급은, "성령 충만하다는 것"과 "기쁨을 가진다"는 것은 같은 의미를 지니고 있음을 보여주는데, 기쁨은 성령의 9가지 열매들 중 하나로서 기쁨을 가졌다는 것은 영적성장의 결과이다. 따라서 성령 충만은 성령의 열매들을 풍성히 맺게 하므로 그리스도인의 영적성장을 가져오는 것을 암시해주고 있다. 행 11:24의 "바나바는 착한 사람이요 성령과 믿음이 충만한 자라"는 언급에 대하여 알란 코페지(Allan Coppedge)는 "누가가 바나바는 착한 사람이라고 한 말은 그가 하나님의 선을 나타내는 사람이라는 뜻이다. 그는 하나님의 성품을 나타내는 사람 즉, 거룩하신 그리스도 안에서 하나님의 성품을 드러내는 사람이라는 뜻이다. 그는 그야말로 하나님의 사람이다"[17]라고 설명한다. 따라서 "성령이 충만하다"는 말은 성숙한 인격을 소유한다는 것과 같다는 말이다.[18] 즉 성령 충만은 그리스도인의 전인격의 변화와 영적성장을 가져온다는 것을 암시해주고 있다.

성령 충만은 기쁨(joy: 눅 10:21, 행 2:42, 5:41, 8:39, 13:52, 살전 1:6)과 담대함(boldness: 행 4:31, 7:55-56, 28:31)과 깊은 교제(deepening of fellowship: 행 2:42,46, 4:32,34-37, 고후 13:14)와 능력(power: 행 1:8, 4:33)과 찬양(praise: 행 2:47,10:46, 엡 5:19)

---

17) Allan Coppedge, *The Biblical Principles of Discipleship*, p. 146.
18) 존 웜버, 영적 성숙을 위한 7가지 제언, p. 185.

과 감사(gratitude: 엡 5:20, 골 3:17)가 그리스도인의 삶 속에 흘러 넘치게 한다. 그러므로 존 맥아더(John MacArthur)는 "경건한 삶의 모든 다른 요소들뿐만 아니라 영적성숙의 동인(動因:agent)은 하나님 자신의 영이시다. 성령을 떠나서는 가장 진실한 기도도 효력을 가지지 못하며(롬 8:26), 하나님 자신의 말씀조차도 능력을 가지지 못한다(요 14:26, 16:13-14, 요일 2:20)"라고 성령이 영적 성숙의 주된 동인인 것을 설명하고 있다.

그러면 "성령으로 충만하게 된다"는 의미가 무엇인가? 성령 충만은 (1)그리스도를 닮도록 삶의 모든 부분을 계속적으로 성령께서 통제 하는 것을 의미한다(고후 3:17, 살전 1:6, 갈 5:16, 엡 5:18-6:9). 특히 엡 5:18-6:9까지는 성령 충만을 받은 자의 삶에 나타나지는 결과들을 구체적으로 언급하고 있다. ①성령 충만한 자는 올바른 찬양생활을 하게 된다(엡 5:19)--대아(對我)관계. ②성령 충만한 자는 올바른 감사생활을 하게 된다(엡 5:20)--대신(對神)관계. ③성령 충만한 자는 올바른 부부생활을 하게 된다(엡 5:21-33)--대인(對人)관계. ④성령 충만한 자는 올바른 가정생활을 하게 된다(엡 6:1-4)--대인(對人)관계. ⑤성령 충만한 자는 올바른 직장생활을 하게 된다(엡 6:5-9)--대인(對人)관계. (2)그리스도의 말씀이 심령 속에 충만히(풍성히) 거하게 하는 것을 의미한다(골 3:16). (3)그리스도 중심적 삶을 사는 것을 의미한다(빌 1:20, 롬 14:7-8). (4)예수 그리스도의 면전에 서있는 것처럼(Coram Deo) 매순간 삶을 살아가는 것을 의미한다(행 4:19, 10:33, 23:11, 24:16). 즉 습관적으로 예수님을 생각하고 자신의 삶 속에 주님의 임재를 인정하는 것이다(행 7:55-56, 9:31, 히 3:1, 12:2, 시 16:8-11). 이렇게 성령 충만할 때에 그리스도를 닮는 진정한 영적성장이 일어나게 되어진다. 이와는 달리 육체의 소욕을 따라 행동할 때 그리스도인의 영적 성장은 방해를 받을 수밖에 없다(갈 5:17). 온전한 영적성숙은 그리스도인이 성령으로 하여금 자신을 온전히 통제하도록 하게 할 때 일어나게 된다.

3) 기도와 고백(Prayer and Confession)

기도는 그리스도인의 영적 호흡으로 비유되어지는 것으로 그리스도인의 영적건강과 성장을 위하여 빼 놓을 수 없는 필수적인 요소이다(눅 18:1, 살전 5:17). 요 16:24에서 주님이 "지금까지는 너희가 내 이름으로 아무것도 구하지 아니하였으나 구하라[19] 그리하면 받으리니 너희 기쁨이 충만하리라"고 제자들에게 계속적인 기도를 통하여 하나님과 영적으로 교제해 나갈 때 영적기쁨이 충만할 것을 약속하신 것은 기도가 그리스도인의 영적성장에 필수적임을 나타내 보이신 것이다. 기도는 주님께서 당신의 자녀들에게 계속적인 기쁨, 충만한 기쁨을 주시기 위하여 허락하신 특권적인 방편이다(시 105:3). 그러므로 그리스도인에게 계속적인 기도가 중단될 때에 온전한 기쁨의 상실과 영적성장의 중단 내지 퇴보현상을 가져오게 될 것이다.

마 7:7에서 예수님께서는 기도하는 자가 하나님께서 주시는 응답의 영적체험을 가질 수 있음을 강조하여 말씀하셨는데, 응답의 체험이 있는 자가 하나님을 영적으로 더욱 가까이 하게 되어지는 영적성장이 있게 되어진다(신 4:7, 시 73:17-28). 특히 눅 11:13에

---

19) "구하라"는 동사는 현재 명령형인데 계속적으로 구하라는 뜻이다.

서 구하는 자에게 성령을 주신다는 말씀은 기도하고 구하는 자[20]에게 성령의 주권적인 뜻을 따라(고전 12:11), 더욱 큰 은사를 주시며 (고전 12:31, 14:1), 기도하는 자가 성령의 강함 임재와 능력의 역사와 성령 충만을 체험하게 되어지므로 영적으로 성장하게 될 것을 가르쳐주고 있다.

삼상 2:1에서 한나는 자신의 기도의 응답으로 사무엘을 낳게 되었을 때 하나님 앞에 감사의 기도를 드리면서 "내 마음이 여호와를 인하여 즐거워하며 ...... 내가 주의 구원을 인하여 기뻐함이니이다"라고 기도하는 자에게 응답의 체험이 주어지고, 그 삶에 감사와 찬양과 기쁨이 넘치게 되는 영적성숙의 결과를 가져오는 것을 보여주고 있다. 빌 4:6-7에서 바울은 신자가 아무것도 염려하지 말고 항상 기도해야 할 것을 권면하면서 이렇게 모든 일에 감사함으로 구할 것을 하나님께 아뢰일 때 모든 지각에 뛰어난 하나님의 평강[21]을 체험하게 될 것을 언급하고 있다. 이렇게 기도로 하나님의 평강을 체험하게 될 때 모든 근심과 실망으로부터 보호를 받고 새로운 삶의 통찰력과 영적 능력을 소유하게 되는 영적성숙의 자리로 나아가게 되어진다.

바울은 살전 5:17에서 영적으로 하나님과 교통하며 계속적으로

---

20) 이미 성령의 은사를 가진 자가 다른 성령의 은사들을 간구 할 수 있는가? 하는 문제에 대한 자세한 설명은 Wayne Grudem의 *Systematic theology*, pp. 1029-1030을 참고하라.

21) F. F. Bruce는 이 하나님의 평강은 "인간 지혜가 계획할 수 있는 모든 것을 능가한다"고 설명하였고, Jac. J. Müller는 "하나님의 주시는 평강은 우리들의 모든 염려를 제거하려는 우리의 모든 지적인 계산과 고려, 우리의 모든 묵상과 미리 계획한 생각보다 우수하며 초월한다는 뜻일 것이다"라고 언급한다. F. F. Bruce, *New International Biblical Commentary: Philippians*, p. 144 와 Jac. J. Müller, *The New International Biblical Commentary: The Epistles of Paul to the Philippians and to Philemon*, p. 142를 참조하라.

하나님의 임재를 인식하는 이런 기도의 정신 속에서 삶을 살아가는 것은 자연인이 부담을 느끼지 않고 육신적 호흡을 계속해 나가는 것처럼, 영적으로 새로 출생한 하나님의 자녀들에게 있어서 정상적인 삶의 형태인 것을 가르쳐주면서 세 가지 권면의 중간부분에 이 기도의 권면을 두므로 쉬지 말고 계속적으로 기도하는 것이 항상 기뻐하는 삶과 범사에 감사하는 삶의 기초가 되고 원동력이 되어진다는 것을 암시해주고 있다.[22] 즉 쉬지 않고 기도하는 것[23] 이 신자의 영적 건강과 성장과 승리를 위해서 필요한 요소임을 밝히고 있다.

특히 사도행전은 영적부흥과 성령 충만의 역사는 그리스도인들의 기도의 결과로 일어났다는 것을 생생하게 증거하고 있다. 오순절 날에 예수님의 제자들을 포함하여 약 120명의 그리스도인들에게 주어졌던 성령 충만과 놀라운 영적 부흥의 역사는 예수님의 말씀에 따라 예루살렘에서 함께 모여 한마음으로 그리고 지속적으로 기도했던 결과로 일어난 것이었다(행 1:14, 2:1-4). 어네스트 베이커(Ernest Baker)는 "예루살렘에서의 오순절 부흥은 모든 시대를 통하여 가장 놀라운 것이었다. 어떠한 부흥도 그처럼 급작스럽게 일어난 적이 없으며, 어떠한 부흥도 그처럼 즉각적인 영향력을 그처럼 놀랍게 미친 운동은 일찍이 없었다"고 언급하였다.[24] 그러나 이런 영적부흥과 성령 충만의 역사는 120여명의 성도들의 기도가

---

22) I. Howard Marshall은 "그리스도인들이 기도속에 표현되어지는 즐거움과 감사의 삶을 살아야 한다는 것이 하나님의 목적이며 의도이다"라고 언급한다. *The New Century Bible Commentary: 1 and 2 Thessalonians*, p. 156.
23) John MacArthur는 "쉬지 않고 기도하는 것은 하나님의 관점으로부터 사물들을 바라보는 것을 의미한다. 즉 하나님의 임재에 대한 계속적인 자각 속에 삶을 살아가는 것을 뜻 한다"고 설명한다. John MacArthur, op. cit., p. 128.
24) Ernest Baker, *The Revival of the Bible*, p. 137.

없었더라면 일어날 수가 없었을 것이다.

행 4:24-33은 산헤드린 공회의 핍박과 위협 후에 석방된 사도들과 초대교회 성도들이 함께 복음증거 사역을 위해서 간절히 기도했을 때, "빌기를 다하매 모인 곳이 진동하더니 무리가 다 성령이 충만하여 담대히 하나님의 말씀을 전하니라"(행 4;31)고 기도의 결과 ①담대함과 ②성령 충만과 ③능력있는 말씀증거와 ④공동체 구성원들 간의 연합과 ⑤소유를 함께 나누는 사랑을 실천하는 영적성장의 결과를 가져왔던 것을 구체적으로 보여주고 있다.

성경은 기도와 함께 고백이 영적성숙에 필수적임을 언급하고 있는데, 요일1:9의 "만일 우리가 우리 죄를 자백하면[25] 저는 미쁘시고 의로우사 우리 죄를 사하시며 모든 불의에서 우리를 깨끗케 하실 것이요"라는 말씀은 그리스도인이 영적으로 자라가면 자라갈수록 죄에 대하여 더욱 민감해지며, 마음 깊은 곳으로부터 계속해서 죄를 자백하는 삶을 살게 되어짐을 보여주고 있다. 사이먼 키스터 메이커(Simon J. Kistemaker)는 "우리는 회개와 삶의 갱신을 보여주기 위하여 우리의 죄를 고백 한다"[26]고 말함으로 죄의 고백이 그리스도인의 영적 성숙과 밀접한 관계를 가지고 있음을 말하고 있으며, 존 맥아더(John MacArthur)는 "고백(confession)은 영적성장의 본질적 열쇠들 중 하나이다"[27]라고 언급하고 있다.

---

25) "자백하면(if we confess)"이라는 단어는 현재형으로 "계속적인 죄에 대한 고백(a continual confession of sins)"을 나타내고 있으며, 하나님께서 보시는 대로 죄를 보며 하나님 앞에 자신의 허물과 죄악을 인정하는 것을 의미한다. John MacArthur, op., cit., pp. 108-109를 참조하라.

26) Simon J. Kistemaker, *New Testament Commentary: Exposition of the Epistle of James and the Epistles of John*, p. 246.

27) John MacArthur, op., cit., p. 95.

이미 그리스도인은 예수 그리스도를 믿음으로 의롭다 하심을 받았으며 자신의 과거와 현재와 미래의 모든 죄까지 다 용서함 받았으나(롬 5:1, 8:33-34, 엡 1:7, 히 10:14, 벧전 1:18-19, 요일 2:12, 계 1:5), 자신의 영적유익과 영적성장[28]을 위하여 계속적인 죄에 대한 자백이 요구되어지며, 이런 과정을 통하여 성화의 자리에 나아가는 영적성장과 영적승리를 체험하게 되어진다(시 32:5-7, 롬 6:11-14, 8:12-14, 12:1, 고전 15:34, 고후 7:1, 빌 2:12, 히 12:14, 딛 2:11-12, 요일 2:1, 3:3). 구체적인 실례를 들면, 단 9:20-23에서 다니엘이 기도하며 죄를 자복했을 때 하나님께서 가브리엘 천사를 보내주셔서 기도의 응답으로 다니엘에게 지혜와 총명을 주셨던 것을 볼 수 있다.

오늘날도 그리스도인이 다니엘이 취했던 그런 자세로 죄를 자복하며 기도할 때에 하나님께서 지혜와 총명을 주시고, 새로운 영적 이해와 분별력을 얻으므로 어떤 문제와 사물에 대한 정확하고 명료한 판단을 하게 하신다. 그러므로 그리스도인이 이 땅위에서 선악을 분별하며 그리스도인으로서의 사명과 책임을 다하기 위해서는 지혜[29]를 얻어야 하는데(약 1:5, 잠 2:6), 이 지혜를 얻기 위해 다니

---

28) 사도 요한은 요일 1:4에서 "우리가 이것을 씀은 우리의 기쁨이 충만케 하려 함이로라"고 서신 기록 목적을 밝히고 있다. 그런데 그리스도인이 범하는 죄가 이미 구원받은 그리스도인의 구원을 박탈하거나 취소시키는 자리에 이르게 할 수는 없으나(롬 8:32-39), 그리스도인이 마땅히 누려야 하는 구원의 즐거움을 상실하게 만들 수 있다. 그래서 사도 요한은 그의 서신 가운데서 죄의 문제를 취급하면서, 죄로 말미암는 영적 기쁨의 상실을 방지하기 위하여 요한 일서의 서신을 기록하고 있음을 밝히고 있다. 다윗도 그가 쓴 시편51편 12절에서 구원의 즐거움(the joy of salvation)을 회복시켜 달라고 범죄 이후에 간구하였던 것을 기록하고 있다.
29) 약 1:5의 지혜(wisdom)에 대하여 A. T. Robertson은 "지식의 실제적 사용(the practical use of knowledge)," F. J. A. Hort는 "삶에 있어서 올바른 행위를

엘처럼 죄를 자복하며 기도로 하나님 앞에 나아가야만 한다.

4) 사랑(Love)

예수님께서는 구약성경의 윤리전체가 하나님에 대한 사랑과 이웃에 대한 사랑의 이 두 계명에 달려있음을 가르치시면서(마 22:36-40), 이런 참 사랑을 실천하는 삶을 살 수 있도록 하시기 위하여 자신을 대속의 제물로 십자가에 내어주셨다고 성경은 말씀하고 있다(엡 5:2, 요일 4:10-11). 인간이 하나님의 형상대로 지음을 받았다고 하는 것은 하나님의 성품의 본질중 하나가 사랑이시기 때문에(요일 4:8) 사랑하는 존재로, 즉 하나님을 사랑하고 이웃을 사랑하는 존재로 지음을 받았다는 것이다. 그러나 아담의 타락으로 이 사랑의 능력을 상실했으나 예수 그리스도를 통하여 하나님의 형상을 회복하므로 그리스도인은 지으심을 받은 본래의 목적대로 사랑하는 삶을 살게 되었다. 그러므로 그리스도인이 하나님의 형상을 닮아 가면 닮아갈수록 하나님을 사랑하고 이웃을 사랑하게 되어지며, 이런 사랑을 실천해 나아갈 때 하나님의 온전한 형상이신 예수 그리스도를 닮는 영적성장이 일어나게 될 것이다. 왜냐하면 사랑은 율법의 완성(Love is the fulfillment of the law)이기 때문이다(롬 10:13).

위하여 필요한 마음과 정신의 부여(that endowment of heart and mind which is needed for right conduct in life)," R. Kent Hughes는 "세속적 지혜를 초월하는 삶을 위한 분별력(understanding for living which surpasses earthly wisdom)," Donald Guthrie는 "지식의 올바른 사용(the right use of knowledge)"이라고 정의하고 있다. R. Kent Hughes, *Preaching the Word: James*, p. 27 과 Donald Guthrie, *New Testament Theology*, p. 95를 참조하라.

패커(J. I. Packer)는 "사랑은 그리스도를 닮는 것의 본질이며, 따라서 사랑은 돌봄과 주는 것의 문제이다. 예수님은 그의 전 사역을 통하여 돌보셨고 아낌없이 주셨다"[30)]라고 사랑의 중요성에 대하여 정확히 언급하고 있다. 호머 켄트(Homer A. Kent, Jr.)는 빌 1:9에 대해서 언급하기를 "바울이 기도를 통하여 근본적으로 간구하고 있는 것은 빌립보 성도들의 사랑이 더욱 더 충만하게 되는 것이었다. 사랑은 다른 모든 영적 덕성들이 알맞게 성장할 수 있도록 해주는 성령의 열매이다. 사랑이 없다면 어떤 그리스도인도 영적으로 온전케 되지 못한다"[31)]고 했다. 또한 고전 3:1-3에서 바울은 시기와 분쟁이 있었던 고린도교회 성도들을 영적으로 미성숙한 "어린아이들"이라고 불렀는데, 이 구절은 그리스도인이 사랑으로 연합할 때 영적으로 성숙한 사람이 되어진다는 것을 암시해주고 있다.

엡 3:17-19은 그리스도인이 하나님과 이웃을 사랑하는 사랑의 삶을 계속적으로, 흔들림 없이 이루어 나갈 때 이전에 깨닫지 못했던 그리스도의 무한한 사랑을 깨닫게 되어지고 하나님의 모든 충만하신 것으로 충만하게 되어지는,[32)] 다시 말하면 그리스도의 형상으로 변화되어지는 영적성장이 일어나게 될 것을 가르쳐 주고 있다. 이 본문가운데서 바울은 그리스도인의 영적성장을 위해서 사랑이 필요하고, 사랑이 중요하다는 것을 강조하기 위하여 식물에게 영양

---

30) J. I. Packer, *Rediscovering Holiness*, p. 188.
31) Homer A. Kent, Jr., *The Expositor's Bible Commentary: Philippians*, p. 108.
32) John MacArthur는 "하나님의 모든 충만하신 것으로 충만해진다는 것은 하나님에 의해서 전적으로 다스려지는 것(지배되어지는 것)을 의미한다"고 말한다. *The MacArthur New Testament Commentary: Ephesians*, p. 111.

공급을 위하여 뿌리가 가장 중요하듯이 사랑은 그리스도인을 지탱시켜주고, 그의 영적 자양분을 공급받을 수 있는 뿌리와 같다고 설명하고 있다. 또한 건물이 계속 지탱해 나갈려면 견고히 잘 놓여진 기초가 필요하듯이 사랑이 그리스도인의 삶을 튼튼히 세워져 나갈 수 있게 하는 확실한 기초가 된다고 말한다. 따라서 바울이 이 두 가지 비유를 사용한 것은 그리스도인의 삶에 사랑이 얼마나 중요한가 하는 것을 강조하기 위한 것이라고 볼 수 있다.

반하우스(Barnhouse)는 사랑은 갈 5:22에 기록된 성령의 모든 열매들 가운데 본질적인 것(intrinsic)으로 볼 수 있다고 말하면서, "사랑(Love)이 유일한 열쇠이며, 희락(Joy)은 노래하는 사랑(love singing), 화평(Peace)은 신뢰하는 사랑(love resting), 오래참음(Long-Suffering)은 인내하는 사랑(love enduring), 자비(Kindness)는 사랑의 접촉(love's touch), 양선(Goodness)은 사랑의 특성(love's character), 충성(Faithfulness)은 사랑의 습성(love's habit), 온유(Gentleness)는 사랑의 자기망각(love's self-forgetfulness), 절제(Self-control)는 고삐를 쥐고 있는(자제하는)사랑(love holding the reins)"이라고 설명하였다.[33] 이와 같은 설명은 사랑없는 다른 성령의 열매들이 있을 수 없다는 것을 나타내 보여주고 있다. 그래서 엡 4:15-16에서 바울은 두 번이나 사랑을 언급하면서 이 사랑이 그리스도인의 영적생활과 성장에 빼 놓을 수 없는 중요한 요소가 된다는 것을 강조하고 있다.

또한 엡 5:1-2은 그리스도인은 그리스도 자신의 의지적인 자기희생의 사랑을 본받아 자신의 삶 속에 그 사랑을 실천해야 할 것을

---

33) R. Kent Hughes, *Preaching the Word: Ephesians*, p. 116.

보여주고 있으며 이것이 하나님을 본받는 하나의 구체적인 행위가 되어짐을 가르쳐주고 있다. 요일4:17의 "이로써 사랑이 우리에게 온전히 이룬 것은 우리로 심판 날에 담대함을 가지게 하려 함이니 주의 어떠하심과 같이 우리도 세상에서 그러 하니라"는 말씀가운데서 "사랑이 우리에게 온전히 이루었다(love is made complete among us)"는 부분과 "주의 어떠하심과 같이 우리도 세상에서 그러하니라(in this world we are like him)"는 부분은 그리스도인이 사랑함으로 영적 성숙의 자리에 나아가게 되어지고, 그리스도를 닮게 되어진다는 것을 암시해주고 있다.

벧전 1:22의 "너희가 진리를 순종함으로 너희 영혼을 깨끗하게 하여 거짓이 없이 형제를 사랑하기에 이르렀으니 마음으로 뜨겁게 피차 사랑하라"는 말씀도 그리스도인이 하나님의 말씀을 순종하므로 영적으로 성장하게 될 때 하나님과 이웃을 향하여 사랑을 나타내게 되어지고, 또한 마음으로부터 뜨겁게 사랑하는 온전한 사랑을 실천할 때에 더욱 영적으로 성숙해지는 것을 가르쳐준다. 그리스도인이 하나님의 사랑을 실천하는 것이 가능한 이유는 "우리에게 주신 성령으로 말미암아 하나님의 사랑이 우리 마음에 부은바 됨"이기 때문이다(롬 5:5).

5) 교제(Fellowship)

그리스도인들은 독립적인 존재들로 하나님께로부터 부름을 받는 것이 아니라 다양한 은사들을 가지고 그리스도의 몸의 지체들로서 부름을 받기에, 그리스도인들 사이에는 불가분리의 긴밀한 관계를 가지게 되어진다. 롬 1:11-12에서 바울은 로마에 있는 그리스도인들을 보기를 심히 원했음을 밝히면서 그 이유는 첫째로, 그들에게 영적인 도움을 주므로 로마의 그리스도인들의 영적성장을 도모하기 위함이었고, 둘째로는 피차 안위함을 받기 위함(바울 자신도 그들의 믿음과 받은 은사들에 의해 위로를 받고자 함)인 것을 말하고 있다.[34]

이와 같이 그리스도인의 교제는 단순한 인간적인 만남으로 끝나는 것이 아니라 각자가 받은바 은사를 통하여 피차간에 영적인 유익을 주고받는 것으로, 영적성숙에 없어서는 안 될 요소이다. 왜냐하면 교회의 머리되신 예수님께서는 그의 몸의 지체들로서 당신의 자녀들을 부르셨기에 지체된 그리스도인들 간에 연결과 교통이 있을 때 온전한 몸으로서의 건강과 성장을 유지해 나갈 수 있기 때문이다. 만일에 한 지체가 그 자신의 은사를 행사하지 아니하고 독립적으로 존재한다면 그 자신뿐만 아니라 다른 지체들에게 까지 고통과 어려움을 가져 올 수밖에 없기에 각 지체의 정상적인 영적 성장에 지장을 초래하게 될 것이다(고전 12:18-27). 따라서 각 개인의 그리스도인은 그리스도의 몸의 다른 지체들(다른 구성원들)이 유익을 얻을 수 있도록 받은바 은사를 행사하고, 유기적인 관계를 이루어 나갈 때 정상적인 성장이 가능하게 된다. 만일에 가르침의 은사를 받은 그리스도인이 거울 앞에서 자기 자신을 가르치는데 받은 바 은사를 사용한다면 그것은 대단히 어리석은 일이 되는 것과 마찬가지로 다른 은사를 가진 자들도 그 은사를 자기의 유익을 위해

---

34) 이점에 대해서 John Calvin은 "그의 진술은 그리스도의 교회에는 헛된 은사가 있을 수가 없으므로, 어떤 성도든지 다른 성도에게 유익을 끼쳐 줄 수 있음을 의미하는 것이다"라고 말한다. *The Epistle of Paul the Apostle to the Romans and to the Thessalonians*, p. 24.

서 사용한다면 그와 같은 결과가 주어 질 것이다.

레온 모리스(Leon Morris)는 엡 3:18의 "능히 모든 성도와 함께 지식에 넘치는 그리스도의 사랑을 알아"에 대해서 설명하면서 "모든 신자들은 하나님의 사랑을 온전히 이해하는 자리에 들어가기 위해서는 다른 신자들을 필요로 한다"[35]라고 그리스도인들 간의 교제의 중요성에 대해서 언급하고 있다. 바울은 몬 1:6에서 "이로써 네 믿음의 교제가 우리 가운데 있는 선을 알게 하고 그리스도께 미치도록 역사하느니라(I pray that you may be active in sharing your faith, so that you will have a full understanding of every good thing we have in Christ)"라고 간구하였는데, 이 구절은 빌레몬이 과거에 노예였으나 이제는 그리스도인이 되어진 오네시모를 그리스도의 사랑으로 용납하는 교제를 가지므로 그리스도 안에 있는 모든 선한 것에 대한 보다 풍성한 이해와 경험을 가질 수 있기를 기원하고 있음을 보여준다. 즉 그리스도인들 간의 영적교제는 지식에 넘치는 그리스도의 사랑을 체험하고 보다 명료하게 이해할 수 있게 하는 영적유익이 있음을 가르쳐주고 있다(엡 3;18-19). 따라서 그리스도를 향한 진정한 믿음과 사랑은 다른 사람들과의 교제(koinonia)[36]로 연결되어지고 열매맺는 것을 성경은 말하고 있다(몬 1:7, 요일 1:3).

행 9장에서 사울이 다메섹도상에서 부활하신 예수 그리스도를

---

35) Leon Morris, *Expository Reflections on the Letter to the Ephesians*, p. 106.
36) 교제(Koinonia)라는 용어는 단순히 다른 사람들과의 만남을 즐기는 것을 의미하는 것이 아니라 모든 삶에 대한 상호 나눔과 관심과 돌봄을 뜻하는 것이다. John MacArthur, *The MacArthur New Testament Commentary: Colossians & Philemon*, p. 213.

만났을 때 주님께서 직접 모든 것을 다 행하시지 아니하시고 주님의 제자인 아나니아를 파송하셨고, 사울이 아나니아를 만나 그와 영적 교제를 가졌을 때 다시 보게 되고 강건하여지는 영적 회복과 성장의 결과를 가져왔던 것을 볼 수 있다. 또한 롬 16:3-16과 21-23에서 바울이 계속적으로 여러 성도들의 이름을 열거하면서 "문안하라, 혹은 문안하느니라"라고 언급한 것은 그리스도인들 간의 교제가 참으로 중요함을 가르쳐주고 있으며 이 교제가 영적성장에 영향을 미치는 중요한 요소임을 암시해 주고 있다. 참으로 하나님은 우리를 그리스도의 몸 안에서 교제를 통해서 성숙하게 만드시기 위하여 부르시고 구원하셨다(엡 4:15-16).

특별히 영적 성장과 관계되어지는 성경적 교제(biblical fellowship)는 그리스도인들이 받은바 영적 은사들을 행사하는 것과 관계 되어진다. 그런데 이 그리스도인들 간의 교제는 상호간에 갖는 돌봄과 관심으로 표현되어진다. 구체적으로 그리스도인들 간의 교제는 다음과 같은 것들을 포함한다: ① 서로 세워주는 일(build each other up)-살전 5:11, ② 서로 기도하는 일(pray for one another)-롬 15:31, 고후 1:11 ③ 짐을 서로 지는 일(bear one another's burdens)-갈 5:21, ④ 서로 복종하는 일(submit to one another)-엡 5:21, ⑤ 서로 대접하는 일(offer hospitality to one another)-벧전 4:9, ⑥ 서로 섬기는 일(serve one another)-갈 5:13, ⑦ 서로 위로하는 일(comfort one another)-살전 4:18, ⑧ 서로 용서하는 일(forgive one another)-골 3:13, ⑨ 서로 권하는 일 (admonish one another)-롬 15:14, ⑩ 서로 가르치는 일(teach one another)-골 3:16, ⑪ 서로 격려하는 일(encourage one another)-히 3:13, ⑫ 서로 사랑하는 일(love one another)-벧전 1:22. 이상과 같이 그리스도인

들이 몸의 각 지체들로 서로 적절히 역할을 감당해 나가고 긴밀한 관계를 서로 유지해 나갈 때 영적 건강을 유지하면서 계속 정상적으로 자라갈 수 있을 것이다.

6) 전도(Witnessing or Evangelism)

성경은 그리스도인의 삶에서 증거(전도)하는 일을 선택적인 것으로 말하지 아니하고 필수적인 것으로 말하고 있다(막 16:15-16, 고전 8:16, 딤후 4:1-2). 마 28:19-20과 행 1:8과 같은 구절들은 모든 신자들은 그리스도를 위하여 증인이 될 의무가 있다는 것을 분명히 보여준다. 행 1:8에서 주님께서 성령이 임하시면 복음전도의 사명을 감당하게 될 것이라고 하신 말씀대로 성령은 전도(선교)의 영이시기 때문에 성령 충만한 자, 곧 영적으로 성숙한 그리스도인이 그 삶 속에 말과 행위를 통한 전도의 열매를 맺게 되는 것은 당연한 결과이다. 전도와 선교는 하늘과 땅의 모든 권세를 가지신 주님이 주신 명령이기 때문에, 이 명령에 대한 순종여부는 그리스도인의 신앙의 성숙도를 측정해 볼 수 있는 하나의 잣대가 되어진다.

또한 마 28:18-20까지의 주님의 지상명령(the Great Commission)을 따르게 될 때에 세상 끝날 까지 주님이 항상 함께 해 주시겠다는 약속대로 전도(선교)하는 그리스도인은 주님의 임재와 동행을 그 삶 속에서 순간순간 체험하게 되므로 영적으로 더욱 성숙해지는 크나큰 영적 축복을 누리게 되어질 것이다.

바울은 고전 9:23에서 "내가 복음을 위하여 모든 것을 행함은 복음에 참예하고자 함이라(I do all this for the sake of the gospel, that I may share in its blessings)"고 언급하고 있는데, 이것은 바

울이 다른 사람들에게 복음을 전함으로 자신의 영적인 진보를 가져오고, 복음전파사역을 통하여 풍성한 축복을 받게 되는 개인적 유익이 있음을 말해주고 있다. 행 4:1-37은 사도들을 포함하여 초대교회 성도들은 복음전파의 삶을 통하여 더욱 뜨겁게 기도하게 되어졌고(행 4:24-30), 그 결과 성령 충만을 받아 더욱 담대히 능력있게 복음을 전하고(행 4:31, 33), 성도들 간에 강화된 연합과 사랑을 체험하는(행 4:32, 34-37) 영적진보가 있었던 것을 기록하고 있다.

또한 행 19:1-20에 기록되어 있는 바울의 에베소에서의 성공적인 복음전도사역의 결과로 바울은 성령 안에서 담대함과 확신을 가지고 그 당시 로마제국의 수도였던 로마뿐만 아니라(행 19:21), 로마문명의 가장 서쪽 변경의 식민지였던 서바나에 까지도 갈려고 했던(롬 15:24, 28), 사역의 더욱 큰 비전을 가지게 되었던 것을 볼 수 있다. 이렇게 복음을 나눌 때에 복음을 전하는 자신이 영적으로 더욱 새롭게 되어지고, 강화되어지며, 자라게 되는 것을 볼 수 있다.

눅 10:17에서 예수님께로부터 전도를 위하여 파송 받았던 70인에게 그들 자신의 전도사역을 통하여 동반되어진 놀라운 영적체험 즉 귀신이 항복하는 것을 통하여 기쁨이 충만했던 것을 기록하고 있는데, 이것은 전도하는 자에게 일어나는 새로운 영적 성장을 말해주고 있다(행 13:52). 이와 같이 그리스도인의 삶에 전도의 열매가 있다는 것은 그가 구원받았다는 증거요(마 7:20), 영적으로 성숙한 자리로 나아가고 있다는 구체적인 표식이다(눅 10:17, 행 1:8, 5:42).

모든 그리스도인들은 복음의 증인들이며(행 1:8), 그리스도를 자신의 말과 행위로 나타내 보여주는 편지들이며(고후 3:3), 그리스도로부터 모든 족속을 제자로 삼으라(마 28:18-20)는 명령을 수행해 나가는 그리스도의 사신(대사)들이다(고후 5:20). 그러나 전도의 효력은 그리스도인 개개인의 삶에 의해 영향을 받을 수 있으므로 가장 효과적인 전도는 전도하는 개인의 삶의 진실성에 의해 뒷받침되어 질 때 가능하게 된다. 존 스타트(John Stott)는 "사람들은 우리가 전파하는 복음이 우리를 변화시켰다는 것을 그들 자신의 눈으로 보아야만 한다 …… 만일 우리의 삶이 우리가 전하는 메시지와 모순 된다면, 우리의 복음전도는 모든 신빙성을 상실하게 될 것이다. 실로 복음전도의 가장 큰 장애물은 복음 전도자의 말과 행동이 통합되어 있지 않는 것이다"[37]라고 말한다. 그러므로 그리스도인으로서 자신의 삶이 그 자신과 다른 사람들의 증거를 손상시키는 결과를 가져오지 않도록 자신을 살피면서(마 23:2-13, 벧전 2:12), 복음 증거의 본질적 사명을 잘 감당해 나갈 때 온전한 그리스도인으로서 성령의 쓰임을 받게 되어지고 영적으로 성숙한 자리에 이를 수 있게 될 것이다.

7) 봉사(Service)

성경은 영적으로 성숙한 자가 되기 위해서는 받은바 은사를 따라 다른 사람들을 섬기는 삶을 살아가야 할 것을 말하고 있다(마 23:11). 예수님께서는 마 20:26-27에서 누구든지 크고자 하는 자는 섬기는자(diakonos)가 되어야 할 것을 말씀하셨다. 여기에 "큰 자"는 "영적으로 성숙한자"란 의미를 가지고 있다. 윌리엄 헨드릭슨(William Hendriksen)은 "크게 된다는 것은 하나님의 영광을 위하

---

37) John Stott, *The Contemporary Christian*, p. 254.

여 자신을 주는 것이며 자기를 쏟아 부어서 다른 사람을 섬기는 것이다. 크게 된다는 것은 사랑한다는 뜻이다"[38]라고 말한다.

엡 4:11-12은 하나님께서 교회의 지도자들을 세우시는 일차적 목적이 봉사의 일(diakonia)을 할 수 있도록 하나님의 사람들(그리스도인들)을 온전케 하기 위함이며, 궁극적 목적은 그리스도의 몸을 세우는데[39] 있음을 말씀하고 있다. 따라서 그리스도의 몸 전체가 자라는 방법은 그것의 모든 지체된 성도들이 하나님께로부터 받은바 자신들의 은사를 온전히 사용하여 서로 봉사할 때 자신뿐만 아니라 다른 사람들도 영적으로 성장하는 결과를 가져오게 된다는 것이다. 그래서 사도 베드로는 "각각 은사를 받은대로 하나님의 각양 은혜를 맡은 선한 청지기같이 서로 봉사하라(벧전 4:10)"고 봉사의 필요성과 중요성을 강조하고 있는 것이다.

봉사의 실재적인 예로서는, 행 9:36-42에 기록된 초대교회 당시 욥바에 거주하였던 다비다(도르가)라는 여제자의 봉사를 들 수 있다. 주의 이름으로 행한 많은 선행과 구제를 통한 다비다의 봉사는 마침내 자신이 죽음에서 부활하는 기적[40]을 체험하는 놀라운 영적 성장의 결과를 가져왔을 뿐만 아니라 그 자신으로 말미암아 무수히 많은 사람들이 주께로 돌아오는 전도의 열매를 맺게 되었음을 생생하게 보여주고 있다.

---

38) 윌리엄 헨드릭슨, 마태복음(하), p. 106.
39) John MacArthur는 "교회의 영적 양육과 개발"을 의미한다고 언급한다. The MacArthur New Testament Commentary: Ephesians, p. 156.
40) 이 사건에 대하여 John Calvin은 "하나님께서 도르가가 [계속] 과부들을 돌보도록 하기 위하여 소생 시켰을 것이다 …… 하나님은 생명의 주재자로서 그의 아들의 능력을 과부들에게 보여 주셨다"라고 말한다. Commentary on the Acts of the Apostles, Vol. 1. p. 280.

또한 행 11:28-30에 나타나는, 기근 중에 있었던 예루살렘교회 성도들을 위한 안디옥교회 성도들의 자발적이고도 즉각적인 구제(봉사)는 안디옥교회 성도들이 참으로 사랑이 충만했고 영적으로 성숙한 그리스도인들로서 기독교 역사상 최초로 "그리스도인(그리스도를 닮았다는 뜻임)"이라는 영광스러운 이름을 얻기에 합당했다고 하는 사실을 보여준다.

바울은 그리스도인들이 가진 부활의 소망에 관해서 언급한 이후에 결론적으로 고전 15:58에서 "항상 주의 일에 더욱 힘쓰는 자들이 되라 이는 너희 수고가 주안에서 헛되지 않은 줄을 앎이니라"고 영생의 소망을 가진 그리스도인은 이 땅위에 사는 동안 봉사의 삶을 살아야 할 것을 권면하고 있다. 여기에 "주의 일(the work of the Lord)"[41]은 그리스도의 복음을 전파하거나 가르치는 일과 성경말씀의 내용들을 그리스도인 자신의 삶에 적용하는 일과 서로를 양육하는 일과 이웃을 자신의 몸과 같이 사랑하는 일들을 포함하고 있다.

이와 같이 예수 그리스도를 통한 구원의 은혜에 감사하여 이런 일들을 계속적으로 힘써 나갈 때에 그 수고(봉사)가 다른 사람들에게 뿐만 아니라 자신에게도 영적 유익과 축복이 주어지는 결과가 있게 될 것을 암시해준다(마 19:29, 딤전 4:15-16, 계 22:12). 그래서 갈 5:13에서 "오직 사랑으로 서로 종노릇하라"고 말씀한다. 이것은 그리스도인이 비이기적인, 자아를 내어주는 무조건적 사랑으로 다른 사람들을 섬김으로 하나님을 영화롭게 할 수 있음을 가르

---

41) F. W. Grosheide는 여기에 주의 일은 "더 광범한 의미에서 선한 일들을 말하는 것으로 생각되어져야 한다"고 말한다. 고린도전서주석, p. 457.

쳐주고 있다. 그러므로 하나님에 대한 단순한 신뢰와 모든 사람을 향한 사랑을 가지고 다른 사람들의 종으로서 겸손하게 섬기는 자가 주님의 발자취를 따르는 자요, 그리스도를 가장 닮은 자요, 참으로 영적으로 성숙한 자이다.

8) 찬양과 감사(Praising God and Thanksgiving)

사 43:21의 "이 백성은 내가 나를 위하여 지었나니 나의 찬송을 부르게 하려 함이니라"는 말씀은 찬양의 삶을 사는 것은 하나님께서 인간을 창조하신 목적임을 밝히 보여주고 있다. 이렇게 그리스도인이 자기를 높이고 자기를 찬양하는 것에 대한 혐오와 함께 하나님을 찬양하는 것을 기뻐하고 찬양으로 하나님께 영광을 돌리는 삶을 살아갈 때 그 개인의 삶 속에 변화의 역사가 일어나게 되어지고 다양한 영적 체험들과 함께 영적으로 자라가게 되어진다. 그리스도인들이 찬양하는 삶을 살아가야 한다는 것은 성경전체를 통하여 표현되어지고 있다(시 103:1-2, 104:1,33, 105:1-2, 113:1-2, 117:1-2).

그리스도인이 영적으로 더욱 성숙해 지면 질수록 찬양하는 삶의 모습이 현저히 그 삶 속에 나타나게 되어질 것이고, 하나님을 찬양하는 삶 속에 들어가면 들어갈수록 그 자신을 주목하지 않게 되어지고, 시편기자와 같이 "여호와여 영광을 우리에게 돌리지 마옵소서 우리에게 돌리지 마옵소서 오직 주의 인자하심과 진실하심을 인하여 주의 이름에 돌리소서(시 115:1)"라고 간절히 부르짖게 될 것이다. 그리하여 그리스도인이 시편 기자와 같이 강하게 느끼면 느낄수록 영적으로 더욱 자라가게 될 것이다. 특히 엡 1:6, 12, 14은 그리스도인들을 향한 하나님의 예정과 선택의 목적은 그의 은혜의 영광을 찬미하게 하기 위함인 것을 보여 주고 있다. 그러므로 하나님의 자녀 되게 하신 목적대로 찬양(감사)의 삶을 살아갈 때에 하나님께서 영광을 받으시고 영적으로 성숙해지는 결과가 나타나게 되어진다.

시 67:5-7에서 시인은 "하나님이여, 민족들로 주를 찬송케 하시며 모든 민족들로 주를 찬송케 하소서. 그리하면 땅이 그 소산을 내리로다. 하나님 곧 우리 하나님이 우리에게 복을 주시리로다"라고 노래하였는데, 이 구절은 그리스도인이 찬양의 삶을 살아갈 때 그 삶에 하나님께서 주시는 풍성한 수확이 있고, 하나님이 약속하신 복을 누리게 됨을 언급하고 있다. 잭 R. 테일러(Jack R. Taylor)는 "찬양이 없을 때 건강한 영적 상태와는 정반대되는 온갖 종류의 씨앗이 싹트고 번성하게 된다. 수확은 형편없게 되고 일의 성취는 크게 제한받게 된다. 그래서 인간은 좌절하게 되고 하나님은 슬퍼하신다. 그러나 우리가 찬양할 때 수확은 최대로 되며 성취감이 생기고 좌절은 없어지게 된다. 이렇듯 찬양의 유무는 모든 상황에 있어서 결정적으로 중요한 것이다"[42]라고 말하였다.

사 61:3에서는 찬양은 '근심을 제거하는 하나님이 주신 옷' 임을 밝히고 있는데, 이 찬양의 옷을 지속적으로 입고 있을 때 근심과 절망과 낙담과 같은 영적성숙에 방해되는 요소들이 침투해 들어오지 못하므로 그리스도인의 영적성장에 유익을 가져다 줄 것을 시사해 주고 있다(시 43:2-5). 또한 시 22:26의 "여호와를 찾는 자는 그를 찬송할 것이라 너희 마음은 영원히 살찌어다"라는 말씀은 찬송하

---

[42] 잭 R. 테일러, *찬양 중에 거하시는 하나님*, p. 41.

는 자는 그 마음에 평강과 기쁨과 순결과 사랑과 안식과 확신이 충만한 가운데서 살게 되어지므로, 영적 삶에 풍성한 축복을 누리는 이런 결과를 가져오게 될 것을 암시해 주고 있다.

시 42:8에서는 "낮에는 여호와께서 그 인자함을 베푸시고 밤에는 그 찬송이 내게 있어 생명의 하나님께 기도하리로다"라고 찬송이 기도로 연결되어진 것을 보여주고 있다. 사실 찬송은 그 자체가 음률이 담긴 기도라고 볼 수 있으며, 이 찬송의 삶은 자연스럽게 기도의 삶으로 연결이 되어져서 영적성장의 열매를 맺게 되어진다. 또한 대상 16:4에서 감사와 찬양이 함께 언급된 것은 하나님께 대한 감사와 찬양은 서로 밀접한 관계를 가지고 있음을 보여주는 것이다.[43] 따라서 찬양은 하나님께 우리의 마음을 집중시키게 할 뿐만 아니라, 하나님께서 당신의 자녀들에게 베푸신 은혜에 대하여 하나님께 감사하게 하는 결과를 가져오게 되어진다(시 103:1-22). 참으로 예수 그리스도의 지식에 넘치는 사랑과 구원의 은혜에 사로잡힌 그리스도인의 감사 충만한 삶은 그리스도로 말미암아 그 입술의 열매인 찬양이 충만한 삶으로 연결되어진다(히 13:5).

성경은 하나님 앞에 드리는 감사가 하나님을 영화롭게 하며, 하나님의 기적적인 구원을 가져오는 능력이 있음을 말씀하고 있다(시 50:23). 역대하 20장에서 유다 왕 여호사밧은 연합 적군의 큰 무리가 쳐들어 왔을 때 백성들과 함께 오직 찬양의 무기만을 가지고 하나님 앞에 감사하며 나아갔을 때 하나님의 기적적인 구원을 체험하

---

43) 하나님께 대한 감사와 찬양이 서로 밀접한 관계를 가지고 있음을 보여주는 성경구절은 다음과 같다: 삼하 22:50, 대상 16:35, 25:3, 29:13, 대하 5:13, 31:2, 느 12:24, 46, 시 18:49, 30:12, 33:2, 35:18, 57:9, 92:1, 100:4, 106:47, 108:3, 109:30, 138:1, 145:10, 147:7, 단 2:23, 4:34, 롬 15:9, 엡 5:19-20, 골 3:16.

였으며, 불순종하므로 큰 물고기 뱃속에 있던 요나는 욘 2:9에서 "나는 감사하는 목소리로 주께 제사를 드리며 나의 서원을 갚겠나이다"라고 감사를 회복하였을 때 하나님께서는 물고기를 명하사 요나를 즉시 육지에 토해내도록 하셨고, 행 16:25에서 바울과 실라가 빌립보감옥에 갇혀 있었으나 한밤중에 일어나 하나님께 기도하고 찬미했을 때, 큰 지진이 나서 옥 터가 흔들리며 매인 것이 다 풀려지는 하나님의 기적적인 구원의 역사가 일어났던 것을 볼 수 있다. 이렇게 감사와 찬양은 고난과 역경가운데서도 환경을 능히 변화시키는 하나님의 놀라운 구원과 축복을 체험하게 하므로 그리스도인으로 하여금 영적 성숙의 자리로 나아가게 하는 요소가 되어진다.

씨 에스 루이스(C. S. Lewis)는 "찬양이란 내적 건강상태가 밖에서 들을 수 있는 소리로 나타나는 것"[44]이라고 찬양이 영적건강과 밀접한 관계를 가지고 있음을 언급하고 있다. 초대교회 성도들에게 있어서 빼 놓을 수 없는 특징들 중 하나가 바로 찬양(감사)의 삶을 살았다는 것이며 그 결과로, 온 백성들에게 칭송을 받게 되었는데 이것은 찬양이 그들의 삶에 변화를 가져왔음을 보여준다(행 2:47).

잭 R. 테일러(Jack R. Taylor)는 시 100:4을 언급하면서 "찬양은 감사와 함께 하나님의 존전에 나아갈 수 있게 하는 유일한 수단이다"[45]라고 말한다. 시 22:3에서는 "이스라엘의 찬송 중에 거하시는 주여, 주는 거룩하시니이다"라고 찬양은 하나님이 살고 계시는 거처이며, 왕 중의 왕이 앉으시는 보좌가 되어짐을 밝히고 있다. 이와

---

44) Ibid., p. 92.
45) Ibid., p. 38.

같이 찬양 가운데 하나님은 자신을 가장 잘 나타내시기 때문에 그리스도인이 찬양 할 때 하나님의 강한 임재를 느끼게 되어 질뿐만 아니라, 찬양을 통하여 치유의 역사가 일어나므로, 영적으로 새로워지고 강화되어지는 결과를 가져옴을 성경은 언급하고 있다.

그러므로, 찬양할 때 ① 하나님께서 당신의 백성들을 만나주시는 역사가 일어나며(대하 5:12-14), ② 두려움이 사라지는 역사가 일어나며(시 56:4), ③ 악령이 물러가는 역사가 일어나고(삼상 16:23), ④ 고난과 역경을 극복하고 승리하는 역사가 일어나며(행 16:25), ⑤ 성령의 깊은 감동을 받게 되는 역사가 일어나고(왕하 3:15)[46], ⑥ 신유의 역사가 일어나게 됨(삼상 16:23, 시 105:2, 잠 17:22)을 성경은 가르쳐 주고 있다.

예수님께서는 마 21:16에서 "어린 아기와 젖먹이들의 입에서 나오는 찬미를 온전케 하셨나이다"라고 시 8:2의 말씀을 인용하셨는데 시편에서는 "찬미" 대신에 "권능"이라는 말로 기록되어 있다. 이 두 구절은 찬양은 그리스도인의 영적 삶에 승리를 가져다주는 무기임을 암시해 준다. 특히 시 149:5-9에서는 찬양이 진리의 말씀과 함께 결합되어 사용되어지므로 영적전투에서 승리의 결과를 가져오게 한다는 것을 가르쳐 준다.

---

46) "거문고 타는자가 거문고를 탈 때에 여호와께서 엘리사를 감동하시니(왕하 3:15)"라는 말씀은 "거문고에서 나오는 음악자체가 엘리사에게 예언하도록 한 것이 아니라, 그 음악을 연주하므로 하나님께서 그 음악을 들으시고 하나님의 영이 엘리사에게 임재 하셔서 예언했다는 것이다." 강신의, *최고의 예술을 최고의 하나님께!*, p. 29.

9) 고난과 인내(Suffering and Endurance)

참으로, 편안함과 안락함이 오늘 이 시대의 사람들에 의해서 인생의 최고의 가치들로 받아들여지고 있으나, 고난과 인내를 통하여 그리스도인은 영적으로 성숙한 자리에 이를 수 있음을 성경은 분명히 하고 있다(약 1:2-4, 벧전 1:6-7). 패커(J. I. Packer)는 "고난은 모든 신자들에 의해서 예외없이 기대되어져야 하고, 소중한 것으로 평가되어져야 한다"[47]고 고난이 그리스도인의 영적 성장에 필수적임을 언급하고 있다.

특별히 이 땅위에서의 삶은 근본적으로 죄로 인하여 제 모습이 아니며 정상적인 것이 아니기 때문에(롬 8:19-23) 긴장과 고통과 실망과 모든 종류의 좌절이 우리의 삶에 주어지게 되어진다. 따라서 그리스도인은 이러한 것들을 예상하고 준비해야 하는데 하나님께서 이러한 상황가운데서 성도의 영적 유익과 영적 성숙을 위하여 고난을 사용하신다(롬8:17, 28, 빌 1:29). 특히 롬 5:4에서 "인내는 연단(character)을 가져온다"고 말씀하고 있는바 여기에 "연단(character)"은 헬라어로 (도키메)인데 하나님께로부터 인정되어진, 입증된 자질(proven quality recognized by God)을 나타내는 단어이다.

요 15:2의 "무릇 과실을 맺는 가지는 더 과실을 맺게 하려하여 이를 깨끗케 하시느니라"는 말씀은 그리스도인의 영적성장으로 풍성한 열매(성령의 9가지 열매)들을 맺도록 깨끗케(전지(剪枝) 혹은 연단(鍊鍛)을 의미)하시는 과정을 거치는 것을 보여준다. 여기에 깨끗케 하는 것은 히 12:7-11에서 언급하고 있는바 고난을 통한 연

---

[47] J. I. Packer, op., cit., p. 251.

단(훈련)을 인내함으로 통과해 나갈 때 영적성숙의 결과를 가져오고, 여러 가지 영적 열매들을 맺게 되는 사실을 가르쳐 주는 것과 동일한 의미를 가지고 있다.

또한 고후 4:17의 "우리의 잠시 받는 환난의 경한 것이 지극히 크고 영원한 영광의 중한 것을 우리에게 이루게 함이니"라는 말씀은 하나님께서는 환난을 통하여 당신의 자녀들을 깨끗케 하시고 온전케 하셔서(시 66:10, 벧전 1:7), 성화를 이루게 하시므로 마침내 예비하신 영원한 영광을 누리게 하시는 것을 가르쳐준다(마 13:43, 롬 8:17-18, 골 3:4, 벧전 4:13).

그래서 찰스 핫지(Charles Hodge)는 "환난은 영원한 영광의 이유이다. 공로적인 이유가 아니라 획득하는 이유이다"라고 말하므로 환난은 하나님께서 당신의 자녀들의 영적 유익과 성장과 축복을 위하여 사용하시는 방편인 것을 말한다. 실례를 들면, 스데반은 복음전파 사역을 인하여 주님 때문에 산헤드린 공회에 끌려가서 환난을 겪었으나, 그 환난으로 인하여 성령이 충만하여 하나님의 영광을 실재로 바라볼 수 있었고, 그 영원한 영광에 참여할 수가 있었다(행 7:55). 이렇게 하나님께서는 하나님을 사랑하는 자녀들에게는 고난까지도 합력하여 영적성장에 유익되게 하셔서 마침내 선을 이루신다(롬 8:28).

고후 1:4은 하나님께서 당신의 자녀들을 고난이라는 관문을 통과하게 하므로 풍성한 하나님의 위로를 체험케 하시고, 아울러 영적성숙의 자리에 이르게 하시므로 그 결과 어려움 중에 있는 다른 사람들을 위로하게 하는 것이 하나님의 방법인 것을 나타내 보여주고 있다. 특히 히 5:8-9은 성자 예수님은 죄가 없으신 하나님의 독생자였음에도 불구하고 이 세상에서 고난을 통하여 순종을 배워서 온전하게 되셨다고 언급하므로 고난이 빼 놓을 수 없는 영적성장의 필수적인 요소(integral factor)가 되어짐을 밝혀주고 있다. 그래서 시 119:67, 71에서는 고난을 통하여 순종을 배우고 하나님의 말씀이 참되다는 사실과 그 말씀의 내용을 더욱 깊이 있게 깨닫게 되었다고 시인은 고백하고 있다. 역시 고후 1:8-9에서 사도 바울은 환난을 통하여 하나님만 의지하는 영적성숙의 자리에 이르게 되었음을 언급한다.

마틴 루터(Martin Luther)는 "환난이 없었다면 나는 성경을 이해하지 못했을 것이다"[48]라고 말한바 있다. 이와 같이 하나님께서는 당신의 자녀들이 당하는 고난을 통하여서 그리스도인의 성품을 성숙하게 만드시고 정결하게 하시는 것을 성경 여러 곳에서 분명하게 나타내 보여주고 있다(고후 4:17, 약 1:2-4, 벧전 1:6-7, 5:10, 욥 42:5-6, 10).

10) 소망(Hope)

존 맥아더(John MacArthur)는 "강한 소망은 영적성숙의 결정적인 요소이다. 이 단어 자체는 어둠 속의 빛과 슬픔속의 기쁨과, 죽음속의 생명과 같이 비추인다"[49]라고 말한다. 요일 3:3의 "주를 향하여 이 소망을 가진 자마다 그의 깨끗하심과 같이 자기를 깨끗하게 하느니라"는 말씀은 그리스도께서 다시 나타나실 때에 주를 온전히 닮게 되어지고, 완전성화의 자리에 나아가게 되어질, 완전회복(complete restoration)의 소망을 가진 그리스도인은 계속해서 자

---

48) 빌리 그래함, 소망, 상한 마음을 위하여, p. 96에서 재인용.
49) John MacArthur, *Keys to Spiritual Growth*, p. 135.

신을 죄에서 깨끗케 하기를 힘쓰게 되고, 하나님을 두려워하는 가운데 거룩함을 온전히 이루기 위하여 끊임없이 정진하므로(고후 7:1), 계속적인 영적성숙(continuous spiritual maturity)의 결과를 가져오게 됨을 언급하고 있다. 참된 소망은 언제나 세상과는 구별된 삶을 살게 한다. 그리스도인 됨의 증거는 그 삶에 변화를 가져오는 이런 성질의 참된 소망을 가지는데 있다.

히 6:19에서는 "우리가 이 소망이 있는 것은 영혼의 닻 같아서 튼튼하고 견고하여 휘장 안에 들어가나니"라고 그리스도인이 예수 그리스도의 제사장직을 통하여 영원한 삶에 대한 소망을 가지게 된 것을 언급하고 있는데, 이 영원한 삶에 대한 소망(요 14:1-3)은 닻(anchor)과 같은 것으로 그리스도인의 영혼에 안정감과 든든함을 주는 것으로 이 소망을 가질 때에 모든 교훈의 풍조에 밀려 요동치 아니하고(엡 4:14), 오히려 사랑가운데서 뿌리가 박히고 터가 굳어지고(엡 3:17), 교훈을 받은 대로 믿음에 굳게 서서 감사함을 넘치게 하는(골 2:7), 영적성숙의 자리에 나아가므로 마침내 그리스도 안에 있는 구원을 영원한 영광과 함께 얻게 되는, 주께서 약속하신 영원한 축복을 누리게 된다는 것을 가르쳐주고 있다.

이 소망은 어떠한 환난과 역경가운데서도 참을 수 있는 능력을 공급 할뿐만 아니라 한 걸음 더 나아가 장차 그 소망의 내용이 이루어질 그 날을 바라보면서 오히려 기뻐할 수 있는 이런 결과를 가져오게 한다(히 10:34). 존 머리(John Murray)는 "소망은 기쁨의 이유 또는 근거다. 고난으로 인해 시련이 아무리 심하다 해도, 소망의 관점에서 본 적절한 반응은 기뻐하는 일이다"[50]라고 소망의 의미

---

50) John Murray, *The Epistle to the Romans*, Vol. 2. p. 132.

와 그 중요성에 대해서 적절히 설명한다. 그래서 바울은 "소망 중에 즐거워하며(롬 12:12)"라고 권면하고 있다. 데이비드 윌리암스(David J. Williams)는 "성경에서의 소망은 단순히 '갈망하는 생각(wishful thinking)'이 아니라 하나님의 약속들에 근거한 미래에 대한 확신을 소유하는 것을 의미한다"[51]고 설명한다.

성경에 의하면, 그리스도인의 소망의 내용은 바로 예수 그리스도이시며(골 1:27), 보다 구체적으로 말하면 예수 그리스도의 재림(살전 1:10)과 이로 인해 성취될 만물의 회복(restoration of the creation: 롬 8:19-21)과 몸의 구속(redemption of body: 롬 8:23)이다. 그래서 엡 2:12은 그리스도를 떠나서는 소망이 없다고 분명하게 밝혀주고 있다. 바울이 빌립보교회에 편지한 내용대로, 그리스도인의 삶 속에 착한 일을 시작하신 하나님께서 그리스도 예수의 날까지 그 착한 일을 이루실 것을 확신하는(빌 1:6) 이러한 인식, 즉 소망을 갖는 것이 불확실한 세상에서의 불의의 사고들에 대하여 그리스도인 자신을 가장 잘 보호하는 것이 되어지며, 이것이 바로 구원의 소망의 투구를 쓰는 것이 되어진다(살전 5:8).

그리스도인이 가져야 할 3가지 덕목 중 믿음과 사랑은 대신(對神)관계 및 대인(對人)관계에서 나타내 보여야 할 덕목이라면, 소망은 모든 고난과 역경에도 불구하고 인내하고 극복하게 하는 대아(對我)관계에서 나타내 보여야 할 덕목이라고 볼 수 있다. 따라서 주변의 환경만을 바라보지 않고 그 환경 배후에서 그 모든 어려운 환경들을 능히 변화시키시고, 고치시는 구원의 하나님을 바라보며

---

51) David J. Williams, *New International Biblical Commentary: 1 and 2 Thessalonians*, p. 27.

소망을 가지고 삶을 살아가는 그리스도인은 더욱 하나님을 찬양하는 삶을 살게 되어지고(시 71:14), 더욱 하나님의 말씀을 지키게 되어지며(시 78:7), 모든 삶의 문제들을 하나님의 방법으로 해결해 주시고 채워주시는 하나님의 축복을 체험하게 될 것이다(시 146:5-10).

그런데 성경은 이 참된 소망은 하나님 안에만 있으며(롬 8:24, 시 43:5), 하나님의 말씀을 통하여(롬 15:4), 하나님께로부터 주어지는 은혜로운 선물(살후 2:16)임을 가르쳐주고 있다. 존 스토트(John Stott)는 "기독교적인 소망은 세속적인 낙관주의와는 매우 다르다, 그것은 하나님의 약속에 의해 불붙은 하나님에 대한 확신이다"[52]라고 바르게 지적하고 있다. 따라서 그리스도인이 하나님의 말씀을 읽고, 이해하고, 믿을 때에 이 참된 소망을 가질 수 있고 이 소망을 가질 때에 영적으로 자라가게 되어진다.

5. 영적 성장의 결과 및 목표
(Result and Purpose of Spiritual Growth)

이상과 같은 영적 성장의 요소들을 갖추어 나갈 때 어떤 결과가 그 삶 속에 나타나야 하는가? 성령의 9가지 열매가 그 삶 속에 맺어져야 할 것이다. 성령의 열매는 열매를 맺는 그 사람이 구원받았음을 나타내 보여주는 역할을 한다. 마 7:20에서 주님께서는 "그의 열매로 그들을 알리라"고 언급하셨다. 어떤 사람 속에서 이런 열매

---

52) John Stott, op., cit., p. 176.

들을 볼 수 있을 때에 하나님께서 그 사람 안에서 역사하고 계신다는 것을 알 수 있다.

존 스토트(John Stott)는 성령의 9가지 열매의 중요성에 대해서 말하기를, "20년가량 나는 매일 아침 경건의 시간에 그것(갈 5:22-23)을 인용해 보고, 그것이 나의 삶에서 이루어지도록 기도해 왔다 …… 내 생각으로는 이 본문이 모든 하나님의 백성에게 엄청나게 중요한 진리들을 담고 있는것 같다"[53)]라고 말하면서 다음과 같이 언급한다:

"인류역사상 성령의 열매를 가장 풍성하게 맺음으로 완숙된 인간이 단 한사람이 있었는데 그가 바로 예수 그리스도이시다. 실로 바울이 말하는 성령의 9가지 열매는 예수 그리스도에 대한 묘사일 수도 있다. 왜냐하면 예수님은 자기의 원수들을 위해 자기 목숨을 내어 줌으로 어느 누구도 하지 못했던 식으로 사랑을 실천했으며, 그분은 나의 기쁨과 나의 평안에 대해서 말씀하셨다(요 16:11, 14:27). 그분은 어리석은 그의 제자들의 모습을 놀랍게도 오래 참으셨다. 그분은 변함없이 자비하고 선한 행위로 가득하셨다. 그분은 또한 변함없이 신뢰할 만하고(요 14:1) 언제나 온유하셨다. 실상 그분은 마음이 온유하고 겸손하셨다(마 11:29). 그리고 그 분은 완벽하게 절제하셨으며, 그래서 욕을 받으시되 대신 욕하지 아니하셨다(벧전 2:33)."[54)]

따라서 성령의 열매를 맺는다고 하는 것은 그리스도를 닮는다는 뜻이다. 성경이 보여 주는대로 그리스도를 닮는 것은 하나님의 자

---

53) Ibid., p. 146.
54) Ibid., p. 156.

녀들을 향한 부르심의 하나님의 영원한 목적이다(롬 8:29, 고후 3:18, 요일 3:2). 새로운 피조물로서의 하나님의 자녀가 세상에서 겪게 되는 삶의 실망과 좌절, 외로움과 고난과 아픔을 이해할 수 있는 유일한 길은 이 모든 것들을 우리를 그리스도와 같이 만들기 위한 하나님의 부르심의 목적을 이루기 위해 사용하시는 사랑의 하나님의 훈련과정으로 보는 것이다(롬 8:28, 히 12:5-11).

결국 이런 성령의 9가지 열매를 맺는 자만이 하나님의 나라에 들어가게 될 것이다. 마 21:43은 "그러므로 내가 너희에게 이르노니 하나님의 나라를 너희는 빼앗기고 그 나라의 열매 맺는 백성이 받으리라"고 말씀하고 있다. 따라서 기독 신자의 삶의 목표는 성령 충만한 삶 속에서 성령의 9가지 열매를 풍성히 맺음으로 온전한 하나님의 형상인 예수 그리스도를 주변의 모든 사람들에게 보여줌으로 빛과 소금의 사명을 다하고, 영적으로 성숙한 그리스도를 닮은 삶을 통하여 모든 사람으로 하여금 하나님께 영광을 돌리게 하는데 이르러야만 할 것이다(마 5:13-16).

6. 결 론(Conclusion)

기독교 대학에서의 교육은 단순히 가르치고, 지식을 전달하는데 최종목표를 두는 것이 아니다. 전인격의 변화와 성장을 도모하여 하나님의 창조목적대로의 삶을 살아가고, 받은 은사를 따라 독특한 사명을 수행해 나갈 수 있는 준비되어진 온전한 사람을 만드는데 그 목표를 두어야만 할 것이다. 왜 기독교 대학 공동체가 올바른 학문연구를 위하여 영적으로 성숙해야 하며 성령 충만해야 하는가? 그것은 하나님이 기뻐하시는 기독교적인 관점에서의 올바른 학문

연구를 위해서는 모든 생각(사고)를 사로잡아 그리스도에게 복종시켜야 만이 기독교적 학문 연구가 비로소 가능하기 때문이다.

영적성숙과 성령 충만은 단지 우리 개인의 영적 삶을 위해서 뿐만 아니라 학문 연구의 모든 과정과 사고가 하나님의 말씀의 빛 가운데서 올바르게 행해지도록 하는데 절대적으로 요청되는 것이다. 그러므로 이런 영적 성장이 계속적으로 이루어져 나가게 될 때에 진리의 영이신 성령의 조명(illumination)과 인도(guide)를 온전히 받음으로 타락한 인간의 본성의 잘못된 영향을 배제시켜 나갈 수 있고, 학문 연구 활동에 있어서 부단히 특별계시인 성경의 내용과 교훈에서 이탈되지 아니하고, 성경과 부합하는 기독교적인 학문 활동을 정상적으로 그리고 역동성 있게 수행해 나갈 수 있을 것이다.

마일즈 스탠포드(Miles J. Stanford)는 "하나님의 일은 필수적으로 영적이기 때문에, 그것을 행함에는 반드시 영적인 사람이 요구된다. 그들의 영적 성장의 정도가, 주님께 대한 그들의 가치를 결정한다. 때문에 하나님은 일보다는 사람에게 집중하신다. 만약 우리가 하나님의 목적을 위해, 하나님의 도구로 사용되길 원한다면, 우리의 영적 수준은 계속적으로 진보되어야 한다"[55]고 말하고 있다. 따라서 이러한 계속적인 진보를 도울 수 있는 과목 및 프로그램개설과 함께 영적성장을 저해하는 요소들을 제거해 나가고 적극적으로 공동체 구성원의 영적성장에 도움을 줄 수 있는 분위기와 환경을 조성해 나가므로 기독교 대학 공동체 전체의 영적성장을 도모해 나가야 할 것이다.

특별히 성경개론과 같은 과목 외에 성경각론 즉 성경의 어느 한

---

55) Miles J. Stanford, *Principles of Spiritual Growth*, p. 100.

책을 보다 깊이 있게 연구하게 하므로 학생자신의 영적 성장에 필요한 영양소를 섭취하게 할 뿐만 아니라 학생 자신이 전공하고자 하는 그 연구 분야에 중요한 학문적 통찰들을 추출하여 학문 연구의 올바른 방향 설정과 체계 확립에 적극적으로 활용하게 하고 적용할 수 있게 할 때 진정한 의미에 있어서 기독교적 관점에서의 학문연구와 개인의 영적 성숙의 풍성한 열매가 동시에 맺어질 수 있을 것이다.

"새사람을 입었으니 이는 자기를 창조하신자의 형상을 쫓아
지식에까지 새롭게 하심을 받는 자니라"(골 3:10)

참고도서(Reference List)

Baker, Ernest. *The Revival of the Bible.* London: The Kingsgate Press, 1906.

Barton, Bruce B., David R. Veerman., and Neil Wilson. *Life Application Bible Commentary: Romans.* Wheaton, Illinois: Tyndale House Publishers, Inc, 1992.

Bruce, F. F. *New International Biblical Commentary: Philippians.* Peabody, Massachusetts: Hendrickson Publishers, 1983.

Calvin, John. *The Epistle of Paul the Apostle to the Romans and to the Thessalonians.* Grand Rapids: Eerdmans, 1960.

_____. *Commentary on the Acts of the Apostles.* Edited by David W. Torrance and Thomas F. Torrance. Vol. 1. Grand Rapids: Eerdmans, 1966.

Carson, D. A. *The Gospel According to John.* Grand Rapids: Eerdmans, 1991.

Coppedge, Allan. *The Biblical Principles of Discipleship.* Grand Rapids: Francis Asbury Press, 1989.

Dunn, James D. G. *Word Biblical Commentary: Romans 9-16.* Vol. 38. Dallas, Texas: Word Books, Publisher, 1988.

Grudem, Wayne. *Systematic Theology: An Introduction to Biblical Doctrine.* Grand Rapids: Zondervan Publishing House, 1994.

Guthrie, Donald. *New Testament Theology.* Downers Grove: Inter-Varsity, 1981.

Hendriksen, William. *New Testament Commentary: Ephesians.* London: The Banner of Truth Trust, 1967.

Hodge, Charles. *Commentary on the Second Epistle to the Corinthians.* Grand Rapids: Eerdmans, 1950.

Hughes, R. Kent. *Preaching the Word: Ephesians.* Wheaton, Illinois: Crossway Books, 1990.

_____. *Preaching the Word: James.* Wheaton, Illinois: Crossway Books, 1991.

Kent, Jr. Homer A. *The Expositor's Bible Commentary: Philippians.* Vol. 2. Grand Rapids: Zondervan Publishing House, 1978.

Kistemaker, Simon J. *The Parables of Jesus.* Grand Rapids: Baker Book House, 1980.

_____. *New Testament Commentary: Exposition of the Epistle of James and the Epistles of John.* Grand Rapids: Baker Book House, 1986.

_____. *New Testament Commentary: Exposition of the Epistles of Peter and of the Epistle of Jude.* Grand Rapids: Baker Book House, 1987.

Ladd, George Eldon. *A Theology of the New Testament.* Grand Rapids: Eerdmans, 1974.

MacArthur, John. *The MacArthur New Testament Commentary: Ephesians.* Chicago: Moody Press, 1986.

_____. *Keys to Spiritual Growth.* Grand Rapids: Fleming H. Revell, 1991.

_____. *The MacArthur New Testament Commentary: Colossians & Philemon.* Chicago: Moody Press, 1992.

Marshall, I. Howard. *The New Century Bible Commentary: 1 and 2 Thessalonians.* Grand Rapids: Eerdmans, 1983.

Maxwell, John. *Partners in Prayer (기도 동역자).* 정인홍 역, 도서출판 디모데, 1998.

Morris, Leon. *Expository Reflections on the Letter to the Ephesians.* Grand Rapids: Baker Books, 1994.

Müller, Jac J. *The New International Commentary on the New Testament: The Epistles of Paul to the Philippians and to Philemon.* Grand Rapids: Eerdmans, 1955.

Murray, John. *The Epistle to the Romans.* Vol. 2. Grand Rapids: Eerdmans, 1965.

Packer, J. I. *Rediscovering Holiness.* Ann Arbor, Michigan: Servant Publications, 1992.

Stanford, Miles J. *Principles of Spiritual Growth.* Lincoln, NE.: Back To The Bible, 1991.

Stott, John. *The Contemporary Christian: Applying God's Word to Today's World.* Downers Grove, Illinois: InterVarsity Press, 1992.

Wiersbe, Warren W. *10 Power Principles for Christian Service (건강한 사역자입니까?).* 김모루 역, 디모데, 1998.

Williams, David J. *New International Biblical Commentary: 1 and 2 Thessalonians.* Peabody, Massachusetts: Hendrickson Publishers, 1992.

강신의. 최고의 예술을 최고의 하나님께! 아가페음악선교원, 1992.
F. W. 그로샤이데. 뉴인터내셔널 성경주석: 고린도전서. 서문강 역. 생명의 말씀사, 1984.
빌리 그래함. 소망, 상한 마음을 위하여. 정규채 역. 죠이선교회, 1993.
윌리엄 헨드릭슨. 헨드릭슨 성경주석: 마태복음 (하). 김경래 역. 아가페출판사, 1984.
존 웜버. 영적 성숙을 위한 7가지 제언. 오교룡 역. 나눔터, 1994.
잭 R. 테일러. 찬양 중에 거하시는 하나님. 이석철 역. 요단출판사, 1985.
케네스 헤르만. 론 심킨스. 브리안 월쉬(공저). 기독 신앙과 전공과목. 한국기독학생회 출판부 (IVP), 1986.

3장

예배의 원리

The Principles of Worship

제 3 장
예배의 원리
(The Principles of Worship)

1. 서론(Introduction)

하나님의 형상으로 지음받은 인간은 원래 예배하는 존재로서의 삶을 살아가도록 하나님께로부터 창조되어진 영적 피조물이다. 그러므로 모든 인간은 창조주 하나님을 예배하는 삶을 살아가든지 아니면 하나님이 지으신 것들을 예배하는 우상숭배의 삶을 살아가든지 둘 중에 하나를 선택할 수밖에 없는 그런 예배적 존재이다. 그러나 창조주 하나님을 예배하는 참된 예배는 오직 성령으로 거듭난 하나님의 택한 자녀들만이 드릴 수 있는 축복이요 특권임을 성경은 밝혀주고 있다. 그러므로 그리스도인들에게는 이 예배가 무엇보다도 소중한 보물과 같은 것이며 그리스도인들은 이 예배의 축복을 누리면서 삶을 살아가야만 할 것이다.

오늘날 미국의 영향력있는 신학자요 목회자로 사역하면서 18세기 미국의 대각성운동을 주도했던 요나단 에드워드를 연구하였던 존 파이퍼(John Piper)는 자신이 쓴 "열방이여 기뻐하라!(Let the

Nations be Glad!)"는 제목의 책 속에서 "선교는 교회의 궁극적인 목표가 아니다. 예배가 그 목표다. 예배가 없기 때문에 선교가 필요한 것이다. ... 선교는 예배로 시작해서 예배로 끝난다. ... 예배가 선교의 목표가 되어야하는 가장 근본적인 이유는 예배가 하나님의 목표이기 때문이다(Missions is not the ultimate goal of the church. Worship is. Missions exists because worship doesn't. .. Missions begins and ends in worship. ... And the deepest reason why worship is the goal in missions is that worship is God's goal)"라는 의미심장한 말을 한바가 있다.[1] 물론 그가 생각하는 예배는 단순히 형식적인 공예배나 찬양모임 정도를 의미하는 것이 아니라 하나님을 만나고 그 하나님을 기뻐하는 마음에서의 영적 경험으로서 삶 전체를 하나님께 드리는 예배의 본질적인 측면을 염두에 두고 있음을 언급하고 있다.

따라서 참된 예배가 무엇이며, 어떻게 예배해야하며, 예배의 궁극적인 목적이 무엇이며, 예배가 그리스도인의 삶에 가져다주는 유익과 축복 등이 무엇인지를 먼저 이해하는 것이 무엇보다도 중요한 것이 아닐 수 없다. 또한 교회 사역의 궁극적인 목적이 이 예배에 있을 뿐만 아니라 한 시대의 사회와 국가의 흥망성쇠도 이 예배에 의해 좌우되어진다고 할 때 이 예배에 대한 이해는 피할 수 없는 그리스도인 개인과 교회 전체의 가장 중요한 과제일 수밖에 없을 것이다.

이런 배경에서 본장에서는 참된 예배와 관련된 여러 가지 의미

---

1) John Piper, *Let the Nations be Glad: The Supremacy of God in Missions*, (Grand Rapids: Baker Book House, 1993), p. 11.

들을 계시의 말씀에 근거하여 살피고 올바른 이해의 자리에 나아갈 수 있도록 하는 것에 초점을 맞추어 예배의 기본적인 요소들을 논의하고자 한다.

2. 참된 예배의 중요성(Importance of True Worship)

한 시대의 사회와 국가의 흥망성쇠는 그 시대의 영적 공동체인 교회가 소금과 빛으로서의 역할을 어떻게 수행해 나가고 있느냐에 달려 있다고 볼 수 있다. 그런데 교회가 이러한 사명을 감당해 나가기 위해서는 로마서 12장 2절의 말씀대로 이 세대를 본받지 말고 오직 마음을 새롭게 함으로 변화를 받아 하나님의 선하시고 기뻐하시고 온전하신 뜻이 무엇인지 분별하여 따를 수 있어야 할 것이다. 그런데 하나님이 원하시는 이러한 교회의 변화는 결국 교회의 지체로 부름받은 그리스도인 개개인이 성령에 의해 변화되어 예수 그리스도를 닮아가지 아니하는 한 결코 일어날 수가 없다는 사실을 성경이 우리에게 깨우쳐 주고 있다.

고후 3장18절 말씀에 "우리가 다 수건을 벗은 얼굴로 거울을 보는 것같이 주의 영광을 보매 저와 같은 형상으로 화하여 영광으로 영광에 이르니 곧 주의 영으로 말미암음이니라"고 전정한 변화는 주의 영이신 성령으로 말미암아 예수 그리스도를 닮는 것임을 말씀해 주고 있는데, 이런 개인의 진정한 변화는 예배를 통해서 일어나게 되어진다는 것을 성경이 우리에게 가르쳐 주고 있다(사 6:1-8). 또한 복음전도와 선교도 결국 예배의 결과로서 나타나지는 것일 뿐만 아니라 성도가 누리는 축복들도 참된 예배의 결과로서 주어지는 것임을 성경이 우리에게 보여주고 있다. 따라서 모든 영적 축복들은 참된 예배의 부산물이라고 볼 수 있다.

이사야 6장 1절에서 8절까지의 말씀을 보면 이사야 선지자는 하나님을 예배하는 가운데 하나님을 만나게 되어졌고, 죄용서의 구원의 감격과 기쁨이 그 심령 속에 넘쳤을 뿐만 아니라 이런 참된 예배를 드리는 가운데 변화와 사명을 받아 비로소 하나님의 말씀을 전파하는 자로서 그 시대에 놀라운 영적 영향력을 미쳤던 것을 볼 수 있다. 사도행전 7장 2절의 말씀을 보면 믿음의 조상 아브라함이 메소포타미아의 갈대아 우르에 머물고 있었을 때에 영광의 하나님이 그에게 나타나셨던 것을 말씀해 주고 있다. 이렇게 아브라함이 하나님을 만나게 되었을 때에 자신의 고향과 친척을 떠나 멀리 낯선 땅 가나안까지 가서 살아계신 하나님을 증거하는 선교적인 삶을 살게 되어졌고, 그로 말미암아 모든 이방 족속들까지도 복을 받게 되는 복의 근원이 되어졌던 것이다. 사실 성경에 기록된 최초의 타문화권 선교사는 바로 아브라함이라고 말을 할 수 있을 것이다.

사도 바울의 경우도 마찬가지이다. 사도행전 13장은 그가 안디옥 교회에서 예배드리고 있을 때에 선교사역에 부르심을 받았던 것을 말씀해 주고 있다. 사도행전 13장 2절에 그가 안디옥 교회에서 성도들과 함께 "주를 섬겨 금식할 때에 성령이 가라사대 내가 불러 시키는 일을 위하여 바나바와 사울을 따로 세우라"고 말씀하고 있는데 여기에 "주를 섬겨"라는 말씀이 원문상으로는 "주님을 예배하고 있었을 때"(레이툴게오)라는 예배의 전문용어를 사용하고 있다. 이와 같이, 참된 예배가 있는 곳에 복음전도와 선교의 놀라운 역사가 일어났던 것을 성경이 말씀해 주고 있다. 사역이나 전도가 먼저가 아니고 예배가 먼저인 것을 밝히 보여주고 있다.

오늘날 예배를 무시하고 추진하는 사역들 때문에 얼마나 많은 문제들이 생겨나고 있는가! 예배와 동떨어진 사역은 마치 뿌리가 없는 나무와 같아서 지속적인 열매를 기대할 수 없다는 사실을 잊지 말아야 한다. 조지 맥도널드(George MacDonald)는 "하나님 없이 인간 스스로 무엇을 하게 되면 비참하게 실패하든지 혹 성공하더라도 결국에는 참혹한 결과를 맞이할 수밖에 없다"라는 말을 한 바가 있다.[2]

그러나 참된 예배를 드리게 되어질 때에 사역의 비전을 발견하게 되어지고 진정한 헌신자들이 일어날 뿐만 아니라 삶의 문제들에 대한 해답을 얻게 되어지는 새로운 역사가 일어나게 되어지는 것을 성경은 말씀해 주고 있다. 시편 73편의 시인도 73편 16절에서 "내가 어쩌면 이를 알까 하여 생각한즉 내게 심히 곤란하더니 하나님의 성소에 들어갈 때에야 저희 결국을 내가 깨달았나이다" 이렇게 하나님 앞에 나아와 예배드릴 때에 자신이 갈등하고 고민하던 삶의 문제에 대한 해답을 얻게 되었음을 고백하고 있다. 또한 참된 예배 가운데 바나바나 바울이 주의 일에 헌신할 수가 있었고, 이사야가 말씀의 대언자로서 헌신할 수가 있었고, 밧모 섬에서의 참된 예배 가운데 사도 요한은 핍박과 고난을 이기고 끝까지 사명에 헌신할 수가 있었던 것을 성경이 말씀해 주고 있다.

왜 이스라엘 민족이 바벨론에게 멸망을 당하고 예루살렘 성전이 유린당하고 마침내 파괴되어진 이유가 무엇인가? 그 이유는 이스라엘 땅에서 참된 예배가 사라졌기 때문에 그와 같은 비극적인 결과가 나타나지고 말았던 것이다. 하나님은 오늘 이 시간도 참으로

---

2) Warren W. Wiersbe, *Real Worship,* Expanded Edition, (Nashville, Tenn.: Thomas Nelson Publishers, 1990), p. 17.

하나님을 예배하는, 참된 예배자를 찾고 계신다(요 4:23). 그러나 교회가 예배를 무시할 때에 모든 사역이 무너질 수밖에 없고, 사탄과의 영적 싸움에서 승리할 수 없다는 사실을 잊지 말아야 한다.

윌리엄 템플(William Temple)은 "이 세상을 정치적인 혼돈과 붕괴로부터 구원할 수 있는 유일한 방법이 있다면 그것이 바로 예배이다"라는 말을 한바가 있다.[3] 얼마나 예배가 중요하며 참된 예배의 영향이 얼마나 큰가 하는 것을 우리에게 가르쳐 주고 있는 말이 아닐 수 없다. 오늘 하나님의 자녀로 부름받은 그리스도인 한 사람 한 사람이 참된 예배를 드리게 되어질 때에 우리의 가정이 변화되어지고 우리의 교회가 부흥되어지고, 우리의 직장과 우리의 사회가 새로워지고 하나님의 축복을 받는 놀라운 역사가 일어나게 되어진다는 사실을 믿어야만 할 것이다.

3. 참된 예배의 의미와 예배의 우선성
(Meaning of True Worship and Priority of Worship)

풀러 신학대학원의 신약학 교수 랄프 말틴(Ralph P. Martin)은 "하나님께 예배드리는 것은 최고의 가치를 드리는 것인데, 이는 하나님만이 받으실만 하기 때문이다"고 말한바 있다.[4] 미국 카바난트 신학대학원의 로버트 레이번(Robert G. Rayburn) 교수도 "예배는 진실로 인간이 하나님을 경배와 존귀와 찬송과 사랑과 복종을

---

3) Ibid., p. 160.
4) Ralph P. Martin, *Worship in the Early Church,* (Grand Rapids: Eerdmans, 1989), p. 10.

받으시기에 합당한 분으로 믿음으로써 하나님께 모든 것을 돌리는 수단이다"고 언급하였다.[5]

그러면 참된 예배의 의미가 무엇인가? 워렌 워어스비(Warren W. Wiersbe)는 "예배란 신자가 자신의 모든 것-지성, 감정, 의지, 몸-을 다해 살아계시고 말씀하시고 행동하시는 하나님께 반응하는 것이다"라고 정의를 내리고 있다.[6] 따라서 예배란 다음과 같이 요약할 수 있을 것이다.

예배 = 하나님의 임재하심에 대한 인식 + 그 임재에 대한 올바른 반응

먼저 생각해야 할 것은 하나님의 임재하심에 대한 인식은 어떻게 일어나는가? 하는 것이다. 두 사람사이의 대화가 어느 한편에서 시작함으로 이루어지듯이, 하나님의 임재하심에 대한 인식도 우리 자신에 의해서나 혹은 하나님 자신에 의해서 일어날 수 있다. 그리스도인이 스스로 기도나 찬양을 하나님께 드릴려고 할 때나, 말씀을 읽고 묵상할려고 할 때, 자신의 생각을 하나님께로 초점을 맞추려고 할 때에 하나님의 임재하심을 인식할 수 있다.

또한 하나님 편에서 이런 인식을 먼저 하게 하시는 경우들도 있다. 당신의 자녀들이 어떤 일에 골몰해 있을 때에 갑자기 성경말씀을 생각나게 하심으로, 또는 기도의 대상이 떠오르게 하심으로, 하

---

5) Robert G. Rayburn, *O Come, Let us Worship*, (Grand Rapids: Baker Book House, 1980), p. 12.
6) Warren W. Wiersbe, op. cit., p. 27.

나님이 만드신 창조세계를 바라보는 가운데 하나님의 위대하심을 느끼게 되거나 어떤 사건을 통하여 하나님의 인도하심과 도우심을 깨닫게 하여 감사와 찬양을 하게 하심으로 하나님의 임재하심에 대한 인식을 하게 되어진다. 더 나아가, 공예배의 경우와 같이 제 3자(예배사회자, 설교자, 찬양인도자, 혹은 찬양대 등)에 의해서도 하나님의 임재하심에 대한 인식을 할 수도 있다.

그러나 하나님의 임재하심을 인식하는 것만으로 예배가 성립되어지는 것은 아니다. 그 하나님의 임재하심에 대한 올바른 반응이 이루어질 때에 비로소 예배행위가 되어지는 것이다. 구체적인 예를 든다면, 구약시대 이사야 선지자는 웃시야 왕이 죽던 해에 하나님의 임재하심을 생생하게 인식하게 되어졌을 때에 그는 말하기를 "화로다 나여 망하게 되었도다 나는 입술이 부정한 사람이요 입술이 부정한 백성 중에 거하면서 만군의 여호와이신 왕을 뵈었음이로다"(사 6:5)라고 회개의 올바른 반응을 나타내 보였으며 하나님께서 "내가 누구를 보내며 누가 우리를 위하여 갈꼬"라는 말씀을 하셨을 때에 "내가 여기 있나이다 나를 보내소서"(사 6:8)라고 소명에 응답하는 올바른 반응을 나타내 보이므로 참된 예배자의 모습을 가르쳐 주고 있다. 그러나 이와는 반대로 귀신들도 하나님의 임재하심은 느낄 수 있지만 그 하나님에 대한 올바른 반응을 나타내 보이지 아니하기 때문에 예배의 자리에까지 이르지를 못하는 것이다(약 2:19).

따라서 하나님의 임재하심에 대한 올바른 반응으로는 감사와 찬양으로 나타나질 수도 있고, 회개하는 돌이킴으로 나타나질 수도 있으며, 기도나 말씀 묵상이나 소망 중에 기뻐하는 것이나 흔들림이 없는 확신 등으로 나타나지는데 이런 올바른 반응이 나타나질 때에 그 모든 것이 바로 예배가 되어지는 것이다.

그러므로 그리스도인은 일상 업무를 하면서도 그 가운데서 하나님의 임재하심을 인식하고 그 업무의 의미를 바로 이해하면서 감사하므로 업무에 임하게 되어진다면 그 업무는 하나님이 기뻐 받으시는 예배행위가 되어지는 것이다. 그러나 그리스도인이 예배와 관련된 행동(공예배 시간에 찬송부르는 것이나 기도하는 것이나 말씀을 듣는 것 등)에 참여하면서도 하나님의 임재하심을 인식하지 못하고 그 임재하심에 대한 올바른 반응을 내면적으로 나타내 보이지 않는다면 하나님이 기뻐 받으시는 예배 행위가 되어지지 못하는 것이다.

이와 같이, 예배의 본질이 하나님과의 친밀한 관계를 형성해 나가는 것, 즉 그 하나님의 임재 가운데 올바른 반응을 가지는 것이라면, 세상의 근심, 걱정을 버리고 하나님께 초점을 맞추어 하나님과 교제하는 시간이 바로 하나님을 예배하는 시간으로 이런 예배는 다른 사람들과 함께하는 공중예배에서도 가능하지만 개인적으로 홀로 있을 때에도 가능한 것이다.

예수님께서도 공생애 기간동안에 많은 무리들을 상대로 하는 대중적인 사역을 통하여 복음을 전파하셨지마는 주로 하신 일은 그의 제자들과 함께 시간을 보내는 것이었다. 그래서 예수님은 제자들에게 "너희는 따로 한적한 곳에 와서 잠깐 쉬어라(막 6:31)"고 말씀하기까지 하셨는데, 이 제자들을 부르신 목적이 "이는 자기와 함께 있게 하시고 또 보내사 전도도 하며 귀신을 내어 쫓는 권세도 있게 하려 하심이러라"(막 3:14-15)고 사역 이전에 먼저 주님과 함께 교제하는 가운데 깊은 관계를 맺고자 하신 것을 볼 수 있다. 그러므로 예배가 사역에 우선하며 예배를 통하여 하나님과 우리의 관계가 올바른 관계로 정립되어지고 성장해 나갈 때에 사역의 풍성한 열매가 맺어지게 됨을 일깨워주고 있다.

존 파이퍼(John Piper)는 예배를 예배답게 만드는 핵심은 바로 하나님으로 인해 만족하게 되는 경험이라고 강조를 하면서 다음과 같이 말하고 있다. "우리가 하나님 안에서 만족할 때, 즉 우리가 하나님의 임재를 기뻐하고, 하나님 곁에 있기를 좋아하고, 우리가 하나님과의 교제를 소중히 여길 때 하나님께서는 영광을 받으신다. ... 우리가 하나님 안에서 가장 만족할 때 하나님께서는 우리 안에서 최고의 영광을 받으신다."[7]

부름받은 그리스도인들도 이 땅위에서의 삶을 살아가면서 접촉하는 주변의 사람들이나 주변의 환경을 바라볼 때에 낙심되고 때로는 분노할 수밖에 없는 이런 삶의 모습이 되어질 때가 참으로 많은 것이 사실이다. 실제로 기뻐하고 즐거워 할 수 있는 일들보다는 섭섭하고 고통스럽고 괴롭고 답답하게 여겨지는 일들이 더 많은 것이 이 세상에서의 인간의 삶이라고 볼 수가 있다. 이렇게 우리 주변의 사람들이나 환경은 우리에게 지속적인 만족과 기쁨을 가져다주지 못하지만, 이 가운데서도 세상이 주지 못하는 하나님께로 말미암는 참된 기쁨과 만족과 평안을 체험하면서 그 하나님 때문에 기쁨을 잃지 아니하고 소망 가운데 삶을 살아가는 사람이 바로 참으로 하나님을 예배하는 사람이며, 진정한 예배적인 삶을 살아가는 사람인 것을 성경은 가르쳐 주고 있다.

사도행전16장 16-34절과 빌립보서 1장 12-18절에서의 사도 바울과 같이, 하나님 안에서 누리는 넘치는 만족감이 바로 예배의 핵

---

7) John Piper, op. cit., p. 27.

심인 것이다. 그러므로 그리스도인들이 하나님 안에서 기뻐하고 만족하는 것 자체가 하나님을 찬미하는 것이고 하나님을 예배하는 것이 되어진다는 것이다. 다시 말하면, 그리스도인들이 주님 안에서 가장 만족할 때에 주님이 우리 안에서 최고의 영광을 받으시고 그것이 바로 주님을 예배하는 것이 되어지는 것이다.

4. 참된 예배의 범위(Scope of True Worship)

그리스도인이 드리는 예배의 범위에는 3가지가 있는데, 개인예배(Personal Worship)와 회중예배(Congregational Worship)와 생활예배(Whole Life Worship)로 구분할 수가 있다. 이 3가지 예배 중 가장 기초가 되는 것이 개인 예배로서 개인예배가 바로 이루어질 때에 회중예배와 생활예배가 온전히 이루어질 수 있게 되어진다. 본장에서는 개인예배와 예배의 완성으로서의 생활예배만을 논의하고자 한다.

1) 개인예배(Personal Worship)

오늘날의 대부분의 교회들이 회중예배만을 강조하고, 교회지체들의 개인예배의 중요성을 간과하여, 제대로 가르치지 못한 결과로 개개인 그리스도인들의 영적 성장이 정체상태에 머물게 되어졌으며, 더 나아가 예배의 최종단계라고 할 수 있는 생활예배를 드리게 하는데 실패하므로 그리스도인들이 사회적인 변화를 이끌어 나가는 일에 영향력을 행사하지 못하게 되어졌다는 사실을 인식하여 예배의 가장 중요한 기초인 개인 예배를 회복시켜 나가는 일에 최선의 노력을 기울여 나가야 할 것이다.

패트릭 카바노우(Patrick Kavanaugh)는 "사람이 자신의 집이나 개인적 처소에서 홀로 예배를 드릴 때 일어나지 않는 것들은 공중예배에서도 일어나지 않는다"라고 개인예배의 중요성을 언급하면서, 오늘날 교회가 개인예배보다 공중예배를 더 강조하는 불균형을 교정시켜 나가야 함을 강조하고 있다.[8] 그는 올바른 개인예배를 드리는 사람이 공중예배에 더욱 목마름을 느끼게 되고 제대로의 공중예배를 드릴 수 있게 되어진다는 사실을 지적하고 있다.

개인적 예배에 대하여 오스월드 체임버스는 그의 묵상집 '지존자를 위한 나의 최선'에서 '하나님과의 교제'라고 불렀고, 한나 스미스는 그녀의 고전적인 책 '행복한 삶을 위한 크리스천의 비결'에서 '하나님께 헌신하는 측량할 수 없는 행복'이라고 말하였으며, A. W. 토저는 그의 책 '하나님에 대한 추구'에서 개인적 예배를 '하나님과 구원받은 영혼 간에 끊임없이 계속되는, 전혀 창피하지 않는 사랑과 생각의 교감'이라고 정의한바 있다.[9]

실제로 성경에는 회중예배보다 개인예배에 대한 구체적인 실례들을 더 많이 언급하고 있으며, "예배의 책"이라고 할 수 있는 요한계시록도 천상의 공중예배에 대한 언급 이전에 사도 요한 한 사람이 드린 개인예배로부터 시작되어지고 있음을 간과해서는 아니될 것이다. 사도 요한은 "주의 날에 내가 성령에 감동하여 내 뒤에서 나는 나팔소리 같은 큰 음성을" 들었다고 기록하고 있다(계 1:10).

---

8) Patrick Kavanaugh, *Worship, a Way of Life* (우리의 삶은 하나님께 드리는 예배입니다), 김창대 역, 브니엘, 2003, pp. 64-67.
9) Ibid., p. 44.

여기에 "주의 날에 성령에 감동하여"라는 언급이 바로 그가 개인적으로 예배 중에 있었음을 나타내 보여주는 말씀으로 볼 수 있다. 이 개인예배의 결과로 사도 요한은 하나님께로부터 위대한 계시를 받아 마지막 성경책을 기록할 수가 있었던 것이다.

그러면, 하나님께서 우리의 개인예배를 특별히 원하시는 이유가 무엇인가? 그것은 우리의 신분이 하나님의 자녀이고((요일 3:1), 어린 양의 신부(계 21:9)이며, 하나님의 친구(요15:15)로서의 독특한 지위를 가지고 있기 때문이다. 하나님과의 이런 관계는 개인적인 친밀한 관계를 요구하고 있으며, 하나님과 단 둘만이 가지는 개인적인 시간이 이런 관계를 발전시켜나가는 데에 무엇보다도 중요하지 않을 수 없는 것이다.

이런 개인예배의 의미와 기쁨을 깨달았던 브라더 로렌스는 그가 쓴 "하나님의 임재실천"이라는 책에서 "나는 그분의 사랑으로 인해 그가 아닌 모든 것을 포기했다. 나는 이 세상에 마치 그분과 나만이 사는 것처럼 살기 시작했다"라고 고백할 수가 있었다.[10] 이런 사랑의 관계에 있음을 경험하는 시간이 바로 개인예배의 시간으로 하나님께서는 이 시간을 참으로 기뻐하심을 다음과 같이 말씀해 주고 있다. "신랑이 신부를 기뻐함같이 네 하나님이 너를 기뻐하시리라(사 62:5)" "너의 하나님 여호와가 너의 가운데 계시니 그는 구원을 베푸실 전능자시라 그가 너로 인하여 기쁨을 이기지 못하여 하시며 너를 잠잠히 사랑하시며 너로 인하여 즐거이 부르며 기뻐하시리라 하리라(습 3:17)." 이런 사랑의 대상이 되어졌다고 하면 이에 대한 우리의 반응은 당연히 개인적인 예배여야 할 것이다. 또한 이런 개

---

10) Ibid., p. 143.

인 예배를 매일의 삶 속에서 드리는 그리스도인이라면 주일 혹은 다른 시간에 드리는 회중예배도 하나님이 기뻐 받으시는 예배로 제대로 드릴 수 있게 될 것이다.

2) 예배의 완성 혹은 마지막 단계로서의 생활예배(Whole Life Worship)

생활예배는 그리스도인의 삶의 전 영역에서 삶을 통하여 하나님을 예배하는 것을 의미한다. 이 예배는 세상적인 활동이라고 불리우는 우리의 일상생활의 모든 영역에서 의식적으로 하나님의 임재 안에서 하나님이 기뻐 받으실 수 있는 산 제사로서의 삶을 바쳐 드리는 것이다. 패트릭 카바노우(Patrick Kavanaugh)는 "세속적인 일을 통해 하나님께 영광을 돌린다면 그것은 더 이상 세속적인 일이 아니다. 하나님을 예배하면서 화장실을 청소하는 것은 하나님의 임재를 느끼지 못하면서 설교하는 것보다 더 영적인 것이다"라고 강조하고 있다.[11] 그래서 라일 주교는 "개인의 삶을 통해 결과를 낳는 예배가 가장 훌륭한 예배이다"고 말하고 있다.[12] 켄달(R. T. Kendall)도 "완벽한 예배는 그 분의 뜻을 행할 때 이루어진다. 우리가 드리는 예배의 깊이는 우리가 손을 얼마나 높이 드는가, 또는 우리가 흥분할 때 얼마나 뛰어오르는가에 의해 드러나는 것이 아니다. 우리가 하나님께 순종할 때 완벽한 예배를 드리는 것이다"[13]라

---

11) Ibid., p. 243.
12) John Charles Ryle, *Knots United,* (London: James Clark and Co., Ltd., 1964), p. 234.
13) R. T. Kendall, *Worshipping God (예배에 숨겨진 비밀),* 김성원 역, 예수전도단, 2005, p. 215.

고 말을 하면서 "개인적으로 하루 24시간을 어떻게 사는지가 일주일에 한 번 교회에서 하는 행동보다 더 중요하다. 하나님은 우리가 집이나 직장에서, 그리고 다른 사람이 보지 않는 상황에서 어떻게 행동하는가에 따라 우리의 예배를 받으신다. 삶의 방식 전체가 예배에 영향을 미치는 것이다"라고 생활 예배의 중요성을 역설하고 있다.[14]

이 생활예배에 대하여 브라더 로렌스는 "우리의 모든 행동이 하나님과의 교제가 될 수 있도록 지속적으로 힘써야 한다. 또한 하나님과의 교제는 기교를 통해서가 아니라 순수하고 단순한 마음에서 우러나와야 한다"고 적절히 설명해 주고 있다.[15] 그는 17세기 중엽 프랑스의 수도원의 부엌에서 냄비를 닦거나 단조로운 잡일을 하면서 삶을 살았던 사람으로 접시를 닦으면서 하나님을 예배할 수 있었는데 그런 시간에도 의식적으로 하나님을 예배하면서 기도하고 찬양하고 감사할 수 있었던 것이다. 그는 말하기를 "하나님과 함께 있기 위해 항상 교회에 있을 필요는 없다. 우리는 우리의 마음을 예배당으로 바꿀 수 있다. 그리고 거기서 하나님과 부드럽고 겸손한 사랑의 교제를 나눌 수 있다"고 어떤 상황이나 장소를 초월하여 생활예배가 가능함을 가르쳐 주고 있다.[16]

생활예배의 성경적인 예는 느헤미야의 순간적인 기도를 들 수 있다. 느헤미야는 아닥사스다 왕이 "네가 무엇을 원하느냐?"라고 물었을 때에 "내가 곧 하늘의 하나님께 묵도하고 왕에게 고하되 …"(느 2:4) 이렇게 왕의 질문에 대답하는 짧은 순간에도 하나님께

---

14) Ibid., p. 244.
15) Patrick Kavanaugh,, op. cit., p. 243.
16) Ibid., p. 252.

간구할 수가 있었던 것을 볼 때 그리스도인의 삶의 모든 영역에서 하나님과 지속적인 교제를 가지므로 하나님을 예배할 수 있을 것이다.

영국의 유명한 성경학자인 윌리암 바클레이(William Barclay)는 "참된 예배란 하나님께 자기의 몸을 드리며, 아울러 매일 매일의 행동 모두를 드리는 것이다. ... 진정한 예배는 매일 매일의 삶을 하나님께 드리는 것이다. 교회에서 거래되는 것이 아니라 온 세상을 살아계신 하나님의 성전으로 보는 것이다"라는 말을 한바가 있다.[17]

5. 그리스도인이 예배해야하는 이유
   (Reasons for Christians' Worship)

첫째, 하나님께서는 우리의 예배를 받으시기에 합당하신 분이시기 때문이다(계 4:10-11, 5:12). 토저(A. W. Tozer)는 "우리는 하나님을 예배하고 영원히 즐거워하기 위해 창조되었다. 하나님께서는 그 창조의 목적으로 우리를 다시 부르신다"고 말한바 있다.[18]

둘째. 예배를 통하여 전도와 사역의 열매를 맺을 수 있기 때문이다(사 6:1-8, 행 4:24-31, 13:2-3). 워렌 워어스비(Warren W. Wiersbe)는 "교회의 모든 사역은 예배를 통해 생겨나는 부수적인

---

17) William Barclay, *The Letter to the Romans,* (Philadelphia: Westerminster, 1975), p. 157.
18) A. W. Tozer, *What Ever Happened to Worship?* (Camp Hill, Pa.: Christian Publications, 1985), p. 12.

결과이다. 예배와 동떨어진 사역은 뿌리가 없는 나무와 같아서 지속적인 열매를 맺을 수 없다"고 강조하고 있다.[19] 존 파이퍼(John Piper)는 "세계 선교의 궁극적 목적은 자발적인 믿음과 순종을 통해 하나님의 이름을 영화롭게 하는 예배자들을 하나님께서 그 분의 말씀으로 창조하시도록 하는 것이다. 선교가 존재하는 것은 예배가 존재하지 않기 때문이다. 이 세대가 끝나고, 수없이 많은 구속받은 자들이 하나님의 보좌 앞에 꿇어 엎드릴 때, 선교는 존재하지 않을 것이다. 선교는 일시적인 필요이다. 그러나 예배는 영원히 남는다. 그러므로 예배는 선교의 원동력이며 목표이다"라고 예배와 선교의 관계를 적절히 설명하고 있다.[20]

셋째, 예배를 통하여 영적 싸움에서 승리할 수 있기 때문이다(삼상 7:7-14, 대하 20:21-23). 신약의 마지막 책인 요한계시록은 교회를 향한 메시지(2-3장)와 그리스도와 사단의 전쟁(6-19장)사이에 하나님을 경배하는 장면이 나타나고 있다. 이러한 요한계시록의 전제적인 구조는 참된 예배가 없는 교회는 영적 싸움을 제대로 준비할 수 없다는 사실을 암시해 주고 있다. 그래서, 워렌 워어스비(Warren W. Wiersbe)는 "아무리 많은 교인을 거느린 교회라고 해도 예배하는 교회, 예배하는 그리스도인이 되지 못하면 사단을 물리칠 수 없다"고 말한바 있다.[21]

넷째, 예배를 통하여 하나님께서는 우리를 변화시켜 우리의 성품과 행위가 그리스도를 닮게 되어지기 때문이다(롬 12:1-2). 시

---

19) Warren W. Wiersbe, op. cit., p. 160.
20) John Piper, *Don't Waste Your Life (삶을 낭비하지 말라)*, 전광규 역, 성서유니온 선교회, 2004, p. 220.
21) Warren W. Wiersbe, op. cit., p. 156.

115편 8절에서 "우상을 만드는 자와 그것을 의지하는 자가 다 그와 같으리로다"라고 말씀하고 있고, 고후 3장 18절에서 "우리가 다 수건을 벗은 얼굴로 거울을 보는 것같이 주의 영광을 보매 저와 같은 형상으로 화하여 영광으로 영광에 이르니 곧 주의 영으로 말미암음이니라"고 말씀하고 있다.

6. 참된 예배의 조건과 목적
   (Requirements and Purposes of True Worship)

참된 예배가 이루어지려면 두 가지 조건을 갖추어야 함을 요한복음 4장 24절의 말씀이 가르쳐주고 있다. "하나님은 영이시니 예배하는 자가 신령과 진정으로 예배할지니라"는 말씀 가운데 여기에 신령이란 말씀은 예배의 주관적 측면을 가리키고 있다. 다시 말해서 마음에도 없는 형식적인 예배를 드려서는 아니 된다는 것이다. 몸은 예배하는 자리에 와있을지라도 그 사람의 영혼이 하나님을 향하지 아니한다면 그 예배는 형식적이고 외식적인 겉치레적인 예배가 될 수밖에 없다는 것이다. 그래서 예수님을 성령으로 잉태하여 낳았던 마리아는 누가복음 1장 46절에서 "내 영혼이 주를 찬양하며 내 마음이 하나님 내 구주를 기뻐하였다"고 자신의 영혼이 하나님을 찬양하는 이런 참된 예배를 드렸던 것을 말씀해 주고 있다.

존 파이퍼는 요한복음 4장 24절의 "신령"은 예배자의 영으로 해석하고 있다. 그러나 그는 다른 신학자들 가운데는 본문의 "신령"을 성령으로 해석하는 경우가 있음을 함께 언급하고 있다. 그는 예수님께서는 이 두 가지를 다 염두에 두면서 하신 것으로도 볼 수 있다고 말하면서 다음과 같이 설명하고 있다. "요한복음 3장 6절에서 예수님은 하나님의 영과 우리의 영을 경이로운 방법으로 결합하신다. 예수님은 '성령으로 난 것은 영이니' 하고 말씀하신다. 다른 말로 하면, 성령님이 생명의 불길로 우리의 영을 살리실 때까지 우리의 영은 죽어 무반응 상태이기에 영으로서의 특질을 가지지도 못한다. 성령으로 난 것은 영이다. 그처럼 예수님이 아버지께 진정으로 예배하는 자는 신령으로 예배할지니라 하고 말씀하신 것은 참된 예배가 하나님의 영의 살리심으로 인하여 살아나 예민하게 된 영으로부터만 온다는 뜻으로 말씀하시는게 틀림없다."[22]

예배에서의 성령의 주도적인 역할에 대해서는 빌 3장 3절의 "하나님의 성령으로 봉사하며 그리스도 예수로 자랑하고 육체를 신뢰하지 아니하는 우리가 곧 할례당이라"는 구절에서 찾아볼 수 있다. 여기에 "봉사하며"라는 단어는 "라트류오"(latruo)라는 동사의 현재분사 형태로 나타나고 있다. 이 단어는 "섬기다"라는 의미도 가지고 있지만 "예배하다"라는 의미로도 사용되어지는데 특별히 공적인 예배를 지칭한다.[23] 따라서 이 구절은 "하나님의 성령으로 예배하며"라고 번역되어질 수 있으며, 참된 예배는 성령의 인도와 통제를 받는 예배인 것을 가르쳐 주고 있다. 영국 웨스트민스터 채플의 담임 목회자였던 켄달(R. T. Kendall)은 이 구절이 "예배를 이해하고 경험하는 열쇠"라고 말하면서 "진정한 예배는 성령 즉 하나님의 영으로 드리는 것이다"라고 역설하고 있다.[24]

---

22) John Piper, *Desiring God* (여호와를 기뻐하라), 김기찬 역, 생명의 말씀사, 1998, p. 92.
23) R. T. Kendall, op. cit., p. 20.
24) Ibid., p. 20.

진정이란 말씀은 예배의 객관적 측면을 가리키는 것으로 객관적인 계시인 하나님의 말씀에 근거하여 이 말씀을 복종하면서 드리는 예배여야 함을 가르쳐 주고 있다. 그래서 존 파이퍼(John Piper)는 "신령으로 예배한다는 것은 단순히 외형적 방식으로 예배하는 것과 정반대가 된다. 이는 공허한 형식주의와 전통주의의 정반대이다. 진정으로 예배함은 부적절한 신관에 근거를 둔 예배와 정반대이다. 예배는 마음과 머리로 드려야 한다. 예배는 감정과 사유를 포함해야 한다"라고 설명하고 있다.[25] 그러므로 이렇게 참된 예배는 살아계신 하나님께 대한 전인적인 반응으로서 인생의 제일되는 목적인 하나님을 영화롭게 하며 영원토록 그를 즐거워하는 삶의 궁극적인 목적의 직접적인 표현이 되어진다는 사실을 잊지 말아야 할 것이다.

앞서 언급한 미국의 복음주의 신학자 존 파이퍼는 "우리가 영원토록 하나님을 즐거워함에 의하여 하나님을 영화롭게 하므로 예배는 목적 자체이다"라는 말을 한바가 있다.[26] 그는 또한 말하기를 "예배는 주안에서 기뻐하라는 하나님의 명령에 순종하는 것이다"라고 예배의 진정한 의미를 가르쳐 주고 있다.[27] 이와 같이, 하나님 안에서 진정한 만족을 추구하는 것이 바로 진정한 예배의 능력을 회복하는 지름길이 되어진다는 것을 깨우쳐 주고 있다. 왜냐하면 진정한 인생의 기쁨과 만족과 행복을 추구하는 인간의 마음의 갈망을 하나님만이 충족시켜 주실 수 있다는 것을 분명히 인식하는 자만이 하나님께 나아가 그에게 자발적인 참된 예배를 드릴 수 있기

---

25) John Piper, op. cit., p. 91.
26) Ibid., p. 106.
27) Ibid., p. 109.

때문이다. 이런 강력한 영적 욕구와 기대를 가지고 언제나 하나님을 예배할 수 있어야만 할 것이다.

그래서 켄터베리 대주교였던 윌리엄 템플(William Temple)도 "참된 영적 예배야말로 무딘 양심과 혼돈을 치유하는 방법이다. 왜냐하면 예배는 우리의 모든 본성을 하나님께 복종시키는 행위이기 때문이다. … 신령과 진정으로 예배하는 것만이 모든 혼돈을 해결하고 인간을 죄에서 해방하는 유일한 길이다"라고 역설한바 있다.[28] 따라서 이런 참된 예배를 드리게 되어질 때에 우리의 성품도 변화되어지고, 보다 더 능력있는 삶을 살아갈 수 있는 놀라운 영적 힘을 얻게 되어진다는 사실을 믿어야 한다.

그러면 예배의 목적이 무엇인가? 그것은 예배를 통하여 하나님을 즐거워하므로 하나님을 영화롭게 하는 것이다. 이렇게 참된 예배를 통하여 인생의 제일되는 존재 목적이 비로소 실현이 되어진다. 켄달(R. T. Kendall)은 "우리의 영이 그 분의 말씀을 공급받아 회개와 감사와 신뢰로 그 분께 나아갈 때 영광을 받으신다"고 말하고 있다.[29] 미국의 성경강해 설교자 워렌 위어스비는 "우리의 성품과 행위가 그리스도를 닮는 것이 예배의 목적이다"[30]라고 말을 하고 있는데 이것은 참된 예배의 결과라고 보아야 할 것이다.

---

28) William Temple, *Readings in St. John's Gospel,* First series, (London: Macmillian, 1939), p. 68.
29) R. T. Kendall, op. cit., p. 25.
30) Warren W. Wiersbe, op. cit., p. 38.

7. 참된 예배의 3가지 차원
   (Three Dimensions of True Worship)

　성경을 자세히 살펴보면 예배에는 3가지 차원이 있음을 말씀해 주고 있다. 히 13장 16절에 "오직 선을 행함과 서로 나눠주기를 잊지 말라 이 같은 제사는 하나님이 기뻐하시느니라"고 하신 말씀 그대로 주님의 이름으로 행하는 모든 선행과 나눔이 하나님이 기뻐 받으시는 예배행위가 되어진다는 사실을 잊지 말아야 한다. 이것이 바로 **예배의 외적 차원**이다.
　오순절 성령강림으로 말미암아 은혜를 체험했던 초대 예루살렘 교회 성도들은 모든 물건을 서로 통용하고, 가진 것을 서로 나누는 이런 나눔의 역사가 일어났던 것을 사도행전 2장과 4장에서 말씀해 주고 있다. 성도가 행하는 모든 봉사와 선행이 바로 예배행위가 되어짐을 기억하면서 하나님의 말씀을 가르치던지, 찬양대에서 찬양으로 봉사를 하던지, 교회 청소를 하던지, 병든 자들과 가난한 자들과 외로운 자들을 돌보는 일을 하던지, 어떤 봉사를 할지라도 하나님을 기쁘시게 하고 하나님께 영광을 돌리고자 하는 중심에서 행하게 되어질 때에 그 모든 봉사를 하나님께서는 예배행위로 받으신다는 사실을 기억하여 자원하는 마음으로, 기쁨으로 그러한 일들을 행할 수 있는 그리스도인들이 되어져야 할 것이다.
　빌립보서 4장을 보면 빌립보 교회 성도들이 사도 바울의 선교사역을 돕기 위하여 선교헌금을 보내 왔을 때에 사도 바울은 빌 4:18절에서 말하기를 "내게는 모든 것이 있고, 또 풍부한지라 에바브로디도 편에 너희의 준 것을 받으므로 내가 풍족하니 이는 받으실 만한 향기로운 제물이요 하나님을 기쁘시게 한 것이라" 이렇게 빌립보 교회 성도들의 물질적인 나눔을 하나님이 받으실 만한 향기로운 제물이라고 말을 하므로 그들의 나눔 자체가 예배행위가 되어졌다는 사실을 분명히 언급하고 있는 것을 볼 수 있다.

로마서 15장 16절에 보면 복음전도가 하나님이 받으시는 예배행위가 되어진다는 것을 말씀해 주고 있다. 이와 같이, 주변에 어려움을 당하는 믿음의 형제들과 사랑을 나누고 불신자들에게 복음을 전하고 어려움 중에 있는 교역자들과 복음을 전하는 선교사들을 돌보는 이 모든 봉사와 선행이 바로 하나님이 기뻐 받으시는 예배가 되어진다는 사실을 기억하면서 이런 외적 예배를 바르게 드릴 수 있어야 할 것이다.

두 번째로 **예배의 내적 차원**이 있는데, 시편 51편 17절에 "하나님의 구하시는 제사는 상한 심령이라 하나님이여 상하고 통회하는 마음을 주께서 멸시치 아니하시리이다"라는 말씀 그대로 상하고 통회하는 겸손한 마음가짐이 바로 하나님이 구하시는 제사요 예배라는 사실을 말씀해 주고 있다(참고, 사 6:5).

히브리서 3장 15절 말씀을 보면 "오늘날 너희가 그의 음성을 듣거든 노하심을 격동할 때와 같이 너희 마음을 강퍅케 하지 말라"고 말씀하고 있는데 강퍅한 마음은 자신의 죄를 기꺼이 인정하고 고백하기를 거부하는 마음이 바로 강퍅한 마음이다. 또한 다른 사람에게 앙심을 품는 마음, 용서를 거부하는 마음, 하나님의 말씀을 거역하는 마음, 자기 방법이 항상 옳고 유일한 방법이라고 고집하는 마음, 자신이 원하는 것에만 집착하고 다른 사람의 필요에는 무관심한 마음과 같은 이런 마음들이 바로 강퍅한 마음인 것이다. 이런 강퍅한 마음을 버리고 겸손히 자신을 살피면서 회개하는 마음으로 하나님께 나아가는 이것이 바로 하나님이 기뻐 받으시는 예배가 되어진다는 사실을 기억하여 이런 내적 차원의 온전한 예배를 드릴 수 있어야 할 것이다.

예배의 3번째 차원은 바로 **상향적 차원**으로, 히브리서 13장 15절에 "이러므로 우리가 예수로 말미암아 항상 찬미의 제사를 하나님께 드리자 이는 그 이름을 증거하는 입술의 열매니라"는 말씀 그대로 항상 감사와 찬미를 쉬지 않고 하나님께 드리는 것이 바로 하나님이 기뻐 받으시는 예배행위가 되어진다는 사실을 가르쳐 주고 있다. 이런 감사와 찬미의 제사를 끊임없이 드릴 수 있는 자들을 하나님은 찾고 계신다.

8. 참된 예배가 가져다주는 축복
   (Blessings of True Worship)

참된 예배를 드리므로 인생의 제일되는 본분을 다하게 되어질 때에 어떤 결과가 우리의 삶 속에 나타나게 되어지는가?

첫째로 우리 속에 세상이 빼앗아 갈 수 없는 하나님께로부터 주어지는 참된 기쁨을 누리게 되어질 것이다. 시편 16편 11절에 "주께서 생명의 길로 내게 보이시리니 주의 앞에는 기쁨이 충만하고 주의 우편에는 영원한 즐거움이 있나이다"라는 말씀 그대로 세상이 줄 수 없는 진정한 기쁨과 즐거움이 참된 예배를 드리는 자에게 주어지므로, 이 세상에서 천국을 맛보며 살아가는 축복을 누리게 되어질 것이다.

두 번째로 성도가 참된 예배를 드릴 때에 하나님께서 가장 즐거워하시고 기뻐하시는 대상이 되어진다. 스바냐 3장 17절 말씀에

"너의 하나님 여호와가 너희 가운데 계시니 그는 구원을 베푸실 전능자시라 그가 너로 인하여 기쁨을 이기지 못하여 하시며 너를 잠잠히 사랑하시며 너로 인하여 즐거이 부르며 기뻐하시리라" 이 말씀 그대로 우리가 참된 예배로 하나님 앞에 나아가게 될 때에 하나님께서 크게 기뻐하시고 즐거워하신다는 것이다. 이사야 62장 5절에서는 "신랑이 신부를 기뻐함같이 네 하나님이 너를 기뻐하시리라"고 말씀하고 있다. 이렇게 참된 예배를 드리므로 하나님께서 기뻐하시고 즐거워하실 때에 그를 향하여 무엇을 아까워하시겠는가?

세 번째로 참된 예배를 드릴 때에 하나님께서 그 예배자를 가까이 해 주신다. 야고보서 4장 8절 말씀에 "하나님을 가까이하라 그리하면 너희를 가까이 하시리라"고 하신 말씀 그대로 우리가 참된 예배를 드림으로 하나님을 가까이 할 때에 하나님께서도 우리를 가까이 해주시므로, 하나님이 우리와 함께 하심을 깊이 체험하게 되어지는 이런 임마누엘의 축복을 체험하게 되어질 것이다.

네 번째로 그리스도인이 참된 예배를 드리게 되어질 때에 하나님께서 그를 도와주시므로 삶 속에서 승리하는 역사가 일어나게 되어진다. 사무엘상 7장을 보면 이스라엘 백성들이 미스바에 모여 금식하면서 회개하여 하나님 앞에 온전한 번제를 드렸을 때에 블레셋 사람들이 쳐 들어왔지마는 하나님께서 큰 우뢰를 발하게 하셔서 하나님의 도우심으로 큰 승리를 체험하게 되어졌던 것을 볼 수가 있다. 그래서 사무엘이 돌을 취하여 미스바와 센 사이에 세워 말하기를 "여호와께서 여기까지 우리를 도우셨다하고 그 이름을 에벤에셀이라 하니라" 이렇게 놀라운 승리를 체험하였을 뿐만 아니라 과거에 빼앗겼던 영토까지 되찾을 수 있었고 하나님께서 보장해 주시는 진정한 평화가 있었던 것처럼, 오늘날에도 참된 예배를 드리는 그리스도인과 그가 속해 있는 교회와 가정과 직장과 사업장에 하나님의 도우심의 축복의 역사가 일어나서 과거에 잃어버렸던 것들 까지도 다시금 되찾게 되어지는 회복과 진정한 평화가 그 삶 속에 주어지게 되어지는 역사가 일어나게 될 것이다.

또한 히브리서 4장 16절에 "그러므로 우리가 긍휼하심을 받고 때를 따라 돕는 은혜를 얻기 위하여 은혜의 보좌 앞에 담대히 나아갈 것이니라"는 말씀대로 은혜의 보좌 앞에 담대히 나아가는 참된 예배자에게는 주님의 돕는 은혜가 있다는 사실을 믿어야만 할 것이다.

요한복음 12장에 보면, 베다니의 마리아가 지극히 비싼 향유 곧 순전한 나드 한 근을 가져다가 예수님의 발에 붓고 자기 머리털로 예수님의 발을 씻는 이런 희생적인 예배를 드렸던 것을 기록해 놓고 있다. 이런 마리아의 희생적인 예배행위가 주님의 마음에 큰 기쁨을 안겨다 드렸을 뿐만 아니라 마가복음 14장 9절의 예수님의 말씀 그대로 "온 천하에 어디서든지 복음이 전파되는 곳에는 이 여자의 행한 일도 말하여 저를 기념하리라"는 엄청난 축복을 받았던 것을 볼 수가 있다.

이와 같이, 오늘날도 마리아처럼 자신이 가지고 있는 최상의 것으로 정성을 다하여 희생적인 예배를 주님 앞에 드릴 때에 그 예배의 아름다운 향기와 그 예배의 영향력이 온 세상에 미치게 되어지는 이런 축복의 역사가 일어나게 될 것이다. 그리해서 이런 참된 예배를 드리는 사람들은 어느 곳을 가든지 그리스도를 알게 하는 복음의 향기를 풍겨내는 이런 역할과 사명을 감당할 수 있는 주님이 참으로 기뻐하시는 성숙한 그리스도인으로서 귀하게 쓰임을 받게 되어질 것이다. 따라서 오늘날의 그리스도인들도 이런 참된 예배를 드리므로 그 예배를 통하여 하나님께서 영광을 받으시고 예수 그리스도를 닮아가는 변화의 역사가 일어나므로, 가는 곳마다 놀라운 복음의 역사, 변화의 역사가 일어나므로 참된 예배의 축복을 체험하고 간증할 수 있어야만 한다.

9. 결론(Conclusion)

참된 예배는 성령으로 거듭난 그리스도인만이 드릴 수 있는 것으로 그리스도인이 이 지상에서 행할 수 있는 가장 위대한 일이며, 그리스도인이 지상에서 행하는 모든 일들과 경험하는 모든 사건들은 장차 하늘에서의 영원한 예배를 위한 준비요 훈련이라고 볼 수 있을 것이다. 이러한 참된 예배는 인위적으로 이루어질 수 있는 것이 아니라 예배의 영이신 성령의 감동하심과 인도하심과 역사하심으로 이루어지는 것임을 성경은 가르쳐주고 있다.

이런 참된 예배를 드리게 되어질 때에 사람이나 다른 그 무엇을 의식하지 아니하고 삼위 하나님의 임재를 충만히 체험하게 되어지며, 참된 기쁨과 평안과 행복을 누리게 되어지고 하나님을 기뻐하는 삶 가운데서 자발적인 순종과 헌신의 자리에 나아가게 되어지는 것이다.

이런 예배가 없이 어떻게 그리스도인의 삶에 진정한 축복과 변화를 기대할 수가 있겠는가? 그러므로 이러한 예배는 부담이 아니라 예배의 영이신 성령으로 거듭난 사람이라면 사모하고 기대하게 되어지는 가장 큰 축복이요 놀라운 특권이라는 인식이 있어야만 할 것이다.

영국의 웨스트민스터 채플의 목회자였던 켄달(R. T. Kendall)은 "한번 뿐인 우리 인생은 속히 지나간다. 오직 그리스도를 위한 일-사랑과 예배와 감사-만이 영원할 것이다"라고 말한바와 같이,[31] 이런 예배에 대한 바른 인식을 가지고 참된 예배를 사모하며 하나님 앞에 나아가는 자들을 하나님은 기뻐하시고 그들의 예배를 흠향하시고 예배를 통한 놀라운 은혜와 축복을 누리게 하시므로 더욱 온전하고 풍성한 예배의 자리로 나아가게 하시는 복된 하나님이심을 믿으면서 그 하나님 앞에 나아가기를 힘쓰는 진정한 예배적인 삶을 살아가는 그리스도인들이 되어야만 할 것이다.

비록 이 땅위에서는 예배하는 영적 순례자로서의 삶을 살아가고 있지만, 참된 예배를 사모하며 힘쓰는 자들은 마침내 영원한 그 나라에서 성령 충만함 가운데서 영광스러운 하나님의 임재를 온전히 체험하면서 영원한 예배의 기쁨과 축복을 누리게 되어질 것이고, 그럴 때에 우리를 창조하시고 구속하신 하나님의 놀라운 구원의 계획과 목적이 온전히 성취되어지는 복된 결과를 보게 될 것이다.

"내가 또 들으니 하늘 위에와 땅 위에와 땅 아래와 바다 위에와 또 그 가운데 있는 모든 만물이 가로되 보좌에 앉으신 이와 어린 양에게 찬송과 존귀와 영광과 능력을 세세토록 돌릴찌어다 하니 네 생물이 가로되 아멘하고 장로들은 엎드려 경배하더라"(계 5:13-14)

---

31) R. T. Kendall, op. cit., p. 295.

참고도서(Reference List)

Barclay, William. *The Letter to the Romans*. Philadelphia: Westerminster, 1975.

Kavanaugh, Patrick. *Worship, a Way of Life (우리의 삶은 하나님께 드리는 예배입니다)*. 김창대 역, 브니엘, 2003.

Kendall, R. T. *Worshipping God (예배에 숨겨진 비밀)*. 김성원 역, 예수전도단, 2005.

Martin, Ralph P. *Worship in the Early Church*. Grand Rapids: Eerdmans, 1989.

Piper, John. *Let the Nations be Glad: The Supremacy of God in Missions*. Grand Rapids: Baker Book House, 1993.

_____. *Desiring God (여호와를 기뻐하라)*. 김기찬 역, 생명의 말씀사, 1998.

_____. *Don't Waste Your Life (삶을 낭비하지 말라)*. 전광규 역, 성서유니온 선교회, 2004.

Rayburn, Robert G. *O Come, Let us Worship*. Grand Rapids: Baker Book House, 1980.

Ryle, John Charles. *Knots United*. London: James Clark and Co., Ltd. 1964.

Temple, William. *Readings in St. John's Gospel*. First series, London: Macmillian, 1939.

Tozer, A. W. *What Ever Happened to Worship?* Camp Hill, Pa.: ChristianPublications, 1985.

Wiersbe, Warren W. *Real Worship*. Expanded Edition, Nashville, Tenn.: Thomas Nelson Publishers, 1990.

4장

영성개발과 교회성장

**Spirituality Development
and Church Growth**

제 4 장
영성개발과 교회성장
(Spirituality Development and Church Growth)
-마 28장 16-20을 중심으로-

1. 서론(Introduction)

　사도 바울은 골로새서 1장 28절에서 "우리가 그를 전파하여 각 사람을 권하고 모든 지혜로 가르침은 각 사람을 그리스도 안에서 완전한 자로 세우려 함이니"라고 교회사역의 목표는 사람들로 하여금 그리스도 안에서 성숙한 자가 되어지는 데 있음을 밝혀주고 있는데, 이는 그리스도인의 영성개발이 중요한 과제임을 암시해 주고 있다. 또한 에베소서 4장 12절에서 "이는 성도를 온전케 하며 봉사의 일을 하게하며 그리스도의 몸을 세우려 하심이라"고 교회의 구성원으로 부름받은 그리스도인 개인의 영적 성장 즉 영성개발이 교회성장과 밀접한 관계를 가지고 있음을 보여주고 있다.
　미국의 영성신학자인 달라스 윌라드(Dallas Willard)는 일반적으로 선교명령, 혹은 지상명령으로 알려져 있는 마 28장 18-20절의 내용을 하나님의 영성개발을 위한 계획(God's plan for spiritual

formation)이라고 말하면서 "이것이야말로 교회전반은 물론 각 지역 교회의 성장과 형통을 위한 하나님의 계획이다. 이것은 지역교회의 영성개발을 위한 그 분의 계획이다"라고 언급한바 있다.[1] 그는 "1세기 교회의 교회성장은 마 28:19-20의 교회성장 계획을 따른 데서 생겨난 결과였다"고 피력하고 있다.[2]

미국의 목회자인 론 킨케이드(Ron Kincaid)는 "나는 많은 그리스도인들이 제자를 삼으라는 그리스도의 명령에 의미심장하게 순종하지 않았기 때문에 영적인 성장에 이르지 못했다고 믿는다"라고 마 28장의 지상명령과 그리스도인의 영적 성장은 직접적인 관계를 가지고 있음을 역설한바 있다.[3] 그는 그리스도인이 제자삼는 사역에 참여하므로 그리스도의 임재와 능력과 기쁨과 약속들에 대한 새로운 체험을 하므로 성숙한 그리스도인으로 자라가게 된다고 말하고 있다.[4] 따라서 본장에서는 영성개발과 교회성장의 측면에서 마 28장 16-20절의 지상명령의 내용을 구체적으로 분석하고 오늘의 교회사역에 적용해 보고자 한다.

---

1) Dallas Willard, *Renovation of the Heart*, (Colorado Springs, CO.: NavPress, 2002), p. 240.
2) Dallas Willard, *The Spirit of the Disciplines: Understanding How God Changes Lives*, (New York: HarperCollins Publishers, 1988), p. 260.
3) Ron Kincaid, *A Celebration of Disciple-Making (제자삼는 교회)*, 생명의 말씀사, 1993, p. 16.
4) Ibid., pp. 30-31.

2. 영성개발과 교회성장의 의미
(Meaning of Spirituality Development and Church Growth)

달라스 윌라드(Dallas Willard)는 "기본적으로 그리스도인의 영성개발이란 그리스도 자신의 내면을 닮아가는 것으로 성령의 주도로 인간 자아의 내면세계를 개발해 나가는 과정이다"라고 정의하면서, 영성개발의 목표는 "그리스도를 따르고 순종하는 것"이며 "너희 속에 그리스도의 형상을 이루는 것(갈 4:19)이야말로 기독교 영성개발의 영원한 표어이다"라고 말하고 있다.[5] 또한 그는 "그리스도 안에서의 영성개발의 결과는 마음과 목숨과 뜻과 힘을 다하여 하나님을 사랑하고 이웃을 내 몸처럼 사랑하는 것"이며[6] "그리스도 안의 영성개발은 자아숭배에서 자아부인으로 나아가는 과정이다"라고 설명하고 있다.[7]

더 나아가 그는 이런 그리스도인의 영성개발을 위하여 지역교회들이 전적으로 헌신해야 한다고 강조하면서 "그리스도를 닮아가는 영성개발을 지역교회의 유일한 최고 목표로 삼는 것"이 교회가 설정해 나가야할 올바른 방향이라는 것을 지적하고 있다.[8] 이러한 영성개발이 지역교회의 구심점이 되기 위해서는 예수 그리스도의 제자도에 대한 비전에 사로잡혀야 하고 그의 성숙한 제자를 삼는 것을 교회의 중심사역으로 삼겠다는 분명한 의지가 있어야 하고 교회의 지도자들이 먼저 예수 그리스도의 진정한 제자가 되어야 한다고

---

5) Dallas Willard, op. cit., 2002, pp. 22-23.
6) Ibid., p. 31.
7) Ibid., p. 77.
8) Ibid., p. 235.

역설하고 있다.[9]

달라스 윌라드(Dallas Willard)에 의하면, 가장 성공적인 전도사역과 진정한 교회성장은 그리스도인들이 어디를 가든지 어두운 세상에서 소금과 빛이 되게 해주는 내면의 변화작업인 영성개발이 이루어질 때에 가능하게 되어지므로 교회성장은 영성개발의 자연스러운 결과로 이루어지게 된다는 것이다. 따라서 그는 오늘날의 교회사역자들이 여기에 집중하지 못할 때 곁길로 벗어나 소금과 빛으로서의 교회로서의 기능을 상실하게 되어지고 실패의 자리로 나갈 수밖에 없지만, 영성개발과 제자도의 길을 따르게 되어질 때 최대한 많은 사람들을 천국으로 이끌 수 있게 되므로 진정한 의미에 있어서 교회성장이 이루어질 것이라고 결론을 내리고 있다.

미국 교회성장학회 회장으로 사역한바 있는 게리 맥킨토시(Gary McIntoch)교수는 "많은 교회 지도자들이 교회성장의 가장 근본적인 목적이 마태복음 28장 19-20절에 나오는 지상 최대 명령의 실현에 있음을 알고 있지만 아직도 교회성장에 대한 일반적인 견해는 단지 교인 수 늘리는 기술, 방법 또는 모델들로 이해되고 있다"고 지적을 하면서[10] 다음과 같이 언급하고 있다. "교회성장이라는 용어가 처음으로 사용되었을 때에 그것의 의미는 충실한 제자 양육의 결과를 나타내는 것이었다. 사람들을 그리스도에게로 인도하고, 그들을 개 교회에 적응시키며, 또 그리스도가 명한 모든 것을 가르치는 교회가 수적인 그리고 영적인 성장을 기대하는 것은 당연한 것이다. 기본적으로 교회성장이라는 의미는 그리스도와의 만남이 없

---

9) Ibid., p. 244.
10) Gary L. McIntosh, *Biblical Church Growth*, (Grand Rapids: Baker Books, 2003), p. 17.

던 사람들을 그와의 개인적인 교제로 인도하고 또 그들을 책임감 있는 교회 구성원으로 만들어 나가는데 필요한 모든 것을 포함하고 있다."[11]

3. 영성개발과 교회성장을 위한 하나님의 계획
(God's Plan for Spirituality Development and Church Growth)

(1) 영성개발과 교회성장의 궁극적인 목표 : 예배를 통한 하나님의 영광

마 28장 16-20까지의 지상명령은 놀랍게도 예배의 정황(context) 속에서 주어진 주님의 대선언의 말씀임을 서두에서 밝혀 주고 있다. 마이클 그린(Michael Green)은 "대위임령은 경배로부터 솟아 나온다(마 28:9, 17). 마리아와 제자들이 선교하러 가야 한다는 동기를 부여받은 것은 그들이 예수님에 대한 완전한 경외감으로 엎드려서 경이와 사랑과 찬양에 몰두했을 때였다. 이러한 사실은 지금도 변함없다. 전도는 예배로부터 솟아 나오는 법이다"라고 적절히 말하고 있다.[12]

그러나 놀랍게도 경배하는 자와 의심하는 자가 주님이 부르신 신앙공동체 안에 함께 공존하였던 것을 보여주고 있다.[13] 이 갈릴

---

11) Ibid., p. 18.
12) Michael Green, *The Message of Matthew* (마태복음 강해), 김장복 역, IVP, 2005, p. 474.
13) Leon Morris는 "의심하는 자"를 "주저하는 자"로 번역하는 것이 더 적합한 것으로 설명하고 있다. *The Gospel According to Matthew*, (Grand Rapids: Eerdmans, 1992), p. 744.

리에서의 모임에는 예수님의 열 한 제자들 외에 마 28장 10절에서의 다른 형제들과 사도 바울이 고전 15장 6절에서 언급하고 있는바 오백여 형제들에게 일시에 부활하신 주님이 보이신 사건이 바로 이 때에 되어진 만남의 사건을 가리킨 것으로 볼 수 있을 것이다.
　예수님의 부활을 의심하여 예수님께 경배하는 것을 주저했던 자들은 지금 자신들의 눈앞에 보이는 이 예수님이 과연 이전에 그들이 만났던 그 예수님이 맞는지에 대한 의심을 가졌을 수도 있을 것이며, 십자가에 못 박혀 죽으신 예수가 다시금 부활하였다는 사실을 즉각적으로 믿기가 어려웠던 자들도 있었을 것이다. 엠마오 도상의 두 제자들도 처음에는 예수님의 부활을 믿지 못하였고(눅 24:13-35), 예수님의 제자 중 도마도 다른 열 제자들의 언급에도 불구하고 바로 믿지 못하였으며(요 20:24-25), 디베랴 바닷가에서 부활하신 예수님께서 제자들에게 나타나셨으나 제자들이 처음에 예수님을 제대로 알아보지 못하였던 것(요 21:1-4)들을 고려할 때에 갈릴리에 모여든 많은 무리들 중에도 예수님의 부활을 즉시 믿지 못하고 의심하여 경배하는 것을 주저하는 자들이 있게 되어진 것은 전혀 새삼스러운 것이 아니며 이것은 예수님의 부활사건이 너무도 놀라운 것이었고 실제적으로 일어난 사건이었음을 구체적으로 증거해 주고 있는 현상임을 역설적으로 가르쳐 주고 있다. 이 의심하는 자들은 부활하신 주님이 그들 앞으로 나아와 하시는 말씀을 듣는 가운데, 또한 부활하신 주님을 만난 다른 제자들의 증거를 통하여 믿음과 온전한 경배의 자리에 나아갈 수 있었을 것이다. 따라서 주님의 지상명령은 의심하는 자들과 믿지 아니하는 자들이, 더 나아가 모든 족속이 주님을 경배하는 온전한 예배의 자리에 나아갈 수 있도록 하기 위해서 주어진 것이라고 볼 수 있다. 이런 이유에서 존 파이퍼(John

Piper)는 다음과 같이 역설하고 있다: "선교는 교회의 궁극적인 목표가 아니다. 예배가 그 목표이다. 예배가 없기 때문에 선교가 필요한 것이다. ... 모든 역사는 한 가지 큰 목표를 향해 가고 있는데, 그것은 다름 아닌 세상 열방 가운데 하나님과 그 아들을 뜨겁게 예배하는 것이다. ... 그 이유 때문에 선교는 이 세상에서 인간이 행하는 두 번째로 위대한 활동이다. ... 선교는 우리가 하나님을 기뻐하는 것이 넘쳐 흐르는 것이다. ... 그리고 예배가 선교의 목표가 되어야하는 가장 근본적인 이유는 예배가 하나님의 목표이기 때문이다."[14]

그래서 개리 맥킨토시(Gary L. McIntoch)는 "교회는 달성되어야 될 수많은 계획들과 목적들을 가지고 있다. 잃어버린 자들에 대한 전도, 성도들의 신앙교육, 말씀 전파, 정의 구현, 지도자 양성 등, 그외 다수가 있다. 하지만 교회의 궁극적인 목적은 단 하나 밖에 없으며 그것은 바로 생명의 근원되시는 하나님께 영광을 돌리는 것이다"라고 말해주고 있다.[15] 이렇게 하나님께 영광을 돌리는 많은 일들 가운데서 "예배는 하나님을 영화롭게 하며 영원토록 그를 즐거워하는 우리 삶의 궁극적인 목적의 직접적인 표현이다."[16] 그러므로 앞으로 논의하게 될 영성개발과 교회성장의 모든 단계들도 이 예배의 정황 속에서 이루어져야 하며 그 최종 목표를 예배를 통한 하나님의 영광에 둘 수 있어야만 할 것이다.

---

14) John Piper, *Let the Nations Be Glad!: The Supremacy of God in Missions*, (Grand Rapids: Baker Books, 1993), pp. 1, 15.
15) Gary L. McIntosh, op. cit., p. 51.
16) Wayne Grudem, *Systematic Theology: An Introduction to Biblical Doctrine*, (Grand Rapids: Zondervan Publishing House, 1994), p. 1004.

(2) 영성개발과 교회성장 계획의 선포자 : 예수 그리스도

영성개발과 교회성장의 마스터플랜을 선포하시고 주도해 나가시는 예수 그리스도를 바로 이해하는 것이 이 중차대한 사역을 수행해 나가야하는 제자들에게 무엇보다도 중요하기에 예수님께서는 마 28장 18절에서 "하늘과 땅의 모든 권세를 내게 주셨으니"라고 자신의 신분을 명확히 밝혀주셨다.[17] 왜냐하면 예수 그리스도의 신분에 대한 제자들의 바른 이해와 확신은 주님의 분부하심을 이루어 나가는데 있어서 예상치 못한 여러 가지 장애물과 난관들을 능히 극복하고 이 사역에 있어서 놀라운 진전과 확실한 성과를 보장받는 궁극적인 사역의 승리의 원천이 되어지기 때문이다.

제임스 모리슨(James Morison)은 "하늘의 모든 권세를 가지심으로써 그는 하늘의 모든 수단을 사용할 수 있으며, 땅의 모든 권세를 가지심으로써 땅위의 모든 사회 조직과 권세와 사람을 활용할 수 있다"라고 언급하고 있다.[18] 알버트 반즈(Albert Barnes)는 "여기에서 주님에게 모든 권세와 만물이 주어진 것은 자기의 피로 사신 교회를 구원하고 보호하도록 하시는 것이다. 그러므로 주님의 중보적 통치는 천사나 마귀, 그리고 주님의 백성뿐만 아니라 악한 자들에게까지 미치는 것이다"라고 설명하고 있으며,[19] 찰스 스펄

---

17) Leon Morris는 본문에서 권세는 자신이 원하는대로 자신의 소유를 처분하거나 결정하거나 행동할 수 있는 권리와 선택의 자유를 의미한다고 설명하고 있다. *The Gospel According to Matthew*, (Grand Rapids: Eerdmans, 1992), p. 745.
18) James Morison, *A Practical Commentary on the Gospel According to St. Matthew*, (London: Hodder & Stoughton, 1899), p. 623.
19) Albert Barnes, *Barnes' Notes on The New Testament Commentary* (반즈 성경주석, 마태 마가복음), 크리스챤서적, 1988, p. 653.

전(Charles. H. Spurgeon)은 부활하신 주님이 모든 권세를 가졌다는 것은 전능성을 소유한 것을 천명하신 것으로서 주님이 가지신 권세는 "자존의 권세, 창조의 권세, 창조된 것을 유지하는 권세, 만들고 부술수 있는 권세, 열고 닫을 수 있는 권세, 타도하고 세울 수 있는 권세, 죽이고 살릴 수 있는 권세, 용서하고 정죄할 수 있는 권세, 주고 보류할 수 있는 권세, 선언하고 이룰 수 있는 권세, 한 마디로 말해서 그리스도는 자기 교회를 주관할 머리로서 모든 권세가 부여된 것이다"라고 말하고 있다.[20]

매튜 헨리(Matthew Henry)는 "그에게 이 권세가 주어진 것은 아버지께서 그에게 주신 모든 자에게 영생을 주게 하려 하심이다(요 17:2). 즉 보다 효과있고 완전하게 우리를 구원하시기 위하여 그에게 권세가 주어진 것이다"라고 적절히 언급한 바 있다.[21] 이와 같이, 예수님은 자신이 원하시는 모든 것들을 이루시기 위하여 이 우주 가운데 존재하는 모든 것들을 임의로 처분하시고 결정하시고 행동하실 수 있는 절대적인 모든 권한을 가지고 주님이 원하시는 사역에 참여하는 자들을 도우실 뿐만 아니라 필요한 모든 자원을 제공하시고 친히 역사하심으로 자신의 뜻을 이루실 것을 천명하신 것이다.

(3) 영성개발과 교회성장을 위한 세 단계

1) 가는 단계(사랑의 대면 및 사랑의 수고의 과정)

주님께서 세우신 영성개발과 교회성장의 마스터플랜의 첫 번째

---

20) Charles H. Spurgeon, *The Treasury of the Bible* (마태복음, 3), 장부영 역, 보문출판사, 1979, p. 531.
21) Matthew Henry, *Matthew Vol. 3,* (마태복음, 하), 기독교문사, 1978, p. 626.

단계는 가는 것이다. 가는 사람은 누구인가? 하나님을 사랑하고 이웃을 사랑하는 자 즉 예수 그리스도의 새 계명을 실천하고자 하는 자가 바로 가는 자이다. 택하신 백성들의 구주가 되시고 주가 되시는 예수님께서 영광의 보좌를 내어 놓으시고 사람의 몸을 입고 이 세상에 찾아오신 것 자체가 잃어버린 자들을 향한 주님의 사랑 때문에 이루어진 것처럼 구속의 사역을 완성하신 주님께서 명하시는 지상명령을 수행하기 위해서 가는 행위는 바로 주님처럼 세계 도처에 잃어버린 자들을 향한 사랑의 마음을 품지 아니하고서는 이루어질 수 없는 것이다. 따라서 영성개발과 교회성장을 위한 지상명령을 수행해 나가기 위해서는 잃어버린 자들을 향한 관심을 가지고 그들에게 나아가고자 하는 뜨거운 사랑의 열정을 가지고 모든 족속들을 대면하고 그들에게 조건없는 하나님의 사랑을 실천하고 나누어주는 것이 최우선적으로 요구되어지는 것임을 "가서"라는 분사가 이를 시사해 주고 있다.

주님께서는 이미 요 13장 34절에서 "새 계명을 너희에게 주노니 서로 사랑하라. 너희가 서로 사랑하면 이로써 모든 사람이 너희가 내 제자인줄 알리라"고 제자삼는 사역을 담당하게 될 그의 제자들에게 필수적인 것이 무엇임을 말씀하시면서 사랑의 배경 속에서 이 사역이 이루어져야 함을 분명히 가르쳐 주셨다. 론 킨케이드(Ron Kincaid)는 그의 책 "제자삼는 교회"에서 "우리가 제자를 삼고자 할 때, 그 도구는 사랑이다. 새 계명은 지상명령을 성취하는 전략이다. 새 계명에 대한 헌신이 없다면 지상명령의 성취도 없을 것이다. … 나는 가족들, 직장이나 이웃 사람들의 필요에 민감한가? 만일 우리가 날마다 만나는 사람들에게 자비를 베풀고 있지 않다면, 세상의 이방인들을 사랑하는 데에는 거의 초점이 맞춰지지 않을 것이다"라고 이것의 중요성을 언급하고 있다.[22] 특히 고전 16장 14절에 "너희 모든 일을 사랑으로 행하라"는 말씀은 그 무엇보다도 제자삼는 가장 중요한 사역에 적용되어져야할 필수적인 덕목임을 암시해 주고 있다.

영성개발과 교회성장을 위하여 헌신하고자 하는 사역자가 아무리 전문적인 지식으로 무장되어 있고, 방법론에 있어서 효과적이고 탁월하다고 할지라도 사랑의 중심에서 사역하지 못한다고 할 때 그 모든 사역은 사실상 열매를 맺기가 어렵게 되어진다는 사실을 잊지 말아야 한다. 그래서 론 킨케이드(Ron Kincaid)는 "사랑은 그리스도인이나 교회가 매력적이 되게 해준다. 사랑하는 교회는 따스함과 전염성있는 사랑을 발산하기 때문에 새로 나온 사람들이 그에 매혹된다. 사랑하는 교회는 성장한다. 왜냐하면 방문자들이 매혹을 당하고, 구성원들이 결코 떠나기를 원치 않기 때문이다"라고 사랑해야 하는 이유를 설명하고 있다.[23] 즉 모든 족속이 예수 그리스도를 알기 위해 나아오도록 하기 위해서는 사랑의 대면과 수고가 선행되어져야 한다는 것이다. 그러므로 자신이나 다른 사람의 영성개발을 위하여 헌신하고자하는 사람은 사랑 가운데서 섬기는 것을 우선순위로 삼을 수 있어야만 한다.

이 사랑의 대면과 사랑의 수고를 통하여 사역자에게 주어진 성령의 모든 은사들이 막힘없이 다른 사람에게 효과적으로 풍성히 흘러내릴 수 있는 통로가 구비되어질 수 있기에 고전 12장 31절에서는 사랑을 "제일 좋은 길"(the most excellent way)이라고 설명하

---

22) Ron Kincaid, op. cit., p. 103.
23) Ibid., p. 105.

고 있다. 그러므로 그리스도인의 가정이나 교회 공동체 구성원들이 가지고 있는 은사들을 발휘하여 자라가고 그 삶에 풍성한 열매를 맺기 위해서는 그들의 은사들이 흘러내릴 수 있는 사랑의 통로가 구비되어져야 한다. 부르심을 받은 사역자가 이 사랑의 마음을 가지게 나아가게 되어질 때 영성개발과 교회성장을 위한 효과적인 환경이 조성되어 사역대상자들의 삶에 진정한 변화가 일어나게 되어지는 것이다. 사도 바울은 고후 5장 14절에서 "그리스도의 사랑이 우리를 강권하시는도다"라고 그리스도의 사랑이 그의 심령 속에 충만하였기에 자원하는 마음으로 기쁨으로 성령의 인도하심 따라 이방인들을 향하여 나아가므로 제자삼는 사역에 풍성한 열매를 수확할 수가 있었던 것이다. 하늘과 땅의 모든 권세를 가지신 주님께서는 "가서"라는 말씀을 통하여 실천하는 사랑, 수고하는 사랑을 가지고 사랑의 동기에서 사역에 참여해야 할 것을 요구하고 계신다. 그래서 프랭크 로바크(Frank Laubach)는 "온 세상을 얻기 위한 그리스도의 단순한 프로그램은 자신이 만지시는 각 사람마다 사랑의 자석을 만들어 거기에 다른 사람들이 달라붙게 하시는 것이다"라고 말한바 있다.[24]

중국 선교의 개척자 허드슨 테일러가 어느 날 고국에 돌아와 선교사 후보생들을 만났을 때의 일이다. 특별히 중국 선교의 사명을 갖고 준비하고 있는 그들을 향하여 허드슨 테일러가 이런 질문을 했다. "그대들은 무엇 때문에 선교사로 중국에 가려고 하십니까?" 이 질문에 어떤 사람이 자신있게 대답했다. "예, 중국에 있는 수많

---

24) Frank Laubach, *Man of Prayer*, (Syracuse, NY.: Laubach Literacy International, 1990), p. 154.

은 영혼들이 멸망을 향해 달려가고 있기 때문입니다." 그러자 또 다른 한 사람이 이렇게 대답했다. "그것이 중국을 변화시킬 수 있는 유일한 길이기 때문입니다." 그때 허드슨 테일러는 그 대답이 틀린 것은 아니지만 선교지에서 예상치 못한 역경과 어려움에 부닥치면 크게 흔들릴 수 있다고 지적을 했다.

이 말에 한 사람이 그에게 되물었다. "그렇다면 선교사님은 무슨 동기로 중국에 가셨습니까?" 그러자 허드슨 테일러는 말하기를 "내게 있어서는 오직 하나의 동기 밖에 없습니다. 그들을 사랑하기 때문입니다."이렇게 대답을 했다는 유명한 일화가 있다. 미국의 무디 바이블 인스티튜트(Moody Bible Institute)의 학장인 조셉 스토웰(Joseph M. Stowell)이 "사랑없이는 헌신도 없다"[25]는 말을 한 바와 같이, 모든 족속으로 제자 삼으라는 주님의 분부하심 따라 모든 족속에게로 나아가는 헌신은 사랑 없이는 결코 이루어지지 아니할 것이다.

2) 세례의 단계(삼위 하나님과의 연합과 교제와 임재체험과 헌신과 변화의 과정)

달라스 윌라드(Dallas Willard)는 마 28장 19절에 나타나는 "아버지와 아들과 성령의 이름으로 세례를 주고"라는 부분을 단지 물로서 적셔주는 의식적인 세례예식에 대한 명령으로만 생각해서는 안되며 "의식은 실체에 들어가는 특별한 순간이 되어야 한다"고 설명하면서 영적으로 삼위일체의 임재 안에 적시는 단계에 나아가야

---

25) Joseph M. Stowell, *The Final Question of Jesus* (열정의 회복), 박혜경 역, 디모데, 2004, p. 16.

함을 말하고 있다.26)

알버트 반즈(Albert Barnes)는 삼위 하나님의 이름27)으로 세례를 받는 것은 자신이 이제는 삼위 하나님께 속한 자임을 나타내는 것으로 "세례는 성령을 통하여 정결케 되고 하나님께 거룩히 헌신한다는 사실을 상징하는 의식이다"라고 설명하고 있다.28) 크레이그 블롬버그(Craig L. Blomberg)는 "예수님의 능력과 권세에 대한 충성을 맹세하는 것 혹은 이와 연합하게 됨을 의미한다"고 말하고 있고,29) 스웨테(H. B. Swete)는 "교제와 헌신과 하나님의 충만과 능력으로 이루어진 삶"을 살아가는 것으로 설명하고 있다.30) 그래서 윌리엄 헨드릭슨(William Hendriksen)은 "그가 [예수님이] 그들의 유일한 삶이며, 그들의 유일한 빛이며 그들의 유일한 능력이라는 의미에서 그들은 그와 더불어 연합되어졌다"고 그 의미를 강조하고 있다.31)

도날드 헤그너(Donald A. Hagner)는 세례를 주는 것은 삼위 하나님의 "통치를 받는 존재가 되게 하는 것"을 의미한다고 말하고

---

26) Dallas Willard, op. cit., 2002, p. 267.
27) John Murray는 마 28장 19절의 "이름"은 "그의 계시된 성격의 충만 안에서 인격을 상징한다"라고 말하면서 "세례의 중심적인 의미가 그리스도와의 연합"에 있다고 설명하고 있다. *Collected Writings of John Murray*, Vol. 2, (Carlisle, Penn.: The Banner of Truth Trust, 1977), pp. 372, 371. Marvin R. Vincent 역시 마 28장 19절의 "이름"은 인격(person)을 뜻하는 것으로 보고 있다. *Word Studies in the New Testament*, Vol. 1, (Grand Rapids: Eerdmans, 1985), p. 150.
28) Albert Barnes, op. cit.
29) Craig L. Blomberg, *The New American Commentary: Matthew*, (Nashville, Ten.: Broadman Press, 1992), p. 432.
30) R.V.G. Tasker, *The Gospel According to St. Matthew: An Introduction and Commentary*, (London: The Tyndale Press, 1961), p. 276.
31) William Hendriksen, *A Commentary on Galatians*, (London: The Banner of Truth Trust, 1968), p. 149.

있다.[32] 그러므로 세례는 지배권의 변경 즉 아담의 지배(율법, 죄, 죽음)로부터 그리스도의 지배(은혜의 지배)로의 변경을 가져왔다는 것이다(롬 5:17,20, 6:20). 따라서 매튜 헨리(Matthew Henry)는 "세례는 우리가 우리의 마음속에 보좌를 차지하려는 하나님과의 경쟁자인 세상과 육신을 포기한다는 단념의 맹세이다. 또한 세례는 우리가 우리 자신들을 그의 것으로 맡겨 버리는 것, 즉 우리의 몸과 혼과 영을 그의 뜻에 의해 지배받도록 하며 또한 그의 은혜 가운데서 행복을 누리게 되도록 맡겨버리는 충성의 맹세이다"라고 적절히 설명하고 있다.[33]

마빈 빈센트(Marvin R. Vincent)는 삼위 하나님의 이름으로 세례를 받는 사람은 "성부 하나님을 그의 창조자와 섭리자로 인정하고 의지하며, 예수 그리스도를 그의 유일한 중보자와 구속자로 또한 그의 삶의 모범으로 받아 드리며, 성령을 그를 성화시키시는 분과 위로자로 고백한다"고 말하고 있다.[34] 달라스 윌라드(Dallas Willard)는 "그들[예수님의 사람들]은 지혜, 아름다움, 능력, 선함 등 모든 측면에서 그 분이 참으로 매력적인 분임을 깨달아야 하며, 그리하여 끊임없이 그 분의 임재 안에 있기를 구하며 인생의 모든 측면에서 그 분의 인도와 지시와 도움을 받기를 바라야 한다. 왜냐하면 그 분이야말로 모든 시공을 초월하여 기도와 사랑의 공동체의 살아있는 머리이기 때문이다"라고 언급하면서[35] "실제적 관점에서

---

32) Donald A. Hagner, *Word Biblical Commentary: Matthew 14-28*, Vol. 33B, (Dallas, Texas: Word Books, Publisher, 1995), p. 888.
33) Matthew Henry, op. cit., p. 631.
34) Marvin R. Vincent, *Word Studies in the New Testament*, Vol. 1, (Grand Rapids: Eerdmans, 1985), p. 150.
35) Dallas Willard, op. cit., 1997, p. 273.

우리 모두가 살아야 할 천국은 한마디로 예수와 지속적인 교제를 체험하는 것이다"라고 이 세례의 의미를 일깨워 주고 있다.[36]

신약에서 세례는 죽음과 부활에 대한 상징으로 예수 그리스도의 죽음에 참여하는 것이고 예수 그리스도의 부활에 그리스도인 자신을 동일화하는 것을 뜻한다(롬 6:4-5). 갈 3장 27절에 사도 바울은 "누구든지 그리스도와 합하여 세례를 받은 자는 그리스도로 옷 입었느니라"고 말씀하고 있는데, 이 구절에 관하여 제임스 몽고메리 보이스(James Montgomery Boice)는 "세례는 그리스도로 변화되는 동일시를 나타낸다"(Baptism signifies this transforming identification with Christ)고 말하면서 "그리스도로 옷 입는다는 것은 그리스도처럼 된다는 것을 의미한다"(To be "clothed with Christ" means to become like Christ)라고 설명하고 있다.[37] 존 맥아더(John F. MacArthur) 역시 갈 3장 27절에서의 세례는 "그리스도와의 영적 동일시와 그리스도의 삶 속으로의 몰입"(spiritual identification with and immersion into the life of Christ)을 가리킨다고 주석하고 있다.[38]

따라서 세례를 받는 것은 그리스도와 함께 옛 사람의 죽음에 이르렀고, 이제는 새로운 피조물인 예수 그리스도의 성품을 지닌 영

---

36) Ibid., 1997, p. 280.
37) James Montgomery Boice, *The Expositor's Bible Commentary*, Vol 10, (Romans-Galatians), (Grand Rapids: Zondervan Publishing House, 1976), p. 468.
38) John F. MacArthur, *The MacArthur New Testament Commentary: Galatians*, (Chicago: Moody Press, 1987), p. 98. 갈 3:27절과 유사한 구절인 롬 13:14절에서 "오직 주 예수 그리스도로 옷입고"라는 표현도 칭의와 성화를 동시에 표현한 것으로 존 스토트(John Stott)는 "로마서에서 이같이 우리가 그리스도로 옷 입는 것은 아직도 우리가 해야 하는, 혹은 계속해서 해야 하는 어떤 것이다. ... 우리가 입어야 하는 것은 그리스도를 닮은 성품뿐만 아니라 그리스도 자신, 그 분을 꼭 붙잡고 주님으로서의 그 분아래 사는 것이다"라고 주석하고 있다. *The Message of Romans* (*로마서 강해*), 정옥배 역, IVP, 1996, p. 472.

적 존재로서 끊임없는 그리스도를 닮아가는 과정에 들어감을 의미한다. 이렇게 세례의 의미 가운데 하나인 그리스도와의 연합은 그리스도인이 그를 닮는 것을 암시해 주고 있다.[39] 그래서 웨인 그루뎀(Wayne Grudem)은 "신약성경은 그리스도인의 삶을 우리의 모든 행동에서 그리스도를 닮기 위해 애쓰는 것으로 묘사하고 있다"고 말하고 있다.[40] 이와 같이, 그리스도를 닮는다고 하는 개념은 ① 거룩함(벧전 1:15-16)과 ② 사랑(마 5:43-48, 눅 6:36, 요 13:34, 15:12). ③ 고난(마 16:24-25, 막 10:38-39, 눅 14:27, 요 15:18-20, 벧전 2:18-21)에 적용되어 질 수 있는데, 그리스도를 닮는다고 하는 것은 그리스도의 마음을 소유하게 되었다는 뜻이며(빌 2:5), 성령의 9가지 열매들을 풍성히 맺는 그리스도인이 되어진다는 것을 내포하고 있다. 따라서 세례를 받은 자는 그리스도의 의의 옷을 입은 자로서, 옷이 그것을 입고 있는 사람을 감싸고 그의 외모나 생활을 나타내듯이 구원의 확신을 가지고 가는데 마다 그리스도를 나타내는 삶을 살아가야 하는 것이다.

또한 이 세례는 예수님 안에 거함을 확인시켜주므로 계속적으로 그리스도 안에 거하는 삶을 살게 하는 것이다. 그리해서 그 삶에 하나님이 기뻐하시는 풍성한 영적 열매를 맺게 되는 결과를 가져오게 되어진다(요 15:5). 더 나아가, 세례는 그리스도와 연합하므로 새 사람으로 부활한 하나님의 백성의 공동체에 들어감(고전 12:13)을 의미하며 공동체 구성원들과의 사귐에 참여하게 됨을 의미한다.

로마서 6장 4절에서 세례를 받는 것은 새 생명 가운데 행하게 하

---

39) Wayne Grudem. *Systematic Theology: An Introductions to Biblical Doctrine*, (Grand Rapids: Zondervan Publishing House, 1994), p. 845.
40) Ibid.

기 위함이라고 말씀하고 있는데, 이것은 영을 쫓아 행하고(롬 8:4-5, 갈 5:16), 사랑에 따라(롬 14:15), 믿음에 의해(고후 5:7), 하나님께 합당하게(살전 2:12, 고전 7:17) 그리고 하나님을 기쁘시게 하는 방식으로(살전 4:1, 빌 3:17) 행하는 삶을 살아가야 함을 가르쳐 주고 있다. 이와 같이, 세례는 죄에서 돌이켜 복음을 받아들이는 상징적인 표현(행 2:38, 8:26-38)으로 이 세례를 통하여 그리스도인은 보증된 하나님과의 교제 가운데서 그의 형상으로 닮아가는 새로운 삶에 참여하게 되어지는 것이다.

이렇게 세례를 받은 자는 그리스도와 연합하므로 성숙한 그리스도인의 삶에 필요한 성령의 은사와 초자연적인 능력을 부여받게 되어진다(롬 15:18). 사도행전 2장 38절에서는 세례와 성령의 은사가 결부되어있음을 언급하고 있는데 브루스(F.F. Bruce)는 "38절에 약속된 성령의 은사는 회개하고 세례받은 자들에게 임하시는 성령 자신이시다"라고 말하고 있다.[41] 존 스토트(John Stott)는 여기에 성령의 선물은 택한 백성들을 "중생시키시고 그들 안에 내주하시며 그들을 연합시키고, 그들을 변화시키시는" 성령의 역사하심을 의미하는 것으로 설명하고 있다.[42]

앞서 언급한 내용들을 고려해 볼 때, 본문에서 세례를 주라고 한 것은 단순히 의식적인 세례형식을 갖추는 것을 요구하는 것이 아니라 마음과 생활이 영적인 변화와 도덕적인 갱신의 자리에 계속해서 나아가도록 하라는 분부로 보아야 할 것이다. 그러므로 세례를 받

---

41) F. F. Bruce, *The Book of the Acts, The New International Commentary on the New Testament,* Revised Edition, (Grand Rapids: Eerdmans, 1988), p. 71.
42) John Stott, *The Spirit, The Church, and The World: The Message of Acts*, (Downers Grove, Ill.: InterVarsity Press, 1990), p. 78.

은 그리스도인의 전 생애를 통하여 끊임없이 세례받는 역사가 일어나야 할 것이다. 즉 삼위 하나님과의 더욱 온전한 연합과 교제의 자리로, 그 사랑과 은혜와 능력을 깊이 체험하는 자리로, 다른 그리스도인들과의 신령한 교제를 든든히 하는 이런 자리에 계속해서 나아가야 할 것이고 하나님을 더욱 기쁘시게 하는 삶으로 나아가는 일에 진보와 성장이 있어야 하며, 온전한 사람을 이루어 그리스도의 장성한 분량의 충만한데 이르게 되어져야 한다(엡 4:13). 리전트대학(Regent College)의 전도학 교수였던 마이클 그린(Michael Green)은 교제의 중요성에 대하여 다음과 같이 말하고 있다: "그리스도인 회중의 교제가 다른 사회에서 찾을 수 있는 교제보다 훨씬 더 훌륭하지 않다면, 그리스도인들은 목이 터지도록 예수님의 사랑과 능력을 말할 수 있지만, 사람들은 그들의 메시지에 귀를 기울이지 않을 것이다. ... 그들의 일상생활이 너무나 매력적이며 따뜻하다면, 밖의 사람들이 그 분에게로 나아올 것이다-그 곳에 목회자가 있든지 없든지 상관없이 말이다. 지도자로부터 끊임없이 주사를 맞지 않아도 전도사역은 계속된다. 왜냐하면 그리스도 몸의 생명이 필요하고 고독한 사람들에게 흘러내려가기 때문이다. 그와 같이 교회는 1세기의 교회가 그랬듯이 믿는 자의 수가 날마다 더하게 된다. 그러나 우리는 아무도 우리가 그와 같은 교회를 이끌 수 있다고 생각하지 말자. 그런 교회는 성령이 사역과 사람들을 동시에 통제할 때, 성도들 간에 상호간의 신뢰가 돋우어질 때, 그리고 성도들의 은사가 인정될 뿐 아니라 충분히 사용될 때 생긴다."[43]

결론적으로 예수님께서는 본문에서 세례를 거행하는 형식 혹은

---

43) 홍성철 편집, 전도학, 도서출판 세복, 2006, pp. 338-339.

유형의 문제에 국한하여 말씀하고 있는 것이 아니라 세례의식이 상징하는 변화의 역사가 지속적으로 일어나야 한다는 것을 가르쳐 주고 있다. 따라서 세례를 주는 이 단계는 그리스도의 몸에 참여하는 단순한 입문(入門)행위로 이해되어서는 아니 되며, 미래를 향한 전진의 시작으로서 지속적인 성장으로 나아가야 함을 일깨워 주고 있다. 더 나아가, 세례는 삼위 하나님에 대한 내적인 헌신을 외적으로 고백하는 것으로 이런 지속적인 헌신의 삶의 자리로 나아가야 할 것을 요구하고 있는 것이다.

3) 가르쳐 지키게 하는 단계(실천과 변화에 초점을 맞춘 지속적인 양육의 과정)

앞서 논의한 두 번째 단계가 지속적으로 그리고 효과적으로 이루어지기 위해서는 마지막 세 번째 단계가 제공되어져야 함을 마 28장 20절에서 말씀하고 있다. 이것은 양육의 사역을 의미하는 것으로 사도 바울은 골 1장 28절에서 "우리가 그를 전파하여 각 사람을 권하고 모든 지혜로 각 사람을 가르침은 각 사람을 그리스도 안에서 완전한 자로 세우려 함이니"라고 이 마지막 단계의 중요성과 그 목적을 시사해 주고 있다. 그래서 모티머 아리아스(Mortimer Arias)와 알란 존슨(Alan Johnson)은 "만일 우리가 마 28:16-20을 오늘날의 선교를 위한 패러다임으로 진지하게 받아들인다면, 우리의 복음화는 우리가 말하는 기독교 교육에 집중해야만 한다. 선교와 교회의 사역에 있어서 전도와 기독교 교육이 별개의 것이라는 생각을 어디에서 얻었는가! 지상명령에서는 결코 그렇지 않다"라고 이 단계의 중요성을 강조하고 있다.[44]

---

44) Mortimer Arias and Alan Johnson, *The Great Commission: Biblical Models for Evangelism*, (Nashville, TN.: Abingdon Press, 1992), p. 19.

본문에서 "가르쳐"라는 단어는 현재분사로서 계속해서 가르치라는 의미를 가지고 있으므로 가르침과 배움의 단계는 지속적으로 이루어져야 함을 암시해주고 있다. 그러나 예수님께서 말씀하신 가르침은 단순한 지식 전달을 의미하는 가르침이 아니라 그 가르침을 지킬 수 있도록 하는 가르침 즉, 인격의 변화와 삶과 사역의 현장에서의 실천과 적용에 초점을 맞춘 독특한 성격의 가르침을 요구하고 계심을 볼 수 있다. 원래 헬라어 "가르치다"(didasko)는 단어는 "어떤 사람으로 하여금 어떤 것을 받아들이게 하다"는 의미를 가지고 있다.[45] 그러므로 가르치는 자는 가르침을 받는 자가 가르침의 내용을 이해하고 수용할 수 있는 방식으로 효과적으로 가르칠 수 있어야 한다.

더 나아가, 예수님께서 "가르쳐 지키게 하라"고 분부하신 것은 지킬 수 있도록 가르쳐야 한다는 것을 요구하고 있다.[46] 헬라어 "지키다"(tereo)는 단어는 유의하다(have in view), 인식하다(perceive), 보존하다(Preserve), 복종하다(obey), 따르다(follow) 보호하다(guard) 등의 다양한 의미를 가지고 있는데,[47] 주된 두 가지 의미는 보존(preservation)과 준수(observance)의 개념으로 볼 수 있다. 그래서 렌스키(R. C. H. Lenski)는 마 28장 20절에서 "지키게 하라"고 말씀하신 것은 "순종하고 보존해야 한다는 뜻이다. 깨뜨리지 않고 보존하며 지키라는 것이다. 그의 가르침을 마음속에

---

45) Colin Brown, *The New International Dictionary of New Testament Theology*, Vol. 3, (Grand Rapids: Zondervan Publishing House, 1978), p. 759.
46) 헬라어 성경 본문에서 "지키게하라"는 현재부정사로 계속해서 지키게 하라는 의미를 가지고 있다.
47) Colin Brown, op. cit., pp. 132-133.

그대로 영접하여 믿음으로 동화시키면 그의 교훈은 이후로 온 인격과 생활을 지배하고 형성할 것이다"라고 주석하고 있다.[48] 이와 같이, 보존과 준수는 수레의 두 바퀴 같아서 한 요소가 상실될 때 다른 한 요소가 온전히 기능을 발휘할 수가 없게 되어지므로 가르침의 사역은 이 두 요소가 양립할 수 있도록 이루어져 나가야 함을 깨우쳐 주고 있다. 사도 바울이 딤전 6장 14절에서 디모데를 향하여 "우리 주 예수 그리스도 나타나실 때까지 점도 없고 책망 받을 것도 없이 이 명령을 지키라(tereo)"고 언급한 것에 대하여도 렌스키는 "디모데가 모든 교훈을 지키고 보호하고 보존하는 것인데, 그렇게 함으로써 그가 그 교훈을 받을 때처럼 점도 없고 책망할 것이 없는 것으로 남아 있게 되는 것이다"라고 설명하고 있다.[49]

그러므로 가르침의 내용을 먼저 잘 보존하게 되어질 때 보존되어진 내용을 통하여 성령이 역사하심으로 그 삶과 사역에 적용과 순종이 이루어지게 됨을 볼 수 있다. 더욱이 예수님께서는 눅 6장 45절에 "선한 사람은 마음의 쌓은 선에서 선을 내고 악한 자는 그 쌓은 악에서 악을 내나니 이는 마음의 가득한 것을 입으로 말함이니라"고 인간의 삶은 그 마음에 무엇이 가득 차 있는가에 따라 좌우되어짐을 지적해 주셨다. 그래서 달라스 윌라드(Dallas Willard)는 "마음을 채우고 있는 것이 거의 대부분 행동을 지배한다는 사실이다. 마음의 내용이 기분의 상태를 정하고 다시 거기서 행동이 흘러나온다. 선택 가능한 여러 행동 대안들도 마음이 생각해 내는 것

---

48) R. C. H. Lenski, *The Interpretation of St. Matthew's Gospel* (마태복음, 하), 문창수 역, 백합출판사, 1974, p. 530.
49) R. C. H. Lenski, *The Interpretation of St. Paul's Epistles to Timothy, Titus, and Philemon* (디모데전후서, 디도서, 빌레몬서), 장병일 역, 백합출판사, 1979, p. 230.

이다"라고 말하고 있다.50)

따라서 진정한 의미에 있어서 효과적인 기독교 교육과 양육을 위해서는 주님이 분부하신 모든 것을 먼저 마음속에 채우고 잘 보존할 수 있도록 도와줄 수 있어야 할 것이다. 시편의 서론이요 으뜸가는 주제라고 할 수 있는 시편 1편에서 복있는 사람은 오직 여호와의 율법을 주야로 묵상하는 자라고 하는 언급도 하나님의 말씀을 마음속에 먼저 보존하는 것의 중요성을 암시해 주고 있다. 왜냐하면 마음에 보존되어 있는 말씀이라야 주야로 어떠한 환경과 장소에서라도 묵상을 할 수 있기 때문이다.

그래서 잠언 4장 4절에서 "내 말을 네 마음에 두라 내 명령을 지키라 그리하면 살리라"고 보존과 준수의 연관성을 언급하고 있으며, 시편 119편의 시인은 11절에서 "내가 주께 범죄치 아니하려 하여 주의 말씀을 내 마음에 두었나이다"라고 마음속에 말씀의 보존이 삶을 지키고 변화시키는 결과를 가져오게 됨을 밝혀주고 있으며, 시편 18편 21절에서 다윗은 "이는 내가 여호와의 도를 지키고 악하게 내 하나님을 떠나지 아니하였으며"라고 고백하였으며, 시 40편 8절에서는 "나의 하나님이여 내가 주의 뜻 행하기를 즐기오니 주의 법이 나의 심중에 있나이다"라고 고백하였던 것을 볼 수 있다.51)

달라스 윌라드(Dallas Willard)는 그리스도인의 사고생활을 그리스도의 마음으로 변화시켜 나가기 위해서 "가장 분명히 할 수 있

---

50) Dallas Willard, op. cit., 1997, p. 324.
51) 말씀의 보존과 준수에 관련된 성경구절들은 다음과 같다: 신 6:6-9, 11:18-21, 30:14, 32:46, 왕상 8:61, 9:4, 시 119:34, 93, 잠 3:3, 4:23, 말 2:2, 눅 2:19, 8:15, 요 13:2, 골 3:16, 약 1:21, 히 10:16,

는 일은 성경의 핵심 부분들을 생각 속에 끌어들여 사고의 영구적 부품으로 편입시키는 것이다. 이것이야말로 사고생활의 중심 훈련이다. 우리는 성경의 핵심 부분들을 손바닥처럼 훤히 알 필요가 있다. 좋은 방법은 성구를 암송해 삶의 사건과 상황을 통과할 때마다 계속 머릿속에 되새기는 것이다"라고 보존의 중요성을 역설하고 있다.[52]

그 다음으로 주님께서 "가르쳐 지키게 하라"고 하신 내용은 "내가 너희에게 분부한 모든 것"으로 이것은 예수님께서 직접 가르치시고 말씀하신 모든 복음의 내용들을 포함하여 신구약 성경 전체를 의미하는 것으로 보아야 할 것이다.[53] 그러므로 가르치는 사역에 부름받은 자는 단순히 복음의 일부분이나 성경의 일부분만을 가르치는 것으로 끝나서는 아니 되며, 사도 바울의 고백과 같이 "이는 내가 꺼리지 않고 하나님의 뜻을 다 너희에게 전하였음이라(행 20:27)"고 말할 수 있어야 한다. 그러나 단 기간에 하나님의 특별계시 전체를 가르치고 전달하는 일은 쉽지 않는 일이지만, 다행스러운 것은 신구약 66권의 성경들은 한 성령의 영감으로 기록된 말씀이기 때문에 이 중에서 한 권의 책을 선택하여 집중적으로 철저히 가르치고 전수한다면 성경 전체를 가르치는 효과를 거둘 수가 있을 것이다.

이상과 같이, 영성개발과 교회성장을 위한 이 마지막 단계의 사역이 효과적으로 이루어질 때에 이렇게 가르침을 받는 자에게 ① 전인적인 변화와 영적 성장이 이루어질 수 있을 것이며(시 119:104,127-

---

52) Dallas Willard, op. cit., 2002, p. 113.
53) Kenneth L. Gentry, Jr., *The Greatness of the Great Commission*, (Tyler, Texas: Institute for Christian Economics, 1990), pp. 69-71.

128,163, 행 2:42-47, 4:32-37, 벧전 2:1-2), ② 상시적(常時的)인 말씀의 해석과 적용이 가능하게 되어지며(행 1:15-26, 2:14-36, 요 2:19-22, 7:37-39, 21:21-23), ③ 사역의 승리와 전수(傳授)가 성취되어질 수 있을 것이다(행 6:7, 엡 6:10-20, 딤후 2:1-2).

4. 영성개발과 교회성장의 직접적인 목표(Direct Purpose of Spirituality Development and Church Growth)

주님의 지상명령의 핵심은 "모든 족속으로 제자를 삼으라"는 것이다(Make disciples of all nations). 헬라어 원문 성경을 보면 "모든 족속으로 제자를 삼으라"는 말씀이 주동사로 나타나고 있고, 가서 세례를 주고, 가르쳐 지키게 하라는 말씀은 분사형태로서 제자삼는 그 목적을 달성하기 위한 과정과 방법으로서 주어진 것임을 알 수가 있다. 즉 제자삼는 그 일을 위하여 가고, 세례를 주고, 분부한 모든 것을 가르쳐 지키게 하라는 것이다. 로버트 콜만(Robert E. Coleman)은 "모든 그리스도인은 제자삼는 사역에 동참해야 한다. 목사이건 평신도이건 차이가 없다. 우리 주님께서 보시기에 모든 제자는 다 주님의 사역하는 종이기 때문이다. 이러한 사실을 무시하는 사람은 만인제사장설을 부인하는 사람과 같다"라고 말한바 있다.[54]

예수님의 지상명령을 연구하면서, 모티머 아리아스(Mortimer

---

54) Robert E. Coleman, *The Mind of the Master* (주님의 마음), 노병옥 역, 두란노서원, 1988, p. 7.

Arias)와 알란 존슨(Alan Johnson)은 "지상명령에 의하면, 제자도 없는 전도(evangelism without discipleship)는 신약적인 의미에 있어서 전도가 아니다"라고 전도에 있어서 전도 대상자를 예수 그리스도의 진정한 제자가 되게하는 것을 직접적인 목표로 삼아야 함을 강조하고 있다.[55] 그러면 어떤 유형의 제자를 양성해야 하는가? 신약성경에 제자라고 하는 말은 "마세테스"라고 되어 있는데, 이 제자라는 말은 최소한 5 가지 의미를 가지고 있다는 것을 성경은 드러내 보여주고 있다.[56]

첫 번째로 제자라고 하는 말은 믿는자(Believer)라는 의미를 지닌다. 행 2:41에 "그 말을 받는 사람들은 세례를 받으매 이날에 제자의 수가 삼천이나 더 하더라" 이렇게 오순절날 사도 베드로의 복음 메시지를 받고 예수님을 구주와 주님으로 믿고 세례를 받은 사람을 즉시로 "제자"라고 불렀던 사실을 볼 수 있다. 그러므로 제자라고 하는 이 말의 기본적인 뜻은 "믿는자"라는 뜻이다. 영원한 멸망과 죽음과 죄악으로부터 인간을 구원해 주실 분은 예수님뿐이라고 하는 사실을 믿고(요 10:28, 11:25, 14:6, 행 4:12), 그 예수님을 자신의 구주와 주님으로 영접하는 사람을 예수님의 제자라고 성경은 말씀하고 있는 것이다.

사도 바울은 그의 최초 선교서신인 살전 1장 3절에서 언급하고 있는 데살로니가 공동체의 믿음의 역사를 살전 1장 9절에서 우상들을 버리고 하나님께로 돌아온 것으로 표현하고 있는데, 이는 참

---

55) Mortimer Arias and Alan Johnson, op. cit., p. 20.
56) 제자의 5가지 의미에 대한 부분은 2002년에 출판된 "기독교 교육기관의 사명과 역할"(고신대학교 출판부)에 기고한 "기독교 대학에서의 교수의 역할과 사명"이라는 저자의 논문의 내용 중 일부를 본고의 필요에 따라 수정한 것임.

된 믿음은 하나님께로 돌아오는 것이고 그 결과로 유형무형의 모든 우상들에서 떠나게 되어짐을 암시해 주고 있다. 성경은 그리스도인들이 가져야할 믿음으로 하나님의 존재와 하나님의 보상을 믿어야 함을 말씀해 주고 있다(히 11:6).

더 나아가, 예수 그리스도를 믿는 일에 계속하여 자라갈 수 있어야 한다. 주님께서 요 7장 38절에 "나를 믿는 자는 성경에 이름과 같이 그 배에서 생수의 강이 흘러 나리라"고 말씀하셨고 요 14장 12절에 "내가 진실로 진실로 너희에게 이르노니 나를 믿는 자는 나의 하는 일을 저도 할 것이요 또한 이보다 큰 것도 하리니 이는 내가 아버지께로 감이니라"고 말씀하셨는데, 이 두 구절들에서 "믿는 자"는 원문상으로 현재 능동태분사로서 "계속해서 믿는자"라는 의미를 가지고 있다.

두 번째로 제자의 의미는 배우는 자(Learner)라는 뜻이다. 행 2장 42절에 "저희가 사도의 가르침을 받아 서로 교제하며 떡을 떼며 기도하기를 전혀 힘쓰니라"고 오순절 날 예수님을 구주로 영접하고 세례를 받았던 3천명이나 되는 수많은 사람들은 즉시로 사도들의 가르침을 받는, 배우는 자로서의 모습을 가졌던 것을 성경은 말씀해 주고 있다. 주님께서도 마 11장 29절에 "나는 마음이 온유하고 겸손하니 나의 멍에를 메고 내게 배우라. 그리하면 너희 마음이 쉼을 얻으리니"라고 계속해서 배워야 할 것을 말씀하셨던 것을 볼 수 있다. 또한 베드로 사도도 그의 마지막 서신의 말미에서 "오직 우리 주 곧 구주 예수 그리스도의 은혜와 저를 아는 지식에서 자라가라"(벧후 3:18)고 계속해서 성장하고 변화되어가야 함을 강조하고 있는데, 그리스도인은 평생 배우는 과정 속에 이미 들어와 있는 자임을 밝히 말해주고 있는 것이다. 참된 주님의 제자는 주님의 사랑과 은혜와 권능이 얼마나 크고 위대한지를 평생의 삶을 통하여 계속 체험하고 배워가는 자가 되어져야만 한다.

따라서 타스커(R. V. G. Tasker)는 "제자는 이미 학습을 마친 자가 아니라 항상 배우고 있는 자이다. 그리스도인의 학창시절은 결코 끝나는 법이 없다"라고 말을 한바 있으며,[57] 달라스 윌라드(Dallas Willard)는 "예수의 제자란 곧 그 분과 함께 있어 그 분으로부터 그 분처럼 되는 법을 배우는 자를 뜻한다"라고 말한바 있다.[58] 세계적인 기독교 교육학의 권위자로 알려져 있는 미국의 달라스 신학대학원의 하워드 헨드릭스 박사(Howard G. Hendricks)도 "만일 내가 오늘 성장하기를 멈춘다면 내일 가르치기를 멈추게 될 것이다"라고 말함으로 참된 예수 그리스도의 제자는 자신이 먼저 끊임없이 배우는 자가 되어져야 함을 강조한바 있다.[59] 그는 지능지수(Intelligence Quotient)보다 동기지수(Motive Quotient)가 높은 학생이 학습의 성취도가 더 높다는 사실을 언급하고 있다. "신약성경이 말하는 제자는 그 분으로부터 자신의 삶-어떤 분야의 삶이든-을 배우되 그 분이 친히 사실 것처럼 사는 법을 배우기로 굳게 결심한 자이다."[60]

세 번째로 제자는 "따르는 자"(Follower)라는 의미를 가지고 있다. 눅 14장 27절에 "누구든지 자기 십자가를 지고 나를 쫓지 않는 자도 능히 나의 제자가 되지 못하리라" 말씀하셨고, 마 16장 24절에서는 "아무든지 나를 따라 오려거든 자기를 부인하고 자기 십자

---

57) R.V.G. Tasker, op. cit., p. 277.
58) Dallas Willard, op. cit., 1997, p. 276.
59) Howard G. Hendricks, *Teaching to Change Lives* (삶을 변화시키는 가르침), 정명신 역, 생명의 말씀사, 1992, p. 17.
60) Dallas Willard, op. cit., 1997, p. 291.

가를 지고 나를 쫓을 것이니라"고, 주님을 따르는 자가 주님의 제자임을 밝히면서, 주님을 따르는 자는 마땅히 자기의 인간적인 생각과 욕심을 부인하고, 자기 십자가를 지고 주님을 쫓아야 할 것을 말씀하고 있다. 알버트 그린(Albert E Greene Jr)박사는 "우리는 우리의 부족을 주님으로 채우려고 하는 대신 창조물 안에 있는 어떤 것으로 채우려고 하기 때문에 결과적으로 우상숭배에 빠지게 된다"고 지적하고 있다.[61]

이 따르는 자는 창조주 하나님께로부터 분명한 자기 사명을 발견한 제자를 의미하는 말이기도 하다. 영성개발과 교회성장을 위해 부름 받은 사역자는 그의 사역 대상자들 개개인이 부여받은 은사가 무엇인 것을 발견하여 그 은사와 재능을 가지고 사명자의 삶을 살아갈 수 있도록 격려하고 이끌어 줄 수 있어야 한다.

바울이 예수님 이후 기독교 역사상 가장 위대한 사역의 발자취를 남긴 사람으로 평가를 받고 있는 이유가 바로 자기 사명을 가장 정확하게 인식하고 곁눈질 하지 아니하고 그 사명의 길로 끝까지 즐거움으로 달려 나갈 수 있었기 때문이었다. 그는 행 20장 24절에서 "나의 달려 갈 길과 주 예수께 받은 사명 곧 하나님의 은혜의 복음 증거하는 일을 마치려 함에는 나의 생명을 조금도 귀한 것으로 여기지 아니하노라" 이렇게 자신이 주님께로부터 받은 사명이 무엇인지를 분명하게 인식을 하고 있었고, 그 사명을 다하기 위하여 자신의 생명까지도 아까워하지 아니할 정도로 뜨거운 열정을 가지고 그 사명에 충성하는, 참으로 복된 삶을 살았던 것을 볼 수가 있다.

---

61) Albert E. Greene, *Reclaiming The Future of Christian Education: A Transforming Vision* (알버트 그린 박사의 기독교 세계관으로 가르치기), 현은자외 역, CUP, 2000, p. 246.

"잠 못이루는 밤을 위하여"라는 책을 쓴 스위스의 사상가 칼 힐티는 말하기를 "인간 생애의 최고의 날은 자기 인생의 사명을 자각하는 날이다"라는 말을 한바가 있다. 이와 같이 자신이 이 땅위에 왜 주어졌는가? 하는 자기존재의 의미와 자기사명을 깨닫게 될 때 그 인생의 삶이 놀라웁게 변하게 되어질 뿐만 아니라 사명을 깨달을 때에 진정한 의미에 있어서 열심을 가지고 헌신하는 삶을 살게 되어 지므로 교회의 사역자는 이 사명을 일깨워 주는 자가 되어져야만 할 것이다. 그래서 사도 바울처럼 "우리가 살아도 주를 위하여 살고, 죽어도 주를 위하여 죽나니 그러므로 사나 죽으나 우리가 주의 것이로라"(롬 14:8)고 가정생활을 하는 것도 주를 위하여 가정생활을 하고, 직장생활, 사업생활, 연구생활, 학업생활도 자신을 위해서가 아니라 주를 위해서 할 수 있는 이런 사명자를 배출해 내는 것이 제자사역의 목표가 되어져야 할 것이다.

네 번째로 제자는 사랑하는 사람(Lover)을 의미한다. 요 13장 34절에 "새 계명을 너희에게 주노니 서로 사랑하라. 너희가 서로 사랑하면 이로써 모든 사람이 너희가 내 제자인줄 알리라"고 주님이 말씀하셨는데 사랑을 그 삶 속에 실천하는 사람이 주님의 제자라는 의미이다. 앞서 언급하였듯이 론 킨케이드(Ron Kincaid)는 그의 책 "제자삼는 교회"에서 "새 계명은 지상명령을 성취하는 전략이다. 새 계명에 대한 헌신이 없다면 지상명령의 성취도 없을 것이다"라고 이것의 중요성을 언급하고 있다.[62]

교회 사역자와 봉사자들이 아무리 전문적인 지식으로 무장되어 있고, 사역 능력이 탁월하다고 할지라도 사랑의 중심에서 사역하고

---

62) Ron Kincaid, op. cit., p. 103.

봉사하지 못한다고 할 때 그 모든 사역은 아무것도 아님을 기억하면서 사역할 때, 비로소 이런 사랑을 그 삶 속에서 나타내 보여줄 수 있는 예수 그리스도의 참된 제자들을 양육해낼 수가 있을 것이다. 진리를 가르치고 전하는 것도 사랑 안에서 할 때에 그 진리가 진리로 받아들여질 수 있기에 엡 4장 15절에서 "오직 사랑 안에서 참된 것을 하여(speaking the truth in love) 범사에 그에게까지 자랄지라"고 말씀하고 있는 것이다.

알버트 그린은 "그리스도인 교사의 마음과 가슴에 사랑이 없다면 학생들로 하여금 하나님과 이웃에 대한 깊은 사랑을 경험케 하거나, 그들이 공부할 때 기독교적인 삶의 성장을 경험할 수 없다"고 말하고 있다.[63] 또한 그는 사랑과 배움과 가르침은 모두가 함께 속한 것임을 말하면서 "교사들은 학생들을 사랑하는 법을 배울 뿐만 아니라 창조된 과목들을 사랑하는 법을 배울 때 효과적으로 가르치는 법을 배울 수 있게 된다. 학생들은 공부를 통하여 하나님을 사랑하는 법과 공부하는 과정에서 서로를 사랑하는 법을 배울 때, 그들은 진정으로 배울 수 있게 된다"고 적절히 언급하고 있다.[64]

오늘날 이혼하는 부부가 얼마나 많은가? "왜 이혼합니까?" 물어보면 "성격이 안 맞아서"라고 대답하지만 사실은 희생하는 사랑, 이해하는 사랑, 용서하는 사랑이 없기 때문에 그런 결과를 가져오게 되는 것이다. 성경이 우리에게 요구하는 사랑의 본질이 어떠한 것인지는 고린도전서 13장이 구체적으로 보여주고 있는데 사랑 없이는 방언이나 신비한 지식이나, 그리고 믿음조차도 아무 가치가

---

63) Albert E. Greene, op. cit., p. 271.
64) Ibid., p. 290.

없다고 말하고 있다. 따라서 신앙 공동체인 교회와 그리스도인의 가정은 구성원들이 이 아가페의 사랑을 느끼고 나누고 실천하는 장(場)이 되어야만 한다. 그래서 서로 사랑하고 격려하는 것을 배울 수 있어서 서로를 위해 기도해 주고 도와주는 것으로 서로를 섬기고 사랑을 실천하게 함으로 각자가 가진 독특한 은사와 재능을 개발해 나가는데 서로 서로가 도움과 격려가 되어져야할 것이다.

다섯 번째로 제자는 스승을 닮은 자이다(Imitator). 하나님께서 창세전에 그리스도인들을 예정하시고, 하나님의 백성으로 선택하시고, 때가 되매 불러 주셔서 하나님의 자녀 삼아주신, 예정과 선택의 목적이 무엇인가? 로마서 8장 29절에 "하나님이 미리 아신 자들로 또한 그 아들의 형상을 본받게 하기 위하여 미리 정하셨다"고 그리스도인들을 예정하신 목적이 예수 그리스도의 형상을 본받게 하기 위함이라는 사실을 분명히 말씀해 주고 있다. 고후 3:18절에서는 예수님과 같은 형상으로 변화(Transformation) 되어진다고 말씀하고 있다.

마태복음 10장 24절과 25절에 "제자가 그 선생보다, 또는 종이 그 상전보다 높지 못하나니 제자가 그 선생 같고, 종이 그 상전 같으면 족하도다" 이렇게 제자가 주님을 닮은 자가 되기를 원하고 있음을 말해주고 있다. 사도 바울이 자신의 사역의 목적을 언급하면서 "우리가 그를 전파하여 각 사람을 권하고 모든 지혜로 각 사람을 가르침은 각 사람을 그리스도 안에서 완전한 자로 세우려 함이니"(골 1:28)라고 말한 것도 예수 그리스도를 닮은 성숙한 제자를 염두에 두고 말한 것으로 볼 수 있다.

에베소서 5장 18절에서 "오직 성령의 충만을 받으라"고 명령하신 것은 성령이 충만하여 그 삶 속에 성령의 9 가지 열매를 풍성히 맺는 제자가 주님을 가장 많이 닮은 자가 될 수 있기에 성령 충만하라고 명령을 하고 있는 것이다. 왜냐하면 인류 역사상 성령의 9가지 열매를 가장 풍성하게 맺으신 분이 바로 예수님이셨기 때문이다.

실제로 예수님만큼 성부 하나님을 사랑했던 사람이 누가 있겠는가? 빌 2:8에 "죽기까지 복종하셨다"고 말씀하였는데, 이것은 십자가에 죽으시기까지 성부 하나님의 뜻에 순종하고, 복종하심으로 참으로 하나님을 사랑하셨던 주님이셨던 것을 보여주고 있다.

예수님만큼 기쁨이 충만했던 분이 누가 있겠는가? 누가복음 10:21절에 "이때에 예수께서 성령으로 기뻐하사" 이렇게 예수님은 성령으로 말미암아 기쁨의 열매를 충만히 맺으셨던 분이셨다. 그리고 예수님만큼 그 마음에 하늘의 평화가 넘쳤던 분이 어디에 있겠는가? 요 14:27에 "평안을 너희에게 끼치노니 곧 나의 평안을 너희에게 주노라 내가 너희에게 주는 것은 세상이 주는 것 같지 아니하니라"고 말씀하셨던 주님이셨다.

또한 예수님만큼 오래 참으신 분이 누가 있겠는가? 누추하고 더러운 인생들이 하나님이신 예수님을 조롱하고, 갈대로 머리를 치고, 침 뱉고, 주먹으로 치고, 손바닥으로 때리며 희롱하고, 온갖 모욕과 멸시와 천대를 다 받으셨지마는 예수님은 끝까지 참으시고, 십자가의 고통을 택한 자녀들을 구원하시기 위하여 다 받으심으로 오래 참으심의 열매를 온전히 맺으신 것을 볼 수 있다.

더 나아가 예수님처럼 자비하신 분이 어디에 있겠으며 예수님처럼 온 인류를 위하여 선을 행하신 분이 또 어디에 있겠으며, 예수님과 같이 받은바 그 사명에 신실하시고, 충성한 분이 어디에 있겠는가? 예수님처럼 온유하신 분이 또 어디에 있겠는가? 주님은 마 11:29에서 "나는 마음이 온유하고 겸손하니 나의 멍에를 메고 내게 배우라"고 말씀하셨다. 그리고 예수님처럼 자신의 인간적인 욕망을 절제하시고, 자신을 통제하실 수 있었던, 이런 절제의 열매를 풍성히 맺으신 분이 또 누가 있겠는가? 21세기 미국의 대표적인 기독교 작가이면서 가장 영향력있는 저자 중 한 사람인 맥스 루카도(Max Lucado) 목사가 쓴 "예수님처럼"(Just like Jesus) 이라는 그의 저서에서 그는 "하나님은 당신을 있는 그대로 사랑하신다. 그러나 그대로 두시지는 않는다. 하나님은 당신이 예수님처럼 되기를 원하신다"라는 말을 한바가 있다.[65]

오늘날 우리 한국사회의 구조적인 부정부패와 여러 가지 사회적인 병리현상으로 도덕과 윤리가 타락되어지고 병들어가고 있는 그 가장 큰 이유가 교인은 많은데 예수님의 참 제자가 너무도 적기 때문이라는 지적을 이구동성으로 하고 있는 것을 볼 수가 있다. 그러므로 교회와 그리스도인 가정이 존재해야만 하는 이유가 바로 여기에 있는 것이며, 모든 그리스도인 구성원들이 그리스도의 참된 제자로 성장해 가는 양육과 훈련의 요람이 되어져야 할 것이다. 그리해서 하늘과 땅의 모든 권세를 가지신 예수 그리스도의 분부하심을 따라 예수님의 성숙한 제자들을 양육하여 배출하는 것이 변함없는 기독교 사역의 직접적인 목표가 되어질 때 "세상 끝날까지 너희와 항상 함께 있으리라" 약속해 주신 주님의 놀라운 축복을 주님 오실 때까지 누리게 될 것이며, 주님께로부터 쓰임받는 교회와 그리스도인들이 되어질 수 있을 것이다.

그러면 영성개발과 교회성장의 직접적인 목표인 제자삼음의 대

---

65) Max Lucado, *Just Like Jesus* (예수님처럼), 윤종석 역, 복있는 사람, 1999, p. 15.

상은 누구인가? 예수님께서는 마 28장 19절에서 "그러므로 너희는 가서 모든 족속으로 제자를 삼아"라고 말씀하심으로 모든 족속이 그 대상임을 밝혀 주셨다. 마 28장 19절의 "모든 족속"에서 "족속" 이란 "에스네"(중성 복수 대격)라는 헬라어인데 이 단어는 단순히 정치적 또는 지리적 구분이 아니라 동일한 언어와 문화를 가지고 있는 종족집단(people group)을 뜻하는 단어이다.

신약에서 단수 "에스노스"는 절대로 개인을 가리키지 아니하고 민족적 정체성을 지닌 어떤 "종족 집단(a people group)" 혹은 "족속(nation)"을 가리킨다.[66] 그러나 복수 "에스네"는 더러는 "이방인 개인들(Gentile individuals)"을 가리키며 단수와 마찬가지로 자주 "종족집단들(people groups)"을 의미하는 것으로 사용되어지고 있다.[67] 특히 "모든 족속(판타 타 에스네)"이라는 어구가 헬라어 구약성경에 약 100번 정도 나타나는데 단 한번도 "이방인 개인들"이란 의미로서는 사용되지 않고 있으며, 언제나 "이스라엘 밖에 있는 종족 집단들"이라는 의미로 사용되어지고 있다.[68] 그러므로 마 28장 19절의 "모든 족속(판타 타 에스네)"라는 어구도 "모든 종족 집단"으로 보아야 할 가능성이 절대적으로 높다는 것이다.

그렇다면, 구체적으로 종족집단(people group)이란 무엇을 의미하는가? "종족집단(people group)이란 언어, 종교, 인종, 주거, 직업, 계급이나 계층, 처지 등이나 이것들이 결합된 것을 공유하고 있으므로 그들 스스로가 상호간에 공동의 유대가 있다는 것을 알고 있는 개인들의 상당히 큰 집단 ... 복음전파의 관점에서 보면 이해

---

66) John Piper, op. cit., pp. 174-175.
67) Ibid., p. 180.
68) Ibid., p. 181.

나 수용의 장벽에 부딪히지 않고 교회개척을 통해 복음이 전해질 수 있는 가장 큰 집단을 뜻한다."[69] 그러므로 종족집단이란 한 국가 내에서 자신들의 고유한 언어를 사용하는 구별된 동종의 집단을 의미한다고 볼 수 있다. 랄프 윈터(Ralph Winter)는 이런 언어 집단(people groups)을 24,000개로 추정하고 있으며, 패트릭 존스톤(Patrick Johnstone)은 인종언어학적 종족(ethno-linguistic groups)이 12,017개라고 말하고 있다.[70]

결론적으로 마 28장 19-20절의 대사명의 모든 족속(판타 타 에스네)이란 "모든 이방인 개인들(all Gentile individuals)" 또는 "모든 나라들(all countries)"이란 의미가 아니고 "세상의 모든 종족집단(all the people groups of the world)"을 의미하는 것으로 해석해야 한다.[71] 따라서 예수님께서 사도들을 보내실 때에 그저 일반적인 사명을 주셔서 가능한 한 한 사람이라도 더 얻으라고 하신 것이 아니라 세상의 모든 종족들에게 이르러 흩어진 하나님의 백성들을 복음으로 불러내어 제자를 삼으라고 하신 것으로 이해해야만 한다.

그러므로 교회의 선교사명은 주님이 오실 때까지 모든 미전도 종족들[72]에게 찾아가서 그들에게 복음을 전파하므로 택하신 하나님의 백성들을 각 방언과 족속과 나라에서 불러내어 제자를 삼을 수 있어야 한다는 것이다(계 5:9). 그러므로 마 28장 19절의 모든

---

69) Ralph Winter, "Unreached Peoples: Recent Developments in the Concept," *Missions Frontiers*, August-September, 1989, p. 12.
70) John Piper, op. cit., p. 206.
71) Ibid., p. 203.
72) "미전도 종족(Unreached people)"의 의미가 무엇인가? 미전도 종족이란 "자신의 종족을 복음화할 수 있는 그리스도인들의 현지인 공동체가 존재하지 않는 종족집단"을 뜻한다. Ralph Winter, Ibid.

족속으로 제자를 삼으라는 명령은 적어도 한 종족집단에서 최소한 몇 사람이라도 제자가 되기 전까지는 선교사명이 완수되었다고 볼 수가 없다는 것을 암시해 주고 있다. 오늘날의 선교학자나 지도자들은 자신의 종족집단을 복음화 할 수 있는 현지인 교회가 있으면 이 집단은 전도되었다(reached)고 정의한다.[73]

5. 영성개발과 교회성장의 계획에 따라 사역하는 자에게 주어진 약속(Promise for Those who Work according to the Plan of Spirituality Development and Church Growth)

마 28장 20절에 "볼찌어다 내가 세상 끝날까지 너희와 항상 함께 있으리라"고 이 마지막 분부를 따라 사역하는 자들에게 부활하신 주님께서 놀라운 축복을 약속해 주셨다. 분부하신 지상명령의 중대한 내용과 범위를 유한된 인간의 능력으로서는 제대로 감당해 나가기가 어렵다는 사실을 인식하신 주님께서는 "볼찌어다"라고 말씀하시면서 이 사역 수행을 위한 원동력을 공급받을 수 있는 위대한 약속에 시선을 집중하면서 그들이 직면할 수 있는 어떠한 난관 가운데서도 이 사역을 이루어 나가기를 원하고 계심을 나타내 보여주셨다.

헬라어 원문에 "내가"(ego)라는 1인칭 대명사가 포함되어진 것

---

73) John Piper, op. cit., p. 209. 일반적으로 전도는 그 종족집단 가운데 설립된 교회를 중심으로 그 지역의 회심하지 못한 사람들에게 계속하여 복음을 전하는 것이다. 그러나 선교는 미전도 종족집단에게로 끊임없이 나아가는 것에 중점을 두는 사역이다.

은 강조용법으로 "나 자신이 친히"라는 의미를 가지고 있다. 따라서 주님은 이 사역을 명령만 하시고 내버려 두시는 것이 아니라 하늘과 땅의 모든 권세를 가지신 주님 자신이 친히 이 명령이 성공적으로 성취되어질 수 있도록 함께 해 주시고 역사해 주시겠다는 놀라운 보장의 약속인 것이다. 주경 신학자 렌스키(R. C. H. Lenski)는 "주님은 그의 제자들을 모든 족속에게 외로이 보내시지 않는다. 주님은 불가시적으로 항상 그들의 옆에 계셔서 그들의 성공을 보장하실 것이다. 이 말씀에서 주님은 온갖 두려움, 낙심, 연약함에 대한 해답을 주셨다"라고 적절히 설명하고 있다.[74] 캠벨 몰간(G. Campbell Morgan)은 "'항상'[75]이라는 말 속에는 맑은 날이나 흐린 날이나, 강건할 때나 연약할 때나, 전투의 날이나 승리의 날이나, 가장 힘들고 지루한 날이나 가장 즐거운 날이나 함께 하신다는 뜻이 내포되어 있다"고 말하고 있다.[76]

"세상 끝날까지"라는 말씀은 시간과 세상 역사의 마지막 순간까지 즉, 주님의 재림 때까지 이 사역에 참여하고자 하는 자들에게 주의 임재를 거두지 아니하실 것이라는 의미이다. 사실 사도행전의 역사는 바로 부활하시고 승천하신 주님께서 천상에서 지상의 몸된 교회와 그의 제자들을 통하여 계속해서 행하시며 가르치시는 사역

---

74) R. C. H. Lenski, *The Interpretation of St. Matthew's Gospel* (마태복음, 하), 문창수 역, 백합출판사, 1974, p. 531.
75) D. A. Carson은 본문의 "항상"이라는 표현은 "우리의 장래만이 아니라 우리가 살고 있는 각각의 날들 모두를 가리킨다"라고 설명하고 있다. *Expositor's Bible Commentary*, Vol. 8, (Grand Rapids: Zondervan Publishing House, 1984), p. 599.
76) G. Campbell Morgan, 고난 받는 그리스도: 마태복음 강해(하), 황영철 역, 아가페, 1988, pp. 349-350.

의 기록인 것을 증거해 주고 있다(행 1:1).[77] 이 마지막 약속의 말씀은 주님의 지상 교회가 세계 역사의 종말에 이르기까지 계속되어질 것이며 마침내 승리하게 될 것을 암시해 주면서 놀라운 위로와 힘과 소망을 주고 있다. 이와 함께, 영성개발과 교회성장의 사역은 하늘과 땅의 모든 권세를 가지시고 부활하시고 승천하시고 보좌에 좌정하신 주님이 영원히 우리와 항상 함께 하시기 때문에 가능하다는 사실을 일깨워주고 있다.

6. 결론(Conclusion)

하늘과 땅의 모든 권세를 가지시고 부활하신 예수 그리스도의 마지막 지상명령(the Great Commission)의 말씀은 일반적으로 선교명령으로만 알려져 왔지마는 이것은 오고 오는 모든 시대의 구속함을 받은 주의 백성들을 향하여 주신 영성개발과 교회성장의 헌장이요 이를 위한 명령의 말씀이기도 하다. 이러한 새로운 관점에서 이 명령을 새롭게 재조명해 보는 것은 오늘 이 시대의 교회 사역자들과 구성원들 모두에게 참으로 중요한 의미를 가진다고 볼 수 있다. 왜냐하면 올바른 성경적인 근거를 발견하여 그 근거 위에서 우

---

[77] 사도행전 1장 1절의 "예수의 행하시며 가르치시기를"이라는 구절은 현재 부정사로 표현하고 있는데, 사도행전의 기록자인 누가가 사도행전을 기록할 당시에 이미 예수님은 승천하시고 지상에는 계시지 아니하셨음에도 불구하고 기록하는 그 시점에도 여전히 예수님은 천상에서 행하시고 가르치시기를 그의 제자들을 통해서 계속하고 있음을 현재시제를 사용하므로 분명히 드러내 보여주고 있다. 따라서 사도행전은 마 28장 20절의 약속대로 천상에서 제자들과 함께 사역하고 계시는 예수님의 천상행전이라고 말을 할 수 있을 것이다.

리의 사역이 이루어진다고 할 때 초대교회와 같은 놀라운 영성개발과 교회성장이 이루어질 수 있다는 분명한 확신을 가지고 흔들림이 없이 사역에 적용해 나갈 수 있기 때문이다.

예수님의 지상명령은 예수님의 지상사역을 요약하고 있으며 뒤따르는 모든 그의 제자들이 또한 계속해서 이루어 나가야 하는 가장 중차대한 사역의 내용을 구성하고 있기 때문에 이에 대한 보다 정확한 이해와 적용이 무엇보다도 중요하다고 하지 아니할 수가 없는 것이다. 이러한 점에서 이 시대의 영성신학자로 널리 영향을 끼치고 있는 달라스 윌라드(Dallas Willard)는 예수님의 지상명령이 영성개발과 교회성장을 위한 하나님의 계획이라는 새로운 관점을 제시하였지마는 그 내용에 대한 정확한 분석과 적용에 있어서는 미흡함을 드러내었다고 볼 수 있다. 본장에서는 이 점을 염두에 두면서 5가지 종합적인 요소들(예배, 사랑, 교제, 양육, 전도)을 검토하고 그 정확한 이해와 적용을 중점적으로 다루게 되어진 것이다.

이상의 5가지 요소들 중에 사랑과 교제와 양육의 3가지 요소들은 성숙한 제자를 삼는데 기본적인 핵심요소로 볼 수 있을 것이다. 사랑이 먼저 주어져야 하며, 이로 인해 마음의 문이 열려질 때 복음제시로 인하여 하나님과의 관계회복으로 하나님과의 교제가 시작되고 성장되어짐에 따라 사람들과의 교제도 회복되어지고 심화되어 질 것이다. 이런 단계에 있는 사람이 계속적인 영적 성장의 자리에 나아가도록 양육이 지속적으로 제공되어져야 한다. 그런데 이상의 3가지 요소들은 예배라고 하는 큰 틀 안에서 시행되어져야 하며 궁극적으로 온전한 예배의 단계에 이를 수 있어야 할 것이다. 이런 일련의 과정들을 거치는 가운데 성숙한 예수 그리스도의 제자가 되어지며, 이 제자는 그 삶과 사역을 통하여 전도의 열매를 맺게 되어지므로 제자삼는 사역은 주님 오실 때까지 계속 진행이 되어지는 것이다.

따라서 본장에서 제시하고 있는 5가지 요소들(예배, 사랑의 실천, 영적 교제, 양육, 전도)은 릭 워렌(Rick Warren)의 5가지 교회의 목적과 일치되어지고 있다.[78] 그러나 릭 워렌은 교회의 5가지 목적을 대계명(마 22:36-40)에서 예배와 사랑의 실천의 두 요소를 이끌어 내었으며, 대사명(마 28:19-20)에서 교제와 양육과 전도의 나머지 3요소들을 이끌어 내므로 두 본문의 내용을 요약한 것으로 볼 수 있는 반면, 본장에서는 이 5가지 요소들이 모두 대사명(마 28:16-20)의 본문 가운데 포함되어 있음을 밝히게 되어진 것이다. 그러므로 릭 워렌이 언급하고 있는 5가지 요소들은 교회와 그리스도인들의 목적인 동시에 그리스도인의 영성개발과 교회성장을 위한 필수 요소가 되어진다는 것이 본장의 중요한 결론이 되어질 것이다. 이와 동시에 영성개발과 교회성장은 불가분리의 밀접한 관계를 가지고 있으며, 그리스도인 개인의 영성개발이 제대로 이루어질 때 진정한 의미에 있어서 참된 교회성장이 가능하게 되어지며, 모든 족속으로 제자삼는 선교의 역사가 지속적으로 일어나게 되어진다는 것이 가장 중요한 결론이 되어질 것이다.

이상과 같이, 마 28장 16-20절의 내용이 보여주는 영성개발과 교회성장을 위한 주님의 마스터플랜을 따라 가장 효과적으로 사역한 주님의 제자들이 바로 사도들이었고, 초대교회 성도들이었다는 사실을 사도행전의 역사가 구체적으로 증거해 주고 있다. 놀라운

---

78) 릭 워렌(Rick Warren)의 5가지 교회의 목적은 그의 저서 *"The Purpose Driven Life"* (목적이 이끄는 삶)에서 소개되고 구체적으로 설명되고 있다.

것은 오순절 성령강림의 결과로 이루어진 예루살렘 교회의 특징을 묘사하고 있는 행 2:40-47에서 이미 이 5가지 요소들이 빠짐없이 나타나고 있음을 보여주고 있다.

특별히, 이런 제자사역을 효과적으로 수행해 나갔던 대표적인 사역자를 꼽는다면 사도 바울이라고 말을 할 수 있을 것이다. 사도 바울의 사역이 이런 효과적인 사역이었기에 그는 순교를 앞두고 기록한 유언과 같은 마지막 서신인 딤후 4장 1절 이하에서 그의 제자 디모데를 향하여 이러한 사역을 향한 마지막 권면을 할 수 있었고, "내가 선한 싸움을 싸우고 나의 달려갈 길을 마치고 믿음을 지켰으니(딤후 4:7)"라고 고백할 수가 있었음을 볼 수 있다. 과연 사도 바울은 영성개발의 모델이었고(고전 4:15-16), 선교사역의 거장으로서, 가는 곳마다 주님의 몸된 교회를 세워나감으로 교회 성장과 복음 확장의 위대한 사역을 이루어 나갈 수 있었던 것이다. 이와 같이, 주님이 원하시는 진정한 교회성장은 사역자 자신이 진정한 주님의 제자가 되고, 다른 사람들을 예수님의 성숙한 제자가 되게 하므로 그 제자가 다른 사람들을 제자삼는 것이다.

결론적으로, 이러한 사역을 교회의 머리되신 주님께서 오늘날의 그리스도인들과 교회에 요구하고 계심을 기억하면서, 주님의 계획을 따라 사역에 임하므로 주님의 약속 그대로 세상 끝날까지 항상 함께 해주시는 임마누엘의 축복의 역사를 체험하고 간증할 수 있는 한국교회의 사역자들과 그리스도인들이 되어질 수 있어야 할 것이다.

참고도서(Reference List)

Arias, Mortimer and Alan Johnson. *The Great Commission: Biblical Models for Evangelism*. Nashville, TN.: Abingdon Press, 1992.

Barnes, Albert. *Barnes' Notes on The New Testament Commentary (반즈 성경주석, 마태 마가복음)*. 크리스챤서적, 1988.

Blomberg, Craig L. *The New American Commentary: Matthew*. Nashville, Ten.: Broadman Press, 1992.

Boice, James Montgomery. *The Expositor's Bible Commentary*. Vol 10. (Romans-Galatians). Grand Rapids: Zondervan Publishing House, 1976.

Brown, Colin. *The New International Dictionary of New Testament Theology*. Vol. 3. Grand Rapids: Zondervan Publishing House, 1978.

Bruce, F. F. *The Book of the Acts, The New International Commentary on the New Testament*. Revised Edition. Grand Rapids: Eerdmans, 1988.

Carson, D. A. *Expositor's Bible Commentary*. Vol. 8. Grand Rapids: Zondervan Publishing House, 1984.

Coleman, Robert E. *The Mind of the Master (주님의 마음)*. 노병옥 역, 두란노서원, 1988.

Gentry, Jr., Kenneth L. *The Greatness of the Great Commission*. Tyler, Texas: Institute for Christian Economics, 1990.

Green, Michael. *The Message of Matthew (마태복음 강해)*. 김장복 역, IVP, 2005.

Greene, Albert E. *Reclaiming The Future of Christian Education: A Transforming Vision (알버트 그린 박사의 기독교 세계관으로 가르치기)*. 현은자 외 역, CUP, 2000.

Grudem, Wayne. *Systematic Theology: An Introduction to Biblical*

Doctrine. Grand Rapids: Zondervan Publishing House, 1994.

Hagner, Donald A. *Word Biblical Commentary: Matthew14-28*. Vol. 33B. Dallas, Texas: Word Books, Publisher, 1995.

Hendricks, Howard G. *Teaching to Change Lives (삶을 변화시키는 가르침)*. 정명신 역, 생명의 말씀사, 1992.

Hendriksen, William. *A Commentary on Galatians*. London: The Banner of Truth Trust, 1968.

Henry, Matthew. *Matthew. Vol. 3. (마태복음, 하)*. 기독교문사, 1978.

Kincaid, Ron. *A Celebration of Disciple-Making (제자삼는 교회)*. 생명의 말씀사, 1993.

Laubach, Frank. *Man of Prayer*. Syracuse, NY.: Laubach Literacy International, 1990.

Lenski, R. C. H. *The Interpretation of St. Matthew's Gospel (마태복음, 하)*. 문창수 역, 백합출판사, 1974.

_____. *The Interpretation of St. Paul's Epistles to Timothy, Titus, and Philemon (디모데전후서, 디도서, 빌레몬서)*. 장병일 역, 백합출판사, 1979.

Lucado, Max. *Just Like Jesus (예수님처럼)*. 윤종석 역, 복있는 사람, 1999.

MacArthur, John F. *The MacArthur New Testament Commentary: Galatians*. Chicago: Moody Press, 1987.

McIntosh, Gary L. *Biblical Church Growth*. Grand Rapids: Baker Books, 2003.

Morgan, G. Campbell. *고난 받는 그리스도: 마태복음 강해(하)*. 황영철 역, 아가페, 1988.

Morison, James. *A Practical Commentary on the Gospel According to St. Matthew*. London: Hodder & Stoughton, 1899.

Morris, Leon. *The Gospel According to Matthew*. Grand Rapids: Eerdmans, 1992.

Murray, John. *Collected Writings of John Murray*. Vol. 2. Carlisle, Penn.:

The Banner of Truth Trust, 1977.

Piper, John. *Let the Nations Be Glad!: The Supremacy of God in Missions.* Grand Rapids: Baker Books, 1993.

Spurgeon, Charles H. *The Treasury of the Bible (마태복음, 3).* 장부영 역, 보문출판사, 1979.

Stott, John. *The Message of Romans (로마서 강해).* 정옥배 역, IVP, 1996.

_____. *The Spirit, The Church, and The World: The Message of Acts.* Downers Grove, Ill.: InterVarsity Press, 1990.

Stowell, Joseph M. *The Final Question of Jesus (열정의 회복).* 박혜경 역, 디모데, 2004.

Tasker, R.V.G. *The Gospel According to St. Matthew: An Introduction and Commentary.* London: The Tyndale Press, 1961.

Vincent, Marvin R. *Word Studies in the New Testament.* Vol. 1. Grand Rapids: Eerdmans, 1985.

Winter, Ralph. "Unreached Peoples: Recent Developments in the Concept." *Missions Frontiers*, August-September, 1989.

Willard, Dallas. *The Spirit of the Disciplines: Understanding How God Changes Lives.* New York: HarperCollins Publishers, 1988.

_____. *Renovation of the Heart.* Colorado Springs, CO.: NavPress, 2002.

홍성철 편집. *전도학.* 도서출판 세복, 2006.

5장

효과적인 기독교 교육의 원리

Principle of Effective
Christian Education

제 5 장
효과적인 기독교 교육의 원리
(Principle of Effective Christian Education)

- 살전 1:5-7을 중심으로-

1. 서론(Introduction)

 오늘 날 교회가 당면한 문제들 가운데 하나가 효과적인 교회교육의 문제라고 말을 할 수가 있다. 교회마다 교육을 중요한 과제로 인식을 하고 상당한 인적 물적 자원을 투자하고 여러 가지 프로그램을 개발하고 이런 저런 방법들을 동원해 보기도 하지만, 기대했던 좋은 결과를 얻지 못하는 이런 좌절을 느낄 때가 적지 아니한 것이 오늘날의 교회교육의 현실이라고 진단해 볼 수 있을 것이다.

 예수님께서는 부활하신 후 승천하시기 직전에 마태복음 28장 19절에 "그러므로 너희는 가서 모든 족속으로 제자를 삼아 아버지와 아들과 성령의 이름으로 세례를 주고 내가 너희에게 분부한 모든 것을 가르쳐 지키게 하라"고 지상명령의 말씀을 주셨다. 특별히 모든 족속으로 제자삼기 위해서는 가르쳐 지키게 하는 기독교 교육의 기능이 제대로 이루어져 나가야함을 말씀하신 것을 볼 때에 교회교육의 역할과 사명이 얼마나 중차대함을 느끼지 아니할 수 없다.

이렇게 주님의 마지막 지상명령 속에 포함되어질 정도로 교육이 중요하다고 하면 효과적인 제대로의 교육을 위한 그 구체적인 원리와 방법에 대해서 성경이 어떻게 침묵을 할 수가 있겠는가? 이런 효과적인 기독교 교육에 대한 가장 중요한 원리를 가르쳐 주고 있는 말씀이 바로 데살로니가전서 1장 5절의 말씀이라고 볼 수 있다.

미국 달라스 신학교의 성경주해 교수인 로이 주크(Roy B. Zuck) 박사는 그가 쓴 "성령 충만한 가르침"이라는 책에서 본문 1장 5절의 말씀이 효과적인 기독교 교육의 중요한 원리를 제시해 주고 있는 것으로 소개를 하면서 다음과 같이 언급을 하고 있다:

"모든 교사는 사도바울이 데살로니가 사람들에게 자신의 사역에 대하여 간증할 수 있었던 것처럼 그렇게 살고 그렇게 가르쳐야 한다: '이는 우리 복음이 말로만 너희에게 이른 것이 아니라 오직 능력과 성령과 큰 확신으로 된 것이니 우리가 너희 가운데서 너희를 위하여 어떠한 사람이 된 것은 너희 아는 바와 같으니라'(살전 1:5). 이 구절은 모든 교사들이 자신의 교육사역에 있어서 따라야 할 패턴을 요약해 주고 있다. 교사가 가르치는 내용(Content)(우리 복음, 말씀), 교사의 전달하는 방법(Communication)(능력과 성령과 큰 확신으로), 교사의 행위(Conduct)(우리가 너희 가운데 어떤 사람이 된 것) 이 세 가지 모두가 중요하다. 교사가 가르치는 내용, 가르치는 방법, 교사의 삶의 모습(행위)이 조화를 이루어 그의 사역을 성경적이고 활기찬 것으로 만들어야 한다."[1] 라고 본문 말씀

---

1) Roy B. Zuck, *Teaching with Spiritual Power*, (Grand Rapids: Kregel Pub., 1993), p. 104.

에 근거하여 중요한 원리를 제시하고 있다. 그러므로 본장에서는 효과적인 기독교 교육의 3대 기둥이라고 할 수 있는 교육자의 교육 내용과 교육자의 전달 방법과 교육자의 삶의 문제, 그리고 기독교 교육의 최종 목적 등을 고찰하고자 한다.

2. 교육자의 교육의 내용(Contents for Educator' s Teaching)

효과적인 기독교 교육의 첫 번째 원리는 가르치는 내용이 분명해야 한다는 것이다. 즉 복음만을 가르치고 전할 수 있어야 한다는 것이다. 본문 5절에 "이는 우리 복음이"라고 말씀하고 있기 때문이다.

미국의 트리니티 신학대학원의 기독교교육학 교수인 페리 G. 다운즈(Perry G. Downs)박사는 효과적인 기독교 교육을 위해서는 가르치는 자가 먼저 자신이 복음 진리를 이해하여 이 진리를 가르쳐야 한다는 사실을 강조하면서 다음과 같이 말을 하고 있다: "효과적인 기독교 교육은 하나님의 비밀에 초점을 두어야 한다. 그런데 오늘날 대부분의 교회교육 프로그램은 이 초점을 잃고 있다. 당면한 욕구에 응답하기 위해 고안된 내용은 있지만 하나님의 심오한 진리를 등한시하고 있다. 사람들은 쉽게 복음의 진리를 이해하지 못하며, 신학은 많은 사람들과 무관한 것이 되었다. 그 결과 그들의 믿음은 연약해지고 그들의 삶은 패배한다. 믿음에 핵심이 없기 때문에 그들은 쉽게 이단에 빠지고 도덕적으로 부패한다. 교회가 믿음의 내용을 전파하는데 실패했기 때문에, 사람들은 무엇을 믿어야 할지 알지 못한다"라고 오늘날의 초점을 잃은 교육의 상황을 지적

해 주고 있다.[2]

그래서 페리 G. 다운즈 교수는 제대로의 기독교 교육이 이루어지기 위해서는 교육의 내용이 정확하게 하나님의 말씀이 되어져야 함을 다음과 같이 강조하고 있다: "영적 성장을 지향하는 교육은 성경의 진리를 분명히 전달해 주어야 한다. 그리스도인답게 행동하려면 그리스도인답게 생각해야 하며, 그리스도인답게 생각하려면 먼저 성경이 말하는 것과 요구하는 것을 알아야 한다. 교회의 교육 프로그램에서 하나님의 말씀을 가르치지 않는 것은 무책임한 행위이다. 우리의 정신은 그리스도께 사로잡혀야 하며, 이것은 하나님의 말씀을 학습할 때에만 이루어질 수 있다. 최근의 교회 교육 경향은 성경과 신학에서 벗어나 '삶의 문제들'과 욕구지향적인 경로를 향하고 있다. 그것들도 어느 정도는 도움이 될 수 있지만, 궁극적인 도움은 사람들에게 성경의 주제와 문제들을 가르쳐서 성경에서 제공된 넓은 관점에서 생각하게 만들어 주는 데 있다"라고 말해 주고 있다.[3] 그러므로 참으로 인간의 마음을 새롭게 하고 삶을 변화시키는 기독교교육의 목표를 성취하기 위해서는 복음 즉 하나님의 말씀 자체를 충실히 가르칠 수 있어야 한다는 사실을 잊지 말아야 할 것이다.

스토니 브룩 스쿨 대학장인 브루스 록커비(Bruce Lockerbie)는 "오늘날 성경을 가르치는 방식에 어떤 문제점이 있는가?"라는 질문을 받았을 때 다음과 같이 대답을 한바 있다: "성경을 가르침에 있어서 실제적인 가르침이 없는 것이 문제이다. 성경을 가르칠 준비가 됐다고 생각하는 사람들 대부분이 성경이 아니라 성경에 대한

---

[2] Perry G. Downs, *Teaching For Spiritual Growth: An Introduction to Christian Education*, (기독교 교육학개론), 엄성옥 역, 은성, 1998, pp. 44-45.
[3] Ibid., p. 104.

것을 가르치고 있다. 다시 말하면, 그저 조직신학의 개요나 교리만을 가르치고 있는 것이다."[4]

효과적인 성경교육을 위해서는 성경을 가르치는 교사가 가르칠 본문의 핵심내용을 제대로 이해하는 것이 중요하다. 멘켄(H. L. Mencken)은 "주제를 철저히 알고 있는 사람, 주제에 푹 빠져서 그것을 먹고, 함께 자고, 그에 대한 꿈을 꾸는 사람은 교수법을 전혀 알지 못한다 할지라도 그 주제를 성공적으로 가르칠 수 있다"라고 언급한바 있다.[5] 제롬 S. 브루너(Jerome S. Bruner)도 "내용을 정확하게 설명해주는 것이 가장 흥미있게 가르치는 방법이다"라고 성경교사가 일차적으로 해야 하는 작업이 가르칠 본문의 핵심내용을 파악하는 것이 중요함을 말해 주고 있다.[6]

그렇다면 기독교 교육의 내용이라고 할 수 있는 "복음"이 무엇인가? 고린도전서 15장에서 언급하고 있듯이, 복음은 성경대로 예수님이 고난 당하셨고, 성경대로 죽으셨고, 성경대로 다시 부활하시므로 그 예수 그리스도를 구주와 주님으로 믿는 자들을 영원한 멸망과 죽음과 죄악에서 구원해 주셨다고 하는 메시지가 바로 복음이다.

그래서 주님이 십자가에 죽으실 때에 주님을 믿는 자도 함께 십자가에 못 박혔고, 주님이 부활하셨을 때에 주님을 믿는 자도 함께 부활하였으며, 주님이 하늘 보좌에 앉으셨을 때에 믿는 자도 함께 하늘 보좌에 앉히움을 받았다고 하는 것을 성경이 말씀해 주고 있다(엡 2:5-6). 이 예수님이 만왕의 왕이 되시고 내 인생 삶의 주인

---

4) Jim Wilhoit and Leland Ryken, *Effective Bible Teaching*, (Grand Rapids: Baker Book House, 1988), p. 23.
5) Ibid., p. 67.
6) Ibid.

이 되시고 나를 모든 불행에서 건져 주시는 구주가 되신다는 사실을 깨우쳐 주고, 하나님의 나라가 이미 예수 그리스도로 말미암아 이 땅위에 임하였고, 현재에도 임하고 있으며, 앞으로 이 하나님의 나라가 완전히 이루어질 것이라고 하는 사실을 선포하고, 그 하나님 나라의 왕되신 주님의 통치권 안에 들어오라고 초청하는 것이 바로 복음을 전하는 것이다. 이렇게 본질적으로 죄와 허물로 인하여 죽은 인간에게 구원을 주시는 하나님의 은혜로운 행위에 대한 좋은 소식이 바로 복음인 것이다.

금년을 A. D. ○○○○년이라고 하는 것은 Anno Domini "주님의 해" 즉 "주님이 다스리시는 해" ○○○○년이라는 뜻이다. 이 사실을 믿든지 안믿든지 간에, 지구상의 모든 인류가 서력기원을 사용하고 있다는 것은 엄청난 의미를 가지고 있다. 사실상 이 세계를 다스리시고 있는 분이 어떤 인간이 아니라 바로 만왕의 왕이 되시고 만주의 주가 되시는 주님이 친히 다스리시고 통치하고 계신다는 사실을 분명히 믿음으로 받아들이고 이를 선포하고 가르치는 것이 기독교 교육 내용의 핵심인 것이다.

그러므로 하늘과 땅의 모든 권세를 가지고 계시는 이런 주님을 구주와 주님으로 믿고 영접한 자들은 왕되시고 구주되신 주님의 특별한 다스림과 주님의 보호를 받기 때문에 누구도 하나님의 소유된 그리스도인들을 손대지 못한다는 사실을 성경은 또한 분명하게 가르쳐 주고 있다. 요한1서 5장 18절에 "하나님께로서 나신 자가 저를 지키시매 악한 자가 저를 만지지도 못하느니라"고 말씀하고 있다. 더 나아가서 요한복음 10장 28절에 예수님께서 말씀하시기를 "내가 저희에게 영생을 주노니 영원히 멸망치 아니할 터이요 또 저희를 내 손에서 빼앗을 자가 없느니라 저희를 주신 내 아버지는 만유보다 크시매 아무도 아버지 손에서 빼앗을 수 없느니라" 이렇게 주님을 구주와 주님으로 믿는 자는 영원한 구원을 보장받은 백성이라는 사실을 주님 자신이 친히 말씀해 주셨다.

이렇게 이 세상의 그 어떤 세력도 믿는 자를 영원한 불행의 자리로 끌고 갈 수 없는 이런 절대적인 구원의 축복을 보장받고 있는 자들이 그리스도인들이기 때문에 그 삶 속에는 기쁨과 감사와 찬송이 넘치게 되어지는 복된 삶을 살게 되어지는 것이다. 이런 복음이 시간마다 선포되어지고 가르쳐 질 수 있어야만 한다.

이런 본래적인 복음을 생생하게 접하고 믿었던 초대교회 성도들의 삶에는 세상이 가져다 줄 수 없는 참된 기쁨과 감사와 찬송이 넘쳤던 것을 사도행전이 우리에게 생생하게 증거해 주고 있다. 사도행전 8장 8절에 빌립이 사마리아 성에 내려가서 복음을 전했을 때 "그 성에 큰 기쁨이 있더라"고 말씀하고 있는 것을 볼 수가 있고, 사도행전 13장 52절에 보면 비시디아 안디옥 지방에서 복음을 받은 "제자들은 기쁨과 성령이 충만하니라"고 말씀하고 있으며, 사도행전 16장 34절에는 빌립보 감옥의 간수가 바울과 실라를 자기 집으로 초대하여 복음을 듣고 세례를 받게 되었을 때 "저와 온 집이 하나님을 믿었으므로 크게 기뻐하니라"고 복음을 받은 자들의 삶 속에 놀라운 변화가 일어나게 되어졌던 것을 말해 주고 있다.

이와 같이, 복음이 들어가는 곳마다 모든 부정적인 왜곡된 삶의 시각과 삶의 잘못된 습관과 미신과 두려움과 불행에서 해방되는 놀라운 구원의 역사가 일어났던 것을 성경은 말해 주고 있다. 따라서 오늘날의 기독교 교육을 담당한 성경교사들은 효과적인 교회교육을 위하여서 무엇보다도 먼저 자신들이 이 복음이 무엇인지를 바로 알고 이 복음의 축복을 누리는 삶을 살아가면서 전할 수 있어야 한다.

　그러면, 살전 1장 5절에서 사도 바울은 그냥 "복음"이라고 말을 하지 아니하고 "우리 복음"이라고 표현하고 있는 이유가 무엇인가? "우리 복음"이라는 표현을 사용하게 되어진 것은 사도 바울 일행이 전하는 그 메시지가 그들 자신들이 고안해 낸 그런 복음이라는 뜻에서 "우리 복음"이라는 말을 사용하고 있는 것은 결코 아니다. 더 나아가서, 사도 바울이 전하고 있는 복음이 다른 복음 전파자들의 복음과는 다르다는 것도 아니다. 이것은 그들이 복음을 진리로서 개인적으로 받아들여서 이제 다른 사람들에게 선포하고 있는 그런 복음이요, 메시지였다는 뜻에서 "우리 복음"이라고 표현을 하고 있는 것이다.[7] 즉, 사도 바울 일행이 가르치고 전하는 복음은 먼저 자신들에게 주어진 복음으로서 자신들이 받아들여서, 이 복음을 진리로 믿고 있는 그러한 복음이라는 뜻에서 "우리 복음"이라고 말을 하게 되어진 것이다.

　그러므로 "우리 복음"이라는 표현은 기독교 교육을 담당한 사역자가 그 복음을 자신에게 먼저 적용시켜서 그것이 완전히 자신의 것으로 소화되어질 때, 그 복음을 확신을 가지고 효과있게 전하고 가르칠 수 있다는 사실을 깨우쳐 주고 있다. 사도 바울에게는 이 복음이 단순한 이론이 아니라 체험적인 진리가 되어졌고, 자신의 것으로 완전히 소화가 되어진 그런 복음을 지금 가르치고 전하고 있다는 뜻으로 사용하고 있는 바로 그런 표현이다. 효과적인 기독교 교육이 이루어지기 위해서는 교사 자신이 복음에 대한 올바른 이해와 자신의 삶에 이 복음을 온전히 적용하고 체험하는, 이런 복음의

---

7) D. Edmond Hiebert, *1 & 2 Thessalonians*, (Chicago: Moody Press, 1992), p. 56.

내면화 작업이 선행되어져야 함을 일깨워 주고 있다.[8]

원문에 보면 "우리가 복음을 가지고 너희에게 갔다"가 아니라 "우리 복음이 너희에게 이르렀다"라고 표현되어져 있다. 복음 전달자가 부각되고 있는 것이 아니라 복음 자체를 부각시키고 있음을 볼 수 있다. 그러므로 말씀을 전하고 가르치는 교사나 사역자 자신이 청중들에게 부각되어지지 않도록 조심해야 함을 암시해 주고 있다. 교사나 사역자 자신을 자랑하지 않도록 조심하면서 언제나 하나님의 위대한 복음 자체가 인간을 구원하는 역동적인 능력이 되어짐을 증거하고, 이 복음을 자랑하는 사역자세를 지닐 수 있어야 할 것이다.

그래서 사도 바울은 로마서 1장 17절에서 "내가 복음을 부끄러워하지 아니 하노니 이 복음은 모든 믿는 자에게 구원을 주시는 하나님의 능력이 됨이라"고 이 복음 자체를 자랑스럽게 여기고 있음을 볼 수 있다. 이와 같이, 복음 자체가 하나님의 역동적인 능력이 되어질 뿐만 아니라, 하나님의 말씀 자체가 살았고 운동력이 있어 좌우에 날선 어떤 검보다도 더 예리하여 우리의 혼과 영과 및 관절과 골수를 찔러 쪼개기까지 하는 권세있는 말씀이기 때문에 살전 1장 5절에서 "우리 복음이 너희에게 이르렀다, 혹은 나아갔다" 이렇게 표현을 하고 있는 것이다.

또한 살전 1장 5절에서 "우리 복음이 말로만 너희에게 이른 것이 아니라"는 표현은 말의 중요성을 무시하는 표현이 아니라 먼저 복음은 인간의 언어로서 정확하게 표현되어질 수 있어야 함을 우리에

---

[8] Leon Morris는 "설교자는 구세주의 속죄사역을 통한 구원을 자기 나름대로 체험함으로서만이 진리를 말하고 자기 자신의 것이 된 메시지를 전할 수 있다" 라고 적절히 언급하고 있다. *The First and Second Epistles To the Thessalonians*, (Grand Rapids: Eerdmans, 1959), p. 57.

게 암시를 해주고 있다. 효과적인 기독교 교육이 이루어지기 위해서는 잘 선택되어진 단어들로서 전달되어질 메시지의 내용이 무엇인지를 적절한 표현으로 설명할 수 있도록 사전에 철저한 준비가 있어야 한다는 사실을 일깨워 주고 있다.

3. 교육자의 전달 방법(Educator's Communication)

효과적인 기독교 교육이 이루어지기 위해서는 두 번째로는 교사가 사용해야하는 적절한 커뮤니케이션을 통하여 메시지 전달이 효과적으로 이루어질 수 있어야 한다는 것이다. 살전 1장 5절에 "이는 우리 복음이 말로만 너희에게 이른 것이 아니라 오직 능력과 성령과 큰 확신으로 된 것이니"라고 언급하고 있다. 가르치는 교사가 복음 즉 하나님의 말씀을 제대로 이해하고 있다고 할지라도 복음의 내용을 효력있게 전달할 수 있을 때에 효과적인 기독교 교육이 이루어질 수 있다는 것을 깨우쳐 주고 있다.

하나님의 말씀을 제대로 가르치고 전달하기 위해서 살전 1장 5절은 3가지 요소가 있어야 함을 제시해 주고 있는데 그것들이 바로 능력과 성령과 큰 확신이라는 요소들이다. 이러한 3 요소들 중에, 성령이 가운데 있는 것으로 보아 성령이 능력과 큰 확신을 부여하는 분이심을 알 수 있다.[9]

---

9) Hiebert, op. cit., p. 58. David J. Williams는 "본문의 성령에 관사가 없는 것은 성령의 활동을 강조하기 위함일 것이다"라고 설명하면서, "성령은 능력과 깊은 확신의 원천이다"라고 말하고 있다. *1 and 2 Thessalonians, New International Biblical Commentary*, (Massachusetts: Hendrickson Publishers, 1992), p. 29.

첫 번째 요소인 "능력"은 성령의 기적적인 역사뿐만 아니라 성령의 일반적인 역사 즉, 조명하시고, 깨닫게 하시고, 확신시키시고, 거듭나게 하시고 말씀을 삶 속에 적용시키시는 성령의 능력을 의미하는 것으로 주경 신학자들은 해석을 하고 있다.[10] 로널드 월래스(Ronald Wallace)는 "성령이 듣는 이의 마음속에 믿음을 심어주고 말씀을 받아들이도록 마음을 열어주지 않는다면, 하나님의 말씀은 아무런 효과도 발휘할 수 없을 것이다"라고 성령의 사역에 따라 양육대상자의 마음에 말씀이 미치는 영향이 달라짐을 언급한바가 있다.[11]

또한 이 능력은 고난 가운데서도 기쁨과 위로와 평안을 누리게 하시는 능력이고, 도덕적으로, 윤리적으로 순결한 삶을 살게 하는 능력이 바로 성령의 능력인 것이다. 더 나아가서, 성령님이 부여해 주시는 가장 큰 능력은 원수까지라도 사랑하는 사랑의 능력이라고 말할 수가 있을 것이다. 로마서 5장 5절에 "소망이 부끄럽게 하니함은 우리에게 주신 성령으로 말미암아 하나님의 사랑이 우리 마음에 부은바 됨이니"라고 성령이 그리스도인의 마음에 부어주시는 가장 귀한 선물이 바로 하나님의 사랑인데 이 아가페의 사랑이 성도가 가질 수 있는 가장 큰 능력인 것이다.

따라서 이 성령이 주시는 사랑의 능력을 소유하게 되어질 때에는 어떤 고난도 주를 위하여 기쁨으로 받게 되어지고 마지막에는 주를 위하여 죽을 수 있는 자리에까지 들어갈 수 있는 그런 능력을

---

10) John Murray는 "성령의 능력은 복음이 그의 모든 국면에서 복음의 유효성이 드러나는 효력이다"라고 언급하고 있다. *The New International Commentary on the New Testament: The Epistle To the Romans*, Vol. 2, (Grand Rapids: Eerdmans, 1973), p. 213.

11) Ronald S. Wallace, *Calvin's Doctrine of the Word and Sacrament*, (Grand Rapids: Eerdmans, 1957), pp. 128-129.

성령이 부여해 주신다는 것이다. 그러므로 이 성령이 주시는 능력은 어떠한 근거없는 잘못된 비난이나 경멸이나 반대를 용서로 이기는 능력이며, 복수를 단호히 배격하고 거절하는 능력이고, 자기가 죽어지는 별세의 능력이 바로 성령이 주시는 능력이다.

미국의 트리니티 신학대학원의 기독교교육학 교수인 페리 G. 다운즈(Perry G. Downs)박사는 "효과적인 기독교 교육은 진공 상태에서 이루어지는 것이 아니다. 그것은 사랑의 관계와 효과적인 예배라는 환경 속에서 가장 훌륭하게 이루어진다. ... 하나님 나라에서 중요한 것은 가장 새로운 교육방법을 찾아내는 것이 아니라 하나님과 사람에 대한 사랑으로 충만한 신자들을 발견해 내는 것이다. 그것은 신자들의 삶 속에 있는 성령의 능력이다"[12]라고 가장 효과적인 교육은 하나님과 사람에 대한 사랑으로 충만하게 되어질 때에 가능하게 되어진다는 사실과 이것이 바로 성령의 능력인 것을 언급을 한바가 있다.

마가복음 6장 34절을 보면, "예수께서 나오사 큰 무리를 보시고 그 목자 없는 양 같음을 인하여 불쌍히 여기사 이에 여러 가지로 가르치시더라"고 예수님께서도 무리를 불쌍히 여기는 사랑과 긍휼의 마음으로 가르치시는 사역을 이루어 나가신 것을 말씀해 주고 있다. 이 구절과 관련하여 페리 G. 다운즈 교수는 "우리가 사람들을 위해 할 수 있는 가장 큰 사랑의 행위는 그들을 가르치는 것이다. 사람들이 하나님을 알고 하나님께 순종하도록 도와주는 것이 우리가 그들에게 줄 수 있는 가장 큰 선물일 것이다. 이런 식으로 이해할 때, 기독교 교육은 교회가 행하는 가장 긍휼한 사역 중의 하나라

---

12) Perry G. Downs, op. cit., p. 43.

고 할 수 있다"라고 교육이 바로 사랑의 실천임을 강조하고 있다.[13]

이러한 성령의 능력 안에서 가르치는 말씀의 내용이 배우는 자들의 삶을 변화시켜 준다는 사실을 기억하여 기독교 교육자들은 이런 능력을 사모하고 소유하는 자들이 먼저 되어져야만 한다. 이와 같이, 성령이 역사하지 아니할 때 우리의 수고가 헛될 수밖에 없다는 사실을 기억하면서 성령의 역사가 일어날 수 있도록 먼저 기도한 후에 가르치고, 또한 기도하면서 가르치고, 가르친 후에도 기도할 수 있는 이런 기독교 교육이 되어져야 할 것이다.

효과적인 제대로의 기독교 교육이 이루어지기 위해서는 교육자 자신에게 (1)사람을 향한 열정, (2)진리를 향한 열정, (3)연구와 학습을 향한 열정, (4)배운 것을 함께 나눌려는 열정, (5)배운 것을 실제로 적용하려는 열정, (6)하나님을 향한 열정 등을 가져야만 하는데 이것은 오직 성령 하나님으로만 가능하다는 사실을 기억하면서 기독교 교육자는 성령의 충만함 가운데 머물 수 있어야 한다.[14]

세 번째 요소로 효과적인 기독교 교육이 이루어지기 위해서는 가르치는 교사 자신에게 "큰 확신"이 있어야 한다는 사실을 살전 1장 5절이 가르쳐 주고 있다. 5절의 "큰 확신"은 "완전한 확신," "충만한 확신"을 뜻하는 말로서 사도 바울 일행이 데살로니가에서 사역할 때에 가졌던 확신을 의미하고 있다.[15] 이 확신은 사도 바울 일

---

13) Ibid., p. 41.
14) Jim Wilhoit and Leland Ryken, op. cit., pp. 69-71.
15) F. F. Bruce는 데살로니가인들이 가진 내적 확신으로 보지만 William Hendriksen과 Leon Morris는 사도 바울 일행이 가졌던 전적 확신을 의미하는 것으로 설명한다(F. F. Bruce, *1&2 Thessalonians*, Word Biblical Commentary, 1982, p. 14.; William Hendriksen, *Exposition of 1 and 2 Thessalonians*, 1955, p. 51.; Leon Morris, *The New International Commentary On the New Testament: The First And Second Epistles To The Thessalonians*, 1959, p. 57).

행이 데살로니가에서 일할 때에 하나님의 말씀이 진리라는 확신을 가지고 사역에 임했다는 뜻이고, 말씀과 함께 성령이 역사하신다는 확신, 복음 메시지의 궁극적 승리에 대한 흔들림 없는 확신, 더 나아가, 사역자 자신들에게 하나님께서 이 일을 맡겨 주셨다는 확실한 소명감을 가지고 사역에 임하였다는 사실을 밝히 보여주고 있다.

이 "확신"과 반대되는 말이 있다면 의심이나 불안이라고 말할 수 있을 것이다.[16] 사도 바울은 데살로니가에서 사역할 때에 그 어떤 의심이나 불안한 상태에서 사역에 임한 것이 아니라 충만한 확신 가운데서 말씀을 가르치고 전했다는 것을 가르쳐 주고 있다. 말씀을 가르치는 사역자의 마음속에 불안이나 의심이 있을 때에 그 사역에 어떻게 풍성한 결실을 기대할 수가 있겠는가? 자신이 전하고 가르치는 말씀이 진리라는 확신이 없고, 도리어 의심을 가지고 또한 마음에 성령이 주시는 평안이 없는 상태에서 사역에 임한다고 할 때 이러한 것들은 결국 그 사역을 약화시키고 풍성한 열매를 맺을 수가 없게 되어진다는 것이다.

그 마음속에 진리에 대한 의심이 있고 평안이 없는 사람을 통하여서는 역사가 일어날 수 없기 때문에 제대로의 사역이 이루어지도록 하기 위해서 성령 하나님께서 사역자의 마음 속에 충만한 확신을 부어주시므로 효과있는 사역이 이루어지게 하신다는 사실을 믿고 성령으로 말미암는 이런 충만한 확신을 가지고 사역에 임할 수 있는 교육자들이 되어져야 할 것이다.

---

16) James Denney, "The Epistles to the Thessalonians," in *An Exposition of the Bible*, Vol. 6, (Hartford, Conn.: The S. S. Scranton, 1903), p. 321.

미국의 트리니티 신학대학원의 기독교교육학 교수인 페리 G. 다운즈(Perry G. Downs)박사는 "성경을 깊이 신뢰하는 사람이 성경을 가르쳐야 한다. 의심 자체는 죄가 아니지만, 성경 교사의 효율성을 저하시킨다. 성경이 진리인지, 아니면 선택할 수 있는 다양한 믿음의 내용 중 하나인지 의심하는 사람은 사람들을 지도하여 믿음을 성장하게 만들 수 없을 것이다. 그러나 성경에 오류가 없다고 확신하는 사람은 사람들을 하나님의 말씀 안으로 인도할 수 있을 것이다. ... 이러한 확신을 가진 교사는 자신있게 성경의 원리들과 메시지를 선포한다. 성경이 진리임을 확신하는 교사들은 자신감을 가지고 권위있게 학생들을 가르칠 것이다"라고 성경의 진리성에 대한 깊은 확신의 중요성을 깨우쳐 주고 있다.[17]

4. 교육자의 행위(Educator's Conduct)

효과적인 기독교 교육의 3번째 원리는 말씀을 가르치는 교육자 자신의 삶이 복음 진리에 부합되는 삶이어야 한다는 것이다. 살전 1장 5절 마지막 부분에 "우리가 너희 가운데서 너희를 위하여 어떠한 사람이 된 것은 너희 아는 바와 같으니라"고 언급하고 있는 부분이 바로 이 점을 지적해 주고 있다. 사도 바울이 언급한 이 부분의 말씀을 여자적으로 번역하면 "여러분들 때문에 우리가 여러분들 가운데 어떤 종류의 사람들이 되어졌는가" 하는 것을 여러분들이 잘 알고 있지 않습니까? 라고 직역할 수 있다. 이것은 교육자의

---

17) Perry G. Downs, op. cit., pp. 226-227.

삶이 메시지가 되어져야 한다는 귀중한 사실을 깨우쳐 주고 있다. 즉 사역자가 전파하는 메시지와 그 사역자의 삶이 일치되어질 때에 그 사역에 풍성한 결실이 맺어질 수 있게 되어진다는 사실을 가르쳐 주고 있는 것이다.

사도 바울의 이 고백은 말로 가르치는 진리만큼이나 교사들의 삶도 중요하다는 중요한 사실을 가르쳐주고 있는데, 배우는 자의 삶을 변화시키는 가르침은 먼저 가르치는 자의 삶에 영향을 끼치고 변화를 가져와야 함을 가르쳐 주고 있다. 참으로 사도 바울 일행은 능력과 성령과 충만한 확신 가운데서 복음 메시지를 전했을 뿐만 아니라, 이 복음 메시지와 일치하는 삶을 살았다는 사실에 대하여 데살로니가 교회 구성원들을 증인으로 내세우고 있을 만큼 분명한 사실이었음을 증거해 주고 있다.

위대한 목회자요 교사로서의 사도 바울은 자신이 전하고 가르치는 복음 메시지가 자신의 삶을 먼저 변화시킬 수 있을 때에야 비로소 청중들의 삶도 변화시키게 되어진다는 사실을 인식하고 있었기 때문이었고, 만일에 하나님의 말씀을 전하고 가르치는 사역자 자신의 삶이 그 메시지와 일치되어지지 못한다고 할 때, 사역의 모든 효과가 상실되어질 수밖에 없다는 사실을 사도 바울 일행은 너무도 잘 알고 있었기 때문에 사역의 온전한 결실을 위하여 복음 메시지에 부합되는 언행일치의 삶을 살았다는 고백을 할 수가 있었던 것이다.

이와 같이, 사도 바울 일행의 삶은 복음 사역자로서 부끄럽지 아니하는 모범적인 삶이었고, 이러한 삶을 통하여서 그들이 가르치고 전하는 메시지가 진리의 말씀인 것을 생생하게 보여주므로 청중의 삶을 변화시킬 수가 있었다. 영국의 주경 신학자인 브루스(F. F.

Bruce) 역시 이 부분을 설명하면서 "복음을 이전에 듣지 못했던 사람들에게 복음이 주어질 때 그 지역 사람들이 행위 속에서의 기독교를 볼 수 있어야만 하는 것은 중요하다. 만일에 그 복음을 가져왔던 자들의 행위 속에서가 아니라면 어디에서 그들이 그것을 볼 수 있을 것인가? 설교자들은 이 책임을 인식하고 그들이 복음화하고 있는 사람들을 위하여 그들 자신의 그리스도 안에서의 삶(고전 4:17)에 특별한 주의를 기울여야만 한다"고 사역자의 삶의 중요성을 강조한바 있다.[18] 벤슨(Benson)도 "일관된 크리스찬의 삶의 본보기는 어떠한 가르침보다도 다른 사람들이 더 높은 기준에 도달하도록 돕는다"라고 말하고 있다.[19] 따라서 본문의 말씀은 말씀의 교육자들은 자신의 삶이 복음 메시지에 부합되는 삶인지를 항상 살펴보는 가운데 신중하게 자신의 삶의 내용과 스타일을 선택해 나가야 한다는 영적 교훈을 던져 주고 있다.

이러한 사도 바울이었기에 그의 수제자 디모데에게 권면하기를 디모데전서 4장 16절에 "네가 네 자신과 가르침을 삼가 이 일을 계속하라 이것을 행함으로 네 자신과 네게 듣는 자를 구원하리라" (Watch your life and doctrine closely. Persevere in them, because if you do, you will save both yourself and your hearers)(딤전 4:16)고, 영적 교사는 자신의 삶과 자신이 가르치는 말씀에 함께 주목하고 관심을 가져야 함을 깨우쳐 주었던 것이다. 이와 같이, 성경의 진리는 그것을 실제 삶으로 보여주므로 가르쳐지고 전달되어져

---

18) F. F. Bruce, *1&2 Thessalonians*, Word Biblical Commentary vol. 45, (Waco, Texas: Word Books, Publisher, 1982), p. 15.
19) Clarence E. Benson, *The Christian Teacher*, (Chicago: Moody Press, 1950), p. 50.

야 한다는 것은 성공적인 기독교 교육에 필수적인 부분이라는 사실을 기독교 교육에 소명을 받은 교사들은 기억하면서 자신의 입술로 가르치고 전달하는 것을 자신의 삶 속에서 보여줄 수 있어야만 할 것이다.

5. 기독교 교육의 최종 목적
(The Ultimate Purpose of Christian Education)

그러면 이상과 같은 효과적인 기독교교육이 지향해야할 최종 목적이 무엇인가? 미국의 트리니티 신학대학원의 기독교교육학 교수인 페리 G. 다운즈(Perry G. Downs)박사는 기독교 교육의 목적은 "신자를 예수 그리스도 안에서 성숙하게 하는 것"[20]임을 언급한 바가 있는데, 살전 1장 6절과 7절이 이 사실을 구체적으로 증거해 주고 있다. "또 너희는 많은 환난 가운데서 성령의 기쁨으로 도를 받아 우리와 주를 본받은 자가 되었으니 그러므로 너희가 마게도냐와 아가야 모든 믿는 자의 본이 되었는지라" 이렇게 사도 바울 일행의 효과적인 교육의 결과로서 데살로니가 교회 구성원들이 주님을 본받게 되는 영적 성숙의 자리에 나아갈 수가 있었고, 그 결과로서 그리스 반도 전 지역의 모든 그리스도인들에게까지 본이 되어질 수 있었다는 놀라운 사실을 기록해 놓고 있음을 볼 수 있다.

이런 영적 성숙의 자리로 나아갈 수 있었던 가장 중요한 요인이

---

20) Perry G. Downs, op. cit., p. 22.

바로 6절에서 언급하고 있는바 "도를 받아"[21)]라는 부분인데 이를 원문상으로 번역하면 "그 말씀을 환영하면서 받아들임으로"라고 할 수 있다. 데살로니가 교회 구성원들은 사도 바울 일행으로부터 말씀의 양육의 받을 때에 하나님의 복음의 말씀을 마음을 활짝 열고 그 말씀을 사모하는 마음으로 환영하면서 받아들임으로 이런 변화의 역사가 일어나게 되었다는 것이다.

그러므로 기독교 교사들은 사역 대상자들에게 이런 영적 변화가 일어나도록 하기 위해서는 무엇보다도 영적 변화를 일으키는 주된 요소는 복음인 하나님의 말씀 자체라는 사실을 명심해야 한다. 왜냐하면, 이 말씀을 떠나서는 다른 어떤 것들을 동원한다고 할지라도 진정한 영적 변화를 일으킬 수 없기 때문이다. 따라서 기독교 교사들은 이 하나님의 말씀자체를 사역 대상자들이 마음을 열어 환영하면서 받아들일 수 있도록 최선을 다하여야 한다는 것이다.

이런 말씀사역의 결과로서 데살로니가 교회의 구성원들에게 주어진 성숙의 구체적인 내용은 이중적인 것으로 묘사되어지고 있다. 즉 "우리와 주를 본받는 자가 되었으니"에서 그들은 먼저 사도 바울 일행을 본받게 되었고 더 나아가 주님을 본받게 되어졌다는 것을 언급하고 있다. 이것은 기독교 교육의 궁극적인 목표인 영적 성숙이 단번에 이루어지는 것이 아니라 언제나 가르치는 교사의 인격과 삶을 본받은 후에, 마침내 눈에 보이지 아니하는 주님을 본받게

---

21) 원문에서 "받아"라는 단어는 "dechomai"라는 동사인데 이것은 자발적으로 환영하면서 받아들인다는 의미를 지닌다. 사도행전 17장 11절에서 "베레아 사람들은 간절한 마음으로 말씀을 받고"라는 언급도 이 동사를 사용하고 있다. 그런데 헬라어에서 단순히 물리적으로 받는다(receive)는 뜻으로는 "lambano"라는 동사를 사용한다.

되어지는 온전한 성숙의 자리로 나아가게 되어진다는 진리를 가르쳐 주고 있다. 이는 교사라는 존재가 교육 대상자들의 영적 성장에 미치는 영향이 지대하다는 사실을 일깨워줌과 동시에 교사의 모범이 참으로 중요하다는 사실을 깨우쳐 주고 있다.

그리해서 그들이 최종적으로 본받게 되어진 것이 바로 주를 본받게 되어진 것으로, 여기에 "주를 본받는 자"가 되었다고 하는 것은 (1)거룩함(벧전 1:15-16)과 (2) 사랑(마 5:43-48, 눅 6:36, 요 13:34, 15:12)과 (3) 고난(마 16:24-25, 막 10:38-39, 눅 14:27, 요 15:18-20, 벧전 2:18-21)의 영역에서 주를 본받게 되어진 것으로 볼 수 있다.[22] 이 세 가지 영역은 데살로니가전서에서도 나타나고 있는데 거룩함에 관해서는 살전 3:13, 4:3,7, 사랑에 관해서는 살전 3:12, 4:9-10 그리고 고난에 관해서는 살전 2:14, 3:2-4에서 언급되어지고 있다.[23] 달리 말한다면, 여기에 주를 본받는 자가 되었다고 하는 것은 성령의 9가지 열매(갈 5:22-23)를 그 삶 속에서 풍성히 맺게 되어졌다는 것이며 주님의 마음을 소유하게 되어졌다(빌 2:5)는 의미일 것이다.

데살로니가 교회 구성원들의 영적 성숙이 주변의 많은 사람들에게 또한 지대한 영향을 미치게 되어지는 결과를 가져오게 되어진 것을 살전 1장 7절에서 "그러므로 너희가 마게도냐와 아가야 모든 믿는 자의 본이 되었는지라"고 표현하고 있다. 여기에 "모든[24] 믿

---

22) Robert L. Thomas, *1 Thessalonians*, The Expositor's Bible Commentary, Vol. 11, (Grand Rapids: Zondervan Pub., 1978), p. 245.
23) Ibid.
24) 여기에 "모든"이라는 표현은 그리스 북부 마게도냐와 남부 아가야 지역 전체를 의미하는 것으로 마게도냐 지방에 데살로니가, 빌립보, 베뢰아 도시들이 있었고, 아가야 지방에 아덴, 고린도와 같은 도시들이 자리잡고 있었다. 따라서

는 자의 본"이 되었다는 것은 주변의 모든 그리스도인들이 본 받을 만한 모델(model)이 되어졌다는 것으로 최상급의 칭찬과 인정의 표현이다. 사실 그 지역전체의 모든 동료 그리스도인들에게 모범이 되는 것은 대단히 높은 수준의 영적 성숙을 의미하는 것으로 참으로 쉽지 아니한 것이다. 왜냐하면 중생하지 못한 세상 사람들에게 본이 되는 것보다 더 높은 수준의 영적 탁월함을 요구하고 있기 때문이다.

이런 자리에 나아갈 수 있었기 때문에, 데살로니가 교회 구성원들은 살전 1장 8절에서 보여주는바 전도와 선교적인 사명을 능동적으로 그리고 효과적으로 수행해 나갈 수 있는 교회의 본질적인 사명수행에 앞장을 설 수가 있었고 이 부분에 풍성한 사역의 결실을 거둘 수가 있었던 것이다. 이렇게 효과적인 기독교 교육의 결과는 기독교 교육의 궁극적인 목적을 달성하게 할 뿐만 아니라 더 나아가 교회의 본질적인 선교적인 사명 수행에 결정적인 영향을 끼치게 되어짐을 분명하게 보여주고 있다.

6. 결론(Conclusion)

기독교 교육은 교회가 고안하고 만들어 낸 인간의 산물이 아니라, 하늘과 땅의 모든 권세를 가지신 우주의 주권자되시고 만주의 주가 되신 예수 그리스도의 분부하심에 따라 이루어지는 것으로, 이것은 마 28장 19-20 까지의 말씀을 근거로 하여 주님 오실 때까

이런 지역들의 모든 도시의 그리스도인들에게 모델이 되어졌다는 것으로 최상급의 칭찬과 인정이라고 볼 수 있다.

지 지속적으로 수행되어져 나가야 하는 위대한 교육명령(The Great Educational Commission)을 수행하는 거룩한 사역이다. 이런 성격을 지닌 독특한 사역이라고 할 때 이 사역을 효과적으로 수행해 나갈 수 있는 구체적인 원리와 방법 또한 주님께서 성경을 통하여 우리에게 보여주신다고 믿어야 한다.

따라서 오늘날 제시되어지고 있는 기독교 교육의 수많은 원리들과 방법들은 성경이 보여주고 있는 중요한 원리에서 이탈되어져서는 아니 될 것이며, 이 성경적 원리를 보다 확대 적용해 나가는 구체적인 것들이 되어져야 한다는 것을 이 시대의 기독교 교육전문가들과 일선 교사들은 명심해야만 한다. 이런 의미에서 살전 1장 5절에서 7절까지는 이에 대한 분명한 성경적인 해답을 제시하고 있는 귀중한 본문으로 취급되어지고 연구되어져야 한다.

오늘날의 교회학교 교사들도 단순한 지식전달로서 끝나지 아니하고 양육받는 학생들의 삶이 변화되어질 수 있도록, 복음인 하나님의 말씀 자체를 바로 이해하여 가르칠 수 있어야 한다. 그리하여 교사의 모델이 되어주셨던 예수님께서 "내가 온 것은 양으로 생명을 얻게 하고 더 풍성히 얻게 하려는 것이라"(요 10:10)고 양들의 삶의 질을 변화시켜서 하나님과의 관계 속에서 충만한 삶[25]을 살도록 이끌어 가시는 것이 사역의 목표였던 것을 보여주신 것처럼, 오늘날의 교회교육도 말씀을 통하여 교회 구성원들의 삶을 변화시키는데 교육의 목표를 둘 수 있어야 할 것이다.

이런 효과적인 기독교교육이 이루어질 때, 그 결과로 영적 성숙

---

25) 이 삶은 승리하는 삶, 변화된 삶, 성령이 충만한 삶, 주님께 드려지는 삶, 순종하는 삶, 열매맺는 삶, 평강의 삶, 안식하는 삶으로 주님의 통치가 삶의 모든 영역에 미쳐지는 삶을 의미한다.

이 이루어지고 더 나아가 성숙한 그리스도인들이 가는 곳마다 그들의 삶을 통하여 복음을 효과적으로 전파하는 전도와 선교의 역사가 일어나게 된다는 것을 데살로니가전서 1장이 분명하게 보여주고 있다.

그러므로, 예수님 이후 가장 위대한 기독교 교육자로서 사역의 귀한 자취를 남겼던 사도 바울의 사역을 통하여 제시되고 있는 결실이 풍성한 효과적인 기독교 교육의 중요한 원리와 그 방법들을 오늘 이 시대의 교육사역에 확대 적용해 나가는 노력을 경주해 나갈 때에 오늘날의 교육사역의 현장에서도 그 때와 같은 놀라운 결실들이 맺어지고, 영적 성숙의 변화의 역사가 일어나게 되어질 것이며, 이러한 교육사역의 결과 모든 족속으로 제자를 삼으라고 분부하신 주님의 선교명령을 궁극적으로 이루어 드리는 엄청난 역사가 일어나게 되어질 것이다.

참으로 예수 그리스도를 닮은 성숙한 그리스도인들을 양육해 냄으로 이 어두움의 시대에 진리의 빛을 발하고, 복음의 영향력을 크게 펼쳐 나갈 수 있는 이런 그리스도인들을 양육해 낼 수 있는 기독교 교육이 되어져야 한다. 이것이 오늘날의 기독교 교육을 담당한 영적 교사들과 모든 사역자들에게 주어진 시대적인 사명일 것이다.

참고도서(Reference List)

Benson, Clarence E. *The Christian Teacher.* Chicago: Moody Press, 1950.

Bruce, F. F. *1&2 Thessalonians.* Word Biblical Commentary, Waco, Tex.: Word Books, Pub., 1982.

Denney, James. "The Epistles to the Thessalonians," in *An Exposition of the Bible.* Vol. 6. Hartford, Conn.: The S. S. Scranton, 1903.

Downs Perry G. *Teaching For Spiritual Growth: An Introduction to Christian Education (기독교 교육학개론).* 엄성옥 역, 은성, 1998.

Hendriksen, William. *Exposition of 1 and 2 Thessalonians.* London: The Banner of Truth Trust, 1955.

Hiebert, D. Edmond. *1 & 2 Thessalonians.* Chicago: Moody Press, 1992.

Morris, Leon. *The First and Second Epistles To the Thessalonians.* Grand Rapids: Eerdmans, 1959.

Murray, John. *The New International Commentary on the New Testament: The Epistle To the Romans.* Vol. 2. Grand Rapids: Eerdmans, 1973.

Thomas, Robert L. 1 Thessalonians, *The Expositor's Bible Commentary.* Vol. 11. Grand Rapids: Zondervan Pub., 1978.

Wallace, Ronald S. *Calvin's Doctrine of the Word and Sacrament.* Grand Rapids: Eerdmans, 1957.

Wilhoit Jim and Leland Ryken. *Effective Bible Teaching.* Grand Rapids: Baker Book House, 1988.

Williams, David J. *1 and 2 Thessalonians, New International Biblical Commentary.* Massachusetts: Hendrickson Publishers, 1992.

Zuck, Roy B. *Teaching with Spiritual Power.* Grand Rapids: Kregel Pub., 1993.

6장 성육신적 전도방법

A Method of Incarnational Evangelism

제 6 장
성육신적 전도 방법

(A Method of Incarnational Evangelism)

- 요한복음 1장 14절을 중심으로 -

1. 서론(Introduction)

　마태복음 28장 19절에서 예수님은 승천하시기 직전에 "그러므로 너희는 가서 모든 족속으로 제자를 삼아 아버지와 아들과 성령의 이름으로 세례를 주고 내가 너희에게 분부한 모든 것을 가르쳐 지키게 하라 볼찌어다 내가 세상 끝날까지 너희와 항상 함께 있으리라"는 선교명령(The Great Commission)을 오고 오는 모든 시대의 부름받은 교회와 그리스도인들을 향하여 주셨다. 따라서 전도는 교회의 가장 크고 우선적인 사명으로 전도하는 이 일보다 더 귀하고 가치있는 일이 없음을 말해 주고 있다.
　그런데 놀라운 것은 이런 선교명령을 주신 예수님의 사역은 성육신적 사역이었으며 예수님의 전도방법 역시 성육신적 전도였다는 사실을 사복음서 가운데서도 요한복음이 이 사실을 구체적으로 보여주고 있다. 특히 요한복음 1장 14절의 말씀은 요한복음의 서문

(요 1:1-18)의 절정인 동시에 요한복음 전체의 요약으로서 예수님의 삶과 사역을 한 문장으로 정리해 놓은 것으로 성육신적 전도방법과 그 내용을 함축적으로 언급하고 있다.

하나님이신 예수님께서 인간의 몸을 입으신 한가지 목표는 누가복음 19장 10절에 "인자의 온 것은 잃어버린 자를 찾아 구원하려 함이니라"는 말씀 가운데 나타나고 있는데, 예수님의 사역은 이 일에 초점이 맞추어져 있었고 이 일을 십자가 상에서 "다 이루었다"고 말씀하실 수가 있었다. 이렇게 예수님은 인류를 구원하시기 위하여 성육신적 방법으로 찾아 오셨듯이 오늘 우리의 전도도 예수님의 전도 자세와 방법을 따라 이루어질 때에 풍성한 결실을 맺는 효과적인 전도사역이 이루어질 수 있음을 시사해 주고 있다.

미국 트리니티 신학대학원의 선교학 교수인 폴 히버트(Paul Hiebert)박사가 쓴 Incarnational Ministry란 책이 우리말로 "성육신적 선교사역"이라는 제목으로 번역이 되어졌는데, 오늘날의 그리스도인들의 전도와 선교가 예수님처럼 성육신적 전도가 되고 성육신적 선교가 되어질 때 풍성한 사역의 결실을 맺어 나갈 수 있다는 것을 강조하고 있음을 볼 수 있다. 그는 말하기를 "완전하신 창조주께서 불완전한 인간을 구원하시기 위해 인간의 몸을 입고 성육신하신 것처럼, 거룩한 계시도 인간의 언어와 문화 속에서 육신을 입어야만 한다. 예수 그리스도께서 특정시대와 환경 속에서 생활하시기를 선택하셨던 것처럼, 우리의 사역도 우리가 섬기는 사람들의 삶의 정황 속으로 성육신되어야만 한다"고 역설하고 있다.[1]

---

1) 폴 G. 히버트 & 엘로이스 히버트 메네시스, *성육신적 선교사역 (Incarnational Ministry)*, 안영권, 이대헌 역, 기독교문서선교회, 1998, p. 416.

또한 영국의 복음전도자요 설교자인 존 스토트(John R. W. Stott)도 선교와 전도의 모델로서 예수 그리스도의 성육신을 제시하면서 다음과 같이 언급하고 있다: "우리의 선교는 그분의 선교를 모델로 해야 한다. 실로 모든 진정한 선교는 성육신적 선교이다. 그것은 정체성을 상실함이 없이 동일화할 것을 요구한다. 그것은 우리의 기독교적 확신과 가치관들과 기준들을 타협하지 않으면서, 그가 우리의 세계에 들어오신 것처럼 다른 사람들의 세계에 들어가는 것을 의미한다."[2]

미국 웨스트민스터 신학대학원의 실천신학교수인 폴 트립(Paul D. Tripp)은 "우리는 성육신의 방법으로 하나님을 나타내기 위해서 부르심을 받았다. ... 우리가 성육신을 통한 하나님의 놀라운 은혜를 온전히 이해한다면, 하나님의 영광을 드러내는 일을 할 수 있고 말로도 나타낼 수 있다. 하지만 이 일은 오직 하나님께서 영광스런 일을 하도록 우리를 선택하셨기 때문에 가능하다. 하나님의 영광스런 일이란 하나님의 사명과 방법과 인격을 이 세상에 나타내는 것이다"라고 성육신적 사역의 필요성과 그 의미를 설명하고 있다.[3] 그러므로 예수님의 성육신적 전도방법을 요한복음 1장 14절의 말씀을 중심으로 살펴보므로 오늘날의 효과적인 전도와 선교의 원리와 그 방법을 찾아보고자 한다.

---

[2] John Stott, *The Contemporary Christian*, (Downers Grove, Ill: InterVarsity Press), 1992, p. 358.
[3] 폴 트립, 영혼을 살리는 말 영혼을 죽이는 말(*War of Words*), 윤홍식 역, 도서출판 디모데, 2003, p. 145.

2. 성육신적 전도방법
(Method of Incarnational Evangelism)

(1) 보여주는 전도 (오디오적인 전도에서 비디오적인 전도로의 전환)

성육신은 예수님께서 사람의 육체를 입으시고 하나님을 나타내 보이시기 위하여 이 세상에 찾아오신 것을 의미한다. 조셉 알드리치(Joseph C. Aldrich)는 "그리스도의 모범에서 우리는 효과적인 전도를 위해서는 진리를 언어로 전달할 뿐만 아니라 생활로 보여주는 것이 필요하다는 사실을 발견하게 된다. 그리스도의 전달방법은 성육신이었다"라고 언급한바 있다.[4] 따라서 성육신적 전도방법은 예수님의 전도방법으로 이 전도방법은 하나님께 영광을 돌려 드릴 수 있는 하나님이 참으로 기뻐하시는 전도방법인 것을 본문 요 1장 14절의 말씀이 나타내 보여주고 있다.

요 1장 14절에서 "말씀이 육신이 되어"라고 말씀이신 예수님이 눈에 보이는 사람이 되심으로 신약시대가 시작되었음을 드러내 보여주고 있다. 즉 예수님 이전의 구약시대는 주로 소리로 듣는 시대였음을 암시해 주고 있음과 동시에 신약시대는 눈으로 보는 시대가 도래하게 되어진 것을 말씀하고 있다. 이처럼 구약시대에는 하나님께서 말씀의 소리를 통하여 소명자들을 부르시고 하나님의 뜻을 나타내 보여 주셨지만, 그러나 그 하나님을 보면 죽을 수밖에 없었다. 그래서 구약의 마지막 선지자 세례요한의 별명 역시 "광야에서 외

---

4) Joseph C. Aldrich, *Life-Style Evangelism*, (Portland, Oregon: Multnomah Press, 1981), p. 31.

치는 자의 소리"(요 1:23)였음을 말해주고 있다.

그러나 예수님의 성육신으로 시작되어진 신약시대는 요 14:9에 예수님께서 "나를 본 자는 아버지를 보았거늘 어찌하여 아버지를 보이라 하느냐"라고 말씀하심으로 듣는 시대에서 보는 시대로 미디어가 전환되어졌음을 말씀하셨다. 산업사회와 정보사회의 큰 차이점도 산업사회는 듣는 시대였다면 정보사회는 보는 시대라는 것에 있다고 볼 수 있을 것이다.

특히 전문성과 다양성을 그 특징으로 하는 21세기 정보시대의 전도는 들려주는 전도에서 이제는 보여주는 전도로의 전도의 패러다임의 전환이 이루어져야 한다는 것이다. 아무리 말을 그럴 듯 하게 해도 정작 와서 보니 별로 차이가 없고 오히려 들은 것만 못하더라는 인상을 심어주는 전도나 교회사역이 되어진다고 할 때, 이런 사역은 고비용 저효율의 구조에서 벗어날 수 없을 뿐만 아니라, 오히려 역효과를 낼 수도 있는 그런 사역의 구조로 고착되어질 가능성이 많다는 것이다.

그러나 예수님처럼 말씀과 삶이 일치되어진 그리스도인들의 성숙한 삶의 모습을 보여 줄 수 있을 때에 전도뿐만 아니라 다른 교회사역들에도 풍성한 결실을 기대할 수 있게 되어진다는 것이다. 성육신적 전도방법은 말보다도 생활이 앞서는 전도로 특징지어진다. 누가는 그가 쓴 사도행전 1장 1절에서 예수님의 사역은 행하시는 것이 가르치시는 것에 앞섰음을 분명히 언급하므로 이러한 특징을 드러내 보여주고 있다. 사도 베드로도 그가 쓴 베드로전서 3장 1절에서 믿지 않는 남편이 있는 부인들에게 권면하기를 남편에게 말로 하지말고 경건한 생활로 주님을 보여 줄 것을 요청하고 있음을 볼 수 있다.

화란의 자유대학교의 선교학 주임교수였던 베르카일(J. Verkuyl)은 1세기 초대교회의 경이적인 전도폭발과 교회성장의 가장 중요한 단 한 가지 요인을 언급하면서 "초기 그리스도인들의 매력적인 삶의 방식"(The attractive lifestyle of early Christians) 때문에 무수히 많은 불신자들이 교회 안에 들어오게 되었다는 것을 지적해 주고 있다.[5] 그 당시 도덕적으로 부패하고 윤리가 극도로 타락한 시대에 초대교회 그리스도인들의 너무도 순결하고 고결한. 매력적인 삶의 모습을 목격하고서는 그들의 행복한 가정생활, 이혼이 없는 아름다운 부부생활에 신선한 충격과 도전과 감동을 받아, 무수히 많은 불신자들이 교회 안에 들어오게 되어지므로 초대교회가 폭발적인 교회성장을 이루게 되어졌고, 짧은 기간동안에 로마제국을 무너뜨리는 놀라운 역사가 일어나게 되었다는 것이다.

이 사실을 사도행전 2장 47절에서 "하나님을 찬미하며 또 온 백성에게 칭송을 받으니 주께서 구원받는 사람을 날마다 더하게 하시니라"고 생생하게 증거해 주고 있다. 여기에 "온 백성에게 칭송을 받았다"는 말씀이 바로 초대교회 성도들의 삶이 너무도 아름답고 고상하고 매력적이었기에, 불신자들이 볼 때 신선한 충격과 도전을 받을 수밖에 없었고 이런 이유로 교회의 머리가 되신 주님께서 많은 사람들을 교회로 더해 주시는 놀라운 전도 폭발이 일어나게 되어졌다는 사실을 기록해 놓은 것이다.

예수님께서도 마 5장 16절에 "이같이 너희 빛을 사람 앞에 비취게 하여 저희로 너희 착한 행실을 보고 하늘에 계신 너희 아버지께 영광을 돌리게 하라"고 우리의 변화되어진 삶, 말씀에 순종하는 복

---

5) J. Verkuyl, *Contemporary missiology: An Introduction*, (Grand Rapids: Eerdmans), 1978, p. 333.

음적인 삶을 불신자들이 보게 될 때에 비로소 전도의 열매를 맺게 될 것을 분명히 말씀해 주셨다. 실제로 불신자들은 복음의 내용은 잘 모르지마는 그리스도인들의 삶을 환히 꿰뚫어 보고 있다는 사실을 "산 위에 있는 동네"(마 5:14)라는 예수님의 말씀 가운데서도 암시를 해주고 있다.

일반적으로 사람들은 89%는 시각적인 자극을 통하여, 10%는 청각적인 자극을 통하여, 그리고 1%는 기타 감각기관을 통해서 배우게 되어진다고 한다.[6] 그러므로 먼저 복음을 받은 그리스도인의 언행일치의 삶을 통하여 복음을 전하게 되어지면 99%의 효과를 발휘할 수 있을 것이다. 그런데 미국에서 전도를 받는 불신자들의 말을 들어보면 예수를 믿는데 가장 큰 장애가 되는 것이 바로 TV에 나오는 일부 몇 사람의 부흥사들 때문이라는 소리를 많이 듣게 되는데, 부흥사들의 스캔들과 위선적인 삶 때문에 복음전도에 엄청난 장애물로 도리어 역효과를 보고 있다는 것이다.[7]

이와 같이, 먼저 복음을 받은 그리스도인들이 서로 화목하지 못하고 교회 안에 끊임없이 다툼이 있고, 교인들 간에 갈등이 끊이지 않고, 부도덕한 사건들이 계속 터져 나온다고 할 때 아무리 말로 전도해도 우리의 삶이 전도의 문을 가로막는 그런 결과를 초래하게 되어질 수밖에 없을 것이다.[8] 그러므로 존 스토트(John Stott)는

---

6) 존 맥스웰, *당신 안에 잠재된 리더십을 키워라*, 강준민 역, 두란노, 1997, p. 72.
7) 제람 바즈, *현대문화 속의 전도*, 한국 라브리 번역위원회 역, 예영, 1996, pp. 27-28.
8) 미국의 여론 조사가 조지 바나(George Barna)에 의하면, 미국에서 스스로 거듭났다고 생각하는 크리스천들의 이혼율이 27%로 23%인 불신자들의 이혼율보다 더 높다고 한다. 이러한 삶의 모습으로는 효과적인 복음전도가 이루어지기 어렵다는 것을 알 수 있다. Philip Yancey, *What So Amazing About Grace?* (Grand Rapids: Zondervan), 1997, p. 263.

"사람들은 우리가 전파하는 복음이 우리를 변화시켰다는 것을 그들 자신의 눈으로 보아야만 한다. … 만일 우리의 삶이 우리가 전하는 메시지와 모순된다면, 우리의 복음전도는 모든 신빙성을 상실하게 될 것이다. 실로 복음전도의 가장 큰 장애물은 복음 전도자의 말과 행동이 통합되어 있지 않는 것이다"라고 복음 전도자 자신의 삶이 복음과 일치되어져야 함을 강조하고 있다.[9)]

그러면 그리스도인들이 그들의 이웃들에게 무엇을 보여줄 수 있어야 하는가? 라는 물음에 대하여, 프란시스 쉐퍼(Francis A. Shaeffer)박사는 "사랑이 기독교인의 하나의 참된 표지"라고 말을 하면서 "사랑은 세상 사람들 앞에서 달고 다니라고 그리스도께서 그리스도인들에게 주신 표지이고 연합은 사랑의 증거이다. 세상 사람들은 오직 이 표지로 그리스도인들은 참으로 그리스도인이며 예수는 아버지의 보내심을 받았다는 것을 알 수 있는 것이다"라고 언급 한바가 있다.[10)]

이 쉐퍼의 언급은 주님의 말씀의 설명으로서, 요 13장 34절에서 주님이 말씀하신 "새 계명을 주노니 서로 사랑하라 내가 너희를 사랑한 것같이 너희도 서로 사랑하라 너희가 서로 사랑하면 이로써 모든 사람이 너희가 내 제자인 줄 알리라"는 말씀과 요한 1서 4장 12절에서 "어느 때나 하나님을 본 사람이 없으되 만일 우리가 서로 사랑하면 하나님이 우리 안에 거하시고 그의 사랑이 우리 안에 온전히 이루느니라"는 말씀과 같이, 눈에 보이지 아니하는 하나님이 그리스도를 통하여 자신을 나타내셨듯이(요 1:18, 14:9, 골 1:15),

---

9) John Stott, op. cit, p. 254.
10) 프란시스 쉐퍼, *20세기말의 교회 (The Church at the End of the 20th Century)*, 김재권 역, 생명의 말씀사, 1972, p. 217.

이제는 하나님의 아가페의 사랑으로 서로 사랑하는 그리스도인들의 성숙한 삶을 통하여 하나님은 자신을 불신자들에게 드러내 보이신다는 사실을 가르쳐 주고 있다. 그래서 존 스토트(John Stott)는 "우리가 다른 사람들을 사랑함으로써 하나님의 사랑을 나타내지 않는다면, 하나님의 사랑의 복음을 조금이라도 성실하게 선포할 수가 없다"고 지적하고 있다.[11]

이전보다 더욱 더 개인주의가 심화되어져 가는 21세기 포스트모더니즘 시대를 맞이해서 믿음의 그리스도인들의 가정이 먼저 사랑의 공동체를 이루어 나가고, 더 나아가 교회가 진정한 사랑의 공동체를 형성해 나가면서 이 사랑을 밖으로 드러내고 보여주는 것이 무엇보다도 중요하다는 것을 잊지 말아야 할 것이다. 그래서 제람 바즈(Jerram Barrs)라는 미국의 카버넌트 신학교 선교학 교수는 "복음을 세상에 전할 때 가장 중요한 요소는 사랑의 공동체를 통해서 사랑을 밖으로 과시해야 한다"고 그가 쓴 "현대 문화속의 전도"라는 책에서 강조하고 있다.[12]

또한 "Lifestyle Evangelism"(생활전도)라는 책을 쓴 미국의 죠셉 알드리치는 "그러므로 우리는 복음을 전하기전에 자신이 먼저 복음이 되어야 한다"[13]고 말하면서 "전도에 있어서 가장 큰 두 가지 힘은 건강한 교회와 건전한 결혼생활이다. 이 둘은 상호의존하고 있다. 그러나 두 가지 중에서도 중요한 것은 건전한 결혼생활이다"[14]라고 정확하게 지적한 바가 있다. 그러므로 그리스도인의 삶

---

11) John Stott, op. cit, p. 256.
12) 제람 바즈, op. cit, p. 32.
13) Joseph C. Aldrich, op. cit, p. 28.
14) Ibid, p. 20.

자체가 복음이 되고 신선한 충격과 도전을 주는 이것이 지속적인 복음전도를 위해서 가장 중요하다는 사실을 잊지 말아야 한다. 포도나무인 주님에게 가지된 그리스도인이 붙어있으므로 그 삶을 통하여 예수 그리스도를 보여주는 삶이 되어질 때에 전도의 열매 또한 풍성히 맺게 될 것을 주님자신이 친히 말씀해 주고 있다(요 15:4).

(2) 낮아지는 전도

요한복음 1장 14절에서 "말씀이 육신이 되어"라는 언급은 하나님이신 예수님께서 낮아지셨다는 것을 보여주는 실제적인 표현이 아닐 수 없다. 빌 2장 6절 말씀을 보면 "그는 근본 하나님의 본체시나 하나님과 동등됨을 취할 것으로 여기지 아니하시고 오히려 자기를 비어 종의 형체를 가져 사람들과 같이 되었고 사람의 모양으로 나타나셨으매 자기를 낮추시고 죽기까지 복종하셨으니 곧 십자가에 죽으심이라"고 말씀하고 있다. 예수님은 이 세상에 오실 때에 자신을 비운 사람으로 오셔서 섬김의 사역을 통하여 영혼 구원의 사역을 완수하셨다는 것이다.

진정한 의미에 있어서 복음 전도는 예수님과 같이 자기 권리행사를 포기하고 상대방의 위치로 낮아져서 상대방의 입장에 서서 상대방을 이해 할려고 하는 그런 삶의 자세를 취해야만 가능하다는 진리를 우리에게 가르쳐주고 있다. 오늘날의 그리스도인들은 주변의 사람들의 진정한 필요를 채워주기 위하여 예수님과 같이 자신을 비우고 자신을 낮출 수 있는, 참으로 예수님을 본받는 자들이 되어질 때 복음전도의 풍성한 결실이 맺어지게 될 것을 깨우쳐 주고 있다.

"나도 하나님의 은혜가 아니었더라면 넘어질 수밖에 없었고, 계속해서 잘못된 삶을 살아갈 수밖에 없었는데"라는 겸손한 자세를 지니지 못하고, 전도 대상자들을 향하여, "당신들은 정말 형편없는 사람들이고 무가치한 존재들"이라고 생각하는 이런 교만하고 군림하는 자세로 전도할 때 그들의 마음이 굳게 닫혀질 수밖에 없다.

예수님께서는 죄인들을 이런 자세로 대하지 아니하셨는데, 특히 사마리아 여인을 만나 대화하시면서 전도하신 사건은 우리에게 많은 것을 가르쳐주고 있다. 그 사마리아 여인은 원래 유대인들이 상종조차 하지 아니했던 멸시와 경멸의 대상이었고, 또한 이 여인은 잘못된 종교를 가지고 있었다. 그 당시 사마리아 사람들이 가지고 있었던 종교는 구약의 율법에다가 이방종교를 섞어버린 혼합종교를 가지고 있었다.

더구나 이 사마리아 여인은 결혼을 다섯 번이나 했고 그 당시에도 결혼하지 않은 남자와 살고 있었던, 너무도 문제가 많고 죄가 많은 그런 여인으로서 동네 사람들조차도 그 여인에 대해서 아무 말도 하지 아니할 정도의 그런 여인이었다. 더욱이, 그 당시 유대교 랍비들은 여자들을 제자로 삼아 가르치지 아니했고, 바리새인들은 하나님께 감사기도를 드릴 때 자신이 헬라인도 아니고 노예도 아니고 여자도 아닌 것에 대해 감사할 정도로 여자를 무시했다는 것이다.[15] 그러나 예수님은 그 여인의 위치로 낮아져서 그를 상대해 주시고 함께 대화를 나누셨다는 것은 그 시대적인 상황 속에서는 상상할 수 없는 너무도 파격적인 행보가 아닐 수가 없는 것이다.

---

15) 제람 바즈, 복음의 다리놓기 (Building Bridges for the Gospel), 양혜원 역, 예영, 1996, p. 41.

그 당시 유대 율법으로서는 사마리아 사람의 손을 빌려서는 아무 것도 먹지 아니하는 전통을 깨트리시고 창조주이신 예수님께서 유대인들도 상대하지 아니하는 사마리아의 한 여인에게 친히 마실 물을 달라고 요청하시므로 참으로 낮아지시는 겸손한 자세로 존중과 사랑으로 그를 상대해 주심으로 그를 구원하셨던 것이 바로 예수님의 전도 방법이었다.

세리장 삭게오를 전도하신 방법도 자신을 낮추시는 방법으로 다른 사람들이 그가 죄인이라는 사실을 말을 함에도 불구하고 그의 집에 머물겠다고 하심으로 그의 마음 문을 활짝 열게 하시고 깊은 감동을 주심으로, 주님이 아무런 요구도 하지 아니했는데도 불구하고 삭게오가 스스로 말하기를 "주여 보시옵소서 내 소유의 절반을 가난한 자들에게 주겠사오며 만일 뉘 것을 토색한 일이 있으면 사배나 갚겠나이다" 이런 회개의 역사가 일어나게 된 것이 바로 자신을 낮춤으로 상대방을 존중하는 전도 방법을 사용하셨던 구체적인 예라고 볼 수 있을 것이다.

예수님은 삭게오가 문제가 많은 사람이요 사회적으로 지탄과 따돌림을 받는 대상자였다는 사실을 이미 알고 계셨지마는 그에게 지옥을 설교한 것이 아니라 단지 "삭게오야 내려 오너라 내가 오늘 네 집에 유하여야겠다"라고 말씀하심으로 그를 존중히 여겨주셨고 그에게 지극한 관심과 사랑을 나타내 보여 주셨다. 만왕의 왕이 되시고 하늘과 땅의 모든 권세를 가지신 하나님이신 예수님께서 이런 전도 방법을 사용하셨다면 오늘날의 그리스도인들은 마땅히 자신을 낮추고 상대방을 존중하는 자세로 사역을 하고 전도를 해야 하지 않겠는가?

사도 바울도 고전 9장 19절에서 "내가 모든 사람에게 자유하였으나 스스로 모든 사람에게 종이 된 것은 더 많은 사람을 얻고자 함이라"고 효과적인 복음전도를 위해서는 예수님처럼 낮아지는 자세를 취하여야 할 것을 깨달았기 때문에 어디에 가서 누구를 만나든지 자신의 전도 대상자들의 종이 되기를 원하였던 것이다. 따라서 바울이 아테네에 도착하여 그 지역을 돌아보는 가운데 그 아테네 사람들의 우상숭배에 마음으로 분노가 일어 났지만, 아레오바고에서 이들에게 복음을 전할 때에 "아덴 사람들아 너희를 보니 범사에 종교성이 많도다"라고 전도를 시작한 것은 그들을 최대한 존중하는 자세를 보여준 낮아짐의 구체적인 사례라고 볼 수 있을 것이다 (행 17:16-22).

그러므로 전도 대상자의 장점과 인격을 무시하고, 성령의 인도하심과 나타나심을 무시하는, 이런 과시적인 전도에서 탈피하여 사람들이 마음을 열어서 복음을 받아들일 수 있도록, 남을 나보다 낮게 여기는, 그래서 사람들에게 더욱 가까이 다가가는 낮아지는 전도, 감동적인 전도, 모든 사람을 인격적인 한 개인으로 대하는 마음 훈훈한 전도가 되어져야 할 것이다. 전도 대상자들이 가지고 있는 장점과 삶의 좋은 점들을 찾아서 그것들을 인정해 주면서 접근해 나갈 때에 복음전도의 접촉점이 형성되어지고 복음을 전할 수 있는 다리를 놓을 수 있다는 사실을 잊지 말아야 한다. 그리해서 소금과 같이 조용히 스며들면서 그러면서도 확실하게 영향을 끼치는 이런 전도로의 전환이 그 어느 때보다도 시급히 요청되어지고 있는 그런 시점에 이르렀다는 사실을 인식해야만 한다.

예수님께서도 택한 백성들을 향한 사랑 때문에 하늘의 영광을 버리고 겸손하게 사람이 되시고 자신을 우리에게 주시기 위하여 십자가에 죽으시기까지 낮아지는 전도를 친히 실천하신 것처럼, 이런 낮아짐의 전도가 되기 위해서는 무엇보다도 복음을 듣는 사람들에 대한 깊은 사랑이 전도자의 마음속에 자리잡고 있어야만 할 것이다. 예를 들어, 아파트 밀집지역에 위치한 교회가 주차공간에 대한 준비가 되지 않아 주일날만 되면 교인들이 차를 아파트 주변 도로나 아파트 단지 안에까지 사전에 주민들의 양해나 허락없이 주차하므로 지역 주민들의 원성의 대상이 되어지고 비난을 받고 있다고 할 때, 이것은 그 지역 주민들을 전도하는데 엄청난 장벽을 교회가 스스로 쌓아놓는 결과를 자초하고 있다고 볼 수 있을 것이다. 이런 사소한 부분에 있어서도 교회가 주민들을 배려하고 참으로 낮아지는 그런 자세로 접근해 나갈 때 지속적인 전도의 열매가 풍성히 맺어지게 될 것이다.

또한 최대한 교회의 문턱을 낮추어서 불신자들이 부담없이 자연스럽게 접근해오고 그들이 교회를 찾아오기에 어렵지 않도록 여러 가지 방안들을 생각해 보아야만 한다. 더 나아가 오늘날 예수님처럼 참으로 전도의 열매를 풍성히 맺기 위해서는 그리스도인들이 낮아지는 이런 삶을 살면서, 이런 삶의 모습을 불신자들에게 보여줄 수 있도록 노력하여야만 할 것이다.

존 스토트(John Stott)는 진정한 복음전도에는 이 낮아짐의 측면이 반드시 포함되어져야 함을 다음과 같이 역설하고 있다: "하나님은 자신을 계시하기 위해 자신을 비우셨고 또한 자신을 낮추셨다. 이것이 바로 성경이 제공하는 복음 전도의 모델이다. 진정한 복음전도에는 반드시 자신을 비우는 일과 자신을 낮추는 일이 포함되어 있다. 그렇지 않다면 우리는 복음에 상반되는 행동을 하는 것이며,

---

16) 존 스토트, *진정한 기독교 (Authentic Christianity)*, 정옥배 역, IVP, 1997, p. 416.

그리스도를 잘못 전달하는 것이다."[16] 그러므로 낮아짐의 자세는 하나의 전도기술로서가 아니라 하나님의 형상으로 지음받은 사람들에 대한 깊은 사랑과 참된 존중에서 나오는 복음전도자의 근본 마음가짐이 되어져야 할 것이다.

(3) 삶을 함께 하는 전도 (전도 대상자들의 문화를 고려하는 전도)

요 1장 14절의 "말씀이 육신이 되어 우리 가운데 거하시매"라는 말씀은 하나님이신 예수님께서 비천한 육신을 입으시고 우리 가운데 거하셨던 이런 삶이 바로 예수님의 삶이었음을 나타내 보여주고 있다. 여기에 "거한다"는 말은 원문 성경에 보면 '스케노오'라는 단어를 사용하고 있는데 이 단어의 뜻은 '장막을 친다, 텐트를 친다'는 의미를 가지고 있다. 예수님의 삶은 특정한 시대에 특정 문화 속으로 그 시대의 언어와 관습을 사용하시는 이런 형태로 우리 가운데 거하셨다는 것으로, 전도 대상자들의 문화이해가 참으로 중요하다는 것을 가르쳐주고 있다.

21세기 포스트 모더니즘(Post-Modernism)의 영향으로 앞으로의 세계는 점점 더 세속화되어지고 전통적인 도덕기준이 붕괴되어지는 현상이 가속화되어질 것을 예상할 수 있다. 그래서 믿는 그리스도인들이 주위의 불신자들의 문화와 그들의 사고방식을 두려워하거나 적대감을 가지고 그들과 일정한 거리를 두려고 하는 이런 격리현상이 일어날 수 있다는 것이다. 이런 현상을 엘리베이터 효과라고 하는데, 엘리베이터의 좁은 공간에 들어가면 서로 눈을 마주치지 않으

---

17) 제람 바즈, 현대문화 속의 전도, 한국라브리 번역위원회 역, 예영, 1996, p. 31.

려 하고 말도 하려 하지 않는 현상이 일어난다는 것이다.[17] 이것은 서로 모르는 사람들을 임의로 어떤 공동체로 모이게 할려고 할 때 서로 떨어질려고 하는 현상으로 도시에서 두드러지게 일어나는 현상을 일컫는 말이다. 그러나 성경은 우리가 세상에서 격리되는 삶이 아니라 세상 속에서 복음의 향기와 빛을 발하는 삶을 통해서 불신자들을 주님께로 인도해야 한다고 가르쳐주고 있다(마 5:14-16, 요 17:15-21, 고후 2:15). 그러므로 그리스도인은 예수님처럼, 세상 속에 함께 거하므로 그들의 문화를 이해하고 그들이 사용하는 언어로서 복음을 효과적으로 전할 수 있어야 한다는 교훈을 던져주고 있다.

초대교회 당시 전도의 모범을 보였던 사도바울은 고전 9장 19절에서 23절까지에 이런 고백을 하고 있다: "내가 모든 사람에게 자유하였으나 스스로 모든 사람에게 종이 된 것은 더 많은 사람을 얻고자 함이라 유대인들에게는 내가 유대인과 같이 된 것은 유대인들을 얻고자 함이요 율법 아래 있는 자들에게는 내가 율법 아래 있지 아니하나 율법 아래 있는 자같이 된 것은 율법 아래 있는 자들을 얻고자 함이요 율법 없는 자에게는 내가 하나님께는 율법 없는 자가 아니요 도리어 그리스도의 율법 아래 있는 자나 율법 없는 자와 같이 된 것은 율법 없는 자들을 얻고자 함이라 약한 자들에게는 내가 약한 자와 같이 된 것은 약한 자들을 얻고자 함이요 여러 사람에게 내가 여러 모양이 된 것은 아무쪼록 몇몇 사람들을 구원코자 함이니 내가 복음을 위하여 모든 것을 행함은 복음에 참여하고자 함이라"

이런 사도 바울의 전도방법이 바로 "동일성의 원리"(princilpe of identification)로서 복음의 내용을 변질시키지 않으면서 다양한 문화권의 사람들에게 그들의 문화와 언어의 형태로서 복음을 오해없이 효과적으로 전달하는 방법이다. 이와 같이, 사도 바울은 성경을 아는 유대인들에게는 구약성경에서 출발하여 자신들이 기다리던 메시야가 바로 예수님이신 것을 증거하였으나 성경을 모르는 이방인들을 만났을 때는 완전히 다른 전도 방법을 사용하던 것을 사도행전이 보여주고 있다.

사도 바울의 방문지역이었던 루스드라는 이방지역으로 농업과 상업의 중심지였기 때문에 사도 바울이 이곳에서 전도하면서 기독교의 하나님은 비와 바람의 하나님이라고 소개하였던 것을 볼 수 있고, 아테네의 철학자들에게는 자신들의 지식에 모순되는 알지 못하는 신을 버리고 참 신이신 하나님을 믿으라고 권유했고, 정치인이었던 로마의 총독 벨릭스에게는 그의 관심 사항에 맞게 하나님을 공의로운 통치자라는 사실을 증거하였던 것을 볼 수 있다.

제람 바즈(Jerram Barrs)는 "바울은 자기의 청중을 이해했을 뿐만 아니라 그들의 생각 가운데 바울이 칭찬할 만한 것을 찾으려고 노력했다. 바울은 청중들의 생각 속에 얽혀있는 부분적인 진리나, 그들 삶 속에서 칭찬할 만한 덕목들을 찾아내 자신과 청중들을 잇는 다리를 만들고 있다"라고 바울의 접근방법을 설명한바 있다.[18] 이렇게 사도 바울은 전도 대상자들의 문화와 그들의 관심사를 고려하여 그들이 이해할 수 있는 언어로 효과적으로 복음을 전하므로 풍성한 결실을 거두었던 것이다.[19]

---

18) 제람 바즈, 복음의 다리놓기 (Building Bridges for the Gospel), 양혜원 역, 예영, 1996, p. 181.
19) 사도 바울이 전도대상자들의 사상과 문화를 이해하면서 효과적인 복음전도를 했다는 것은 사도행전에서 그 구체적인 실예들을 보여주고 있다: 행 17장 24절의 "우주와 그 가운데 있는 만유를 지으신 신께서는 천지의 주재시니 손으로 지은 전에 계시지 아니하시고"라는 부분은 플라톤의 저서 "티마이우스"

또한 예수님의 사역은 일회성 전도보다는 접촉점을 찾아 친밀한 관계를 맺고 삶을 함께 하는 가운데 복음을 받아들일 수 있도록 전도하는 "관계중심전도"를 더욱 발전시켜 나가야 할 것을 보여주고 있다. 이 "관계중심전도"는 이미 맺고 있는 기존 인간관계와 또한 앞으로 맺게 될 새로운 인간관계를 복음전도의 통로로 사용하는 효과적인 전도방법으로 다른 말로는 "오이코스 전도방법"이라고 명명하기도 한다.

미국의 교회성장학자인 엘머 타운스(Elmer L. Towns)가 조사한 바에 의하면 광고를 보고 신앙생활을 하게 된 경우가 2%, 목회자를 통해서가 6%, 조직적인 복음전도 프로그램을 통해서가 6%였던 반면에 친척이나 친구를 통해서 예수를 믿게 되었다는 사람이 86%였다는 것이다.[20] 그러므로 가장 효과적인 전도 대상자는 먼저 복음을 받은 그리스도인의 가족이나 가까운 친구, 직장 동료, 자주 접촉하는 사업상 거래하는 사람들, 그리고 아침 저녁으로 얼굴을 마주 대하는, 거주지역의 이웃 사람들인 것을 인식하여, 이들에게 보

(Timaeus)에서 인용한 것이며, 행 17장 27절의 "이는 사람으로 하나님을 혹 더듬어 찾아 발견케 하려 하심이로되 그는 우리 각 사람에게서 멀리 떠나 계시지 아니하도다"라는 구절은 플라톤의 "공화국"에서 유래되어진 것이다. 또한 행 17장 28절의 "우리가 그를 힘입어 살며 기동하며 있느니라"는 구절은 크레타(Creta)의 시인 에피메니데스(Epimenides, B.C. 600년경)의 작품으로 간주되는 4행시 "크레티카"(Cretica)에서 인용한 것이다. 그리고 행 17장 28절 하반절의 "너희 시인 중에도 어떤 사람들의 말과 같이 우리가 그의 소생이라 하니"라는 구절은 바울의 고향 길리기아의 시인 아라투스(Aratus)(B.C. 315-240년경)의 글 패노메나(Phaenomena)에서 인용한 것이다. (Richard N. Longenecker, *The Expositor's Bible Commentary: Acts*, 기독지혜사, 1982, p. 636 과 제람 바즈, 현대문화 속의 전도, 한국라브리 번역위원회 역, 예영, 1996, p. 166을 참고하라).

20) Peter C. Wagner, ed., *Church growth: State of the Art*, (Wheaton, Illinois: Tyndale House Publishers, Inc.), 1986, p. 53.

다 초점을 맞출 수 있는 전도가 되어져야 할 것이다.

이 시대의 복음전도학자인 마이클 그린(Michael Green)은 전도대상자들의 문화이해와 그들의 문화 속에서 복음을 올바르게 전달하는 것의 중요성에 대하여 이렇게 언급하고 있다: "오늘날에도 다른 사람들로 하여금 우리의 말에 귀를 기울이게 하려면 우리는 참으로 번역가가 되어야만 한다. 그것은 우리가 철저히 현대인이 되어야 함을 의미한다. 우리 주변 세계에 대한 우리의 가치평가, 정치사회적 인식, 식별, 시사적 업무- 이 모든 것은 복음을 모르는 사람들과 복음을 함께 하려는 우리의 과업 속에서 매우 귀중한 역할을 감당하게 될 것이다. 한마디로 말하면, 우리의 복음에 그들의 옷을 입힐 필요가 있는 것이다."[21] 따라서 가장 효과적인 전도의 방법은 예수님과 같이 전도대상자들과 삶을 함께 하는 가운데서 복음을 전하는 것임을 예수님의 사역이 교훈해 주고 있다.

(4) 삶의 필요를 채워주는 전도

요한복음 1장 14절에 "우리가 그 영광을 보니 아버지의 독생자의 영광이요"라는 말씀 그대로 예수님의 삶은 하나님의 영광을 드러내는 삶이었음을 요한복음 전체와 나머지 사복음서가 증거해 보여주고 있다. 요한복음 2장에서 예수님께서 갈릴리 가나에서 물로 포도주를 만드시므로 그 혼인 잔치 집에 가장 필요로 하는 것을 공급해 주시는 이 첫 번째 이적의 사건을 통해서 요한복음 2장 11절에 "예수께서 이 처음 표적을 갈릴리 가나에서 행하여 그 영광을

---

[21] Michael Green, *Evangelism through the Local Church*, (Nashville: A Division of Thomas Nelson Pub.), 1990, p. 140.

나타내시매 제자들이 그를 믿으니라"고 이 사실을 증거해 주고 있다.

이렇게 예수님의 삶이 하나님의 영광을 드러내는 삶이었다는 것은 예수님은 자신의 삶을 통하여 우리의 삶의 진정한 필요를 채워주므로 하나님의 영광을 드러내는 삶을 사셨다는 것을 가르쳐주고 있다. 조셉 알드리치(Joseph C. Aldrich)는 "사람들은 그리스도를 의뢰하는 것이 그들의 필요를 채워준다는 것을 알 때 복음에 더 긍정적으로 반응하게 된다"라고 말하고 있다.[22]

마 8장 14절 이하의 말씀을 보면, 예수님께서는 바쁘신 사역일정 가운데서도 베드로의 장모가 열병으로 앓아 누웠다는 소식을 들으시고 베드로의 집에 찾아 가셔서 열병에 앓아 누워 있었던 베드로의 장모의 열병을 그의 손을 만져 주심으로 치료해 주셨고, 사람들이 예수님에게 귀신들린 자들을 많이 데리고 왔을 때 말씀으로 고쳐주시고 병든 자들을 다 고쳐주셨다고 말씀하고 있다. 이와 같이, 예수님의 사역에는 말씀과 행위가 함께 결합되어 있었기 때문에 사도행전 10장 38절에서는 "하나님이 나사렛 예수에게 성령과 능력을 기름 붓듯 하셨으매 저가 두루 다니시며 착한 일을 행하시고 마귀에게 눌린 모든 자를 고치셨으니 이는 하나님이 함께 하셨음이라"고 예수님의 공적 사역을 착한 일과 고침의 사역으로 요약을 해주고 있다.

고신대학교의 황창기 교수는 "성경과 복지"라는 그의 논문에서, 예수님의 치유의 사건과 관련하여 "예수님이 그들의 질병을 담당하는 것은 신약교회의 본질적인 임무와 본분으로 보아야 한다"라

---

22) Joseph C. Aldrich, op. cit, p. 95.

고 언급하면서 주님께서 병을 담당하시고 짊어지신 것을 윤리 도덕적으로 이해해서는 안된다고 지적하고 있다.[23] 다시 말하면 장애인들이나 병든 자들이 불쌍하고 측은하기 때문에 그들을 외면하지 말아야 한다고 하는 이런 윤리 도덕적인 측면에서 그들에 대한 동정과 구제로 머물러서는 안된다는 것이다. 장애자들이나 병든 자들을 돌보는 것은 단순히 동정과 구제의 차원이 아니라 복지차원에서 다루어 주어야할 교회의 본질적인 임무로 보아야 한다는 것이다.

따라서 장애인들의 복지나 병든 자들을 외면하는 교회는 참 교회가 아니며, 교회의 본연의 임무 수행 측면에서 교회 안에 장애인이나 환자들을 돌보는 전담부서가 조직되어져야 하고, 이 사역을 체계적으로 조직적으로 수행해 나갈 수 있는 사역의 전문화가 이루어져야 한다는 것을 제안하고 있다. 그러므로 그리스도인들은 우리 주변의 이웃들과 믿지 않는 사람들의 개인적인 아픔이나 고민이나 그들이 당하고 있는 어려움에 귀를 기울이고 관심을 보여줄 때 전도의 문이 열려질 수 있다는 것을 예수님의 사역이 교훈해 주고 있다. 특별히 우리가 전도할려고 하는 대상자들의 진정한 필요가 무엇인가? 에 대해 고민하면서 청소년이면 그들의 고민과 그들의 진정한 필요들이 무엇인지를 살펴서 그 대상자에게 적절한 필요들을 채워 줄 수 있는 이런 전도가 되어져야 할 것이다.

영국의 복음전도자요 설교자인 존 스토트(John Stott)는 복음전도와 사랑의 섬김(사회 활동)은 예수님의 사역에서 말씀과 행동이 한데 결합되어 있었던 것처럼 선교와 전도에 있어서 필수적인 것으

---

23) 황창기, "성경과 복지: 교회의 본분으로서의 장애인 선교를 중심으로," *선교신학과 선교이슈*, 기독교사상연구 제 6호, 고신대학교 기독교사상연구소, 2000, p. 62.

로 결합되어져야 한다고 언급하면서, 다음과 같이 제안하고 있다: "각 교회가 속한 지역 공동체의 필요는 많고도 다양할 것이다. 그러나 모든 사람이 모든 것을 다 할 수는 없다. 따라서 교회의 규모가 어떠하건 간에 교인들은 그들의 은사와 부르심과 관심사에 따라 '연구와 활동 그룹'을 만들어서, 각각 이웃의 복음 전도적, 목회적, 사회적 필요를 위해 일하도록 해야 한다. 이렇게 해서 수많은 서로 다른 도전들에 반응할 수 있게 될 것이다."[24] 그는 "다른 사람들의 절실한 필요에 동정심을 갖고 관여하는 것은 성육신 선교의 본질적인 부분이며, 그리스도의 복음이 요구하는 것이다"라고 이런 형태의 사역의 필요성을 강조하고 있다.[25]

복음전도의 세계적인 권위자로 알려져 있는 마이클 그린(Michael Green) 또한 하나님께서 복음전도에 사용하시는 교회의 모델로서 사도행전의 안디옥교회를 제시하면서 이 교회는 주변의 사람들의 진정한 필요를 충족시켜 주었던 신앙공동체였음을 언급한 바 있다. 그는 교회가 그 지역의 요구를 분별하여 사역하므로 전도의 결실을 거둘 수 있어야 한다고 강조하면서 다음과 같이 말하고 있다: "사회적 요구들을 충족시키는 데 자신을 내어놓는 교회들은 성장한다. 자신만을 위해 사는 교회들은 자멸한다. ... 우리의 복음전도가 효과적이 되려면 교회는 주위의 요구를 충족시키는 데 관심을 가져야 한다. 이 요구는 병이나 노쇠함으로 고독하게 틀어박혀 있는 사람들의 요구일지도 모른다. 탁아시설 공간을 요구할지도 모른다. 이민자들에게 언어교육을 시키는 일일 수도 있다. 거리의

---

24) John Stott, *The Contemporary Christian*, (Downers Grove, Ill: InterVarsity Press), 1992, p. 341.
25) Ibid, p. 353.

부랑자들이 갈 곳을 준비하는 일일 수도 있다. 원치 않는 임신을 한 여성들을 위한 수용시설을 마련하는 일일 수도 있다. 교회는 지역의 요구를 분별하여 비록 그 요구를 충족시키기에는 불충분하더라도 관심을 갖고 있고 노력하고 있다는 것을 보여주어야 한다. 그럴 때에 그 교회는 적절한 교회로 보여지게 될 것이다. 그런 때에 사람들은 그 교회의 메시지를 듣고 싶어할 것이다. 그렇게 하기 전에는 사람들은 그 교회를 적절하게 보지도 않고 그 교회의 메시지를 듣고 싶어 하지도 않을 것이다."[26]

그러므로 특정지역의 교회에 적합한 전도전략은 그 교회가 위치한 지역을 분석하여 영적으로 가장 취약한 부분과 우선적인 필요가 무엇인지를 찾아내어 그 영역에 대하여 집중하는 사역을 개발하는 것이다. 그리해서 그들의 진정한 필요를 채워주게 될 때에, 하나님의 사랑을 느끼게 해 주므로 전도의 문이 열려지고, 지속적인 영혼구령의 풍성한 결실을 거둘 수가 있게 될 것이다. 오늘날 관심이 고조되어지고 있는 교회의 치유사역의 분야도 21세기의 효과적인 전도를 위해서 적극 개발되어져야 할 분야가 아닐 수 없다. 예수님의 3대 사역중의 하나였던 치유사역이 교회 안팎으로 되살아날 때 전도의 풍성한 열매가 맺어질 수가 있을 것이다.

특별히 하나님의 말씀을 통한 믿음이 실제적으로 우리 몸의 면역체계를 놀랍게 향상시켜서 암과 같은 어려운 질병들도 치유받는 역사가 일어난다는 이런 사실들을 불신자들에게 소개하고, 자신들이 삶 속에 적용해 나감으로 신앙의 체험들을 생생하게 간증하는 것들을 통해서 불신자들의 실제적인 필요를 채워주므로 그들을 주

---

26) Michael Green, op. cit, p. 101.

님 앞으로 이끌어 낼 수 있어야 할 것이다.[27]

(5) 은혜가 먼저 전달되고 진리가 증거되는 전도

요한복음 1장 14절에 "우리가 그 영광을 보니 아버지의 독생자의 영광이요 은혜와 진리가 충만하더라"는 말씀은 은혜와 진리가 충만한 삶이 하나님을 보여주었던 예수님의 삶이었다는 사실을 드러내 보여주고 있다. 오늘날의 그리스도인들의 삶이 하나님을 보여주는 삶이 되어지고, 소금과 빛의 사명을 다하고 복음전도의 열매를 풍성히 맺기 위해서는 무엇보다도 은혜와 진리가 충만한 삶이 되어져야 한다는 것이다. 즉 하나님의 영광을 드러내고 하나님을 보여주는 삶의 양대 기둥이 바로 은혜와 진리라는 사실을 가르쳐 주고 있다.

은혜라고 하는 단어는 원문에 보면 "카리스"라는 단어로서 "카라" 즉 "기쁨"이라는 단어에서 파생되어진 것이다. 누가복음 10장 21절은 예수님은 성령으로 말미암아 기쁨이 충만하였던 것을 기록해 놓고 있으며, 사도행전 13장 52절에서는 "제자들은 기쁨과 성령이 충만하니라"는 언급을 하므로 초대교회 성도들은 은혜를 체험하는 가운데 기쁨이 충만했던 것을 말씀해 주고 있다. 이와 같이, 예수님과 초대교회 그리스도인들의 내부에 자리잡고 있었던 놀라운 기쁨이 매력적인 영향력으로 작용하여 복음전도에 풍성한 결실을 가져왔던 것이다.

---

27) 최근에 건강회복과 치유에 관한 저서들과 자료들이 계속하여 출판되어지고 있다. 윌리암 배커스의 "병을 낫게 하는 믿음의 치유력"(진흥 출판사), 배성호의 "두뇌 프라이밍"(두레시대) 등을 참고하라.

마이클 그린(Michael Green)은 그리스도인들이 복음전도의 결실을 거두기 위해서는 매력적인 그리스도인의 삶이 되도록 힘써야 한다는 것을 지적하면서 "만일 우리가 그리스도의 기쁜 소식을 소개하려 한다면 거룩한 생활, 따뜻하고 우호적인 생활, 기쁨이 넘치는 생활, 인정 많은 생활이 필수적이다. 이러한 생활은 우리가 도우려고 노력하는 사람들의 상황에 따라 여러 가지 형태를 취할 것이나 절대로 없어서는 안되는 것이다. 만일 우리들의 삶이 사람들에게 매력을 주지 못한다면 분명히 우리의 메시지도 매력을 주지 못할 것이다"라고 언급하고 있다.[28]

　그는 이러한 측면의 중요성을 거듭 강조하면서 "나는 성령께서 복음전도를 하시는 중요한 방법들 중의 하나가 성령의 기쁨과 성령의 능력 안에서 함께 생활하는 그리스도인들의 감화력을 통한 것이라고 확신한다. 이러한 그리스도인의 생활은 대단히 매력적이다. 그러므로 사람들은 강력한 복음전도자에 의해 그리스도께 내몰려지는 것보다는 기쁨에 가득찬 거룩한 공동체에 의해 더 자주 그리스도께 끌린다"고 말하고 있다.[29] 이와 같이, 그리스도인이 하나님의 은혜를 체험하게 될 때 기쁨이 충만하게 되는 것을 느끼게 되어진다.

　또한 이 은혜라는 단어에는 "사랑스러움(loveliness), 칭송(respect), 매력(charm), 용서(forgiveness), 감사(thanks)"라는 뜻이 포함되어져 있다. 눅 2장 52절에 "예수는 그 지혜와 그 키가 자라가며 하나님과 사람에게 더 사랑스러워 가시더라" 여기에 사랑스럽다는 단어가 바로 원문 성경에 은혜라는 동일한 단어를 사용하고 있는 것을 볼 수 있다. 고전 10장 30절에 "만일 내가 감사함으로 참여

---

28) Michael Green, op. cit, p. 264.
29) Ibid, p. 397.

하면 어찌하여 내가 감사하다 하는 것에 대하여 비방을 받으리요" 여기에 "감사함으로"라는 단어가 "은혜"에서 파생되어진 단어이다.

행 2장 47절에 "또 온 백성에게 칭송을 받으니 주께서 구원받는 사람을 날마다 더하게 하시니라" 여기에 "칭송"이라는 단어가 원문 성경에 보면 "은혜"라는 단어와 동일한 단어임을 알 수 있다. 엡 4장 32절에 "서로 인자하게 하며 불쌍히 여기며 서로 용서하기를 하나님이 그리스도 안에서 너희를 용서하심과 같이 하라"에서 "용서하기를"이라는 단어가 바로 "은혜"라는 단어에서 파생되어진 단어이다.

예수님은 무조건적인 사랑과 용서를 나타내 보이심으로 은혜의 충만을 드러내 보여 주셨다. 간음하다가 현장에서 붙잡힌 여인에게 사람들은 돌을 들어 칠려고 했지마는 예수님은 너희 중에 죄없는 자가 먼저 돌로 치라고 말씀하셨다. 이 말씀에 사람들이 양심의 가책을 받아 다 떠나게 되었을 때 "너가 왜 그런 죄를 지었느냐"고 묻지도 아니하시고 하시는 말씀이 "나도 너를 정죄하지 아니하노니 가서 다시는 죄를 범치말라"고 아무런 추궁이나 아무런 조건없이 완전한 용서를 해 주셨던 것이다. 따라서, 이러한 예수님의 무조건적인 은혜를 체험하며 삶을 살아가는 그리스도인들도 이런 은혜와 용서를 무조건적으로 자신의 가족들과 직장의 동료들과 주변의 이웃들에게 베푸는 삶을 살아가므로 예수님의 삶과 같이 전도의 풍성한 열매를 맺을 수 있음을 깨우쳐 주고 있다.

또한 하나님의 은혜를 받게 되어질 때 기쁨과 용서가 넘치게 될 뿐만 아니라 참으로 매력적인 존재, 사랑스러운 존재(charming and attractive person)가 되어지고 주변의 사람들에게 칭송의 대상이 되어진다는 사실을 초대교회 그리스도인들의 삶이 증거해 주고 있다. 행 2장 47절의 언급대로 초대 예루살렘교회의 성도들이 하나님의 은혜를 받아 매력적인 그리스도인들로 변화되어지므로 주변의 불신자들로부터 칭송을 받게 되었기 때문에 주님께서 날마다 믿는자를 더하게 해 주시는 구원의 역사가 일어나게 되었다는 사실을 보여주고 있다.

초대 예루살렘 교회의 스데반이 이런 은혜를 체험했기 때문에 행 6장 15절에 "공회중에 앉은 사람들이 다 스데반을 주목하여 보니 그 얼굴이 천사의 얼굴과 같더라"고 말씀하고 있으며 이러한 스데반의 마지막 모습이 사울에게 영향을 끼쳐 그가 회심하는데 적지 아니한 기여를 했던 것으로 볼 수 있다. 참으로 하나님의 은혜는 인간으로 하여금 사람다운 사람, 매력적인 사람, 사랑스러운 사람으로 바꾸어 놓으므로 주변의 사람들을 주께로 나오게 하는 역할을 하게 되어짐을 초대교회역사가 이를 증거해 주고 있다.

존 스토트(John Stott)는 은혜의 의미를 다음과 같이 감동적으로 설명하고 있다:

"은혜는 사랑이다. 하지만 특별한 종류의 사랑이다. 그것은 자신을 낮추고 희생하며 섬기는 사랑, 불친절한 자들에게 친절하며, 은혜를 모르고 아무 받을 자격 없는 자들에게 관대한 그런 사랑이다. 은혜는 하나님이 값없이 공로 없이 주시는 은총이자, 사랑할 수 없는 자를 사랑하고 도망자를 찾아 다니며 가망없는 사람들을 구해주고 거지를 거름 구덩이에서 들어 올려 왕자들 가운데 앉게 하는 것이다."[30]

---

30) 존 스토트, *진정한 기독교(Authentic Christianity)*, 정옥배 역, IVP, 1997, p. 232.

그러므로 예수님의 삶에서처럼 전도의 풍성한 결실을 거두기 위해서는 진리의 선포에 앞서서 전도자의 삶을 통하여서 은혜가 먼저 전달되어져야만 한다는 사실을 깨우쳐 주고 있다. 앞서 언급한 엘머 타운스(Elmer L. Towns)의 조사결과가 보여주고 있는 그대로 친척이나 친구를 통해서 복음을 받아들여서 신앙생활을 하게 되어진 경우가 86%에 달했다고 하는 것은 불신자들 자신이 자주 접촉하는 사람들로부터 받은 은혜의 결과였다는 것을 보여주고 있는 구체적인 증거라고 볼 수 있을 것이다.

이와 같이, 먼저 복음을 받은 그리스도인에게 하나님이 베푸신 은혜와 사랑과 용서를 다른 사람들에게 베풀고 나누어 줄 때에 칭송을 받는, 그리스도를 닮은 매력적인 그리스도인으로서 전도의 열매를 맺게 되어짐을 예수님의 삶 자체가 가르쳐 주고 있는 것이다. 그러므로 오늘날의 전도자들도 예수 그리스도로 말미암는 풍성한 은혜를 가지고 영혼들을 대할 수 있을 때에 성령의 역사로 결실이 풍성한 전도사역이 이루어질 수 있을 것이다.

그 다음으로 예수님의 삶은 진리가 충만한 삶인 것을 말씀하고 있다. 여기에 진리라는 말은 "알레데이아"라는 단어로서 정직(honesty), 성실(sincerity), 신실(faithfulness)의 의미를 가지고 있다. 원래 이 "진리"라는 단어는 "투명하고 드러나 보인다"는 의미를 가지고 있는 단어로서 거짓과 속임수에서 떠나는 것을 뜻하고 있다.

이사야 53장 9절에 예수님에게는 "그 입에 궤사가 없었다"고 말씀하고 있는바, 예수님은 거짓말을 한적이 없었다는 것으로 철저히 그 삶에 정직으로 일관하시고 남을 속이는 일을 하지 아니하셨다는 것을 보여주고 있다. 히브리서 6장 18절에 하나님은 거짓말을 하실 수가 없다고 분명히 말씀하고 있다.

　이렇게 예수님의 삶 속에는 진리가 충만하였기에 많은 사람들을 거짓의 아비 마귀와 죄악의 세력으로부터 많은 생명들을 건져 낼 수가 있었던 것이다. 구약 말라기 2장 6절에 "그 입에는 진리의 법이 있었고 그 입술에는 불의함이 없었으며 그가 화평과 정직한 중에서 나와 동행하며 많은 사람을 돌이켜 죄악에서 떠나게 하였느니라"는 언급은 진리가 그 삶 속에 충만할 때에 전도의 열매를 풍성히 맺을 수 있다는 것을 암시해 주고 있는데, 이것이 바로 예수님의 삶이었다는 것이다.

　그러므로 크리스천 학생들이 학교에서 시험을 칠 때 부정행위를 하거나 그리스도인들이 그가 나가는 직장에서 회계장부를 조작하거나 세금을 포탈하거나 뇌물을 주고받는, 이런 진실되지 못하고 부정직한 행위들에서 떠날 때에 우리의 삶을 통해서 전도의 열매를 맺을 수 있다는 사실을 깨우쳐 주고 있다. 즉 그리스도인들의 삶 속에서 진리가 실천되어지지 아니할 때 그 진리가 진리로서 올바르게 전달되어질 수 없다는 것이다. 일반적으로 사람들은 어떤 사람을 깊이 신뢰하게 되어질 때 그 사람의 믿음을 받아들인다고 한다. 그러므로 그리스도인의 삶이 부정직하고 신실하지 못하므로 주변의 사람들로부터 신뢰를 받을 수 없게 될 때, 복음전도의 결실을 기대할 수가 없게 될 것이다.

　성경을 살펴보면, 창세기부터 요한 계시록까지 일관된 주제 가운데 하나가 하나님은 진실을 사랑하시고 속이는 것을 미워하신다는 것임을 알수 있다. 시편 5편 6절에는 하나님은 "거짓말하는 자를 멸하시리이다 여호와께서는 피 흘리기를 즐기고 속이는 자를 싫어하시나이다"라고 말씀하고 있다. 시편 101편 7절 말씀에는 "거짓 행하는 자가 내 집안에 거하지 못하며 거짓말하는 자가 내 목전에 서지 못하리로다" 말씀하였고, 요한 계시록 21장 8절에는 "모든 거짓말 하는 자들은 불과 유황으로 타는 못에 참여하리니 이것이 둘째 사망이라"고 성경은 엄히 교훈하고 있는 것을 볼 수 있다.

이같이, 성경이 거짓을 배격하고 있는 가장 큰 이유가 바로 이 거짓은 거짓의 아비인 사탄의 종노릇하고 있다는 것을 드러내 보여 주는 행위가 될 뿐만 아니라 하나님의 속성과 정반대되는 행동이 되어지기 때문인 것이다. 바로 이 거짓말을 통해서 사탄은 하와를 타락의 자리로 끌어 내렸던, 바로 그 마귀의 가방에서 나온 최초의 무기가 바로 거짓이었던 것을 성경은 폭로해 주고 있다.

그러므로 거짓의 주범인 마귀의 세력으로부터 건짐을 받은 그리스도인들의 삶의 특징이 바로 진실의 삶이 되어져야 하고 이러한 삶을 통하여서 복음이 선포되어질 때에 예수님의 삶에서와 같이 전도의 풍성한 결실을 거둘 수 있음을 가르쳐 주고 있다. 따라서 에베소서 4장 25절에 "그런즉 거짓을 버리고 각각 그 이웃으로 더불어 참된 것을 말하라"고 그리스도인들에게 명령하고 있는데, 여기에 "참된 것"이라는 단어는 "알레데이아" 즉 요한복음 1장 14절의 "진리"라는 단어와 동일한 단어를 사용하고 있음을 볼 수 있다. 또한 요한 1서 2장 21절 말씀에서는 "모든 거짓은 진리에서 나지 않음을 인함이니라"고 말씀하고 있다.

이와 같이, 그리스도인의 삶이 속임수나 거짓말을 사용하지 아니하고 정직과 신실한 삶이 되어질 때, 한걸음 더 나아가 하나님의 진리의 말씀으로 충만한 삶이 되어질 때, 그의 삶을 통하여 이 세상을 변화시키는 하나님의 도구로서 온전히 쓰임받는 역사가 일어날 뿐만 아니라 복음 전도의 열매를 풍성히 맺게 될 것을 깨우쳐 주고 있다.

미국 커버넌트 신학교의 선교학 담당 교수인 제람 바즈(Jerram Barrs)는 오늘날 X세대의 80%이상이 절대적인 진리는 없다고 생각을 하고 있으며, 개인적인 진리는 있을 수 있지만 절대적인 진리는 없다고 생각하는 것이 이 시대 사람들의 사고방식임을 언급하고 있다.[31] 이처럼 절대적인 진리가 존재하지 않는다는, 포스트모더니즘(Post-Modernism)의 시대에 하나님의 말씀만이 진리이고, 예수님만이 진리라는 확신으로 무장되어 있지 아니하고서는 전도의 열매를 맺기가 어려울 것임에 틀림없다.

요 17장 17절에 "저희를 진리로 거룩하게 하옵소서 아버지의 말씀은 진리니이다"라고 말씀하였고, 요 14장 6절 말씀에 "예수께서 가라사대 내가 곧 길이요 진리요 생명이니 나로 말미암지 않고는 아버지께로 올 자가 없느니라"고 예수님이 분명히 말씀 하신바, 여기에 길이요 진리요 생명이라는 말씀은 하나 밖에 없는 유일한 길이며, 진리이며, 생명이라는 예수님 자신의 선언인 것이다.

사도행전 4장 12절 말씀에도 "다른 이로서는 구원을 얻을 수가 없나니 천하 인간에 구원을 얻을만한 다른 이름을 우리에게 주신 일이 없음이니라 하였더라"고 분명히 예수 그리스도를 통해서만이 구원이 주어진다는 사실을 선포하고 있다. 그러므로 모든 종교는 동일하다고 생각하고 예수님만이 참 진리가 되심을 믿지 않는다면 그 사람은 진리가 충만한 사람이 아니며, 따라서 이 시대의 사람들에게 복음을 전할 수가 없게 되어지는 것이다. 따라서 불신자들에게 나아가서 전도할 때에 단순히 하나의 종교를 전하는 것이 아니

---

31) 제람 바즈, 현대문화 속의 전도, 한국라브리 번역위원회 역, 예영, 1996, p. 18.

라 기독교를 유일한 진리로 전하므로 그들에게 참 진리를 깨닫고 알게 할 때에 전도의 결실을 거둘 수가 있게 되어진다는 것이다.

오스 기니스(Os Guinness)는 "모든 진리는 하나님의 진리이며 이 진리는 어느 시대, 어느 장소, 누구에게나 어떤 조건에서든 진리다. 진리는 객관적이며 인식자의 정신과는 별도로 존재하는 진리다. 그리고 이 진리는 자체와 모순될 수 없는 진리다"라고 진리의 독특한 성격에 대하여 언급한바 있다.[32]

또한 이 진리는 모든 속박과 매임에서 인간을 참으로 자유케 하는 것임을 요 8장 32절의 "진리를 알지니 진리가 너희를 자유케 하리라"는 말씀이 가르쳐 주고 있다. 오스 기니스(Os Guinness)는 이 구절의 의미를 다음과 같이 설명하고 있다: "진리란 실로 어마어마하게 중요하다. 왜냐하면 결국 진리가 없이는 자유도 있을 수 없기 때문이다. 진리란 자유에 필수 불가결할 뿐만 아니라 사실은 진리가 곧 자유다. 그러므로 자유로운 삶에 이르는 단 하나의 길은 오로지 진리의 사람이 되어 진리 안에 살아가기를 배우는데 있다. 즉 진리 안의 삶이 자유로운 삶의 비밀인 것이다."[33]

따라서 이 시대의 그리스도인들은 복음을 전할 때 불신자들이 절대적인 것으로, 그리고 효과있는 것으로 생각하고 있는 것들의 가치없음과 의미없음을 폭로할 수 있어야 한다. 더 나아가 그들이 가치있게 생각하는 우상들이나, 사상들이나 이 세상의 것들이 참된 행복과 번영과 자유를 가져다주는 것이 아니라는 사실을 드러내므로 진리되신 예수님께로 나아올 수 있게 하므로 참 자유함을 누릴

---

32) 오스 기니스, 진리, 베리타스(Time for Truth), 김병제 역, 도서출판 누가, 2002, p. 118.
33) Ibid, p. 18.

수 있게 해 주어야 할 것이다.

이처럼 진리는 인간에게 참된 자유를 가져다주고, 또한 재창조의 역사를 일으키는 것임을 성경이 가르쳐 주고 있다. 약 1장 18절에 "진리의 말씀으로 우리를 낳으셨느니라"는 말씀과 벧전 1장 23절에 "너희가 거듭난 것이 썩어질 씨로 된 것이 아니요 썩지 아니할 씨로 된것이니 하나님의 살아있고 항상있는 말씀으로 되었느니라"는 말씀이 이를 증거해 주고 있다.

지금까지 언급한 내용 그대로, 예수님의 삶의 내용을 요약해 주고 있는 요한복음 1장 14절은 은혜와 진리가 충만한 그리스도인이 예수님을 닮은 자로서 그 삶을 통하여 전도자의 사명을 수행해 나갈 수 있을 것임을 시사해 주고 있다. 그래서 구약 잠언 3장 3절 말씀에도 "인자와 진리로 네게서 떠나지 않게 하고 그것을 네 목에 매며 네 마음 판에 새기라 그리하면 네가 하나님과 사람 앞에 은총과 귀중히 여김을 받으리라"고 강조하고 있음을 볼 수 있다.

왜 진리와 은혜가 아니고, 은혜와 진리라고 되어 있는가? 그것은 은혜 속에 주어지는 진리일 때만이 그 진리가 효과적으로 증거되어지고 확고하게 설수 있겠기 때문일 것이다. 이것은 전도가 참으로 효과적일려고 하면 은혜가 먼저 주어지고 진리가 그 다음으로 전달되고 증거되어질 때 전도의 열매를 풍성히 맺을 수가 있음을 깨우쳐 주고 있다. 왜냐하면 사랑 안에서만이 진리가 설수 있고, 진리가 진리로 받아 들여 질 수 있기 때문이다.

그러하기에 엡 4장 15절 말씀에 "오직 사랑 안에서 참된 것을 하여 범사에 그에게까지 자랄지라"고 말씀하고 있다. 즉 사랑 안에서 진리를 말하라는 것을 강조하고 있다. 은혜없이 진리만을 전달할려고 할 때 그 진리는 닫혀진 마음의 문 밖에 부딪혀서 요란한 소리만 내게되는 결과를 가져올 수밖에 없기 때문이다. 그래서 진리가 사랑 안에서 말해지지 아니할 때 진리는 진리로 받아들여지지 아니할 뿐만 아니라 사랑이 없는 진리는 공격으로 치부되어질 수밖에 없기에 그 진리를 수용하기가 어렵게 되어진다는 것이다. 이처럼 사랑은 진리가 굳어지지 않도록 작용하는 촉매제 역할을 하게 되어진다는 것이다. 따라서 참으로 복음전도의 열매를 거두기 위해서는 사랑을 품고서 진리를 전해야 한다는 중요한 원리를 제시해 주고 있다.

3. 결론(Conclusion)

모든 시대의 교회가 해야 할 일들이 많이 있지만 그 가운데서도 전도하는 일은 교회의 본질에 속하는 것으로서 중대한 사명이 아닐 수 없다. 이 교회의 본질적인 사명을 제대로 수행해 나가기 위해서는 초대교회와 같이 부름받은 모든 그리스도인들이 그 삶을 통하여 복음을 전할 수 있어야만 한다.

그 누구보다도 가장 풍성한 실질적인 전도의 결실을 거두신 분이 있다면 바로 구세주이신 예수님 자신일 것이다. 그런데 이 예수님의 사역은 성육신적인 사역이었기 때문에, 영혼구령의 놀라운 열매를 맺을 수가 있었다는 것을 성경은 구체적으로 드러내 보여주고 있다. 그러므로 21세기의 그리스도인들도 결실이 풍성한 전도의 열매를 지속적으로 맺기 위해서는 예수님의 성육신적인 전도사역을 보다 깊이 묵상하고 연구하여 적용해 나갈 필요가 있는 것이다.

오늘 이 시대는 포스트모드니즘(Post-Modernism)의 시대로서,

이 시대의 특징은 3F 즉 감성(Feeling), 패션(Fashion), 여성(Female)으로 표현되어지고 있는데, "내가 어떻게 느끼느냐"를 중요하게 여기고 있는 "감성의 시대"이다. 이것을 가장 분명하게 보여주는 것이 바로 오늘날의 광고들로서 과거의 광고는 그 물건을 사야하는 이유를 논리적으로 설명을 하였지만 오늘날의 광고는 논리에 초점을 맞추기보다는 느낌에 초점을 맞추고 있는 것을 볼 수 있다. 그러나 아무리 시대가 변하고, 전도 대상자들이 달라져도 복음의 내용은 결코 변할 수가 없다. 그러나 이런 시대에 우리의 전도방법이나 접근방법은 달라져야 한다는 것이다.

시대의 변화의 속도가 빨라지면 빨라질수록 우리의 전도가 제대로의 풍성한 결실을 거두기 위해서는 성경적인 전도방법, 특별히 예수님의 전도방법으로 되돌아 가는 것이 절실히 요청되어지고 있다. 왜냐하면 시대가 아무리 바뀌어도 성경적인 원리는 변하지 않고 모든 시대에 적용이 가능한 초문화적이고 초시대적인 특징을 지니고 있기 때문이다.

예수님처럼 성육신적 전도를 하기 위해서는 오늘 이 시대의 상황에 대한 보다 깊은 연구가 선행되어져야 함을 깨우쳐 주고 있다. 전도 대상자들의 문화형태와 그들의 세계관과 가치관을 이해하면서 그들의 언어로 효과적인 복음제시가 이루어질 수 있도록 해야 할 것이다. 완전하신 창조주이신 하나님께서 불완전한 타락한 인간을 구원하시기 위해서 인간의 몸을 입고 성육신하신 것처럼, 복음의 말씀도 특정 시대의 언어와 문화 속에서 구체화되어지는 그런 형태로 전달되어질 때 예수님처럼 전도의 풍성한 결실을 맺을 수가 있게 되어진다는 것을 시사해 주고 있다.

캐나다 벤쿠버의 리전트대학(Regent College)의 전도학교수인 마이클 그린(Michael Green)은 오늘 이 시대의 그리스도인들의 복음전도와 선교도 성육신적인 방법과 자세를 취하여야 할 것을 강조하면서 "성육신은 하나님께서 우리를 자신에게로 인도하시기 위해 우리의 세상에 오시고, 우리의 입장이 되시어, 우리의 사상형태 속으로 들어오셨음을 보여주는 것이기 때문이다. 만일 우리가 그의 제자라고 자칭한다면 우리도 그와 같이 하나님을 모르는 사람들을 위해 행하지 않으면 안되는 것이다"라고 그 이유를 설명하고 있다.[34] 이와 같이, 예수님의 성육신적 삶과 사역은 상황을 고려하지 아니하는 복음전도는 허공에 대고 소리지르는 것이 될 수밖에 없다는 것을 깨우쳐 주고 있다. 그러므로 오늘날의 복음전도자들은 예수님의 사역을 깊이 묵상하면서 복음과 오늘 이 시대의 전도현장에 대한 올바른 이해를 하는 가운데, 이 시대에 맞는 전도 방법을 생각하고 적용해 나가야 할 것이다.

더 나아가, 예수님의 삶이 은혜와 진리가 충만하였듯이, 오늘날의 그리스도인들도 은혜와 진리가 충만한 삶으로 무장하여 세상 속으로 불신자들의 삶의 세계 속으로 찾아 나아가야만 한다. 또한 오늘 이 시대의 복음 전도자들은 은혜가 없는 진리전달은 허공을 치는 공허한 외침으로, 결코 전도 대상자의 마음속으로 뚫고 들어갈 수 없음을 항상 명심하고 있어야 함을 예수님의 삶과 사역이 가르쳐 주고 있다. 그리스도인의 영적성장의 최종 목표가 예수 그리스도를 닮는 것인 것처럼, 복음전도도 예수님의 전도 자세와 그 방법을 본받아 이루어 나갈 때 예수님의 사역에서처럼 결실이 풍성한 전도사역이 이루어질 수가 있을 것이다.

---

34) Michael Green, op. cit, p. 118.

결론적으로, 이 세상에 존재하는 주님의 몸된 교회는 예수 그리스도의 사역을 계속하여 이루어 나가기 위한 도구이며 통로이다. 교회의 머리되신 주님은 이 교회를 통하여 지금도 계속하여 행하시고 가르치시는 사역을 수행하고 계신다(행 1:1). 따라서 오늘날의 교회가 은혜와 진리가 충만한 공동체가 되어질 때 예수님의 삶처럼 하나님의 영광을 드러낼 수 있을 뿐만 아니라, 복음전도의 열매를 그 삶 속에서 풍성히 맺을 수가 있게 될 것이고, 하늘과 땅의 모든 권세를 가지신 주님이 전도하는 자에게 약속해 주신 그 모든 축복들을 풍성히 누릴 수가 있게 될 것임을 잊지 말아야 할 것이다.

참고도서(Reference List)

Aldrich, Joseph C. *Life-Style Evangelism*. Portland, Oregon: Multnomah Press, 1981.

Green, Michael. *Evangelism through the Local Church*. Nashville: A Division of Thomas Nelson Pub., 1990.

Stott, John. *The Contemporary Christian*. Downers Grove, Ill: InterVarsity Press, 1992.

Verkuyl, J. *Contemporary missiology: An Introduction*. Grand Rapids: Eerdmans, 1978.

Wagner, Peter C. ed., *Church growth: State of the Art*. Wheaton, Illinois: Tyndale House Publishers, Inc., 1986.

Yancey, Philip. *What So Amazing About Grace?* Grand Rapids: Zondervan, 1997.

오스 기니스. 진리, 베리타스 *(Time for Truth)*. 김병제 역, 도서출판 누가, 2002.

제람 바즈. 현대문화 속의 전도. 한국라브리 번역위원회 역, 예영, 1996.

_____. 복음의 다리놓기 *(Building Bridges for the Gospel)*. 양혜원 역, 예영, 1996.

존 맥스웰. 당신 안에 잠재된 리더십을 키워라. 강준민 역, 두란노, 1997.

존 스토트. 진정한 기독교 *(Authentic Christianity)*. 정옥배 역, IVP, 1997.

폴 G. 히버트 & 엘로이스 히버트 메네시스. *성육신적 선교사역 (Incarnational Ministry)*. 안영권, 이대헌 역, 기독교문서선교회, 1998.

폴 트립. 영혼을 살리는 말 영혼을 죽이는 말 *(War of Words)*. 윤홍식 역, 도서출판 디모데, 2003.
프란시스 쉐퍼. *20세기말의 교회 (The Church at the End of the 20th Century).* 김재권 역, 생명의 말씀사, 1972.
황창기. "성경과 복지: 교회의 본분으로서의 장애인 선교를 중심으로," *선교신학과 선교이슈.* 기독교사상연구 제 6호, 고신대학교 기독교사상연구소, 2000.

7장

크리스천 리더십의 원리

The Principles of Christian Leadership

제 7 장
크리스천 리더십의 원리
(The Principles of Christian Leadership)

- 살전 2:7-12을 중심으로 -

1. 서론(Introduction)

데살로니가전서는 사도 바울의 13서신들 중 가장 초기에 기록되어진 사도 바울의 첫 번째 선교서신으로 사도바울의 인간적인 면모와 사역의 열정과 방법들뿐만 아니라 사도 바울의 뛰어난 영적 지도력을 구체적으로 보여주고 있는 리더십의 교과서라고 말을 해도 결코 지나침이 없을 정도로 사도 바울의 리더십의 중요한 원리들을 보여주고 있다. 일반적으로 교회 역사학자들은 예수님 승천하신 이후에 기독교 역사상 가장 위대한 사역의 족적을 남긴 사역자요 영적 지도자로서 단연 사도 바울을 손꼽고 있는 것을 볼 때, 과연 그의 성공적인 사역을 이끌어 나갈 수 있었던 영적 지도력의 특징이 무엇이었던가에 대한 연구는 참으로 오늘날의 영적 지도자들을 위하여 중요한 의미를 지니고 있다고 말하지 아니할 수 없을 것이다.

21세기에 들어서서 가장 많이 출판되는 책 가운데 하나가 리더십에 관한 책들이라고 말들을 하고 있다. 그러나 아쉽게도 리더십의 원리보다는 테크닉에 관한 책들이 대부분을 차지하고 있을 뿐만 아니라 리더십의 원리들을 다루고 있는 책들도 대부분이 성경에 근거한 리더십의 원리가 아니라 일반 세속적인 리더십의 원리들을 다루고 있는 것이기 때문에 그리스도인 지도자들에게는 크게 도움을 주지 못하는 경우들이 대부분인 것을 볼 수가 있다.

워런 W. 위어스비(W. W. Wiersbe)는 그가 쓴 "건강한 사역자입니까?"라는 책에서 다음과 같이 교회가 직면한 어려움의 근본적인 원인을 진단하고 있다: "오늘날 일부 교회들이 어려움에 처해 있는 이유 중 하나는 그들이 진실로 어떠해야 하는지에 관한 성경적 개념을 잃어버렸기 때문일 것이다. 우리는 변화하고 있는 세계에 순응하기 위해 노력하는 가운데 경솔하게 목자와 양의 관계를 저버리고 있다. 그리고 최고 경영 책임자와 같은 목사, 관리위원과 같은 장로, 섬김받는 고객과 같은 교인이란 공통된 모습을 무분별하게 받아들이고 있다. 그러는 가운데 우리는 목사와 교회가 당연히 그래야 하는 것으로 여기는 우리의 기대를 슬며시 바꾸고 있다. 그 결과, 종종 교회 안에 분쟁이 발생하고 고통을 겪게 된다. 어느 한 대교단에서 50명도 넘는 목사들이 압력에 밀려 사임한 일이 있다. 그 주요 원인 중 하나는 목회자와 교인들 간에 사역에 관한 이해가 서로 달랐던 것이다."[1]

그런데 본 서신을 기록한 사도 바울은 최단 3주간에서 최장 6개월이라고 하는 짧을 기간동안에 그가 사역하고 이끌었던 한 공동체가 놀라웁게 건강한 공동체로, 믿음의 소문이 널리 퍼져 나갔던 이

---

[1] 워런 W. 위어스비 & 데이빗 W. 위어스비, *건강한 사역자입니까?* 김모루 역, 디모데, 1998, pp. 46-47.

런 모범적인 공동체로 성장해서 교회 본래의 역할과 선교적인 사명을 잘 감당해 나갈 수 있게 되어진 이런 공동체로 이끌고 나갈 수 있었던 그 비결이 어디에 있었으며, 그의 지도력의 내용이 과연 무엇이었던가에 대한 것을 성령께서 기록으로 남기게 하심으로 우리에게 그 중요한 원리를 깨우쳐 주게 되어진 것은 참으로 고마운 일이 아닐 수가 없는 것이다.

어떤 조직이나 공동체를 이끌어 나가기 위해서 반드시 필요로 하는 것이 바로 리더십이라고 말을 하지 아니할 수 없다. 그런데 특별히 영적 공동체인 하나님의 교회나 그리스도인들이 이끌고 나아가는 일반 조직체에 있어서의 리더십의 형태는 세상적인 리더십과는 분명히 구별된 리더십이 되어져야 한다는 것을 살전 2장의 본문이 분명하게 가르쳐 주고 있기에 이에 관한 연구가 중요한 의미를 지니게 되어지는 것이다.

2. 크리스천 리더십의 특징
(Characters of Christian Leadership)

성경적으로 말을 한다면, 지도력이란 구성원들에게 감동과 감화를 주어서 그 삶에 변화가 일어날 수 있도록 이끌어 주는 능력이라고 정의를 내릴 수가 있을 것이다. 롬 12장 2절에 "너희는 이 세대를 본받지 말고 오직 마음을 새롭게 하므로 변화를 받아 하나님의 선하시고 기뻐하시고 온전하신 뜻이 무엇인지 분별하도록 하라"는 말씀과 같이 그리스도인의 심령을 갱신하므로 그 삶에 진정한 변화가 일어나서 하나님의 기뻐하시는 뜻을 스스로 따르게 하는 것이 바로 영적 지도력의 핵심인 것을 암시해 주고 있다.

그러면 사도 바울이 나타내 보였던 리더십으로 오늘날 그리스도인들이 본받고 따라가야 할 리더십의 중요한 원리가 무엇인가? 크리스천 리더십은 어떤 유형이어야 하며, 어떠한 성격과 특징을 가져야만 할 것인가? 라는 중요한 물음에 대하여 사도 바울은 살전 2장에서 그리스도인의 리더십의 유형은 부모로서의 구별된 리더십이어야 한다는 사실을 명료하게 일깨워 주고 있다.

살전 2장 7절에 "오직 우리가 너희 가운데서 유순한 자 되어 유모가 자기 자녀를 기름과 같이 하였으니"라는 언급 중 "유모"라고 하는 단어는 사실상 "어머니"라고 번역해야 하는 단어로서 NIV판 영어성경에서는 어머니(mother)라고 번역해 놓고 있다. 또한 살전 2장 11절에 "너희도 아는 바와 같이 우리가 너희 각 사람에게 아비가 자기 자녀에게 하듯 권면하고 위로하고 경계하노니"라고 어머니가 자기 자녀를 기름과 같이 하고, 아버지가 자기 자녀에게 하듯이 그렇게 사역했다고 하는 것은 사도 바울의 리더십의 유형이 바로 부모로서의 리더십이었다는 것을 밝히 보여주고 있다.

영국의 유명한 설교자이며 성경학자인 존 스토트(John Stott)는 다음과 같이 강조하고 있다: "그리스도인 지도자의 진정한 특징은 무엇인가? 그것은 엄격함이 아니라 온유함이다. 우리는 엄격한 규율을 시행하는 사람보다는 교회가족의 다정한 아버지와 어머니가 되어야 한다. ... 지난 35년여 동안 나는 여러 나라를 여행하면서 교회와 교회 지도자들을 관찰할 수 있는 특권을 누렸다. 그 결과 기독교 공동체의 지도자들이 예수님과 사도들의 가르침을 무시한 채 너무 독재적이고 사랑과 온유함이 부족하다고 굳게 확신하게 되었다. 너무나 많은 사람들이 마치 만인제사장설을 믿는 것이 아니라 전 목사의 교황권을 믿기라도 하는 것처럼 행동한다"[2] 그래서 스토트(Stott)는 크리스천 리더십의 유형이 사도 바울의 리더십을 본받아 부모로서의 리더십을 회복해 나가야 함을 역설한바가 있다.

워런 W. 워어스비(W. W. Wiersbe)는 "하나님 아버지는 자신의 자녀들이 '영적 부모'의 보호 하에 있기를 원하신다. 여기서 '영적 부모'란 하나님의 자녀들을 부양하며(고후 3:1-3), 그들을 연단하고(고전 4:14-21) 보호할 수 있는(고후 11:1-6) 사역자를 말한다"[3] 라고 영적 지도자의 섬김의 사역이 바로 영적 부모로서의 사역인 것을 지적하면서 그는 말하기를 "성공하는 목사의 지도력의 비결 중 하나는 교인들을 가족의 일원으로 대하는 것이다(딤전 5:1-2)" 라고 언급한바가 있다.[4] 그래서 종교개혁자 칼빈(Calvin)도 "어느 누구도 먼저 자기에게 맡겨진 교회의 아버지 노릇을 하기 전에는 훌륭한 목사가 될 수 없다"라고 부모로서의 역할을 제대로 수행해 나갈 때에 훌륭한 사역자가 될 수 있음을 역설하였던 것이다.[5]

지난 2004년 10월 25일에서 27일까지 서울에서 개최되었던 G12 국제 셀코리아 컨퍼런스의 주강사였던 세계적인 셀목회 지도자인 싱가포르의 로렌스 콩 목사는 참석한 3000여명의 한국목회자들을 대상으로 한 특강에서 "목회자들에게 무엇보다도 필요한 것은 자식을 사랑하는 아버지의 심정을 갖는 것이다. 유명한 설교자가 되고 교회를 성장시키는 것보다 더욱 중요한 것은 성도들의 '영적 아버지'가 되어 하나님의 사랑을 느끼게 하는 것이다. 목회자들

---

2) 존 스토트, 리더십의 진실, 정옥배 역, IVP, 2002, pp. 131-113.
3) 워런 W. 워어스비 & 데이빗 W. 워어스비, op. cit., p. 44.
4) Ibid., p. 86.
5) John Calvin, *Calvin's Commentaries: The Epistles of Paul The Apostle to the Romans and to the Thessalonians*, (Grand Rapids: Eerdmans, 1960), p. 345.

이 영적 아버지의 심정을 가지고 목회를 해나가고 하나님 아버지의 심정으로 살아갈 때 부흥은 자연스럽게 이루어질 것"이라면서 먼저 목회자들이 본질에 충실하라고 강조한바 있다.[6]

그렇다면 오늘 이 시대의 영적 지도자로 부름을 받은 그리스도인이 따라야할 리더십의 모델로서 제시되고 있는 사도 바울의 부모로서의 리더십의 특징이 무엇인가?

(1) 사도 바울의 부모로서의 리더십은 구성원들에게 생명을 나누어주고 삶의 활기를 불어넣어 주는 리더십이었다.

고전 4장 15절에 "그리스도 안에서 일만 스승이 있으되 아비는 많지 아니하니 그리스도 예수 안에서 복음으로서 내가 너희를 낳았음이라"고 사도 바울은 예수님 안에서 복음의 기쁜 소식으로 고린도 교회 구성원들을 하나님의 자녀가 되도록 하는 이런 해산의 수고를 통하여 그들을 친히 낳은 영적 아버지였다는 사실을 언급해 주고 있다.

부모가 할 수 있는 독특한 역할과 사명이 무엇인가? 새 생명을 형성하여 낳으므로 생명을 탄생시키는 이런 역할을 할 수 있는 사람들이 바로 부모들이다. 그래서 새 생명이 출생하여 자라고 있는 그 가정은 온통 새 생명을 얻은 기쁨과 환호와 삶의 활력과 행복이 넘치는 이런 활기찬 공동체가 되어지는 것처럼, 부모로서의 리더십을 발휘하는 그리스도인은 가는 곳마다 예수님으로 말미암는 참된 기쁨과 자유함과 삶의 활력과 소망을 가져다주므로 기쁨과 행복의

---

[6] 국민일보, 2004년 10월 27일자 신문 26면에서 인용.

분위기를 만들어 주어서 신명나게 즐거움으로 일하고 사역할 수 있도록 이끌어 주는 사람이 되어져야 한다는 것이다.

이와 같이, 진정한 그리스도인 지도자는 하나님의 축복하심과 복음을 통하여 다른 사람들을 살리고 그들에게 삶과 사역의 의미가 무엇인 것을 깨우쳐 주고, 예수님으로 말미암는 참된 기쁨과 자유함과 소망과 사랑을 나누는 이런 역할을 수행해나가므로, 새 생명의 역사, 거듭나는 역사가 일어날 뿐만 아니라 새로운 가치관을 가지고 삶을 가치있게 살아갈 수 있도록 끊임없이 동기를 부여해 주는 사람인 것을 잊지 말아야 할 것이다.

놀랍게도 사도 바울은 고전 4장 15절에서 "그리스도 안에서 일만 스승이 있으되 아비는 많지 아니하니"라고 말씀하는 가운데 스승과 아비를 대조시켜서 언급하고 있는데, 여기에 스승이라고 하는 말은 몽학선생, 가정교사, 요즈음으로 말하면 과외선생을 뜻하는 단어로서 어떤 아이에 대한 사랑 때문이 아니라 돈을 받고 의무적으로 아이를 돌보고 훈육하고 가르치는 그런 책임을 이행하는 사람을 지칭하는 단어이다. 따라서 과외 선생으로서의 리더십은 단순히 지식이나 정보나 지시나 명령을 전달하는 사람으로서 깊은 사랑의 동기에서 일을 하지 못하므로 구성원들의 마음에 아무런 감동을 주지 못하고 그 삶에 변화를 일으키지 못하는 그런 리더십인 것을 암시해 주고 있다.

그러나 영적 부모로서의 리더십은 그 공동체의 정체성과 삶의 정신과 목표와 구성원으로서 갖추어야 할 그리스도의 성품과 인격을 심어주는 역할을 하므로 구성원들이 그리스도를 닮아가는 이런 변화를 이끌어내는 리더십으로 이런 리더십만이 그 구성원에게 참된 생명과 삶과 사역의 끊임없는 영감과 활력을 불어 넣어주는 결과를 가져올 수가 있다는 것을 깨우쳐 주고 있다.

미국 트리니티 신학대학원의 기독교 교육학 교수인 페리 G. 다운즈(Perry G. Downs)박사도 "구약성경에서 교사와 학생의 관계는 부모와 자녀의 관계였다. 잠언에 사용된 용어들은 이러한 관계를 암시해 준다. 교육은 비인격적이고 고립된 것이 아니라 인격적이고 상관적이다. 예수님은 제자들과의 관계에서 이러한 형태를 유지하셨다"라고 적절히 언급한바 있다.[7]

(2) 부모로서의 리더십은 돈독한 연대의식 속에서 사랑과 관용과 오래 참음 가운데서 구성원들을 보호하고 양육하고 필요를 공급해 주는 리더십이다.

살전 2장 7절과 8절에서 "오직 우리가 너희 가운데서 유순한 자 되어 유모가 자기 자녀를 기름과 같이 하였으니 우리가 이같이 너희를 사모하여 하나님의 복음으로만 아니라 우리 목숨까지 너희에게 주기를 즐겨함은 너희가 우리의 사랑하는 자 됨이니라"고 이 사실을 말해주고 있다. 부모는 자녀에게 피와 살과 생명을 나누어 준 당사자가 되어지기 때문에 부모의 자식에 대한 사랑에는 아무런 조건이나 제한이 있을 수가 없으며, 피를 나눈 자녀이고 한 가족이기 때문에 자녀가 잘 하여도 사랑하고 잘못하여도 더욱 측은히 여기고 오래참음으로 사랑하는 것이 부모의 무조건적인 사랑의 모습이다. 끊을래야 끊을 수 없는 혈연적인 사랑으로 연결되어 있기 때문에 아무리 엄청난 과오와 잘못이 있을지라도 징계를 할지언정 영원히

---

7) 페리 G. 다운즈, 기독교 교육학개론, 엄성옥 역, 은성, 1998, p. 39.

그 공동체에서 제명하거나 축출하는 이런 일이 가정 공동체에서는 일어날 수가 없다는 것이다.

성경은 신자들을 "하나님의 자녀"라고 부름으로 하나님의 가족임을 드러내 보여준다. 건강한 가족의 특징이 서로의 자유를 인정하고, 사랑으로 서로를 돌아보며, 서로의 진정한 행복을 위해 헌신하는 것에 있다면 가족 구성원들이 이런 행복을 누릴 수 있는 이유는 무엇을 생산하는 능력이 있어서가 아니라 단순히 가족이라는 사실 때문이다.

즉 행위에 초점을 맞추는 것이 아니라 존재에 초점을 맞추는 것이 가정의 특징이다.

그러나 세상적인 리더십은 어떠한가? 그 공동체에서 규율을 어기거나 과실이 있을 경우, 또한 무엇을 생산할 능력이 없다고 판단되는 경우, 때로 수치심을 느끼게 하고 지울 수 없는 상처를 줄 뿐만 아니라 더 나아가 제명을 하고, 해고 처분을 하게 되는 이런 경우가 적지 아니한 것을 볼 수 있다. 그러나 부모로서의 리더십은 오래 참고 관용하는 사랑으로 구성원들을 이끌어 가는 것임을 사도 바울은 보여주고 있다. 고전 13장 4절에 사랑의 첫 번째 특성이 바로 오래참는 것임을 말씀해 주고 있고, 성령의 9가지 열매 가운데서 대인관계에서 맺어야할 첫 번째 열매가 바로 오래참음의 열매인 것을 말씀하고 있다. 그래서 엡 4장 2절에는 "모든 겸손과 온유로 하고 오래참음으로 사랑가운데서 서로 용납하고"라고 말씀하고 있고, 본 서신 살전 5장 14절에서도 "모든 사람을 대하여 오래 참으라"고 명령하고 있는 것이다.

또한 디모데후서 2장 24절에서는 "마땅히 주의 종은 다투지 아니하고 모든 사람을 대하여 온유하며 가르치기를 잘하며 참으며"

라고 그리스도인 지도자가 갖추어야할 품성이 바로 모든 사람을 대하여 온유하고 잘 참는 것임을 말씀해 주고 있다. 그래서 사도 바울은 고린도 교회 구성원들에 대해서 고후 10장 1절에서 "그리스도의 온유와 관용으로 친히 너희를 권하고"라고 예수님의 온유와 관용으로 그들을 이끌고 있음을 말씀하였던 것이다. 더 나아가 사도 바울은 고후 12장 12절에서 "사도의 표된 것은 내가 너희 가운데서 모든 참음과 표적과 기사와 능력를 행한 것이라"고 사도된 표식이 바로 참는 것임을 말씀하고 있는 것을 볼 때 이 오래참음이 얼마나 부모로서의 영적 지도자에게 필수적인 것인가 하는 것을 강조해주고 있는 것이다.

예수님께서 말씀해 주신 탕자 비유가운데서도 사실은 아들로서의 자격을 완전히 상실한 그런 탕자였지만 그 아버지는 오래참는 사랑으로 끊임없이 그의 아들이 돌아오기만을 기다리고 있었음을 보여주고 있다. 그리하여 그 아들이 집에 도착하기도 전에 아직도 상거가 먼데도 불구하고 멀리서 그 아들이 집으로 향하여 돌아오고 있는 모습을 발견하고서는 먼저 달려나가 아들을 껴안고 입을 맞춤으로 아들이 죄를 고백하기도 전에 지난날의 잘못을 아무런 조건없이 용서했다고 하는 이런 표현을 하게 되어진 것은 바로 오래 참고 무조건 용서하고 다시금 재기의 기회를 제공하고자 하는 부모의 간절한 심정을 생생하게 묘사를 해놓고 있는 것이다.

이 뿐만 아니라 부모는 그 자녀의 생명이 위태롭게 되어질 때는 자신의 안전을 생각하지 아니하고 자녀의 안전을 먼저 생각하여 뛰어드는 것이 바로 부모의 모습인 것은 두 말할 필요가 없다. 그러므로 칼빈(Calvin)은 "이 비유를 통해 그는 자신이 데살로니가인들 사이에서 영광이나 이득을 도무지 추구하지 않았다는 점을 명백히 표현하고 있다. 자식을 기르는 어머니는 권위를 주장하거나 위엄을 뽐내는 일이 결코 없다. … 그와 동시에 참 목사 취급을 받고자 하는 사람들은 바울과 같은 정을 품고 자신들의 생명보다 교회의 안녕을 더 귀하게 여겨야 한다는 점을 기억하지 않으면 안된다"라고 말한다.[8]

그리고 부모는 그 자녀를 제대로 양육하고 교육하기 위해서 많은 물질을 투자하고 최대한의 관심을 기울이는 것과 마찬가지로 영적 부모로서의 지도자도 그 구성원들에 대하여 이런 자세를 지닐 수 있어야 한다는 것이다. 또한 자녀가 필요로 하는 것은 최우선적으로 공급해 줄려고 하는 것이 부모의 마음이다. 마 7장 9절에 "너희 중에 누가 아들이 떡을 달라 하면 돌을 주며 생선을 달라 하면 뱀을 줄 사람이 있겠느냐 너희가 악한 자라도 좋은 것으로 자식에게 줄 줄 알거든 하물며 하늘에 계신 너희 아버지께서 구하는 자에게 좋은 것으로 주시지 않겠느냐"라고 부모는 언제나 자식의 필요를 공급해 주되 좋은 것으로 공급해 주기를 원하는 것을 볼 수가 있다.

미국의 리더십의 전문가인 존 맥스웰(John Maxwell)은 다음과 같이 영적 지도자의 모습을 설명하고 있다: "하나님 나라의 지도자로 부름 받기 원하는 모든 사람들은 몇 가지 필요한 성품을 키워야 한다. 경건한 지도자는 목자와 같아야 한다. 목자는 자상하고 진실하고 친밀하고 사랑이 많아야 한다. 목자는 양떼를 인도하고 바르게 하고 보호하고 먹인다."[9] 19세기 영국 사회에서 가장 위대한 목

---

8) Calvin, op. cit., p. 344.
9) 글렌 와그너, 예수님이 원하시는 교회 (The Church You've Always Wanted), 조계광 역, 생명의 말씀사, 2004, p. 86.

회자이자 복음전도자로 놀라운 영적 영향력을 발휘했던 찰스 스펄전(Charles H. Spurgeon)도 기독교 지도자가 지녀야할 자세를 이렇게 말하고 있다: "그리스도 안에 있는 모든 사람들의 유익을 구하라. 여러분이 자녀를 사랑하는 만큼 그들 모두에게 사랑을 베풀라. ... 주님은 우리가 그렇게 그의 거룩한 일에 관여하기를 원하신다. 특히 주님은 우리가 주님의 택하신 자들을 사랑하기 원하신다. 우리는 그 무엇보다 형제들을 위해 우리 생명을 버려야 한다."[10]

이와 같이 그리스도인 지도자로 부름받은 자들은 그 구성원들을 무조건적인 창조적인 사랑으로 부모의 마음과 예수님의 마음을 가지고 관용하고 오래참음으로 구성원들의 안전과 성장과 필요에 깊은 관심을 가지면서 최선을 다하여 헌신하는 자세로 사역에 임할 수 있어야 할 것이다.

(3) 크리스천 리더십은 삶에 모범을 보이는 솔선수범하는 리더십이어야 함을 밝혀주고 있다.

본문 10절 말씀에 "우리가 너희 믿는 자들을 향하여 어떻게 거룩하고 옳고 흠없이 행한 것에 대하여 너희가 증인이요 하나님도 그러하시도다"라고 사도 바울의 리더십은 솔선수범하는 모범적인 리더십이었음을 언급하고 있다. 여기에 "거룩하고"라는 말은 하나님과의 관계에서 구별된 삶, 경건한 삶, 하나님을 기쁘시게 하는 삶, 헌신적인 삶을 살았다는 뜻이고, "옳고"라는 말은 다른 사람들에 대한 올바른 행위를 뜻하는 말이며, "흠없이 행하였다는 것"은 하

---

10) C. H. Spurgeon, *An All-Round Ministry*, (Pasadena, Tex.: Pilgrim, 1973), p. 267.

나님과 사람 앞에서 책망할 것이 없는 모범적인 단정한 삶을 살았다는 것이다.[11] 사도 바울의 삶은 하나님 앞에서의 삶이었기 때문에 다른 사람들에게 불평을 살만한 행동이나 모순된 행동이 없었다는 바울 자신의 고백이다. 이렇게 사도 바울은 자신의 삶이 모든 면에서 모범적이었음을 데살로니가 성도들과 더 나아가 하나님을 증인으로 내 세울 만큼 이 일에 부끄럽지 아니했다는 것을 분명히 언급하므로 크리스천 리더십의 중요한 일면을 드러내 보여주고 있다.

이런 사도 바울의 리더십의 특징은 데살로니가에서 뿐만 아니라 다른 지역에서도 시종여일하게 나타내 보였던 것을 여러 바울 서신들이 증거해 주고 있다. 고린도교회에 보낸 서신인 고전 11장 1절에서도 "내가 그리스도를 본받는 자 된 것 같이 너희는 나를 본받는 자 되라"고 말씀하고 있고, 빌립보 교회에 보낸 서신인 빌립보서 3장17절에서도 "형제들아 너희는 함께 나를 본받으라 또 우리로 본을 삼은 것같이 그대로 행하는 자들을 보이라"고 언급하였고, 살후 3장 9절에서도 "우리에게 권리가 없는 것이 아니요 오직 스스로 너희에게 본을 주어 우리를 본받게 하려 함이니라"고 사도 바울은 그리스도인 지도자는 말이나 명령으로 지도하는 자가 아니라 본을 보여줌으로서 인도해 나가는 사람인 것을 보여주고 있다.

그러므로 사도바울은 자신의 영적 아들이요 사역의 계승자로 양육하였던 디모데에게 보낸 서신가운데서 "오직 말과 행실과 사랑과 믿음과 정절에 대하여 믿는 자에게 본이 되어"(딤전 4:12)라고 권면 하였던 것이다. 가정의 자녀들은 부모가 가르치는 대로 살지

---

11) F. F. Bruce, *Word Biblical Commentary: 1 & 2 Thessalonians*, (Waco, Texas: Word Books, 1982), p. 35.

아니하고 부모가 삶을 살아가는 그대로 영향을 받아 살아가게 되는 것과 마찬가지로 어떤 공동체의 구성원들도 그 공동체를 이끌어 나가는 인도자의 행실과 그 삶을 그대로 영향을 받아 살게되어지고 사역에 임하게 되어지기 때문에 앞서 가는 자가 어떤 삶을 사는가? 하는 것은 그 공동체의 모습을 바꾸어 놓는 결정적인 역할을 하게 됨을 바울은 분명히 인식하고 있었던 것이다.

글렌 와그너(Glenn Wagner)는 다음과 같이 영적 지도자의 언행일치의 삶의 중요성을 강조하고 있다: "어떤 사역에 초점을 맞추든지 바람직한 결과를 만들에 내려면 반드시 교인들이 목회자를 신뢰할 수 있어야 한다. 교인들은 앞에서 일하는 목회자의 말과 행위가 일치하는지를 늘 관찰한다. 목회자의 언행이 일치할 때 교인들은 비로소 그를 믿고 따른다. ... 교인들을 그리스도의 가르침에 순종하게 만들고, 그 분과 더욱 깊은 관계를 맺도록 이끌기 위해서는 목회자가 언행일치의 삶을 살아야 한다. 목회자가 자신이 설교한 대로 살지 않으면 교인들은 결코 그의 말에 귀를 기울이지 않는다. 이런 경우에는 실망하고 교회를 떠나든지, 아니면 불평하는 마음으로 교회에 머물러 있든지 두 가지 결과 중에 하나이기 쉽다. 이런 결과가 발생하면 교회는 결코 순조롭게 성장할 수 없다."[12]

(4) 크리스천 리더십은 구성원들 개개인에게 적절한 형태로 표현되고 행사되어져야 함을 말씀해 주고 있다.

살전 2장 11절에 "우리가 너희 각 사람에게 아비가 자기 자녀에

---

12) 글렌 와그너, op. cit., p. 303.

게 하듯 권면하고 위로하고 경계하노니"라고 사도 바울은 구별된 형태로 리더십을 행사하였음을 언급하고 있다. 이와 같이 크리스천 리더십은 구성원들을 억박지르거나, 위협을 주거나 협박하거나 강요하거나 회유하는 이런 세상적인 형태가 아니라 구성원들의 개인적인 상황과 형편에 따라 적절한 언어적인 형태로 지도력이 행사되어져야 한다는 것이다. 왜냐하면 영적 사역자가 사역해야할 기독 공동체의 구성원들의 영적 성장 단계가 개개인에 따라 차이가 날 수 밖에 없고, 구성원들이 가지고 있는 문제들도 개인에 따라 다양할 수밖에 없기 때문이다.

여기에 "권면하고"라는 말씀은 "곁으로 부르다"는 뜻으로 구성원들이 무지하거나 당황할 때에 곁으로 불러서 조용히 권하고 바른 길을 제시하여 나아가게 하는 이런 도움을 제공해 주는 사역을 의미하고 있다.[13] 이것은 구성원들에게 적절한 행동지침을 주는 것을 뜻한다.

그 다음으로 "위로하고"라는 단어는 눌림받고 소외당한 자들을 어루만져 주고 구성원들이 연약해질 때에 붙들어 주고, 실망하거나 낙심할 때 격려하고 일으켜 세워주는 사역을 뜻한다고 볼 수 있다.[14] 살전 5장 14절에 "마음이 약한 자들을 안위하고"라는 말이 바로 본문의 "위로하고"와 동일한 동사를 사용하고 있다. 따라서 본문의 "위로하고"라는 말은 마음이 약하고 소심한 자들에게 자신감을 갖게 하고, 기운을 북돋아 주고, 그들이 소망을 가지고 전진해 나갈 수 있도록 도와주는 것을 의미한다.

---

13) 이순한, 바울 소서신 야고보서 강해, 한국기독교교육연구원, 1992, p. 215.
14) Calvin, op. cit., p. 346.

그리고 "경계하노니"라는 말은 "증인을 소환하다, 엄숙히 권면하다, 엄숙히 선언하다"라는 의미를 가지고 있는 동사로서[15] 자녀가 그릇된 길로 나아가거나, 게으르거나, 방탕하거나, 의심에 빠져 있을 때에 확실한 증거나 자료를 제시하여 바로잡아 주는 사역을 뜻하는 단어이다.[16] 또한 "경계한다"는 것은 "증거하다, 증거를 대다"는 뜻으로 쓰여져서 사역자 자신의 경험을 통하여 개인 간증을 하므로 지도하고 도움을 주는 것으로 볼 수 있다.[17] 더 나아가, "경계한다"는 단어는 "연단하다"는 의미를 가지고 있기 때문에 필요할 때는 적절하고도 강한 훈련을 제공하는 사역을 의미하는 것으로 이해할 수 있을 것이다.[18] 이렇게 사도 바울은 구성원 전체뿐만 아니라 구성원 개개인을 상대로 사역하면서 필요한 도움을 주었던 것을 암시해 주고 있다.

글렌 와그너(Glenn Wagner)는 다음과 같이 개별적인 돌봄과 양육의 중요성을 언급하고 있다: "교회가 그리스도 안에서 성장해 가려면 반드시 각 사람에게 관심을 기울여야 한다. 교인들의 영적 성장은 행사나 프로그램을 통해 집단적으로 이루어지지 않는다. 교인들의 반응이나 성장은 개개인에 따라 다르다. ... 신자 개개인이 그리스도 안에서 영적으로 성장할 때 교회가 전체적으로 성장할 수 있다. 교회의 영적 성장은 규모나 숫자와 무관하다. 각각의 신자가 건강한 신앙을 가지고 있을 때 교회의 영적 성장이 이루어

---

15) D. Edmond Hiebert, *1 & 2 Thessalonians*, (Chicago: Moody Press, 1992), p. 109.
16) 조병수, 주해 데살로니가전서, 합동신학대학원 출판부, 1998, p. 72.
17) 워런 위어스비, 어떻게 준비하면서 살수 있는가? 나침반, 1985, p. 50.
18) 브루스 B. 바톤, 닐 윌슨, 린다 K. 테일러, 데이비드 R. 비어만, 데살로니가전후서, 박태영 역, 성서유니온선교회, 2002, p. 61.

진다."[19)

종교 개혁자 칼빈(Calvin)도 "모두를 상대로 하는 훈계는 별 효과를 발휘하지 못하는 경우가 종종 있으며 어떤 사람은 그 사람에게 특수한 처방이 아니고서는 치료되거나 교정되지 않는 경우가 있다"라고 개별적인 지도와 처방이 필요함을 언급한 바가 있다.[20) 그러므로 효과적인 리더십은 구성원 개개인의 개인적인 성격과 재능과 형편과 환경을 고려해서 거기에 적합한 형태의 도움과 지원이 개별적으로 제공되어질 때에 가능하게 됨을 밝혀주고 있다.

3. 크리스천 리더십의 목표
   (Objective of Christian Leadership)

사도 바울의 첫 번째 서신은 크리스천 리더십은 분명한 한 가지 목표를 지향해야 함을 밝혀주고 있다. 살전 2장 12절에 "이는 너희를 부르사 자기 나라와 영광에 이르게 하시는 하나님께 합당히 행하게 하려 함이니라" 이렇게 사도 바울은 그리스도인 지도자가 가져야 될 중요한 목표가 구성원들을 하나님께 합당히 행하도록 인도하는 것임을 분명히 보여주고 있다. 그리스도인 지도자는 그 구성원들을 하나님의 자녀다운 삶을 살도록 인도할 수 있어야 한다는 것이다. 하나님의 자녀다운 삶은 살전 1장 3절에서 언급하고 있는 그대로 믿음과 사랑과 소망의 삶을 살아가는 것을 뜻한다고 볼 수

---

19) 글렌 와그너, op. cit., pp. 296-297.
20) Calvin, op. cit., p. 345.

있다.

미국의 신학자요 목회자인 존 파이퍼(John Piper)는 "하나님께 합당히 행하라는 말씀은 하나님께서 찬양을 받으실 수 있도록 행동하라는 말씀이다. ... 주께 합당하게 행하는 것은 주님이 얼마나 능력이 있고, 은혜롭고, 강하신지 보여줄 수 있도록 행동하는 것이다"[21] 종교 개혁자 칼빈(Calvin)은 "하나님께 합당히 행하게 하려 한다"는 것은 구성원들이 각자가 하나님께로부터 받은바 소명에 신실한 삶을 살도록 인도해 나가는 것이 크리스천 리더의 사역의 목표임을 밝혀주고 있다고 언급을 하고 있다.[22]

그런데 이 하나님은 그리스도인들을 자기의 나라와 영광으로 부르시는 하나님이심을 밝혀주고 있는데, 여기에 하나님의 나라는 현존하는 영적 실재인 동시에 그리스도께서 영광 중에 오실 때 하나님께서 그의 백성들에게 부여하시는 유업을 의미한다.[23] 노발 겔든휘스(Norval Geldenhuys)는 "하나님의 나라는 먼저 하나님의 통치 활동(ruling activity)을 가리키고, 그 다음에는 구원의 사역과 심판의 행위라는 점에서의 거룩한 통치(divine rule)를 가리킨다. 그렇다면, 그것은 하나님의 통치가 행해지는 하나님의 통치 영역과 마지막 때에 완전히 실현되어 영원히 계속될 하나님의 통치와 역시 관계가 있다"라고 설명하고 있다.[24]

그러면 하나님의 나라로 부르신다는 의미가 무엇인가?

---

21) 존 파이퍼, 묵상④, 정영재 역, 좋은 씨앗, 2001, pp. 194-195.
22) Calvin, op. cit., p. 346.
23) 조오지 엘돈 래드, 하나님 나라의 복음(The Gospel of the Kingdom), 신성수 역, 한국 기독교 교육연구원, 1982, p. 16.
24) Norval Geldenhuys, The New International Commentary on the New Testament: Commentary on the Gospel of Luke, (Grand Rapids: Eerdmans, 1951), p. 179.

(1) 삶의 모든 영역에서 하나님의 말씀에 순종하는 삶으로의 부르심을 뜻한다.

브루스(F. F. Bruce)는 본문에서의 하나님 나라는 미래의 개념이라기보다는 현재적인 의미에서의 복음과 일치하는 삶을 뜻한다고 설명하고 있으며,[25] 레온 모리스(Leon Morris)도 "하나님의 뜻에 복종하려고 자신을 하나님께 내어준 자들이 있기에 하나님의 나라가 지금 이미 현존하고 있다"고 말하고 있다.[26] 그러므로 크리스천 지도자는 그 구성원들이 그들의 삶의 전 영역에서 하나님의 말씀과 그 뜻에 부합되는 삶을 살아갈 수 있도록 인도하므로 그들의 삶의 전 영역에서 하나님의 통치가 이루어질 수 있도록 도와줄 수 있어야 한다.

(2) 성령의 인도하심과 역사하심을 힘입어 살아가는 삶으로의 부르심을 뜻한다.

마 12장 28절에 "그러나 내가 하나님의 성령을 힘입어 귀신을 쫓아내는 것이면 하나님의 나라가 이미 너희에게 임하였느니라"는 예수님의 말씀에 대하여 게할더스 보스(Gerhardus Vos)는 "마 12장 28절에서 말씀하시는 바는 하나님의 영이 활동하는 곳에 하나님의 나라가 임한다는 것이다"라고 설명하고 있다.[27] 따라서 크리

---

25) F. F. Bruce, op. cit., p. 37.
26) Leon Morris, *1 & 2 Thessalonians*, (London: The Tyndale Press, 1956), p. 53.
27) 게할더스 보스, *하나님 나라와 교회 은혜와 영광*, 원광연 역, 크리스챤 다이제스트, 1997, p. 56.

스천 지도자는 그 구성원들이 말씀을 통하여 역사하시는 성령의 충만함을 받아 성령의 인도하심과 역사하심을 힘입어 삶을 살아가고 사역에 임할 수 있도록 이끌고 도와주어야만 할 것이다.

(3) 비본질적이고 사소한 것에 집착하는 것이 아니라 본질적이고 가장 중요한 것에 우선순위를 두는 삶으로의 부르심을 뜻한다.

롬 14장 17절에 "하나님의 나라는 먹는 것과 마시는 것이 아니요 오직 성령 안에서 의와 평강과 희락이라"고 하나님 나라의 본질적인 특성을 설명하고 있다. 따라서 크리스천 지도자는 음식문제와 같은 비본질적이고 주변적인 문제 때문에 그 공동체에 분쟁과 분열을 초래하지 않도록 해야하며, 적극적인 면에서 성령 안에서 의와 평강과 희락이 지배하는 공동체를 지향해야 한다는 것이다.

여기에 의는 예수 그리스도를 믿음으로 하나님께서 믿는 자에게 주신 의에 기초하여 의인의 신분에 합당한 정직과 공평과 진실의 성품과 특성을 뜻하는 것이며,[28] 평강은 불안과 분열과 분쟁을 해소하고 적극적으로 안정과 연합과 조화와 화목을 조성해 나가는 특성을 뜻하는 것이며, 희락은 시련과 고난과 죽음까지도 극복할 수 있는 성령이 주시는 참된 위로와 격려와 기쁨의 경험을 뜻하는 것으로 볼 수 있다. 천안대학교 홍인규 교수는 다음과 같이 설명하고 있다: "그리스도의 구속사역을 통하여 믿는 자들은 이미 어두움의 권세 아래서 하나님의 통치 아래로 (또는 하나님의 나라 안으로)

---

28) Marvin Vincent, *Word Studies in the New Testament*, Vol 3, (Grand Rapids: Eerdmans, 1989), p. 168.

옮김을 받았고 또한 하나님의 나라의 완성을 대망하며 살고 있다. 이제 그들에게 중요한 것은 성령 안에서의 삶이다. 수평적인 면에서 볼 때, 그것은 공동체 안에서 서로를 세우는 삶이다. 구체적으로 말하면, 공동체 안에서 서로 용납하고 서로에 대해 사랑의 책임을 지는 것('의'=공동체에 대한 신실함)이고, 상호 조화와 복지('화평')에 공헌 하는 것이며, 의와 화평을 추구함으로써 공동체 안에서 '기쁨'을 충만케 하는 것이다."[29]

이런 하나님 나라의 본질적인 특성이 지배적이 되어질 수 있는 공동체를 세워 나가는 것이 크리스천 지도자의 역할과 사명이 되어져야 하고, 이러한 삶을 살아가는 영적 지도자와 구성원들은 롬 14장 18절에서 언급하고 있는 그대로 하나님께 기쁨을 드리는 자가 되어지고 사람들에게도 칭찬을 받게 되어질 것이다. 그러므로 크리스천 지도자는 그의 공동체 속에 부름받은 모든 구성원들이 하나님의 나라에 부름을 받은 하나님의 백성들로서 나타내어야 하는 본질적인 삶의 특성과 모습을 나타낼 수 있도록 선한 영향력을 발휘할 수 있어야 할 것이다.

(4) 하나님과의 인격적인 관계 속에서 하나님과의 친밀한 교제를 가지는 삶으로의 부르심을 의미한다.

마 25장 46절에서의 영생은 하나님의 나라와 동의어로서 하나님 나라의 미래적인 측면을 나타내고 있다.[30] 그러나 예수님께서는 요 10:10에서 "내가 온 것은 양으로 생명을 얻게 하고 더 풍성히 얻게

---

29) 홍인규, 로마서 어떻게 읽을 것인가, 성서유니온, 2001, p. 184.
30) 조오지 엘돈 래드, op. cit., p. 87.

하려는 것이라"고 현재적인 의미에서 믿는 자로 하여금 생명을 더욱 풍성히 얻게 하신다고 말씀하셨으며, 요 5장 24절에서 "내 말을 듣고 나 보내신 이를 믿는 자는 영생을 얻었고"라고 말씀하셨다.

그런데 믿는 자가 현재 누리고 있는 이 영생의 축복은 요 17장 3절에서 "영생은 곧 유일하신 참 하나님과 그의 보내신 자 예수 그리스도를 아는 것이니이다"라고 하나님을 아는 것으로 설명되어지고 있다. 여기에 아는 것은 단순한 지식적인 앎이 아니라 경험적인 것으로 인격적인 관계를 의미한다.[31] 그러므로 크리스천 지도자는 그가 인도하는 구성원들이 하나님과의 온전한 관계를 이루어서 이전보다 더욱 풍성한 교제를 나눌 수 있도록 도와 줄 수 있어야 할 것이다.

그 다음으로 그의 영광으로 부르신다는 의미가 무엇인가? 본문 살전 2장 12절에서의 영광은 예수 그리스도의 재림 때에 그의 성도들에게 주어질 종말론적인 영광으로 국한되는 것이 아니라 현재적인 의미를 가지고 있는 영광이다. 존 스토트(John Stott)는 살후 1장 12절을 설명하면서 "그의 백성 안에서 예수께서 받으시는 영광, 그리고 그에 따라 그의 백성들이 받는 영광은 전적으로 마지막 날에만 일어날 변화는 아니기 때문이다. 그 과정은 지금 시작된다. 실로 그리스도께서 오실 때 그것이 적절하게 끝나려면 지금 시작되어야만 한다"고 언급하고 있다.[32] 호와드 마샬(I. Howard Marshall)도 본문과 관계가 있는 살후 1장 12절에서의 영광은 그리스도인이 선한 행실과 활동적인 믿음을 보여주는 것과 더욱 관련이 있다고

---

31) Ibid., p. 93.
32) John Stott, *The Gospel & The End of Time: The Message of 1 & 2 Thessalonians*, (Downers Grove, Ill: InterVarsity Press, 1991), p. 155.

언급하고 있다.[33]

그러면 부름받은 그리스도인이 현재적인 삶 속에서 어떻게 하나님께 영광을 돌려 드릴 수 있는가?

(1) 그리스도인이 순종과 섬김의 삶을 살아갈 때 하나님께서 영광을 받으신다.

레온 모리스(Leon Morris)는 요 17장 22절의 "내게 주신 영광을 내가 저희에게 주었사오니"라는 예수님의 마지막 기도의 내용에 대하여 "예수님의 진정한 영광이 십자가로 정점에 도달하는 겸손한 봉사의 길을 줄 곧 따라가는 행위인 것처럼, 제자들의 참 영광도 어디로 이끄시든지 따라가야 할 겸손한 섬김의 길에 있다"고 그 의미를 밝혀 주고 있다. 그러므로 크리스천 지도자는 그 구성원들이 진정한 순종과 참된 섬김의 삶을 살수 있도록 도움을 줄 수 있어야 할 것이다.

(2) 그리스도인이 과실을 많이 맺을 때 하나님께서 영광을 받으신다.

요 15장 8절에 "너희가 과실을 많이 맺으면 내 아버지께서 영광을 받으실 것이요 너희가 내 제자가 되리라"는 말씀에 관하여 브루스(F. F. Bruce)는 열매를 많이 맺는다는 것은 성령의 9가지 열매들을 풍성히 맺음으로 예수님을 닮아가는 것으로 설명하고 있다.[34] 빌 1장 11절에 "예수 그리스도로 말미암아 의의 열매가 가득하여

---

33) I. Howard Marshall, *The New Century Bible Commentary: 1 and 2 Thessalonians*, (Grand Rapids: Eerdmans, 1983), pp. 183-184.
34) F. F. Bruce, *The Gospel of John*, (Grand Rapids: Eerdmans, 1983), p. 310.

하나님의 영광과 찬송이 되게 하시기를 구하노라"는 언급 역시 성령의 9가지 열매들(갈 5:22-23)과 영혼을 건지는 일들의 풍성한 수확(잠 11: 30)으로 하나님께 영광을 돌릴 수 있음을 말씀해 주고 있다.[35] 그러므로 크리스천 지도자는 자신과 그의 구성원들이 예수 그리스도를 닮아가므로 그 삶을 통하여 하나님께 영광을 돌릴 수 있도록 역할을 감당해 나가야 할 것이다.

(3) 그리스도인이 주님을 신뢰할 때 하나님께서 영광을 받으신다.

요 11장 40절에 "내 말이 네가 믿으면 하나님의 영광을 보리라 하지 아니하였느냐"라고 주님의 약속의 말씀을 믿고 신뢰하는 삶을 통하여 하나님께서 영광을 받으신다는 것을 주님께서 친히 말씀해 주셨다. 그러므로 크리스천 지도자는 그 구성원들이 어떤 환경 속에서도 낙심하거나 불평하지 아니하고, 미래에 대한 염려 걱정을 하나님께 맡길 수 있으며, 어떤 문제 앞에서도 낙담하여 넘어지지 않도록 선한 역할을 감당할 수 있어야 할 것이다.

(4) 그리스도인이 착한 행실을 통하여 주님을 존귀케 할 때 하나님께서 영광을 받으신다.

마 5장 16절에 "이같이 너희 빛을 사람 앞에 비취게 하여 저희로 너의 착한 행실을 보고 하늘에 계신 너희 아버지께 영광을 돌리게 하라"고 말씀하고 있다. 여기에 "착한 행실"은 그리스도인의 성실

---

35) William Hendriksen, *New Testament Commentary: Philippians*, (London: The Banner of Truth Trust, 1962), p. 62.

함과 충실함과 사랑과 자기희생과 인내와 열의 등을 의미한다.[36] 또한 살후 1장 12절에서는 "우리 하나님과 주 예수 그리스도의 은혜대로 우리 주 예수의 이름이 너희 가운데서 영광을 얻으시고 너희도 그 안에서 영광을 얻게 하려 함이니라"고 주님을 존귀케 하므로 주님께 영광을 돌리는 것과 그리스도인이 주님 안에서 영광을 얻는 것은 밀접한 관계를 가지고 있음을 보여주고 있다.

게할더스 보스(Gerhardus Vos)는 "하나님 나라 그 자체가 모든 사람에게 기업으로 주어지며, 은혜로 주어지지만 각 제자마다 그 영광에 있어서 차이가 있을 것이다. 왜냐하면 궁극적인 상급은 여기 아래의 세상에서 이룬 의의 과정에 따라서 결정될 수밖에 없는 것이기 때문이다"라고 말하고 있다.[37] 따라서 크리스천 지도자는 그 구성원들이 이러한 자리에 이를 수 있도록 이끌 수 있어야 할 것이다.

(5) 하나님이 원하시는 일 즉 하나님이 주신 사명에 충성하고 헌신하는 삶을 살 때 하나님께서 영광을 받으신다.

브루스 밀른(Bruce Milne)은 요한복음 17장 4절의 예수님의 대제사장적인 기도 가운데서 "아버지께서 내게 하라고 주신 일을 내가 이루어 아버지를 이 세상에서 영화롭게 하였사오니"라는 언급에 대하여 "우리 역시 세상에서 그 분의 일을 함으로써, 우리를 부르신 분께 똑같은 방식으로 영광을 돌려야 한다"라고 설명하면서

---

36) 핑크, *산상수훈(상)*, 지상우 역, 엠마오, 1986, p. 65.
37) 게할더스 보스, op. cit., p. 67.

"우리가 전세계에 복음을 전하도록 또는 모든 필요를 다 돕도록 부름받은 것은 아니다. 우리에게는 해야 할 특별한 일이 있다. 그리고 우리 능력의 한계 내에서 그 특정한 일을 찾아 행할 때 성취감과 평안을 느낄 수 있다"라고 말하고 있다.[38] 그러므로 크리스천 지도자는 구성원들 개개인이 각자가 받은 은사와 재능을 따라 하나님이 원하시는 사명과 구체적인 일을 발견하게 도와주므로 그 일을 탁월하게 수행해 나가므로 하나님께 영광을 돌릴 수 있도록 이끌 수 있어야 하며, 이것이 그리스도인 지도자의 가장 중요한 사역목표가 되어져야 한다는 것을 밝혀주고 있다.

4. 결론(Conclusion)

예수님 이후 기독교 역사상 가장 위대한 사역의 발자취를 남겼다고 평가를 받고 있는 사도 바울은 영적 지도자로서, 목회자로서 선교사로서 오고 오는 시대의 모든 사역자들의 모델로서 조금도 부족함이 리더십의 모범을 보여준 위대한 사역자였음을 그의 첫 번째 선교서신이 구체적으로 보여주고 있다. 특히 오늘 이 시대는 지도자의 이름과 그 직위를 가지고 있는 자들은 너무도 많지마는 진정한 영적 지도자를 찾아보기가 심히 어려운 그런 시대에 처해 있음은 그 누구도 부인하지 못할 것이다.

더욱이 오늘날에 소개되고 있는 다양한 리더십의 이론들을 크리

---

[38] 브루스 밀른, 말씀이 육신이 되어(*The Message of John*), 정옥배 역, IVP, 1995, pp. 316, 320.

스천 지도자들이 무비판적으로 수용하여 따르므로 많은 혼란과 갈등과 불행스러운 결과들을 야기시키고 있는 안타까운 현실을 직시할 수 있어야 할 것이다. 그러므로 이런 문제들을 해결해 나가기 위해서는 그리스도인의 삶과 사역의 유일한 기준과 근거가 되어지는 성경에서 제시하고 있는 원리와 그 구체적인 방법들을 찾아 이 시대의 사역의 현장에 적용해 나가는 것이 무엇보다도 중요한 과제가 아닐 수 없다.

특히 교회는 부름받은 하나님의 자녀들로 구성된 영적 공동체로서 각 지체들이 받은 은사와 재능을 인정해 주고, 사랑으로 서로를 돌보아 주며, 구성원들의 성장과 행복을 위해 헌신하는 가정과 같은 공동체가 되어야 한다. 이런 공동체로 자라가기 위해서는 부름받은 영적 지도자들은 부모가 자식을 대하듯 구성원들을 대하고, 성경적인 원리와 방법에 근거하여 영적 공동체를 가꾸어 나가야 함을 사도 바울의 첫 번째 서신이 분명히 보여주고 있다. 즉, 크리스천 지도자는 구성원들의 성장과 발전과 복리 증진을 위해 자신을 헌신하고 자기 희생의 대가를 기꺼이 지불하고자 하는 사명감으로 무장되어 있는 영적 부모와 같은 지도자가 되어져야 한다는 것이다.

무엇보다도 크리스천 지도자가 영적 부모로서의 역할과 사명을 다하기 위해서는 지도자 자신이 성령의 열매를 풍성히 맺음으로 하나님의 성품을 보다 온전히 닮아가는 일에 초점을 맞추어 나가야 한다. 그리서 예수님의 마음을 온전히 소유하므로 성령의 역사를 통해 진정한 변화를 일으키는 일에 쓰임을 받을 수 있도록 연단과 훈련을 받아야만 한다. 이와는 반대로, 영적 지도자의 자질을 갖추지 못한 미성숙한 지도자는 명예와 이권에 사로잡혀 자기 유익을 앞세우므로 다른 구성원들을 이용하는, 자기중심적인 사역으로 말미암아 그가 이끌어 나가는 공동체에 엄청난 폐해와 어려움을 가져올 수밖에 없다.

이런 자리에 들어가지 않기 위해서는 영적 지도자는 평소에 자기절제와 성숙한 신앙인격을 갖추어 나가는 일을 게을리 해서는 아니 되며, 항상 자신을 돌아보면서 두렵고 떨리는 마음으로 지도자의 사명에 겸손히 헌신하는 사역의 자세를 지속적으로 견지해 나가야만 한다. 이것은 지도자 자신의 노력과 능력으로만 되어지는 것이 아니라 성령의 인도하심과 도우심과 역사하심이 있어야 만이 가능한 것이 바로 영적 지도자의 사역이다.

결론적으로, 이 시대에 부름을 받은 영적 지도자들은 세상의 지도자들과는 달리 하나님의 나라와 그의 영광으로 부르시는 하나님께 합당한 삶을 살고, 받은바 소명에 헌신하고 충성하는 삶을 살도록 인도하는 것이 크리스천 리더십의 궁극적 목표임을 기억하여 자신이 인도하는 모든 사람들이 이러한 영광스럽고 복된 자리에 이를 수 있도록 사도 바울처럼 부모로서의 크리스천 리더십을 발휘하므로 사역의 풍성한 결실을 맺어 하나님께 영광을 돌려 드릴 수 있어야 할 것이다.

참고도서(Reference List)

Bruce, F. F. *Word Biblical Commentary: 1 & 2 Thessalonians*. Waco, Texas: Word Books, 1982.

_____. *The Gospel of John*. Grand Rapids: Eerdmans, 1983.

Calvin, John. *Calvin's Commentaries: The Epistles of Paul The Apostle to the Romans and to the Thessalonians*. Grand Rapids: Eerdmans, 1960.

Geldenhuys, Norval. *The New International Commentary on the New Testament: Commentary on the Gospel of Luke*. Grand Rapids: Eerdmans, 1951.

Hendriksen, William. *New Testament Commentary: Philippians*. London: The Banner of Truth Trust, 1962.

Hiebert, D. Edmond. *1 & 2 Thessalonians*. Chicago: Moody Press, 1992.

Marshall, I. Howard. *The New Century Bible Commentary: 1 and 2 Thessalonians*. Grand Rapids: Eerdmans, 1983.

Morris, Leon. *1 & 2 Thessalonians*. London: The Tyndale Press, 1956.

Stott, John. *The Gospel & The End of Time: The Message of 1 & 2 Thessalonians*. Downers Grove, Ill: InterVarsity Press, 1991.

Spurgeon, C. H. *An All-Round Ministry*. Pasadena, Tex.: Pilgrim, 1973.

Vincent, Marvin. *Word Studies in the New Testament*. Vol 3, Grand Rapids: Eerdmans, 1989

게할더스 보스. *하나님 나라와 교회 은혜와 영광*. 원광연 역, 크리스챤 다이제스트, 1997. 국민일보. 2004년 10월 27일자 신문.

글렌 와그너. *예수님이 원하시는 교회 (The Church You've Always Wanted)*. 조계광 역, 생명의 말씀사, 2004.

브루스 밀른. *말씀이 육신이 되어 (The Message of John)*. 정옥배 역,

IVP, 1995.
브루스 B. 바톤, 닐 윌슨, 린다 K. 테일러, 데이비드 R. 비어만. 데살로니가전후서. 박태영 역, 성서유니온선교회, 2002.
워런 W. 위어스비 & 데이빗 W. 위어스비. 건강한 사역자입니까? 김모루 역, 디모데, 1998.
워런 위어스비. 어떻게 준비하면서 살수 있는가? 나침반, 1985.
이순한. 바울 소서신 야고보서 강해. 한국기독교교육연구원, 1992.
조병수. 주해 데살로니가전서. 합동신학대학원 출판부, 1998.
조오지 엘돈 래드. 하나님 나라의 복음 (The Gospel of the Kingdom). 신성수 역, 한국 기독교 교육연구원, 1982.
존 스토트. 리더십의 진실. 정옥배 역, IVP, 2002.
존 파이퍼. 묵상④. 정영재 역, 좋은 씨앗, 2001.
페리 G. 다운즈. 기독교 교육학개론. 엄성옥 역, 은성, 1998.
핑크. 산상수훈(상). 지상우 역, 엠마오, 1986.
홍인규. 로마서 어떻게 읽을 것인가. 성서유니온, 2001.

8장

영적 지도력과 사역개발

Spiritual Leadership and Ministry Development

제 8 장
영적 지도력과 사역개발
(Spiritual Leadership and Ministry Development)

1. 서론(Introduction)

오늘날은 과거보다 지도자의 직함을 가진 사람들은 여기저기서 더욱 많이 보여지고 있지만, 참으로 주변의 사람들에게 감동을 주고 선한 영향력을 끼치면서 존경을 받는 지도자를 찾아보기가 심히 어려운 시대라고 말을 할 수 있다.

이 시대 한국교회의 영적 리더십의 상황에 대한 평가 중 하나를 소개하면 다음과 같다: "오늘날의 많은 기독교 지도자들은 참된 지도력을 상실하고 본연의 모습을 망각한 채 교회확장이나 명예를 얻기 위한 목회를 위하여 뛰어 왔다고 할 수 있다. 그로 인해 참된 지도자들이 설자리를 잃어가고 있는 것이다. 소수의 제한된 사람들만을 지도자로 이해하고, 유기체로서의 교회의 공동체성의 상실 뿐 아니라 지도력 개발과 지도자를 양육하는 일에 교육적인 안목을 발휘하지 못하였다. 또한 지도자가 시대적 상황에 따른 지도 유형을 개발하여 공동체의 변화에 적절하게 대응할 수 있도록 지도자를 세우지 못한 상황에 있다."[1]

폴 시다(Paul Cedar)는 "섬기는 지도자"라는 그가 쓴 책에서 "심지어는 교회 지도자들 중에서도 자기 고집대로 길을 가고 하나님의 왕국보다는 자기 아성을 쌓는 사람들이 있다. 이런 지도자들은 하나님의 계획보다는 자기 계획을 앞세운다. 그들은 다른 사람들을 그리스도 안에 있는 믿음으로 자유하게 하기보다는 그들의 생활을 좌지우지 하는데 재미를 느끼고 있는 것 같다"라고 잘못된 지도력의 실상을 드러내 보여주고 있다.[2]

이와 같이, 왜곡되고 오용되어지고 있는 영적 지도력을 바르게 행사하기 위하여 먼저 지도력에 대한 올바른 인식이 선행되어져야 하며, 영적 지도자의 사역의 성격과 목표를 이해하고 더 나아가 21세기에 적합한 사역의 구체적인 방법들을 신중하게 고려하여 사역 현장에 적용해 나가야 할 것이다. 따라서 본 연구에서는 성경에 근거한 영적 지도력의 의미를 고찰하고, 영적 지도자의 사역성격, 사역목표, 그리고 사역방법에 관하여 살펴보고자 한다.

2. 영적 지도력의 의미(Meaning of Spiritual Leadership)

일반 지도력이 하나님의 인도와 간섭을 배제하고서 어떤 집단을 이끌어 가는 기술이나 방법을 습득하여 행사하는 것이라면, 영적

---

1) 민희경, *지도력 개발의 기독교교육적 고찰*, 장로회 신학대학교 대학원 석사학위 논문, 2001, p. 4.
2) 폴 시다, *섬기는 지도자(Servant Leadership)*, 김성웅 역, 도서출판 햇불, 1992, p. 51.

지도력은 하나님과의 올바른 관계 속에서 성령의 능력을 통하여 발휘되어진다는 점에서 구별되어 진다(골 1:28-29). 그러면 구체적으로 영적 지도력이란 무엇인가? 영적 지도력이란 하나님이 주신 사역의 비전을 성취하기 위하여 주변의 사람들에게 선한 영향력을 끼쳐 그 비전에 자발적으로 함께 참여하게 하고 동역[협력]하게 하므로 목표를 달성해 나가는 영적 능력을 의미한다.

피터 와그너(Peter Wagner)는 그의 책 "Leading Your Church to Growth"에서 교회 지도자를 Equipper(구비자)로 보고 지도자는 "하나님의 뜻에 합당한 목표를 설정하고 그 목표를 수행해 나갈 사역자를 교인들 가운데서 확보하며 교회의 각 회원들이 목표성취를 위한 자신에게 맡겨진 부분을 수행하게 할 동기 부여와 훈련을 적절하게 받게 하는 자이다"라고 정의하고 있다.[3] 따라서 피터 와그너(Peter Wagner)는 지도력 과정을 세 부분으로 보고 있다: ①목표 설정 ② 사역자 확보(목표달성을 위한) ③사역자를 훈련시킴-이는 사역자에게 지식과 기술을 전달하고 그것들을 활용할 수 있게 하는 것을 의미한다. 즉 장비를 제공하는 것을 뜻한다.

오스왈드 샌더스(J. Oswald Sanders)는 그의 저서 "영적 지도력(Spiritual Leadeship)"에서 "지도력이란 한 사람이 다른 사람에게 영향을 끼칠 수 있는 능력을 의미한다. 사람은 자기가 영향을 끼칠 수 있는 한계까지만 다른 이를 지도할 수가 있는 것이다"라고 말하면서 "지도자의 자격은 하나님으로부터 직접 오는 '알수 없고 전격적인 자질' 인 반면 다른 한편으로는 지도력의 기술이란 촉진될 수

---

3) 칼 죠오지, 밥 로건, *리더쉽과 교회성장*, 송용조 역, 서울성경학교출판부, 1990, p. 20.

있고 개발될 수 있다는 것은 명백한 것이다"라고 언급한다.[4]

　이렇게 영적 지도자의 세움은 하나님의 주권과 인간의 책임의 양면을 지니고 있는데 이것은 요셉의 경우에서 극적으로 드러나고 있다. 요셉이 애굽의 총리대신이란 지도자의 자격은 하나님께로부터 오래전에 이미 예정되어 있었지만 그 지도자의 지위는 그저 우연하게 주어진 것이 아니라 사실 그것은 하나님의 손아래서 13년 동안의 철저하고 온전한 훈련과 연단을 받은 결과였음을 성경이 잘 말해 주고 있다.

　역사상 가장 위대한 경영자로, 희망을 실현시킨 지도자로 인정을 받고 있는 이스라엘의 영도자 모세의 경우 사실상 전혀 지도자가 될 수 있을 것 같아 보이지 않는 그런 유형의 사람이었다고 볼 수 있다. 그는 말더듬이요, 말하는 대신 주먹을 휘둘러서 사람을 죽인 살인자요, 조직체의 직무지침을 때려부쉈다고 해도 좋을 만큼 성깔이 있는 사람이었고, 스스로 지도자의 자격이 없다고 생각하고 지도자가 되기를 꺼렸던 사람이었는데, 한 가지 그가 가진 장점은 정의감과 연민의 정(동족 이스라엘 백성이 학대받는 것과 이드로의 일곱 딸들이 어려움에 처했을 때 호의를 베풀었던 일)이 있었다는 것이다.

　이런 모세가 나중에 호렙산 가시떨기 불꽃 가운데서 그를 부르신 하나님에 의해서 강제로 떠밀려 위대한 지도자가 되어진 사람이었지만 그렇게 되기까지 모세는 애굽에서 40년, 미디안 광야에서 40년 도합 80년 동안 지도자가 갖추어야할 자격을 위하여 혹독한 훈련을 받았던 것을 결코 간과해서는 아니될 것이다. 토저(A. W.

---

4) J. O. 샌더스, 영적 지도력, 이동원 역, 요단출판사, 1982, pp. 37, 40.

Tozer)는 "진실되고 믿을 수 있는 지도자는 지도자가 되기 위한 아무런 욕망도 가지지 않은 자가 아니라 성령의 내적인 압박과 외부적인 환경의 억누름에 의해 지도자의 직분을 강제로 떠맡은 자이다. 모세와 다윗 그리고 구약성경의 선지자들이 바로 그러한 인물들이었다"라고 영적 지도자는 궁극적으로 하나님에 의해 세워진다는 점을 강조하고 있다.[5]

드러커 재단의 회장인 프랜시스 허셀바인(Frances Hesselbein)은 "리더십이란 조직의 사명을 염두에 두고 경영하고 그 사명감을 위해 성원들을 동원, 관리할 수 있는 능력이다. ... 오늘날 리더는 상처의 치유자이자 조직의 통합자가 되어야 한다."고 말을 한바 있다.[6] 그는 "리더십이란 어떻게 하느냐(how to do it)의 문제가 아니라 어떻게 존재하느냐(how to be)에 대한 문제"라고 말한다.[7] 코비 리더십 센터의 창설자인 스티븐 R. 코비(Stephen R. Covey)도 리더십이란 기술적인 유능함보다는 인격에 대한 문제이고 인격과 기술적인 유능함은 서로 연결되어 있다고 언급하였다.[8]

미국 미시간 대학의 교수인 노엘 티시(Noel Tichy)는 "리더십이란 현상을 그대로 볼 수 있는 능력과 이에 적절한 반응을 유도해 낼 수 있는 능력이다"라고 정의를 내리고 있다.[9] 미국의 도날드 벨(Donald Bell)은 "지도력은 무엇이 행해져야 할 필요가 있는지를 알고, 그것을 하는 방법을 알고, 그 다음 다른 사람들을 따르게 하

---

5) Ibid., p. 42.
6) 피터 드러커, *21세기 리더의 선택*, 한근태 역, 한국경제신문, 2000, pp. 8-9.
7) Ibid., p. 268.
8) Ibid., p. 268.
9) Ibid., p. 307.

는 것이다"고 말하고 있다.[10] 피터 드러커(Peter F. Drucker)는 "리더의 과업은 사람을 리드(lead)하는 것이다. 그리고 그 목표는 개개인의 구체적인 장점과 지식이 생산성을 올리도록 하는 것이다"라고 언급하고 있으며[11], 원동연 교수는 "진정한 지도자는 자신의 달란트(재능)를 최대로 발휘하여 남을 도와줌으로써 남들도 자신의 달란트를 최대로 발휘하도록 하여 맡겨진 일을 바르게 처리할 수 있게 해 줄 수 있는 사람"이라고 설명하고 있다.[12]

그러면 관리자와 지도자의 차이점은 무엇인가? 관리자는 주어진 업무를 옳게 하는 것에 초점을 맞추어 나가는 반면, 지도자는 옳은 일들을 하는 것에 관심을 집중하는 사람으로 전자는 체계적이나 후자는 모험적이라고 말할 수 있다. 일반적으로 "관리란 조직의 임무를 완수하기 위하여 인력, 자금, 물자, 시간 및 시설 등 자원을 경제적이고도 효율적으로 사용하는 기능을 말한다."[13]

스티븐 코비(Stephen Covey)는 "리더십은 방향(direction), 즉 사다리를 올바른 벽에 기대도록 하는 일을 다루는 반면, 관리는 속도(speed)를 다룬다. 그러나 방향이 잘못되어 있는데도 속도를 두 배로 올리면 정말 어리석은 결과만 나올 뿐이다. 또 리더십은 사명을 눈에 보이게 하고 효과성(effectiveness)과 성과(results)를 다루는 반면, 관리(management)는 그러한 성과를 얻기 위한 구조와 시스템을 확립하는 일을 목표로 한다. 따라서 관리는 효율성(efficiency), 비용/이윤분석, 병참술, 방법론과 절차, 정책 등에 초

---

10) 케네스 O. 겐젤, 교회교육의 리더십, 권명달 역, 보이스사, 1991, p. 12.
11) 피터 드러커, 21세기 지식경영, 이재규 역, 한국경제신문사, 1999, p. 59.
12) 원동연, 5차원 전면교육학습법, 지식산업사, 1997, p. 16.
13) 신응섭외 5인, 리더십, 학지사, 1994, p. 24.

점을 맞춘다"고 그 차이점을 설명한다.[14]

　성경적으로 볼 때 영적 지도력이란 변화가 일어날 수 있도록 이끌어 주는 능력이라고 볼 수 있다. 롬 12장 2절에 "너희는 이 세대를 본받지 말고 오직 마음을 새롭게 함으로 변화를 받아 하나님의 선하시고 기뻐하시고 온전하신 뜻이 무엇인지 분별하도록 하라"고 은혜로 구원받은 그리스도인의 삶속에 계속적인 변화가 일어나야 할 것을 말씀하고 있다. 이 변화는 외면적인 것이 아니라 내면적인 변화를 뜻하는데 이것은 성품의 변화, 가치관의 변화, 치유의 변화를 의미한다.

　이러한 변화는 하나님의 온전한 형상이신 예수 그리스도를 닮아가는 변화이다. 예수님을 만났던 세리장 삭개오의 삶 속에 일어났던 변화가 바로 이러한 것이다. 요 1:14에서 예수님의 삶은 은혜와 진리가 충만한 삶으로 하나님의 영광을 온전히 드러내 보였던 것을 말씀하고 있는데, 영적 지도력이란 지도자 자신이 은혜와 진리로 충만할 뿐만 아니라 자신이 접촉하는 모든 사람들의 삶 속에 은혜와 진리가 넘쳐날 수 있도록 이끌어 주는 능력인 것이다.[15] 이런 의미에서 리더십의 최고의 모델은 바로 예수님이시다. 그의 그룹은 12명으로 구성되어 있었지만, 그중 한 명은 의심했고, 그중 한 명은 그를 알지 못한다고 부인했으며, 한 명은 살인자들의 손에 그를 넘겨주었다. 그러나 이런 소그룹을 가지고서도, 그는 세상을 변화시키셨다.

---

14) 스티븐 코비, *원칙 중심의 리더십*, 김경섭 박창규 역, 김영사, 2001, p. 378.
15) 요 1장 14절에 의하면 예수님의 삶이 은혜와 진리가 충만한 삶이셨던 것을 말씀하고 있는데 지도자의 모델이 되신 예수님처럼 오늘날의 지도자들도 이 두가지 요소를 조화롭게 갖추어 나갈 때 주님을 닮은 영적 지도자로서 온전히 쓰임을 받을 수 있을 것이다.

기독교 미래학자인 하워드 A. 스나이더도 21세기에서의 목회 지도자의 "목회는 양무리를 먹이고 보호하는 일을 넘어서 신자들을 변화시켜 마땅히 제사장과 사역자와 종이 되도록 하는 일까지도 담당해야 한다"고 영적 지도자의 사역이 신자들의 삶에 변화를 가져올 수 있어야 함을 지적하고 있다.[16]

더 나아가 마 9:35-38에서 예수님의 사역을 기초로 하여 영적 지도력의 정의를 다음과 같이 보다 구체적으로 이끌어 낼 수 있다: 영적 지도력이란 ①참된 것과 중요한 것을 분별하여 행할 수 있도록 이끌어 주는 능력(교육적인 사역)이며, ②부정적이고 파괴적인 영향을 차단시키고 긍정적이고 건설적인 참된 만족과 기쁨과 행복을 누릴 수 있도록 이끌어 주는 능력(복음적인 사역)이고, ③병든 부분과 문제의 상황이 치유되어질 수 있도록 이끌어주는 능력(치유적인 사역)이며, ④순수한 깊은 동정을 베풀 수 있는 능력(사랑의 사역)이고, ⑤또 다른 지도자(사역자)들을 세워 나가는 능력(인재양육 사역)이다(엡 4:11-12, 딤후 2:2).

폴 시다(Paul Cedar)는 그가 쓴 "섬기는 지도자"라는 책에서 영적 지도자의 성경적 모델로서 예수님의 섬기는 지도자상을 제시하면서 "섬기는 지도자는 부서지고 상하고 불완전한 사람들을 세우고 고치며, 예수 그리스도의 은혜와 사랑으로 격려하는 일을 맡기 위해 부르심을 받았다"라고 영적 지도력을 적절히 설명해 주고 있다.[17] 그러므로 영적 지도자는 다스리며 명령하는 사람이 아니라

---

16) 하워드 A. 스나이더, *21세기 교회의 전망*, 박이경, 김기찬 역, 아가페, 1993, p. 100.
17) 폴 시다, *섬기는 지도자(Servant Leadership)*, 김성웅 역, 도서출판 햇불, 1992, p. 47.

구성원들의 변화와 성장을 위해 섬기는 자로서 영적인 영향력을 발휘할 수 있어야 한다. 또한 이런 의미에서 소금과 빛으로 부르심을 받은 모든 그리스도인들은 처해 있는 그 환경 속에서 영적 지도력을 나타내 보일 수 있어야만 한다.

캐나다 벤쿠버에 소재하고 있는 리전트 대학(Regent College)의 학장과 리더십 및 경영학 교수를 지내면서 30년이 넘게 리더십의 본질에 대해 탐구해 왔던 월터 C. 라이트(Walter C. Wright, Jr.)는 다음과 같이 언급하고 있다: "만약 리더라는 단어의 의미를 권위와 책임을 맡은 지위에 있는 사람이라고 해석한다면, 모든 크리스천들이 리더일 수는 없다. 단 몇몇만이 리더가 될 것이다. 하지만 리더의 의미를 다른 사람과 관계를 형성하여 그들의 행동과 가치관, 태도에 영향을 미치는 사람이라고 해석한다면, 모든 크리스천들이 리더가 되어야 한다. 더 정확하게 말하자면, 모든 크리스천들이 주위 사람들의 삶에 변화를 가져오려고 노력하면서 리더십을 발휘해야 한다는 것이다."[18] 그는 "리더십은 한 사람이 다른 사람의 생각과 행동, 신념 또는 가치관에 영향을 미치고자 하는 관계"라고 정의를 내리고 있다.[19]

그러면 어떤 사람이 영적 지도자라고 말할 수 있는가? 한 마디로 말하면 영적으로 성숙한 사람이 바로 영적 지도자라고 말할 수 있다. 영적으로 성숙한 사람은 예수님처럼 은혜와 진리가 충만한 사람으로 가장 위대한 지도자이신 예수님을 가장 많이 닮은 사람이다.

---

18) 월터 C. 라이트 Jr, 관계를 통한 리더십(Relational Leadership), 양혜정 역, 예수전도단, 2002, p. 20.
19) Ibid., p. 21

구약시대 이방인이었던 나아만 장군과 그가 속한 아람나라 전체에 엄청난 영적 영향력을 끼쳤던 이름조차 알려지지 아니했던 한 계집종이야말로 그 시대에 빼놓을 수 없었던 위대한 영적 지도자로서의 역할과 사명을 훌륭하게 수행했던 진정한 지도자였음을 성경은 말씀해 주고 있다. 또한 에스더에게 영향을 끼쳐서 이스라엘 민족을 전멸시킬려고 했던 하만의 계략과 음모로부터 그 민족을 구출해내는데 결정적인 역할을 했던 모르드개는 그 시대의 진정한 영적 지도자였음을 그 누구도 부인할 수 없을 것이다.

사실 초대교회의 위대한 영적 지도자였던 베드로 영적으로 성숙되지 못했을 때는 자기과시와 거짓된 자만과 영적 분별력 상실 등으로 문제를 일으킨 장본인으로서 지도자의 자격이 부족했던 사람이었다. 그러나 그가 오순절에 성령 충만을 받고난 후 변화되고 영적으로 성숙한 사람이 되어 초대교회를 이끌고 선교사역의 지도자로서 막중한 사역을 성공적으로 수행해 나갈 수 있었던 것을 알 수 있다.

그 베드로 사도가 마지막에 남긴 벧후 1장에서 영적 지도자가 되기 위해서 영성 개발이 얼마나 중요한가 하는 것을 강조하고 그 구체적인 내용을 자세히 밝혀주고 있는 것을 볼 때 영적으로 성숙한 그리스도인이 하나님 앞에 쓰임받는 진정한 영적 지도자가 될 수 있다는 것을 확신할 수가 있을 것이다.

3. 영적 지도자의 사역성격
   (Ministry Character of Spiritual Leader)

먼저 영적 지도자는 조직의 정체성을 유지해 나가고, 조직의 사명 수행을 위한 사역의 효율을 극대화시켜 나가는 일에 우선적인 책임이 있음을 인식해야 한다. 그러므로 영적 지도자는 이런 책임을 다하기 위하여 자신의 사역의 성격이 무엇인지를 명료하게 이해하고 있어야 한다. 영적 지도자가 수행해 나가야 하는 사역의 성격이 어떠한가? 하는 문제에 대하여 중요한 통찰력을 제공해 주고 있는 것이 마 18장 1-14절까지의 말씀이다.

영적 지도자는 무엇보다도 어린아이와 같이 하나님을 절대적으로 의지하는 신뢰성과 겸손한 수용성이 있어야 함을 깨우쳐 주고 있다(마 18:1-4). 겸손한 수용성이란 다른 사람들의 견해를 존중하며 항상 새롭고 창의적인 것들을 마음을 열어서 배우고 받아 들이려고 하는 자세를 의미한다. 이것은 지도자가 갖추어 나가야할 필수적인 품성에 대한 언급으로 볼 수 있다.

따라서 영적 지도자는 자신이 모든 것을 할 수 있고 모든 문제를 해결할 수 있는 것처럼 자기 자신에 대해 잘못된 환상을 가지지 아니하고 단순한 의존심으로 자신을 하나님께 내어 맡길 수 있는 사람이다. 또한 지도자는 권위있는 자리에 오른다고 할지라도 자신의 지위와 평판에 대해 이기적인 관심이 없으며, 마음이 온유하고 겸손하셨던 예수님을 닮는 자가 되어져야 한다.

마 18장에 근거하여 영적 지도자의 사역은 (1) 제사장적인 사역(존중, 인정, 영접: 마 18:5, 10), (2) 선지자적 사역(교정, 양육: 마 18:6-9), (3) 왕적인 사역(보호, 관리: 마 18:12-14)으로 세 가지 영역으로 세분화할 수 있다.

(1) 제사장적인 사역(존중, 관심, 인정, 영접: 마 18:5, 10)

마 18:5에서 "어린 아이 하나를 영접하면"에서 "영접"의 의미를 필립 메이(Philip R. May)는 다음과 같이 설명한다: "여기서 사용된 단어 '데코마이(dechomai)는 주어진 것을 사려 깊게, 준비된 마음으로 받아들인다는 뜻이다. 신약에서 자주 사용되었는데 예를 들어 손님으로 온 사람을 영접하는 것, 다른 사람을 환대하는 것, 선물을 받는 것, 가르침이나 증거를 좋게 받아들이는 것이다. 이 특별한 예에서 강조점은, 집에 초대한 친구나 손님에게 반갑게 인사하는 접대라는 것에 있다"[20] 이와 같이, 영적 지도자의 사역은 주어진 구성원들에게 결점이나 단점이 있을지라도 주님의 마음을 가지고 그들을 하나님께서 친히 창조하신 존귀한 존재들임을 기억하면서 그들을 기쁨으로 영접하고 수용하는 사역이 되어져야 한다.

성경에서 보여주듯이 사역 대상자들은 언제나 미성숙성과 미개발성의 측면을 가지고 있다. 그러므로 이런 측면들을 가지고 그들을 판단하고 제한을 가하는 부정적인 꼬리표(예를 들면, 항상 사고만치는 문제의 인물이라든지, 치유 불가능한 사람 등의 평가를 의미함)를 결단코 붙여서는 아니 된다는 것이다. 이렇게 꼬리표를 붙이게 되면 사역 대상자가 받은 은사, 재능, 장점, 그의 진정한 필요를 망각하고 방치하는 결과를 가져오게 되어진다. 특히 마 18:10에서 "업신여기지 말라"는 언급은 5절의 영접의 의미를 소극적인 측면에서

---

20) 필립 메이, *어떤 교사가 될 것인가?* IVP, 1992, p. 53.

설명해주고 있는 것으로 볼 수 있다. 즉, 지도자는 구성원들을 무시하거나 낮추어 생각하거나 좋지 않게 생각해서는 아니된다는 것을 말해주고 있다. 다시 말하면 존중하고 귀히 여겨야 한다는 것이다.

이와 같이, 영적 지도자는 언제나 제사장으로서 용납과 사랑과 인정과 존중의 자세를 가지고 구성원들을 대할 수 있어야 한다. 그들에게 개인적인 관심을 가지고 그들의 소리를 경청할 수 있어야 한다.[21] 이것이 바로 구성원들이 안정감 있고 긍정적인 자아상을 형성해 나가는데 좋은 영향을 미치게 되어 그들 자신의 역량개발에 엄청난 효과를 거둘 수 있게 작용한다. 따라서 지도자는 편견을 가지지 아니하고 모든 사역 대상자들을 축복하고 위해서 기도하는 제사장적인 사역을 수행해 나갈 수 있어야 한다.

(2) 선지자적 사역(교정, 양육: 마 18:6-9)

영적 지도자의 선지자적 사역은 구성원들을 실족케 하지 아니하는 데 초점이 맞추어져 있다. 마 18장 6-9까지에서 이 선지자적 사역을 소극적인 측면에서 언급하고 있는 것은 지도자가 구성원들에게 본이 되지 못한다거나 또한 미리 예방 조처를 취하지 아니함으로 문제가 발생했을 때 그 문제를 해결하고 그들을 회복시키고 양육하는데 엄청난 어려움을 겪게 되어짐을 암시해 주고 있다.

마 18장 6절의 "실족케 한다"는 말은 헬라어로 skandalizo인데 길에 덫을 놓거나 거침돌을 놓아 걸려 넘어지게 하는 것을 의미한

---

[21] "실제로 남의 말을 경청하는 일은 세상에서 가장 어려운 기술이다. 왜냐하면 그것은 자아에게 가장 철저하게, 끊임없이 죽어야 할 것을 요구하기 때문이다" (필립 메이, op. cit., p. 125).

다.[22] 이와 같이, 지도자는 구성원들이 생각과 말과 행동에서 범죄하는 자리에 들어가지 않도록 지도자가 먼저 세심하게 모범을 보이면서 적극적으로 구성원들을 돕고, 양육하고 지도하며 교정하는 역할을 제대로 수행해 나갈 수 있어야 한다.

따라서 영적 지도자는 빌 4:8의 내용 그대로 "무엇에든지 참되며 무엇에든지 경건하며 무엇에든지 옳으며 무엇에든지 정결하며 무엇에든지 사랑할만하며 무엇에든지 칭찬할만하며 무슨 덕이 있든지 무슨 기림이 있든지 이것들을 생각하라"는 말씀을 늘 생각하면서 지도할 수 있어야만 한다. 이렇게 올바른 생각과 말과 행동으로 선하고 아름다운 것들을 구성원들에게 보여 주면서 양육하고 깨우쳐줄 때에 구성원 한 사람 한 사람이 유혹과 죄의 덫이나 걸림돌에 걸려 넘어지지 아니하고 각자의 기능과 역할을 온전히 수행해 나갈 수 있는 건실한 공동체를 형성해 나갈 수 있게 되는 것이다. 그러므로 영적 지도자는 올바른 표준과 기준을 설정하여 구성원들로 하여금 그 삶과 사역에 적용해 나갈 수 있도록 선지자적인 사역을 신실하게 수행해 나가야 한다.

(3) 왕적인 사역(보호, 관리: 마 18:12-14)

마 18:12-14에서 길 잃은 양은 호기심이 많았거나 고집이 세었거나 어떤 것에 유혹을 받았거나 스스로 오판을 한 결과로 나머지 양들과는 헤어져 다른 길로 가다가 길을 잃어 버렸을 것이다. 이와 같이 어떤 이유에서든 어려움 가운데 있고, 문제를 안고 있는 구성

---

22) 필립 메이, op. cit., p. 58.

원들을 위한 왕적인 사역 수행을 위해서는 상당한 희생과 수고가 뒤따르게 되어진다.

그럼에도 불구하고 이 사역이 귀하고 가치있는 것은 그 결과로 엄청난 보람과 보상이 주어지기 때문인 것이다. 어려움에 처해있는 한 지체의 회복과 그에 대한 성공적인 관리는 나머지 정상적인 구성원들 모두가 넘치는 기쁨과 만족과 일체감을 보다 뜨겁게 느껴볼 수 있는 엄청난 상승효과를 가져오게 되어진다.

이와 같이, 영적 지도자는 항상 구성원 중 연약하고 어려움에 처해 있는 지체가 누구인지를 살피는 사역에 결코 게을러서는 아니되며, 즉각적인 문제해결에 나설 수 있는 만반의 준비가 되어있어야만 한다. 따라서 지도자는 상담자로서 구성원들이 곤경에 처할 때 실제적인 도움을 주는 자이어야만 한다.

구약에서 에스겔 34:4-8의 내용은 구체적으로 영적 지도자가 해야 할 사역이 무엇임을 드러내 보여주고 있다. 지도자는 거짓된 사상과 태도, 거짓된 가치가 구성원들에게 침투해 들어오지 못하도록 보호하는 왕적 사역을 신실하게 수행해 나가야 한다. 또한 구성원들이 스스로 잘못된 욕망과 나쁜 습관에 이끌려서 파멸의 자리로 나아가지 않도록 관리하고 보호해 주어야 한다. 때로 구성원 스스로가 대처해 나갈 수 없는 위험에 직면하게 될 때 영적 지도자는 그들을 위하여 자기 생명을 내어놓는 자세로 보호의 사역을 수행해 나가야 할 것을 예수님은 친히 실천해 보여 주셨다(요 10:11).

이상의 세 가지 영역의 사역을 고려해 볼 때, 지도력이란 지도자에게 주어진 사역을 유기적으로 그리고 효율적으로 이루어 나가는 능력을 의미한다고 볼 수 있다. 여기에 유기적이란 말은 세 가지 사역의 영역들이 서로 간에 균형과 조화를 이루어 나간다는 의미이며, 효율적이란 말은 이 세 가지 사역을 올바르게 그리고 가장 효과적으로 이루어 나가는 것을 의미한다.

4. 영적 지도자의 사역목표
   (Ministry Purpose of Spiritual Leader)

영적 지도자의 사역의 최종적인 목표는 세상적인 관점에서의 성공이 아니라 사명을 부여하신 하나님께 온전한 충성을 다함으로(계 2:10) 하나님의 뜻을 이루어 드리고(요 6:38-40), 하나님께 영광을 돌리며(고전 10:31-33), 하나님을 기쁘시게 하는 것이다(살전 2:4). 더 나아가 영적 지도자가 인도하고 섬기는 구성원들을 은혜와 진리 가운데서 세워나감으로(요 1:14) 예수 그리스도의 성숙한 제자들로 또 다른 섬김의 사역에 참여할 수 있는 사역자가 될 수 있도록 하여야 한다(마 28:19-20).

클라이드 라이드(Clyde Reid)는 "목회심리학"이라는 글에서 "목회자의 임무는 교인들을 성숙한 사람으로 자립시키려는 노력을 경주하고 그들 역시 사역자로서 역할을 할 수 있음을 발견하게 하는 것이라 정의될 수 있다. 오늘날 우리가 알고 있는 목회자는 종으로서, 즉 교인들이 사역하도록 풀어주는 자로서의 참된 생명을 얻기 위하여, 모든 활동의 중앙에 서서 교인들 위에 군림하는 절대적 지도자로서의 생명을 잃어야 한다. 이것이 도전을 주고, 또 새롭게 요구되는 목회개념이다"라고 적절히 언급해 주고 있다.[23]

---

23) 폴 시다, op. cit., pp. 72-73.

존 화이트(John White)는 영적 지도자가 세상적인 의미에서 외적인 성공에 사로 잡힐 것이 아니라 진정한 사역의 목표에 초점을 맞추어 나가야 할 것을 강조하면서 다음과 같이 말하고 있다: "그러므로 기본적으로 성공에 대하여는 생각하지 않도록 당신을 격려해야겠다. 만일 하나님께서 당신을 성공하게 하셨다면, 기뻐하고 그를 찬양하라. 당신의 목표는 당신의 주변 사람들이 평가하는 식의 '성공'에 있는 것이 아니라, 당신이 세상적인 어떤 기준에서는 보상을 받지 못할 일을 할지라도 그 일을 통하여 그리스도를 기쁘시게 해 드리는 데 있다. 일은 당신이 '더 나은 일'에 이르기 위한 디딤돌이 아니다. 그것은 구세주를 섬기는 행위이다."[24] 이것은 영적 지도자들에게 참으로 도전적인 말이 아닐 수 없다. 세상적인 성공 자체가 영적 지도자의 최종 목표가 아니라 주님의 뜻에 합당한 사역이 되어지므로 주님을 기쁘시게 할 수 있는 사역이 되어질 수 있도록 사명에 감사함으로 겸손히 헌신하고 신실하게 충성을 다하는 것이어야만 할 것이다.

5. 영적 지도자의 사역방법
   (Ministry Method of Spiritual Leader)

지도자는 자신이 사역하고 있는 공동체의 질을 높이기 위해서 보다 효율성이 높은 사역을 위한 끊임없는 변화와 개선을 추구해

---

24) 존 화이트, *신앙생활 지침*, 생명의 말씀사 역, 1977, p. 253.

나가야 한다.[25] 급변하는 시대에는 어제는 불가능하다고 여겼던 것이 오늘 갑자기 가능해 지고, 어제까지 유용했던 것들이 오늘 더 이상 쓸모없게 되어지는 상황이 계속하여 발생하게 되어진다. 예를 들면 1909년에는 지구상의 95%의 인구가 육체노동을 하면서 땅을 경작해서 살아갔지만, 지금 선진국에서는 오직 5%의 인구만이 땅을 경작해서 살고, 20-25%만이 육체노동으로 생계를 유지해 나가고 있다.[26]

그러므로 지도자는 주어진 자원(인적, 물적, 환경적)으로 최대한의 효과를 내고 있는지를 항상 확인해야만 한다. 확인해 나가는 과정에서 어떤 부분에 변화가 주어져야 하며 또한 혁신이 필요한지를 찾아내고 적시에 개선해 나갈 수 있는 유연성이 필요하다. 여기에 정기적으로 하고 있는 사역의 내용과 그 과정과 방법의 적실성에 대한 평가가 요청되어 진다. 그러나 그 평가가 단지 형식적인 평가가 아니라 발전과 진보를 위하여 배우고 개선하고자 하는 실질적인 평가가 이루어질 수 있어야 한다.

영적 지도자가 사역의 효율성을 극대화시켜 나가기 위해서는 다음과 같은 점들을 유의해야만 한다:

---

25) 마가렛 휘틀리(Margaret Wheatley)는 변화를 위한 전략이 성공적인지 측정하기 위해서는 다음과 같은 질문을 해 볼 필요가 있다고 말한다: "이 전략을 시행하기 전보다 구성원들이 더 조직에 참여하고 싶어 하는가? 변화를 위한 노력이 끝난 후 구성원들이 다음 변화를 위해 더 준비할 것인가? 역량을 진정 개발한 것인가? 아니면 그저 하나의 이벤트를 시행한 것인가? 성원들이 자신의 창의성과 전문성이 조직 변화에 기여했다고 느끼는가?" (피터 드러커, *21세기 리더의 선택*, p. 204)

26) 피터 드러커, op. cit., p. 84.

(1) 구성원들의 자발적인 역할과 능동적인 사역에의 참여를 이끌 수 있어야 한다.

너무 상세한 지침이나, 시간표, 계획표, 조직 구성표와 같은 도구들을 먼저 제공하는 것 보다는 정보와 자원을 제공하고 그들을 신뢰하면서 동기를 부여하면서 조정역할을 하는 것이 보다 바람직할 것이다. 그래서 외부로부터의 통제를 최소화하고 그들 스스로가 주체가 되어 능동적으로 사역해 나가도록 도와주는 것이 가장 풍성한 성과를 가져올 수 있음을 기억해야 한다.

워렌 베니스와 버트 내너스는 "리더는 통제하고, 지시하고, 자극하고, 조작한다. 아마 이것은 무엇보다도 가장 위험한 신화일 것이다"라고 말하면서 "리더십이란 힘 자체를 발휘하는 것이 아니라 다른 사람이 능력을 발휘하도록 그 힘을 주는 것"이라고 언급한다.[27]

나사니엘 브랜든은 "노동에서의 자부심"이라는 책에서 "당신의 직원들을 목표로 삼아라. 그리고 방해되지 않게 비켜서라. 필요하면 언제든지 당신이 도와줄 것임을 직원들이 알게하라. 그러나 쓸데없이 등장하거나 참견하지 마라. 잊지마라. 당신이 할 일은 사기를 북돋고, 방향을 제시하고, 일할 여건을 마련해 주는 것이다 …. 직원들의 창조적인 자기 주장이야말로 성공의 척도임을 명심하라"고 강조하고 있다.[28]

데이비드 배런은 직원들에게 여유를 많이 주면 줄수록 지도자의 비전을 공유하고 증진시키려는 열의가 커진다는 것을 말하면서 이

---

27) 데이비드 배런, 리네트 파드와, *모세의 경영전략*, 이상헌 역, 위즈덤 하우스, 2000, p. 146.
28) Ibid., p. 146.

것의 실례로서 3M소속의 과학자 아트 프라이(Art Fry)의 포스트 잇(Post-it) 발명에 관한 이야기를 다음과 같이 소개하고 있다.

1970년대에 아트 프라이는 교회 합창단에서 찬양하는 사역에 참여하고 있었는데 자신이 부를 찬송가의 위치를 표시하려고 종이 조각을 사용하는 것이 불편하여 계속 붙어 있으면서 쉽게 뗄 수 있는 책갈피를 궁리하는 가운데 만들어진 것이다. 이것은 자기시간의 15%를 자기가 하고 싶은 프로젝트에 사용할 수 있게 배려해 주었던 3M의 정책에서 이루어진 놀라운 성과였고, 나중에 스카치 테이프 같은 굉장한 제품을 개발하는데 큰 도움이 되었다는 것이다.[29]

미국의 넬슨 모티베이션의 창시자인 밥 넬슨(Bob Nelson)은 그가 쓴 "활기찬 일터를 만드는 방법"이라는 기고문에서 조직체의 구성원들이 보다 자발적으로 사역에 참여하고 업무의 효율성과 생산성을 높이기 위해서 다음과 같이 5가지 방법을 제시하고 있다.:[30]

① 의사소통을 최우선 과제로 삼아라–일반적으로 조직의 구성원들은 조직에서 일어나고 있는 일들을 알고 싶어하며, 특히 변화의 시기에는 변화의 내용이 무엇임을 이해함으로 더욱 안정감을 가질 수 있기에 그러하다. 지도자는 모든 직원들과 약 20분 정도라도 개인적으로 만나 업무 개선방안, 새로운 아이디어, 개인적인 문제 등을 나눌 필요가 있다. 혹은 한 부서의 직원들 중 일부를 아침 식사에 초대하여 대화를 나누는 방법 등도 효과적이다. 헤롤드 제닌(Harold Geneen)은 그의 저서 "관리하기(Managing)"에서 "내가 보기에는 행복하고 번영된 분위기를 만드는 데 있어서 가장 중요한

---

29) Ibid., pp. 148-149.
30) 피터 드러커, op. cit., pp. 319-325.

요소는 관리구조 내 상하 직급간에 개방적이고 자유롭고 정직한 의사소통을 강조하는 것이었다"라고 말하고 있다.[31]

② 주인정신을 개발하라-조직 구성원들이 주인의식과 책임감을 가지고 능동적으로 일하기를 바란다면, 그들을 먼저 주인(owner)과 같이 대접해 주어야 한다. 직원 자신과 그가 맡은 일에 영향을 미치는 사안에 대해 의견을 말할 수 있는 분위기를 조성해 주어야 하며, 그가 가지고 있는 아이디어를 실현할 수 있는 기회를 제공해 주는 것이 필요하다. 또한 조직의 비전과 사명을 제대로 이해할 수 있도록 이끌어 주어야만 한다.

③ 문제를 개선할 수 있는 방안을 세워라-모든 직원들에게 매주 혹은 매달 한 두 개의 새로운 아이디어를 낼 수 있도록 간단한 제안양식을 비치해 둔다. 그래서 채택된 좋은 아이디어 제시자에게 포상을 하고 그것을 실행해 나가는 것이 효과적이다. 언제나 문제는 변장된 기회라는 사실을 인식하고 직면한 어려운 문제들을 그리스도의 관점에서 보게 될 때에 올바른 해결책에 대한 아이디어들을 얻을 수가 있다(요 15:5).

스티븐 코비(Stephen Covey)는 "참여는 변화를 일으키고 헌신을 증대시키는 열쇠이다"라고 언급하면서 조직체에서의 문제를 해결하기 위한 효과적인 의사결정은 질(quality)과 헌신(commitment)이라는 두 가지 요소로 이루어져 있음을 말해주고 있다.[32] 따라서 양질의 결정(10점 만점에 10점을 받는 결정)을 했다고 할지라도 그

---

31) 스티븐 코비, 원칙 중심의 리더십, 김경섭 박창규 역, 김영사, 2001, p. 340.
32) Ibid., pp. 333, 336.

결정을 따라주는 구성원들의 헌신도가 낮을 때(10점 만점에 2점 정도의 참여가 있었다고 할 때 10 곱하기 2는 20점) 비효과적인 것이 되어진다. 그러나 사람들을 참여시킴으로 결정의 질이 약간 떨어졌지만(10점 만점에 7점 정도), 상대적으로 사람들의 참여도가 증가되었다면(10점 만점에 8점 정도라면 7 곱하기 8해서 56점) 처음보다 거의 3배 정도의 효과가 나온 것으로 볼 수 있다.

④ 유연성을 권장하라-성공적인 조직은 경직되고, 관료적이고, 너무 세세한 규칙들에 얽매이지 아니하고, 보다 유연하고 조직 구성원들의 의견을 존중하며 어떤 정해진 규칙이나 행동 요강에 의존하는 대신 그들 스스로가 올바른 일을 하도록 분위기를 조성해 나가는 것이 더욱 효과적이다.

⑤ 인정을 지도자의 사역의 자연스러운 한 부분으로 만들라-일반적으로 지도자들이 조직 구성원들에 대한 인정과 칭찬에 인색하다는 것이 사실이다. 미국 위치타 주립대학에서 경영학을 가르치는 제럴드 그레이엄(Gerald Graham) 교수가 여러 작업환경에서 일하고 있는 1500여 근로자들을 대상으로 조사한 연구보고서에 의하면, 그들의 사기를 가장 최상으로 진작시키는 보상은 경영자가 그때 그때 인정해주는 것이었다고 말하고 있다.[33] 그는 구성원들에게 성취동기를 불러일으킬 수 있는 요인들로 일을 잘 해낸 직원을 축하해 주는 것, 좋은 업무실적에 대해 쪽지를 남겨 인정해 주는 것, 좋은 업무실적을 공개적으로 칭찬해 주는 것, 전체 그룹의 성공을

---

33) 피터 드러커, 『21세기 리더의 선택』, 한근태 역, 한국경제신문, 2000, p. 323.

축하하는 것을 듣고 있다.

데이비드 배런(David Barron)은 근로자의 업무동기에 관한 설문조사 결과 봉급은 다섯 번째 정도에 머무르는 반면 그 직장에서 자신의 중요성을 인정받고 그 조직체의 성공에 자신의 기여가 필수적이라는 확신을 가지는 것이 가장 중요한 업무동기가 되어짐을 밝히고 있다.[34]

미국 달라스 신학대학원의 기독교 교육학 교수인 하워드 헨드릭스(Howard Hendricks) 박사는 "오늘날 교회의 결여된 요소가 평신도가 리더십을 발휘할 수 있도록 훈련시켜주는 사역이다. ... 불행하게도 우리는 평신도들이 그들 각자의 사역 영역에서 그리스도인으로서 살도록 훈련시키지 못하고 있다. 많은 사람들이 자신들이 매일 하는 일을 하나의 벌로서 생각할 뿐, 그리스도를 섬기기 위한 기회로 보지 않는다. 그들은 그들이 교회에 갈 수 있도록 치르는 대가로서 일주일에 40에서 50시간을 일해야만 하는 것으로, 그리고 교회에서야 비로소 그들이 '진정한 사역'을 할 수 있는 것으로 생각한다. 비 전담 사역자들은 교회 안에서건 밖에서건 사역을 할 수 있도록 훈련받지 못하고 있다. 한 단체의 생동력에 대한 시금석은 지도자들을 생산해 내고 훈련해낼 수 있는 능력을 스스로 가지고 있느냐에 있다. 최고의 지도자들은 조직체의 내부로부터 나온다"라고 조직체 구성원들의 능동적인 사역참여를 위한 훈련과 준비가 얼마나 중요함을 강조하고 있다.[35]

따라서 영적 지도자는 공동체 구성원들로부터 자발적이며 마음

---

34) 데이비드 배런, 리네트 파드와, op. cit., p. 339.
35) 하워드 헨드릭스, *리더십이 자라는 창의력*, 곽철호 역, 디모데, 2000, pp. 354-355.

에서 우러나오는 헌신을 이끌어낼 수 있어야 한다(출 35:21-29). 일반적으로 공동체 구성원들은 자신이 가장 자신있는 역할을 하게 될 때 그 공동체에 보다 헌신적인 관계를 맺게 된다는 사실을 인식하고 그런 사역과 봉사의 기회를 제공해 줄 수 있어야 한다.

(2) 조직을 새로운 변화로 이끌어 가기 위해서는 무엇보다도 지도자 자신의 내면에서부터 변화가 일어나야만 한다.

런던의 경제학 교수인 찰스 핸디(Charles Handy)는 "우리는 비연결성의 시대, 변화의 속도 그 자체가 굉장히 빠르게 증가하는 혼돈의 시대에 살고 있다"고 이 시대의 특징을 표현하고 있다.[36] 이러한 변화의 시대에 성장해 나가는 조직 공동체를 이끌고 나가기 위해서는 지도자부터 변화되어져야만 한다.

사람이 피할 수 없는 세 가지가 있는데 그것이 죽음과 세금과 변화라는 말이 있듯이 이 변화는 우리의 삶에 있어서 불가피적인 것이다. 특히 급격한 구조조정시대에 생존할 수 있는 유일한 전략은 나 자신이 능동적으로 변화해 나가는데 있다. 영적 지도자는 이 변화를 이끌어 나가는 방법을 알아야 하며 효과적인 변화를 통하여 조직의 목적을 성취해 나가야 한다.

이렇게 변화를 앞서 이끌어 나가는 주도적인 지도자가 되기 위해서는 조직의 문제점에 초점을 맞추기보다는 조직이 가지고 있는 장점과 기회에 초점을 맞추어 나가야 한다. 그래서 새로운 미래를 앞서 만들어 나갈 수 있도록 창의력을 발휘하고 주변에서 일어나고

---

36) Ibid., p. 21.

있는 환경적인 변화들을 새로운 발전의 기회로 사용할 수 있어야만 한다. 훌륭한 기업들이 일반적으로 매출액의 10 퍼센트 정도를 새로운 지식을 획득하는 기술 도입비나 스스로 지식을 창조하는 연구 개발비로 사용한다고 할 때, 지도자도 자신의 하루 24시간 중 최소한 2시간 정도는 자신의 변화와 성장을 위하여 투자하는 삶의 자세를 지녀야 할 것이다.

무엇보다도 영적 지도자는 자신의 신뢰성의 수준을 높여 나갈 수 있도록 계속적인 자기 변화와 자기 성장이 있도록 힘써 나아가야 한다. 영적 지도자와 구성원들 간에 신뢰가 높은 수준으로 축적되어 있지 않으면 구성원들은 지도자가 자신들을 이용한다는 생각을 갖게 되기 때문에 사역에 헌신하고자 하는 동기와 열의가 낮아질 수밖에 없다. 그러므로 신뢰성의 수준을 높여 나가기 위해서는 성품과 역량의 수준이 향상되어져 나가야 한다.

사도행전 6장에 보면 교회에 직분자를 세울 때 지혜와 성령이 충만하고 좋은 평판을 듣는 사람을 세워야 한다고 그 기준을 언급해 주고 있는데 한마디로 신뢰성이 있는 사람을 세워야 한다는 것이다. 이와 같이 영적 지도자는 자신의 신뢰성을 높여 나가기 위해서는 자신의 성품을 다듬어 나가야하고, 특정 전문 분야에서 탁월하게 뛰어날 수 있는 역량, 즉 실력을 배양해 나가야 한다.

(3) 조직을 새롭게 하기 위해서는 그 조직의 지분을 가지고 있는 사람들이나 밀접한 관계가 있는 주변의 사람들로부터 정보를 수집하여 분석하고 평가하는 것이 필요하다.

그리해서 그 조직이 설립 본연의 사명에 충실하고 있는지를 돌아보고, 그 조직과 연관된 주변 환경을 돌아보게 될 때 조직 쇄신의 방향과 내용을 파악할 수 있게 된다. 영적 지도자의 모델이 되시는 예수님도 제자들이 예수님의 가르침을 바르게 이해하고 있는지를 파악하기 위하여 끊임없이 질문을 하셨고, 확인과 평가를 하신 것처럼 오늘날의 지도자들도 그 공동체의 비전과 목표를 구성원들이 바르게 인식하고 그것의 달성 방법을 이해하고 제대로 실천하고 있는지를 확인하고 평가하므로 부족한 부분들을 수정, 보완해 나갈 수 있어야 한다.

특히 조직의 사명과 가치를 실현해 나가는데 장애가 되는 정책이나 관행이 무엇인지를 조직 구성원들에게 질문하고 그런 사례가 무엇인지를 제시하도록 요청하는 것이 필요하다. 이러한 작업을 위하여 조직 구성원들의 출입이 용이한 장소(복도, 회의실, 구내식당 등)에 의견함을 설치하고 제시된 의견에 대해 누구의 책임 하에 몇 시간 내에 공개적으로 조치가 이루어질 것을 약속하는 것도 좋은 방법이 될 수 있을 것이다.

스티븐 코비(Stephen Covey)는 문제해결 과정을 8단계로 제시하고 있다:

①자료를 수집한다 ②자료를 진단한다 ③목표를 설정하고 우선 순위를 정한다 ④대안을 만들고 분석한다 ⑤대안 중 하나를 선택한다(결정을 내린다) ⑥그 결정을 수행할 단계적인 행동을 계획한다 ⑦그 계획을 이행한다 ⑧목표와 대조하여 성과를 평가한다.[37] 이와 같이 그는 모든 조직이 이해당사자 정보시스템을 구성하여 활용해 나가야 함을 강조하고 있는데, 이것은 그 조직의 직원, 관련된 구성

---

37) 스티븐 코비, op. cit., p. 351.

원, 고객, 지역사회가 그 조직에 원하고 기대하는 바가 무엇인지를 파악하기 위한 일종의 피드백 시스템이라고 볼 수 있다.

(4) 조직의 효과적인 변화를 추구해 나가는 과정에서의 실수를 가혹하게 다루지 말고 그 실수를 통하여 교훈을 받고 계속 앞으로 나아가도록 격려해야 한다.

월터 C. 라이트(Walter C. Wright, Jr.)는 "조직체가 양질의 리더십을 갖기 기대한다면, 용서의 배경을 만들어야 한다. 그리고 리더는 용서의 배경에 기여하고 리더십 능력을 양육하기 원한다면 자신의 취약점을 포용하고, 조직원들을 용서해야 한다. 용서는 한 조직체가 그 리더에게 줄 수 있는 가장 중요한 선물인지도 모른다. 또한 한 리더가 책임지고 있는 사람들에게 줄 수 있는 가장 중요한 선물인지도 모른다. 용서는 그 조직체 내에서 자신의 리더십에서 모험을 하고 배우며, 성장할 기회를 준다. 리더의 취약점은 용서를 필요로 한다. 그리고 비록 다른 사람들의 실패가 리더의 취약성을 증가시킨다 할지라도 리더가 다른 사람들에게 제공해야 하는 것이다"라고 실패를 보다 성숙한 자리로 나아갈 수 있는 통로로 선용해야 할 필요성을 언급하고 있다.[38]

실제로 리더들은 잘못된 결정과 실수들을 통해서 교훈을 얻고, 이런 경험들을 통해서 더욱 생산적인 좋은 결정을 이끌어 나가는 위대한 지도자로 성장해 나가게 되어진다는 사실을 기억하면서 실패를 선용할 수 있는 지혜를 발휘할 수 있어야 한다.

---

38) 월터 C. 라이트 Jr, op. cit., pp. 320-321.

(5) 조직체에 바람직한 변화를 가져오기 위해서는 상당한 시간이 필요함을 인식해야 한다.

어떤 조직이건 지속적인 재창조가 필요한데, 대부분의 조직체에서 의미있는 변화를 가져오기 위해서는 적어도 3-5년 정도의 시간이 필요하다고 말하고 있다.[39] 예수님께서도 제자들의 가치관의 변화와 사명자로서의 무장을 위하여 3년 동안의 훈련기간을 가졌다는 사실은 오늘날의 지도자들에게 유익한 통찰력을 던져 주고 있다. 3년 정도의 시간은 1000일을 조금 넘는 시간으로 무엇인가 새로운 것에 입문하여 상당한 성과를 거두고 창조적인 변화를 가져올 수 있는 기간으로 볼 수 있다.

(6) 보다 효율적인 역량을 가진 조직체로 발전시켜 나가기 위해서는 조직 구성원들에게 먼저 관심을 기울일 수 있어야 한다.

잘못 조성된 냉소적인 자세와 불신과 좌절을 불식시키고 능동적인 참여와 창의성과 헌신을 이끌어 내기 위해서는 어떤 프로그램의 도입이전에 조직 구성원들 개개인에 진정한 관심과 사랑을 보일 수 있어야 하고 그들의 진정한 유익과 발전을 위하는 자세를 지닐 수 있어야 한다. 지도자는 사람만이 조직이 가질 수 있는 가장 소중한 자산이라는 사실을 잊지 말아야 한다. 그러므로 공동체 구성원 중 어느 누구의 일도 사소하거나 보잘것없는 것이 아니라는 사실을 당사자와 모든 구성원들에게 일깨워 주는 것이 지도자의 중요한 역할

---

[39] 피터 드러커, op. cit., p. 200.

임을 명심해야 한다.

영적 지도자의 모델이신 예수님께서도 제자들을 배려해 주셨고 바리새인들이 제자들을 비난했을 때에 예수님께서는 궁극적인 공격의 목표가 자신인 것을 아시고 제자들을 방어해 주셨듯이(마 12:1-9, 15:1-11), 오늘날의 영적 지도자도 공동체 구성원들이 정직하게 최선을 다하고 있을 때 외부적인 비판에 대하여 그들을 옹호하고 보호해 줄 수 있어야 한다.

미국의 넬슨 모티베이션의 창시자인 밥 넬슨(Bob Nelson)은 돈 안들이고 직원들의 사기를 진작시킬 수 있는 5가지 방법을 제시하고 있다: ①흥미로운 일거리를 제공하라-그 직원이 어떤 종류의 일을 가장 즐길 수 있는지를 알아내어 그 사람에게 적합한 일거리를 제공하라 ②정보를 개방하라-직원들은 자신들이 일을 어떻게 하고 있는지, 직장의 사역들이 어떻게 돌아가고 있는지를 알기를 원하는데 이러한 정보들을 함께 나눌 수 있도록 의사소통 경로를 개방하라 ③결정과정에 참여시켜라 -특히 그 결정이 직원에게 영향을 끼치는 것일 때 그들을 참여시키는 과정에서 이해와 결속을 강화시킬 수 있고 새로운 변화에 대한 저항감을 줄일 수 있다 ④독자적으로 일을 처리할 수 있도록 재량을 주라-이런 유연한 접근방식을 직원들은 고맙게 생각하며, 지도자가 원하는대로 일이 처리될 가능성이 높아지고 새로운 아이디어나 추진력을 가져올 수 있다 ⑤인정해주고 감사하라-직원들의 성취를 인정해주고 감사하게 되면 기분이 좋아질 뿐 아니라 사기가 높아진다.[40]

---

40) Ibid., p. 324.

(7) 유급직원일 경우 그들로부터 자발적인 헌신을 기대하기 위해서는 그들의 사역의 안정성과 복지에 지속적인 관심을 가져야 한다.

  조직의 중요한 스탭진들과 동반자 관계를 구축할 수 있는 가장 중요한 도구는 사역의 안정성 보장과 격려해주는 사역 환경을 조성해 주는 것이다. 도중에 원치 아니하는 사임을 방지하기 위해서는 처음 협력자를 구할 때 매우 신중하게 선택을 해야만 할 것이다. 사역의 안정성을 보장해 줄 때 작은 규모로서도 풍성한 사역의 결실을 거둘 수가 있게 되어진다. 또한 그들 자신의 창의적 사고와 은사를 발휘할 수 있는 분위기를 조성해 나가는 일에 관심을 가질 때에 보람을 느끼면서 계속적으로 사역할 수 있게 되어질 것이다.
  그러므로 오늘날의 일정한 기간동안의 고용계약제도는 조직의 불확실한 미래에 대한 단순한 대응책에 지나지 않는다는 것을 염두에 두어야 한다. 앞날의 사역과 삶에 대한 보장이 확실하지 않는 상태에서 구성원들에게 온전한 헌신을 기대하기가 어려운 것은 너무도 자명한 사실이다. 마가렛 휘틀리(Margaret Wheatley)는 "리더는 흔히 고용계약같은 무의미한 수단으로 이 문제를 회피하는 대신, 창의적인 해결책을 찾아야만 한다. 고용조건을 다는 것은 상상 이상으로 파괴적인 관행이다. 사람들이 애착을 갖게 되는 조직이란 역사와 정체성과 목적의식을 가진 단체다. 이것을 위해 사람들은 일하고 싶어한다"라고 말하고 있다.[41]

---

41) Ibid., p. 203.

(8) 지도자는 정보의 통합과 재창조의 새로운 사역 방식에 익숙 되어져야 한다.

21세기의 지도자는 단순히 구성원들의 업무를 지휘해 나가는 대신에 정보를 공유하고 분류하고 합성하므로 재창조해 나가는 새로운 사역의 방식을 터득해 나가야 한다. 오늘날은 정보가 부족한 시대가 아니다. 책, 인터넷, CD롬 등을 통해 정보가 넘쳐나는 시대에 살고 있으므로 그 정보를 어디에서 찾을 수 있으며 어떻게 통합하여 자신의 것으로 활용할 수 있을 것인가를 가르쳐 줄 수 있어야 한다.

경영분야의 세계적인 권위자로 인정받고 있는 피터 드러커(Peter F. Drucker)는 창조성이란 "기존의 것을 새롭게 조합하는 것"이라고 말을 한바 있다.[42] 그래서 이미 우리에게 주어졌고, 드러나고 발견되어진 것들을 새로운 측면에서 접근하므로 새로운 조합을 이루어 나가는 것이 창조력임을 언급하면서, 이런 방식으로 새로운 것을 얻기 위해 노력해야할 것을 강조하고 있다.

(9) 지도자는 조직의 사명 구현과 사역의 효과를 증진시켜 나가기 위해서 효과적인 보상체계를 수립하여 시행해 나가야 한다.

스티븐 코비(Stephen Covey)는 "협동과 팀워크를 이룩한 직원들과 최선의 아이디어를 제공하는 직원들에게는 적절한 보상을 해

---

42) 고바야시 가오루, 피터 드러커 - 미래를 읽는 힘, 남상진 역, 청림출판, 2002, p. 17.

주어야 한다"고 말하고 있다.[43] 금전적인 보상뿐만 아니라 인정받는 것, 어떤 사역에 참여할 수 있는 기회를 부여함으로 도전 욕구를 자극받는 것, 중요한 일을 하고 있다는 확신 등이 효과적인 보상이 되어질 수 있다.

미국의 넬슨 모티베이션의 창시자인 밥 넬슨(Bob Nelson)은 수십 건의 연구 자료에서 직원들이 금전적인 보상을 상위 인센티브의 5위내에도 기록하지 않았다고 말하면서 직원에 대한 공개적인 칭찬이나 조그만 기념품이 때로 큰 힘을 발휘할 수도 있다는 사실을 언급하고 있다.[44]

(10) 성공적인 조직 공동체를 형성해 나가기 위해서는 다음 4가지 특색을 갖추고 있어야 한다:

① 사역 대상자의 만족에 초점을 맞추어야 한다 – 어떻게 하면 사역 대상자들을 더 만족시킬 수 있는지에 관심을 기울여 나가야 한다. 사역환경이 아무리 급변하고 사역방법과 도구가 달라진다고 할지라도 언제나 사역 대상자들에게 집중해야 한다는 원칙을 포기해서는 아니될 것이다. 스포트 오버메이어사의 창업자인 클라우스 오버메이어가 "인생을 가장 즐겁게 지낼려면, 직장에서 행복해야 한다"[45]고 말한대로 사역 대상자들이 그 조직체에서 행복을 느낄 수 있도록 지도자는 환경을 조성해 나가야 한다. 따라서 지도자가 구성원들과 함께 결정해야 하는 사역의 목표의 수준이나 그 경중도

---

43) 스티븐 코비, op. cit., p. 399.
44) 피터 드러커, op. cit., pp. 325-326.
45) 데이비드 배런, 리네트 파드와, op. cit., p. 232.

언제나 구성원들이 기쁘게 받아들이고 만족해 할 수 있도록 조정되어야 할 것이다.

② 지속적인 경청을 통하여 영감을 얻어 창조적인 혁신을 추구해 나가야 한다-이를 위해서는 정기적인 설문조사가 필요하며 그 외에 다양한 청취 시스템을 개발해 나가야 한다. 그래서 그 결과를 분석하여 사역의 문제점과 개선해야 할 부분들을 해결해 나가므로 더욱 바람직한 방향으로 사역의 혁신이 이루어질 수 있어야 한다.

③ 사역의 효율성을 극대화시킬 수 있는 유연한 소그룹 조직의 활성화가 필요하다-조직 공동체가 성장해 갈수록 다양한 형태의 문제들과 요구들을 신속하게 처리하고 효율적으로 대처해 나갈 수 있는 준비되어진 훈련된 소그룹 집단이 형성되어져 나가야 한다. 이러한 장치와 함께 혁신적인 정보기술을 적극적으로 활용해 나가는 것도 시간과 인력을 절약할 수 있는 좋은 방안이 될 수 있을 것이다.

④ 조직 공동체 구성원들 특히 유급직원들이 주인의식을 가질 수 있도록 해야 한다 -조직 구성원들이 소속한 조직 공동체를 자신의 일부라고 느끼고 있다면 그 조직은 성공적인 공동체라고 할 수 있다. 주인정신이란 헌신과 책임정신이라고 할 수 있는데, 그 조직의 지도자에게 신뢰를 받고 있다는 감정적인 측면과 물질적으로나 가시적인 측면에서 유익과 혜택을 얻고 있다는 확신을 갖게 해줄 때 이런 주인의식이 보다 강하게 형성되어져 나갈 수 있을 것이다. 그 조직 공동체의 성장이 거기에 소속한 개인의 성공으로 이어질

때 주인의식을 가진 공동체로 계속하여 자라갈 수 있을 것이다.

미국의 경영학자 피터 드러커(Peter F. Drucker)는 지식 근로자의 생산성을 향상시키기 위해서는 기본적인 태도의 변화가 필요함을 지적하면서, "이 점은 육체근로자를 더욱 생산성있게 하기 위해서는 육체근로자에게 과업을 수행하는 방법만 가르쳐주면 되는 것과는 상당히 다르다. 그리고 지식근로자의 생산성을 높이는 데 필요한 태도의 변화는 개별 지식근로자 쪽에서뿐만 아니라 조직 전체에서도 일어나야만 한다"고 조언해 주고 있다.[46]

이상의 4가지 요소들이 조화를 이루면서 제대로 역할을 해 나갈 때 놀라운 성장의 시너지 효과가 나타나게 될 것이다. 이것이 바로 지도자의 탁월한 지도력에 의해 이루어질 수 있는 열매일 것이다.

(11) 지역 사회를 파고들기 위한 효과적인 방책을 찾아 창의적인 적용이 있어야 한다.

과거에 유행했던 방법들이 오늘날의 상황에 전혀 효과가 나타나지 않을 가능성이 많다는 사실을 기억하여 그러한 방법들에 매여서는 아니될 것이다. 또한 다른 지역에 위치한 교회들이 사용하고 있는 방법들이나 프로그램이 성공을 거두었다고 하여 그것을 일반화하여 천편일률적으로 모방하는 방식도 피해야 한다.

각 시대와 각 지역에 있어서 가장 효과적인 방법이 무엇인지를 기도하면서 그 시대의 필요와 문화에 적합한 창의적인 방법을 찾아 나아가야 한다. 이렇게 하지 아니하고 다른 공동체가 어떻게 사역

---

46) 피터 드러커, *21세기 지식경영*, 이재규 역, 한국경제신문사, 1999, p. 275.

하고 있는가를 알아내는데 너무 많은 시간을 보낸다면 길을 잃어버릴 수 있음을 유의해야 한다. 21세기의 영적 지도자들은 보다 혁신적이고 창의적인 사역방법을 사용하는 것에 적극적인 관심을 가져야 한다.

(12) 바람직한 공동체 문화가 형성되어질 수 있도록 구체적인 사역 지침을 수립하여 구성원들로 하여금 따를 수 있게 하여야 한다.

한 공동체를 이끌어 가는 지도자는 그 공동체의 설립비전과 목표에 부합되는 독특한 공동체 문화가 형성되어질 수 있도록 노력하므로 그 조직체의 동질성 보존과 지속적인 성장에 기여할 수 있도록 유도해 나가야 한다. 더 나아가 그 조직체의 구성원들이 따르고 준수해야할 기본 사역의 윤리나 지침이 있어야 하며 이런 지침을 위반했을 때 야기되는 결과에 대하여는 오해의 소지가 없도록 분명하게 진술되어져야 한다. 이런 구체적인 지침이 없을 때 문제가 발생할 경우 그 문제를 해결해 나가는데 엄청난 시간과 에너지가 소모되어질 수 밖에 없을 것이다.

(13) 함께 동역할 사람들을 직접 선택하고 핵심 인물을 찾기 위해서 전력을 다하라.

영적 지도자의 모델이 되시는 예수님께서는 자신과 함께 사역할 제자들의 선택을 위하여 밤새 기도하셨고 아주 신중하게 그 일을 처리 하셨던 것을 볼 수 있다. 따라서 오늘날의 지도자들도 자신과 함께 일할 가장 잘 준비되어진 사람들을 선택하는 일의 중요성을 인식하여 이 일을 신중하게 처리하고 직접 선택하여 사역에 임할 때 사역 성공의 가능성이 높아질 수 있을 것이다.

지도자가 직원을 선택하지 아니한 경우나 직원들이 지도자를 선택한 것이 아닐 때 그 사역이 실패할 가능성이 높아진다는 것을 인식하여야 한다. 또한 지도자는 자신이 선택한 동역자가 함께 일할 사람을 직접 선택할 수 있도록 배려해 줄 수 있어야 한다. 이처럼 영적 지도자는 그 조직체의 성패가 핵심 인물을 확보하는데 좌우되어진다는 사실을 인식하고 이 일에 신중을 기하고 전력투구할 수 있어야 한다.

영적 리더십의 모델이 되시는 예수님은 12제자 외에도 세계 복음화를 위해서 또 다른 핵심 역할을 해냈던 다소 사람 사울을 발탁하여 쓰시기 위하여 독특하고도 공격적인 채용방식을 사용하셨음을 사도행전이 보여주고 있다. 하늘의 빛으로 그를 쳐서 땅바닥에 쓰러뜨리고 장님으로 만든 다음에 자신을 나타내 보여 주셨고, 다른 제자 아나니아를 보내어서 주님의 소명을 확실하게 받아들이도록 역사 하셨다. 그리해서 사울은 예수님의 선교사역에 없어서는 아니 될 가장 핵심적인 인물로서 예수님 이후 기독교 역사상에 지울 수 없는 사역의 놀라운 발자취를 남길 수가 있었던 것을 볼 때 오늘날의 영적 지도자들도 이런 동역자의 선택에 힘을 쏟을 수 있어야만 할 것이다.

(14) 영적 지도자는 단독 사역이 아니라 팀 사역으로 사역의 효율을 극대화시켜 나갈 수 있어야 한다.

21세기 정보화 시대의 두 가지 특징이 다양화와 전문화라고 할 때 이 시대의 지도자는 함께 사역할 수 있는 사역 팀을 구성하여 팀 사역이 가져다주는 엄청난 상승효과(synergy effect)를 가져올 수 있어야 한다. 만일 팀 사역이 제대로 되지 아니하고 단독 사역이 되어지면 그 사역은 항상 '응급 처치식 사역(Crisis ministry)'이 될 수밖에 없음을 인식하여야 할 것이다.

그러므로 지속적이고 효과적인 사역을 위하여 하나님께서 예비하신 동역자를 기도하는 가운데 찾고 만나는 것이 사역의 성패를 가름하는 중요한 관건이 되어진다. 사역의 팀을 구성할 때는 ① 영적 자질(딤전 3:1-13, 딛 1:6-9, 행 6:3), ② 동일한 비전, ③ 상호 보완적인 은사, ④ 열정 등을 소유한 사람을 선택해야 한다. 일반적으로 교회사역을 위한 팀 구성은 설교자, 예배를 위한 찬양 전문가, 교회행정 전문가, 교회교육 및 상담 전문가, 프로그램 기획 전문가, 선교와 전도 전문가 등이 한 팀을 이루어 사역하는 것이 바람직 할 것이다.[47]

데이비드 배런(David Barron)은 역사상 가장 위대한 지도자라고 불리워질 수 있는 모세의 사역의 방법이 바로 효과적인 경영 팀을 구성하여 이스라엘 백성들을 이끌고 나간 것으로 평가하면서 "모세는 40년 동안의 여정 내내 자신을 보조하고 조언한 경영 팀의 축복을 받았으며, 자기 조직의 모든 계층에서 리더십을 육성하는 일의 가치를 인정했다. 그리하여 모세는 출애굽의 초기부터 권한과 책임을 위임하기 시작했다. 백성들이 스스로를 다스리는 법을 배울 수 있도록 행정관과 판관을 임명했다. 모세의 계획 전체의 성패는

---

[47] 효과적인 팀 사역의 구체적인 예들에 관한 것은 본서 "10장. 효과적인 사역의 모델로서의 팀 사역"의 내용 중 "5. 성공적인 팀 사역의 실례" 부분을 참고하라.

이스라엘의 자손들의 성숙한 책임감을 기르는데 달려 있었다"라고 말한다.[48]

실제로 모세의 팀은 최소한 8명으로 그의 생모 요게벳, 양모였던 바로의 공주, 아내 십보라, 누이 미리암, 형 아론, 장인 이드로, 후계자 여호수아, 장인(匠人) 브사렐 등의 지원과 조언과 도움을 받으면서 지도자의 사역을 성공적으로 이끌어 갈 수 있었다고 할 때 오늘날의 영적 지도자들도 결실이 풍성한 사역을 위해서 자신을 지원하고 도와줄 수 있는 다른 사람들이 반드시 있어야만 할 것이다.

더 나아가 팀사역의 효율성을 극대화해 나가기 위해서는 적절한 권한 위임이 이루어 질 수 있어야 한다. 데이비드 배런(David Barron)은 "남에게 권한을 전혀 위임하지 않는다면 삶의 다른 면이 분명 병들게 될 것이다. 사업은 번창해도 개인적인 관계는 그렇지 못하게 될 것이다 …. 결국 아무리 정력적인 기업가라도 성공하려면 권한을 위임해야 한다는 사실을 받아 들여야만 한다"라고 권한 위임의 필요성을 언급하고 있다.[49]

6. 결론(Conclusion)

21세기 정보화 시대의 특징은 전문성과 다양성이라고 할 수 있

---

48) 데이비드 배런, 리네트 파드와, op. cit., p. 17.
49) Ibid., p. 237. 일본의 뛰어난 경영학자인 고바야시 가오루는 유능한 리더는 과감히 권한 이양을 실천하는 사람이어야 하지만 다른 사람에게 위임해서는 안되는 것이 있는데 그것은 "자신이 다른 누구보다 잘 할 수 있는 일, 의사결정에 필요한 기준을 평가하고 정하는 일, 다른 사람들에게 목표를 제시하는 일 등"은 다른 이에게 맡기지 말고 리더 스스로 해야한다는 것을 조언하고 있다(고바야시 가오루, op. cit., p. 162).

다. 이런 시대에 화합과 조화를 이루어 나가고 서로간의 차이점을 인정하고 그것을 존중하고, 더 나아가 그 차이점을 훌륭하게 키워 주므로 전문성의 수준을 높여갈 수 있는 이런 지도력이 요청되어지고 있다. 무엇보다도 성경과 세계역사는 올바른 방향을 제시할 수 있고, 신뢰할 수 있는 섬기는 영적 지도자가 나타나게 될 때, 교회가 새로워지고, 국가가 바로 서게 되고, 하나님 나라 확장에 결정적인 선한 영향을 끼치게 되어진다는 사실을 교훈하여 주고 있다.

영적 지도자라고 할 때 교회의 목회사역자, 당회원, 교회내의 여러 기관 책임자, 기독교 관련 단체를 이끌어 나가는 행정 책임자들과 같은 특정 지위와 역할을 생각하게 되어진다. 그러나 지도력을 주변의 다른 사람들에게 영향을 주고 변화를 일으키는 것으로 정의를 내린다면, 실제적으로 이런 역할을 행하고 있는 그리스도인이라면 누구든지 영적 리더라고 말을 할 수 있다. 따라서 영적 리더의 범위는 확대되어질 수밖에 없으며 하나님께로서 부르심을 받은 자들은 자신의 삶과 사역의 모든 영역에서 영적 지도력을 발휘할 수 있는 진정한 영적 리더가 되어져야 한다.

이러한 영적 리더가 되기 위해서는 예수님의 3가지 사역의 성격과 그 내용에 주목하여 예수님의 사역이 모든 영적 리더들을 통해서 계속되어져 나갈 수 있도록 예수님의 사역의 성격을 염두에 두면서 주변의 사람들에게 영향을 주고 그들의 삶과 사역에 변화가 일어날 수 있도록 적극적인 역할을 수행해 나가야 할 것이다.

모든 그리스도인들은 자신의 사역의 규모가 크든 작든 간에 섬기는 리더로서 주님이 위임하신 사역을 신실하고도 효율적으로 이루어 나가므로 풍성한 결실을 맺어 우리의 삶과 사역의 구주가 되시고 주인이 되시는 주님께 영광과 기쁨을 돌려 드릴 수 있어야 한다. 특히 영적 지도자는 자기 제자를 만드는 일에 치우치거나 개인적인 이익이나 성취를 위해서 지도력을 오용하지 않도록 자신을 부인하고 자기 십자가를 지고 종의 자리에서 주님을 따라가야 한다는 사실을 항상 유념해야만 한다.

예수님은 섬기는 리더로서 모델이 되어 주셨고, 하나님이 기뻐하시는 영적 지도력을 가장 온전히 그리고 제대로 나타내 보여주신 분이심을 기억하여 믿음의 주가 되시고 온전케 하시는 이인 예수님을 바라보면서 이 시대의 상황에 맞는 사역개발을 지속적으로 이루어 나가야 한다(마 20:25-28, 요 10:11, 13:13-17, 빌 2:5-8). 이런 영적 리더들을 주님은 지금도 찾고 계시고, 이들을 통하여 하나님의 나라가 확장되는 역사가 일어날 수 있도록 능력과 자원을 공급하고 계심을 믿고, 이 주님께 쓰임받는 21세기의 사역자들이 되어져야만 할 것이다.

참고도서(Reference List)

고바야시 가오루, 2002, 피터 드러커-미래를 읽는 힘. 남상진 역, 청림출판.
데이비드 배런, 리네트 파드와, 2000, 모세의 경영전략. 이상헌 역, 위즈덤 하우스.
민희경, 2001, 지도력 개발의 기독교교육적 고찰. 장로회 신학대학교 대학원 석사학위 논문.
J. O. 샌더스, 1982, 영적 지도력. 이동원 역, 요단출판사.
스티븐 코비, 2001, 원칙 중심의 리더십. 김경섭 박창규 역, 김영사.
신응섭외 5인, 1994, 리더십. 학지사.
원동연, 1997, 5차원 전면교육학습법. 지식산업사.
월터 C. 라이트 Jr, 2002, 관계를 통한 리더십 (Relational Leadership). 양혜정 역, 예수 전도단.
존 화이트, 1977, 신앙생활 지침. 생명의 말씀사 역.
칼 죠오지, 1990, 밥 로건, 리더쉽과 교회성장. 송용조 역, 서울성경학교 출판부.
케네스 O. 겐젤, 1991, 교회교육의 리더십. 권명달 역, 보이스사.
폴 시다, 1992, 섬기는 지도자 (Servant Leadership). 김성웅 역, 도서출판 햇불.
피터 드러커, 2000, 21세기 리더의 선택. 한근태 역, 한국경제신문.
피터 드러커, 1999, 21세기 지식경영. 이재규 역, 한국경제신문사.
필립 메이, 1992, 어떤 교사가 될 것인가? IVP.
하워드 A. 스나이더, 1993, 21세기 교회의 전망. 박이경, 김기찬 역, 아가페.
하워드 헨드릭스, 2000, 리더십이 자라는 창의력. 곽철호 역, 디모데.

9장

부흥의 원리

The Principles of Revival

제 9 장
부흥의 원리
(The Principles of Revival)

1. 서론(Introduction)

오늘날 21세기의 그리스도인들은 참으로 어려운 시대를 살아가고 있다. 교회들은 점점 영적 힘을 잃어가고 있으며, 교회 구성원들의 수도 현저히 감소하는 추세를 보이고 있고, 세상은 더욱 악하여져가고 있기에 진실로 세상에 영적 영향을 줄 수 있고, 현재의 교회들에 생명을 불어 넣으며, 철저한 변화를 가져오게 할 수 있는 근본적인 능력과 활력을 필요로 하고 있다.

J. I. 패커(Packer)가 마틴 로이드 존스(Martyn Lloyd-Jones)의 "부흥(Revival)"이라는 저서의 서문에서 "본서에 실린 설교들은 교회의 부흥이 없는 세계에 소망이 없다는 그의 굳은 확신을 입증해 주고 있다"라고 언급을 한 것을 고려해 볼 때 "부흥"이라는 주제에 대한 연구는 참으로 중요하다고 하지 않을 수 없다. 그러나 부흥이라는 단어가 오늘날 교회 가운데 가장 보편적으로 사용되고 있는 용어 가운데 하나이기도 하지만 이 용어에 대한 올바른 성경적인

이해를 하지 못한 채 무분별하게 사용되어지고 있는 것 또한 현실이다.

많은 크리스천들이 부흥을 교회성장이나 어떤 연속적인 특별집회를 지칭하는 것으로 이해하고 있을 정도로 다양한 의미로 사용되어지고 있다. 이안 머레이(Iain H. Murray)는 "이처럼 부흥에 대하여 그렇게도 많은 관심과 주장들이 쏟아져 나왔고 수많은 사람들의 입에 오르내렸지만 그럼에도 불구하고 불행하게 아직까지 이 단어에 대한 이해는 여전히 불명확한 채로 남아있다"고 이 사실을 잘 말해 주고 있다.[1] 그는 말하기를 "중요한 것은 단어가 아니라 사건 자체(thing itself)이다. ... 결국 우리는 성경 전체를 통하여 그 의미를 파악해야만 한다. ... 왜냐하면 근본적인 문제는 부흥의 현상에 대한 의견의 불일치이며, 그런 불일치가 남아 있는 한 단순히 그 용어를 다른 단어로 대체한다고 해서 논쟁을 종식시키지는 못할 것이기 때문이다"라고 부흥에 대한 성경적인 이해와 고찰이 중요함을 강조하고 있다.[2]

따라서 본고에서는 부흥의 정의, 부흥의 원형, 부흥의 단회성과 반복성에 관한 견해들, 부흥에서의 하나님의 주권과 인간의 책임, 부흥에서의 기도의 위치, 부흥의 목적, 부흥의 특징, 부흥의 결과 그리고 진정한 부흥을 위한 그리스도인과 교회의 준비가 무엇이어야 함을 고찰하고자 한다.

---

1) Iain H. Murray, *Pentecost-Today?: Biblical Basis for Understanding Revival*, (Edinburgh: The Banner of Truth Trust, 1998), p. 1.
2) Ibid., pp. 2, 4

2. 부흥의 정의(Definition of Revival)

부흥(Revival)은 "교회를 각성시키는 성령의 부으심"으로 정의할 수 있을 것이며, 따라서 각성(Awakening)이라는 단어가 부흥의 동의어로 사용되어지고 있다. 패톤(W. W. Patton)은 "교회의 부흥(Revivals of Religion)"이라는 글에서 부흥이란 "성령의 섭리 가운데 어느 한 장소에 특별한 능력이 임하고 성령의 영광이 드러나는 것"이라고 언급하고 있다.[3] 리차드 한(Richard De Hann)은 "믿는 자들의 삶 속에 죄를 깨우치시고 그들의 무기력함을 흔드시는 하나님의 영의 깊은 감동"이라고 말하고 있으며,[4] 이안 머레이(Iain Murray)는 "부흥은 성령의 부으심이며, 그리스도의 중보사역으로 말미암은 것이며, 교회의 삶을 새롭게 바꾸는 결과를 가져오는 것이며, 불신자들 사이에 널리 퍼져 나가는 은혜의 물결이라고 할 수 있다. 이것은 성령 하나님의 비상하신 교통하심이며, 성령의 형언할 수 없는 풍성한 역사하심이며, 그의 능력이 뚜렷하게 확장되어 가는 것이다"라고 구체적으로 설명하고 있다.[5] 패커(J. I. Packer)는 부흥을 "하나님께서 자신의 말씀을 통해 성령으로 영적 사망자들에게 그리스도를 믿는 생명의 믿음을 전달하시고 활기없이 잠들어 있는 그리스도인들의 내적인 삶을 다시 새롭게 하시는 역사"라고 정의하고 있다.[6] 마틴 로이드 존스(Martyn Lloyd-Jones)는 "부

---

3) Ibid., p. 5.
4) Richard De Haan, *How To Have a Revival*, (Grand Rapids: Radio Bible Class, 1993), p. 3.
5) Iain H. Murray, op. cit., pp. 23-24.
6) J. I. Packer, *A Quest for Godliness: The Puritan Vision of the Christian Life*, (Wheaton, Illinois: Crossway Books, 1990), p. 36.

흥은 하나의 이적이다. 그것은 이적적이고 예외적인 현상이다. 그것은 주님의 손길이요, 능하신 주님의 일이다. 다른 말로 해서 부흥은 하나님의 직접적인 역사나 간섭이라고 해야만 바로 설명될 수 있다"라고 말하고 있다.[7] 따라서 부흥이란 한 개인 혹은 동시에 여러 그리스도인들에게 하나님의 주권적인 역사하심으로 성령의 초자연적인 부으심이라고 말을 할 수 있을 것이다.

3. 부흥의 원형으로서의 오순절
(Pentecost as Prototype of Revival)

사도행전 2장의 오순절 날의 성령 부으심의 역사를 진정한 부흥의 원형으로 보아야 한다는 견해가 여러 신학자들에 의하여 제기되어지고 있다. 어네스트 베이커(Ernest Baker)는 "예루살렘에서의 오순절 부흥운동은 모든 시대를 통틀어 가장 놀라운 것이다. 모든 점에서 그것은 최고의 부흥운동이다"라고 말하고 있다.[8]

존 스토트(John Stott)도 "오순절은 첫 번째 부흥(first revival)이라고 올바르게 일컬어져 왔는데, 이것은 전적으로 이례적인 하나님의 찾아오심들 중의 하나를 의미하는 것으로 전 공동체가 그 분의 직접적이고 압도적인 임재를 생생하게 인식하게 되어진 것이다. 그러므로 물리적 현상들(행 2:2이하)뿐만 아니라 죄에 대한 깊은 자

---

7) Martyn Lloyd-Jones, *Revival,* (Westchester, Illinois: Crossway Books, 1987), pp. 111-112.
8) Ernest Baker, *The Revivals of the Bible,* (London: The Kingsgate Press, 1906), p. 137.

각(행 2:37), 삼천 명의 회심자들(행 2:41), 그리고 널리 퍼진 두려운 마음(행 2:43) 등은 부흥의 표시들이었을 것이다"라고 설명하고 있다.[9]

로버트 콜만(Robert E. Coleman)은 "오순절에 성령의 강력한 부으심은 예수님께서 준비해 오신 부흥을 개시한 것이다(행 2:1-47). 그것은 구속사의 새로운 시대의 서막을 올린 것이었다"라고 언급하고 있다.[10] 로이드 존스(Lloyd-Jones)는 "모든 신앙 부흥은 사실상 오순절에 일어났던 일의 반복이다"라고 강조하면서 사도행전 2장의 오순절 사건을 부흥의 원형으로 보고 있다.[11]

패커(J. I. packer) 또한 "우리가 사도행전을 우리의 모범으로 따른다면 우리는 부흥이란 하나님께서 주권적으로 자신의 권능을 나타내시고 자신의 백성을 부르시고 자신의 나라를 넓히시고 자신의 이름을 영화롭게 하시는 본질적으로 집합적인 현상으로 정의하게 된다"라고 말하면서 사도행전에서 일어난 성령의 놀라운 역사들을 부흥의 모형으로 간주하고 있음을 볼 수 있다.[12] 훌스(Hulse) 역시 "사도행전은 오순절에 뒤 따른 부흥들에 대한 설명이다. 많은 교회들이 설립되었다. 예를 들면, 고린도교회는 가장 강력한 부흥을 통해서 생겨나게 되었다"라고 말하면서 오순절을 "첫 번째 그리스도인들의 부흥(the first Christian revival)"으로 언급하고 있다.[13]

---

9) John Stott, *The Spirit, The Church, and The World: The Message of Acts*, (Downers Grove, Ill.: InterVarsity Press, 1990), p. 61.
10) Robert E. Coleman, *The Spark that Ignites: God's Promise to Revive the Chruch Through You*, (Minneapolis, MIN.: World Wide Pub., 1989), p. 58.
11) Martyn Lloyd-Jones, op. cit., pp. 199-200.
12) J. I. Packer, op. cit., p. 36.
13) E. Hulse, *Give Him No Rest*, (Durham, England: Evangelical Press, 1991), pp. 66, 72.

4. 부흥의 단회성과 반복성에 관한 견해들
   (Opinions concerning Occurrence of Revival)

(1) 부흥이 반복적으로 일어날 수 있다는 것을 비성경적이라고 판단하는 입장이 있는데, 이의 대표적인 인물은 아브라함 카이퍼 (Abraham Kuyper)이다.

이 입장은 사도행전의 오순절 성령강림 사건을 통하여 신약교회는 이미 성령을 소유하고 있기 때문에 미래에 일어날 성령 부어주심의 의미로서의 부흥을 생각하고, 그것을 기다리며 기도한다는 것은 심각한 오류일 수밖에 없다는 것이다. 카이퍼(Kuyper)는 "또 다른 부어주심이나 성령세례를 간구하는 것은 잘못된 것이고 참된 의미를 무색하게 하는 것이다. 그런 기도는 실제로 오순절의 기적을 부인하는 셈이 된다. 우리에게 이미 오셔서 내주하시는 그 분은 또 다시 우리에게 오실 수 없기 때문이다"라고 말하고 있다.[14] 프레드릭 부루너(Frederick D. Bruner)도 성령세례는 오직 오순절 사건에 속해 있기 때문에 오순절의 '복사판'이나 '작은 오순절' 등은 있을 수 없다고 설명하고 있다.[15] 그러나 이 첫 번째 견해를 주장했던 카이퍼(Kuyper)는 더욱 충만하게 성령 부어주시기를 위해 기도해야 한다는 주장을 반대했지만 그도 부흥의 역사를 인정하는 글을 썼는데, 네덜란드 보브리지(Woubrugge) 마을에 일어났던 대각성 운동

---

14) Abraham Kuyper, *The Work of the Holy Spirit*, (Grand Rapids: Eerdmans, 1956), p. 127.
15) Frederick D. Bruner, *A Theology of the Holy Spirit*, (Grand Rapids: Eerdmans, 1970), pp. 169-170.

에 대하여 "마침내 9년이라는 오랜 기다림 끝에 주님은 [한 젊은 농부 클라스 잔스 폴더바르트(Klaas Jansse Poldervaert)]의 간구에 응답하시기 시작했다. 놀랍고 충격적인 주님의 역사하심이 나타났고, 매 주일 많은 사람들이 성령의 부어주심을 경험하기 위해 인근 지역으로부터 몰려왔다.... 나는 이 부흥을 비상한 것이라고 불렀다"라고 기술하고 있다.[16]

(2) 부흥은 사람의 노력에 의해 반복되어질 수 있다는 견해가 있다. 이의 대표적인 인물은 찰스 피니(Charles G. Finney)이다.

그가 쓴 "진정한 부흥(Lectures on Revival)"에서 "부흥은 적절한 수단들을 써서 얻을 수 있는 농작물처럼 적절한 수단을 사용하면 그 결과로 자연스럽게 일어나는 것이다"라고 설명하면서 "만약 올바른 수단이 지속적으로 주어지기만 한다면 부흥은 멈추지 않을 것이다"라고 말하고 있다.[17] 이 견해에 의하면 그리스도인들이 열심히 전도하고 설교하고 기도한다면 부흥이 일어날 수 있다는 것이다.

이 두 번째 견해에 속하지만 부흥을 일으키는 수단으로 회개와 갱신된 개인의 거룩함의 필요성을 강조하는 사람으로 20세기 초 중국의 선교사 조나단 고포드(Jonathan Goforth)를 들 수 있다. 그는 다음과 같이 말하고 있다: "만약 성령 하나님께서 오순절 때처럼 오늘날에도 세상에서 예수 그리스도를 영화롭게 하시지 못한다

---

16) Iain H. Murray, op. cit., p. 27.
17) Charles G. Finney, *Lectures on Revival*, (Old Tappan, J.N.: Revell, n.d.), pp. 5, 534.

면 그것은 단지 우리가 욕먹어야할 일이다. 성령께서 우리의 헌신된 삶을 온전히 지배하는 것이 바로 부흥이지 않은가? 그렇다면 우리가 순종할 때 부흥은 언제나 가능해야 한다. 헌신되지 않은 자들의 죄로 말미암아 부흥을 쫓아 버릴 수 있다. ... 반면에 우리는 오순절의 감동을 재현할 수도 있다. 만약 부흥이 우리에게 나타나지 않는다면 그것은 어떤 우상이 아직도 우리 마음의 중심을 차지하고 있기 때문이다."[18]

이와 같은 견해를 지닌 사람이 던컨 캠벨(Duncan Campbell)인데, 그는 "부흥이 지체되고 있는 이유가 무엇인가, 세계 도처에 있는 오늘날의 교회가 사도행전의 오순절 초대교회와 같을 수 없는 어떤 이유라도 있는 것인가?"라고 물으면서 이에 답하기를 "우리가 만일 성령께서 역사하시던 일정한 법칙과 원리를 잘 연구하고 살펴본다면 얼마든지 우리 시대에도 우리의 노력에 의해 성령의 영광스러운 능력을 경험할 수 있다"라고 언급했다. 그는 회개와 복종 그리고 헌신을 말하면서 "완전한 헌신은 축복의 장소이며 또한 부흥의 댓가이다"라고 주장하였다.[19] 그러나 인간의 회개와 순종과 헌신이 하나님의 축복을 누리게 한다는 것은 가능하지만 이러한 요소들이 있다고 하여 반드시 부흥이 주어지는 것은 아니라는 것을 교회역사가 이를 말해 주고 있다. 결국 이 두 번째 견해는 인간의 책임의 영역에 치우치다가 결국 하나님의 주권의 영역을 무시하는 결과를 가져왔다고 볼 수 있을 것이다.

---

18) Jonathan Goforth, *By My Spirit,* 3rd ed., (London: Marshall, Morgan & Scott, n.d.), pp. 181, 189.
19) Duncan Campbell, *The Price and Power of Revival,* (London: Scripture Illustrations, 1956), pp. 40, 53-54.

(3) 부흥은 하나님의 주권에 의해 반복되어질 수 있다는 견해가 있다.

그리스도께서 자신의 뜻에 따라 그의 몸된 교회에 성령을 충만히 부어주시는 부흥의 특별한 역사가 오순절이후 여러 시대에 일어났고 일어날 수 있다는 입장으로 이의 대표적인 인물은 조나단 에드워드(Jonathan Edwards)이다. 그는 "비록 성령께서 당신의 법을 따라 좀더 지속적인 역사를 하신다 하더라도, 위대한 부흥의 역사가 일어나게 되는 것은 하나님의 자비의 시대라고 부르는 그 특별한 시기에 부어 주시는 하나님의 능력에 의한 것이다"라고 말하고 있다.[20] 옥타비우스 윈슬로(Octavius Winslow)는 다음과 같이 자신의 견해를 밝히고 있다: "성령이 비상하게 부어지는 기간 동안에만 경험할 수 있는 은혜의 역사가 있는데, 그것은 마음속 깊이 성령의 인치심을 느끼고, 죄의 용서와 회개에 대해 보다 선명하고 확실하게 인식하게 되는 것으로서 이것은 보통 때에 일어나는 회심의 경우보다 훨씬 더 강력하다. 이런 일이 가능한 이유는 더 위대하고 더 풍성한 성령의 나타나심이 있기 때문이다. 이것은 형언할 수 없는 비밀이다. 하나님께서 자신을 더욱 드러내 주시는 것이다."[21] 마틴 로이드존스(Martyn Lloyd-Jones)도 말하기를 "사람들은 그 부흥을 주도할 수 없다. 시작도 갑작스럽고, 끝나는 것도 갑작스럽다. ... 우리가 성령을 소멸하며 성령의 역사를 방해할 수 있다고 말하는 것은 분명한 진리이지만, 그러나 만일 우리가 모든 법칙과 조건을 다 지키기만 하면 부흥을 산출할 수 있다고 말하는 것은 전혀

---

20) Iain H. Murray, op. cit., p. 24.
21) Octavius Winslow, *The Work of the Holy Spirit*, (London: Banner of Truth, 1961), p. 141.

진리가 아니다. 하나님께서는 그 부흥을 자기 손에 쥐고 계신다. 부흥의 시작과 과정과 마지막을 다 주관하신다. 모든 것에 있어서 우리는 성령과 그 권능에 의존해 있다"라고 부흥은 하나님의 주권아래 반복되어질 수 있다는 이 세 번째 견해를 피력하고 있다.[22]

이 견해는 교회 역사상에 일어났던 여러 부흥의 사건들에 대한 설명과 이해에 부합되는 견해이며, 사도행전 2장의 오순절 부흥의 역사이후 사도행전 4장 31절에서의 또 다른 성령 충만의 역사와 사도행전 9장 17절에서의 다메섹 도상에서의 부활하신 주님을 만난 후 아나니아의 안수로 일어났던 사울을 향한 개인적인 성령충만의 역사와 사도행전 10장 44절 이하에 기록되어진 고넬료의 가정에서의 성령 부어주심의 사건 등 계속 이어지는 성령 부으심의 역사들에 대한 설명에 부합되어지는 견해라고 볼 수 있을 것이다.[23]

5. 부흥에 있어서의 하나님의 주권과 인간의 책임
   (God's Sovereignty and Men's Responsibility in Revival)

이안 머레이(Iain H. Murray)는 "하나님의 주권과 부흥"에 대하여 설명하면서 하나님은 부흥의 도구를 사용하시는 것과 부흥의 목

---

22) Martyn Lloyd-Jones, op. cit., p. 115.
23) 리차드 라브리스(Richard F. Lovelace)는 사도행전 4장에서의 성령충만의 역사를 오순절에 일어났던 것에 대한 또 다른 반복으로 보면서 사도행전 2장과 4장을 계속적인 교회갱신을 위한 모델들로 보고 있다. 그의 저서 *Dynamics of Spiritual Life: An Evangelical Theology of Renewal*, (Downer's Grove, IL.: InterVarsity Press, 1979), pp. 49, 52, 125를 보라.

적과 시간에 관하여 주권적임을 강조하고 있다.[24] 하나님께서 부흥의 역사를 일으키실 때 전혀 뜻밖의 장소에서 예상치 못한 사람들을 사용하셔서 부흥을 주시는 대상의 상황에 따라 다른 목적을 가지고 예상치 못한 시간에 부흥을 허락하신다는 것이다. 따라서 사람이 어떤 조건을 충족시킬 때에 자동적으로 부흥이 올 것이라고 말하는 것은 잘못된 것이다. 성경과 교회역사가 가르쳐 주고 있는 중요한 진리는 부흥은 전적으로 하나님의 선물이며 온전히 그의 수중에 있다는 것이다.

이와 같이, 부흥은 결코 인간이 주도할 수 없으며 어떤 규칙을 정할 수 없는 것으로 부흥의 모든 것은 하나님의 주권 하에 있다. 그러나 하나님의 주권을 너무 강조한 나머지 그리스도인들은 단순히 하나님께서 일하실 때까지 기다리면 된다고 하는 생각은 또한 성경적인 것이 아님을 기억해야만 한다. 이안 머레이(Iain H. Murray)는 "부흥을 위해 기도한다고 해서 회개하는 것과 하나님의 말씀을 즉각적으로 순종해야 하는 것이 면제되는 것은 결코 아니다. 부흥을 위한 기도가 회개나 순종을 대신할 수는 없다"[25]라고 말하면서 하나님의 말씀에 대한 철저한 순종과 회개와 믿음의 실천을 인간 편에서 행해야할 책임의 영역에 두고 있다.

따라서 하나님의 절대 주권과 인간의 책임은 어느 한 편이 다른 편을 파괴함이 없이 공존하고 있다는 것은 부흥의 영역에도 적용되어진다. 그러므로 하나님의 주권은 우리의 노력을 무시하는 것으로 인식되어서는 안되며, 오히려 우리가 희망과 기대를 품을 수 있는

---

24) Iain H. Murray, op. cit., pp. 70-74.
25) Ibid., p. 58.

중요한 근거로 인식되어져야 한다. 마틴 로이드 존스(Martyn Lloyd-Jones)는 오늘날의 교회가 인간중심적 복음전도를 하므로 하나님 중심으로 살던 시대에 일어났던 위대한 부흥의 사건들을 까마득하게 잊어 버렸다고 강하게 비판하면서 말하기를 "부흥이 갈수록 자주 일어나지 않는 것은 칼빈주의의 쇠퇴 때문이다. 칼빈주의가 더 강력해진다면 우리는 영적 부흥과 대각성을 경험할 수 있을 것이다"라고 말한바 있다.[26]

6. 부흥에 있어서의 기도의 위치
(Place of Prayer in Revival)

교회역사를 살펴보면, 간절한 기도로 말미암아 부흥의 역사가 일어난 경우도 있지만 어떤 경우에는 부흥에 대한 소원이나 기도가 없는 상황에서 갑작스럽게 부흥이 불같이 일어나게 되어진 사례들도 있음을 알 수 있다.[27] 이안 머레이(Iain H. Murray)는 다음과 같이 이 문제에 대하여 설명하고 있다: "비록 기도를 많이 하는 것이 부흥을 가져오는 경우가 있다고 할지라도 우리의 소망을 거기에 두어서는 안되며, 오히려 그 부흥의 원천이 되시는 하나님을 전폭적으로 의뢰해야만 한다. 윌리엄 거널(William Gurnall)의 말처럼 '날이 밝으려고 할 때 닭은 가장 크게 운다.' 그러나 닭이나 기도가 새벽을 오게 하는 원인은 아니다. ... 기도를 세우신 하나님의 목적

---

26) Martyn Lloyd-Jones, *The Puritans: Their Origin and Successors*, (Edinburgh: Banner of Truth, 1987), p. 211.
27) 이러한 구체적인 사례들은 Iain H. Murray, op. cit., pp. 66-67을 참조하라.

은 그 분의 목적의 성취여부가 우리에게 달려있는 것이 아니라, 도리어 우리의 목적의 성취여부가 절대적으로 주님께 의존되어 있음을 배우게 하시려는 것이다."[28]

이와 같이, 기도는 하나님이 보내시는 부흥의 환경을 조성하는 것으로, 진정한 부흥의 전조라고 볼 수 있을 것이다. 따라서 침체기에 교회가 드려야 할 전형적인 기도는 하나님께서 하늘로부터 자기 백성들을 하감하사 다시 한번 찾아와 달라고 간청하는 기도이다. 그러나 기도하되 시간을 정하거나 하나님께 어떤 조건을 제시하지 않도록 조심해야 할 것이다. 왜냐하면 이러한 것들이 부흥에 있어서의 하나님의 주권의 원리를 깨뜨리는 것이 되어지기 때문이다.

하나님께서는 우리에게 부흥을 주어야 할 때와 그것을 받기에 적절한 시기를 정확히 알고 계신다. 그러므로 그리스도인이 할 수 있는 것은 인간 편에서의 회개와 기도와 순종의 요소들을 이루어 드리면서, 이 부흥의 축복이 주어질 수 있도록 갈망하고 그것을 위하여 지속적으로 기도할 수 있어야만 한다. 그리하면 하나님께서 정하신 때에 하나님의 방법으로 진정한 부흥의 축복을 허락해 주실 것이다.

7. 부흥의 목적(Purpose of Revival)

(1) 하나님의 영광과 능력을 드러내심으로 교회를 교회답게 회복시키시고 소생시키기 위함이다. 그리해서 하나님의 백성들이 하

---

28) Iain H. Murray, op. cit., pp. 68-69.

나님과 바른 관계를 맺고 언제나 하나님의 능력을 의지하는 삶을 살게 하기 위함이다.

(2) 하나님의 백성들로 하여금 주 예수 그리스도와 그의 구원사역에 대하여 능력있는 증인으로 만드시기 위함이다(행 1:8).

(3) 세상의 관심을 끌어 그들로 하여금 구원을 받게 하기 위함이다. 사도행전 2장에서 오순절 날에 이루어진 부흥의 사건을 통하여 예루살렘 사람들과 거기에 모인 모든 이방 사람들이 정신을 잃을 정도로 사로잡힌 바 되어 "이 어찐 일이냐"라고 반문할 정도로 하나님의 권능이 나타나므로 사람들의 관심을 기울이게 하므로 복음을 듣게 하는 결과를 가져왔던 것을 볼 수 있다.

(4) 핍박이나 전쟁 등 다른 시련이 시작되기 전에 하나님의 백성들을 준비시키시고 격려 하시기 위함이다. 스코틀랜드 교회의 역사가 해더링톤(W. M. Hetherington)은 스코틀랜드 교회를 새롭게 하는 부흥의 시대는 "마치 고통스러운 기간들을 잘 견디어 낼 수 있는 충분한 강인함을 위한 경건한 삶의 원리를 교회에게 가르치기라도 한 것처럼 그러한 시련들이 시작되기 전에 예외없이 일어났다"라고 언급한바 있다.[29] 또한 1907년 평양 대부흥 사건도 1910년 한일합방으로 인한 민족적인 시련과 억압을 견디어 낼 수 있도록 준비시키는 사건이었다고 볼 수 있다.

---

29) Ibid., p. 72.

8. 부흥의 특징(Characteristics of Revival)

(1) 일반적으로 부흥은 교회가 생명력과 활력과 능력을 상실하므로 영적으로 메마르고 무감각하여 교회로서의 정상적인 기능을 상실한 시기에 주어진 것으로 볼 수 있다.[30] 이러한 시기에 부흥의 역사가 일어나므로 다시금 교회가 새 힘을 얻어 활성화되어지므로 많은 사람들이 회심하는 전도의 열매를 풍성히 맺었음을 교회역사가 증거해 주고 있다.

(2) 부흥이 일어날 때 영광스러운 하나님의 위엄과 능력에 대한 인식, 자신이 죄인이라는 인식, 예수그리스도를 통한 구원이 놀랍다는 인식, 다른 사람들도 그 구원을 알게 되기를 간절히 바라는 마음을 갖게 되어 진다. "부흥은 언제나 사람들을 겸손하게 하고, 낮아지게 하며, 마룻바닥에 뒹굴게 하고, 자기들이 아무것도 아니라는 것을 느끼게 하며, 경외심과 경건한 두려움의 의식으로 가득 차게 한다."[31]

(3) 부흥이 일어날 때 교회는 주님의 십자가에 대한 찬양과 감사로 충만하게 되어지고, 십자가의 영광, 보혈의 능력과 같은 것들이 교회의 주제가 되어진다.

(4) 부흥이 주어질 때 사람들의 계층이나 나이나 기질이나 지적인 다양성 여부를 불문하고 모든 유형의 사람들이 감화를 받게 되어 진다.

(5) 부흥은 영구히 지속되어지는 것이 아니라 일정 기간 계속되

---

30) Martyn Lloyd-Jones, *Revival*, (Westchester, Illinois: Crossway Books, 1987), p. 27.
31) Ibid., p. 125.

다가 끝나는 한정된 역사이다. 부흥은 갑자기 혹은 점진적으로 와서 어떤 큰 절정에 이르게 된 후 갑자기 혹은 점진적으로 끝나게 되어진다.[32]

(6) 부흥이 시작되는 방식에 있어서 다양성을 나타내 보여주고 있다. 즉 부흥이 갑자기 올 수도 있고 점진적으로 올 수도 있으며, 어떤 부류의 사람들이 부흥에 대해 책임을 느끼고 기도한 후 수개월 혹은 수 년 뒤에 부흥이 올 수도 있으며, 전혀 기대하지 않았는데 부흥이 나타날 수도 있다.[33]

(7) 부흥이 임하는 집회 형태에 있어서도 다양성을 지니고 있다. 즉 어떤 경우에는 불과 두 사람 혹은 소수의 사람들이 모여 기도하는 작은 모임을 통해서 일어날 수 있으며, 어떤 경우에는 예배를 통해서, 어떤 복음집회를 통해서도 일어날 수 있다.[34]

(8) 부흥은 어떤 지역에 머물러 버릴 수도 있으며, 그 지방을 벗어나 전 지역으로 확산될 수도 있고, 온 나라 전체가 부흥에 휩싸일 수도 있다.[35]

(9) 부흥의 중요한 특징 중 하나는 설교 가운데 큰 능력과 자유와 권능이 주어지며, 교회가 큰 기쁨과 찬양으로 가득차게 되어진다는 것이다(행 2:14-36, 46-47).

(10) 부흥의 때에는 진리에 대한 분명한 인식과 그리스도에 대한 더욱 확실한 지식이 현저히 성장하는 현상이 나타나 진다. 즉 "부흥의 때가 이르면 그리스도인들은 전혀 새로운 어떤 것을 믿게 되

---

32) Ibid., p. 106.
33) Ibid., p. 108.
34) Ibid., p. 108.
35) Ibid., p. 110.

는 것이 아니라 그들의 믿음의 내용들이 보다 생생하게 자신의 삶에 적용되는 것을 확연히 경험하게 되어진다."[36]

9. 부흥의 결과(Results of Revival)

부흥의 결과에 대하여 마틴 로이드 존스(Martyn Lloyd-Jones)는 다음과 같이 말하고 있다:

(1) 부흥의 결과로 교회 밖에 있는 불신자들이 교회에 관심을 가지고 교회 안으로 몰려들게 되어지며, 회심한 사람들은 계속하여 교회 안에 남아 계속적인 믿음을 가지고 활발하게 활동을 하게 되어진다.

(2) 부흥의 결과로서 주변에 여러 교회들이 세워지며 목회의 소명을 받은 사람들의 수가 대단히 많이 증가하는 현상이 나타나게 되어진다.

(3) 부흥이 일어날 때는 교회 내에서 뿐만 아니라 교회 밖에 있는 세상에서까지도 도덕적인 추세나 수준이 현저히 높아지는 결과를 가져오게 되어지고, 그 영향이 부흥이 끝난 후 여러 해 동안에 지속되어진다.[37] 아더 월리스(Arthur Wallis)는 "부흥은 필수적으로 사회에 충격을 줄 수밖에 없다. 바로 이 점이 성령의 일반적인 사역과 부흥을 구별하는 한 가지 방법이다"라고 말하고 있다.[38]

---

36) Iain H. Murray, op. cit., p. 87.
37) Martyn Lloyd-Jones, *Revival*, (Westchester, Illinois: Crossway Books, 1987), pp. 106-108.
38) Arthur Wallis, *In the Day of Thy Power*, (London: Christian Literature Crusade, 1956), p. 23.

이안 머레이(Iain H. Murray)는 부흥의 6가지 결과를 다음과 같이 언급하고 있다:[39]

(1) 부흥은 하나님의 말씀을 회복시킨다.

18세기 부흥시대의 설교자들은 하나님의 말씀을 현세와 내세에서의 가장 고상한 삶에 관한 모든 문제들을 말씀하시는 완전하고 흠없는 살아계신 하나님의 말씀으로 신뢰하면서 전심으로 설교하였으며, 그들의 설교에는 힘이 있어 그들이 전한 복음은 수천명을 구원에 이르게 하는 하나님의 능력이었다.[40] 이렇게 부흥은 언제나 하나님의 말씀이 진리라는 확신을 가지고 그 진리를 담대히 선포할 수 있는 능력을 교회에 가져다 준다는 것이다.

(2) 부흥은 성도를 성도답게 한다.

"부흥의 시기에 강력하게 선포되었던 복음적인 설교들은 언제나 성경에 근거한 '참 그리스도인은 누구인가?'라는 주제에 가장 주된 관심을 두었다. … 교회와 세상 사이의 구분이 모호해지고 구원에 대한 인식이 불분명해질 때, 부흥은 언제나 성도를 성도답게 해주었다."[41] 제임스 롭(James Robe)는 "많은 사람들에게서 부흥의 열매로 나타나는 것은 죄에 대한 경건한 슬픔, 죄를 미워함, 자기 의의 포기, 그리스도를 믿는 믿음으로 말미암아 얻은 하나님의 의

---

39) Iain H. Murray, op. cit., pp. 170-193.
40) Ibid., p. 174.
41) Ibid., pp. 176-177.

를 붙잡음, 모든 일에 주만 의지함, 철저한 삶의 개혁, 복되신 구세주에 대한 최고의 사랑, 하나님의 형상을 닮은 모든 피조물을 향한 사랑, 원수까지도 사랑할 수 있는 마음, 구령의 열정과 불신자들의 회심을 위한 기도 등이다"라고 설명하고 있다.[42] 이와같이 부흥은 성도의 성화에 가장 큰 자극제가 되어지고 동기가 되어지기 때문에 부흥이 성도를 성도답게 만들어 주는 결과를 가져오게 되어진다.

(3) 부흥은 복음전도를 가속화한다.

부흥의 때에는 수많은 사람들이 일시에 갑자기 회심하는 역사가 일어난다는 것을 사도행전과 그 후의 교회역사가 이를 증거해 주고 있다. "복음전도의 가속화는 언제나 부흥의 징표 가운데 하나였다. ... 교회의 사역이나 선교를 위한 노력들이 후원부족 때문에 위축되었을 때에도 새로운 인적 자원이 공급된 것은 바로 부흥으로부터였다. 미국에서 일어났던 두 번째 대각성운동은 수천 명의 일꾼을 만들어냈다. 부흥이 일어난 지역마다 이러한 현상이 나타났다."[43] 따라서 마틴 로이드 존스(Martyn Lloyd-Jones)는 "하나님께서 행하시면 사람이 자기의 조직을 가지고 50년 동안 행하는 것보다 더 많은 일을 1분 이내에 행하실 수 있다. 그러므로 우리는 이 엄청난 가능성을 인식해야만 한다"라고 말하고 있다.[44]

---

42) Ibid., p. 32.
43) Ibid., p. 179.
44) Martyn Lloyd-Jones, *Revival*, (Westchester, Illinois: Crossway Books, 1987), p. 122.

(4) 부흥은 사회를 변화시킨다.

종교개혁시대에 일어났던 부흥운동으로 그리스도인들은 단순히 근면한 개신교 신자 정도로 알려진 것이 아니라 정직한 자들로, 여성의 권리를 회복시킨 자들로, 전제정치로부터 자유를 위해 힘쓴 자들로 사회에 기여하였던 것을 볼 수 있다.[45] 1740년대 미국 보스톤에서 일어났던 부흥운동의 영향에 대하여 벤자민 트럼불(Benjamin Trumbull)은 다음과 같이 언급한 바 있다: "사람들의 마음속에 일반적으로 죄에 대한 두려움이 있었다. … 그 당시 사람들의 일반적인 경향과 심적 상태를 엿볼 수 있는 가장 좋은 사례는 금, 은이 들어 있는 가방이나 다른 소중한 것들이 안전하게 길거리에 놓여져 있었으며, 아무도 그것을 자기 자신의 이익을 위해 사용하지 않았다는 것이다. 도둑질, 방자함, 무절제, 남용, 안식일 범함, 그리고 다른 모든 죄들을 멀리해야 할 것들로 생각했다."[46]

(5) 부흥은 목회자를 목회자답게 한다.

부흥의 때에는 목회자들이 사람들의 견해나 판단에 좌우되지 아니하였으며 오직 하나님께 인정받았다는 사실만으로 만족하였던 것을 볼 수 있다. 참된 경건의 능력으로 무장되어 영혼 구령의 열정으로 충만한 목회자, 자신의 삶을 통하여 진리를 증거하고 실천하므로 모범을 보이는 이런 사역자들이 부흥의 시대에 배출되어진다

---

45) Iain H. Murray, op. cit., p. 181.
46) Ibid., p. 182.

는 것을 부흥역사가 가르쳐 주고 있다. 부흥의 때에는 설교를 통하여 성령의 능력이 나타나므로 강단에서 하늘의 영광을 맛보게 하고, 이 세상과는 전혀 다른 세계의 경계에 서서 말하는 하나님의 사람들이 배출되어진다.

(6) 부흥은 예배를 예배답게 한다.

부흥의 시대에 항상 존재했던 교회의 예배의 특징은 하나님의 영광과 위엄의 임재였으며, 이것이 회중들에게 경외감과 놀라움을 가져다 주었다. 또한 참된 예배의 표지 가운데 하나는 침묵과 경외감이 반드시 기쁨과 열정적 찬양을 수반한다는 것이다.[47] 이렇게 부흥의 때에는 하나님의 사랑에 감격하고 구원의 확신에서 우러나오는 열정적인 찬양과 영적 기쁨이 충만한 진정한 예배로의 회복이 일어났던 것을 보여주고 있다.

10. 부흥을 위해 그리스도인과 교회가 준비해야 될 것
(Preparedness of Christians and Church for Revival)

(1) 21세기의 현대 교회와 그리스도인들은 세계 복음화를 위하여 부흥의 필요성과 긴급성을 인식하고 교회와 개인의 역사 속에 개입하시고 간섭하시며 주도해 나가시는 살아 역사하시는 하나님의 주권을 분명히 믿으면서, 한 걸음 더 나아가 부흥을 위하여 인간

---

47) Ibid., p. 192.

편에서의 행하여야 할 책임의 영역을 이해하고 이를 겸손히 행하고자 하는 자세를 지닐 수 있어야만 한다.

(2) 부흥을 경험하기 위해서는 교회와 그리스도인들은 항상 주 예수 그리스도를 구해야 하며 그 분을 알고, 그 분의 사랑을 알아서 그와 그의 영광을 위하여 증인의 사명을 다하고자 하는 자세로 초지일관할 수 있어야 한다. 왜냐하면 부흥은 하나님의 아들 예수 그리스도를 영화롭게 하는 것이며 교회의 삶 속에 그리스도가 중심 위치를 차지하는 것을 의미하기 때문이다.

(3) 부흥의 근본 동인이 되시는 성령을 근심되게 하거나 소멸하는 모든 삶과 행위에서 돌이켜서 성령 충만을 사모하며 교회와 그리스도인들의 영적 부흥을 열망하는 자세를 지녀야만 한다. 존 오웬(John Owen)은 "성령을 더욱 충만하게 부어주시고 그 능력을 더욱 분명하게 보여주실 것을 위해 끊임없이 기도하는 것은 성도의 의무이다. 그렇다. 성령을 구하는 우리들의 기도가 더욱 열정적이고 효과적인 기도가 되도록 하기 위해 힘을 다하는 것이 바로 성도의 의무인 것이다. 왜냐하면 성도들 안에 있는 이 기름부음에 대한 열망이 더 명확하고 탁월해 질수록 그들은 더욱 신선하고 풍성한 기름부음을 경험할 수 있을 것이기 때문이다"라고 말하고 있다.[48]

(4) 부흥을 경험하기 위해서는 하나님을 더욱 깊이 알고 신뢰하는 믿음이 자라갈 수 있도록 성경적 교리회복이 요청되어지며 하나님과의 친밀한 관계가 회복되어져야만 한다. 마틴 로이드 존스(Martyn Lloyd-Jones)는 "교회가 죽어 있고 침체되어 있을 때 교회 생활을 특징짓는 가장 주요한 사실은 교회가 생명을 좌우하는 어떤

---

[48] Ibid., p. 121.

중대한 진리를 가리거나 무시하는 일이 언제나 있었다는 것이다"라고 지적하고 있다.[49] 따라서 이안 머레이(Iain H. Murray)는 "부흥을 기다리며 진정으로 준비해야 할 것이 있다면 그것은 하나님을 아는 지식과 믿음의 회복이다"라고 말하고 있다.[50]

(5) 그리스도인들의 영적 생활을 방해하는 모든 요소들 즉 부흥의 방해요인인 불신, 자만, 하나님의 말씀을 거역함, 도덕적인 방종, 기도하지 않음, 잘못된 확신, 형제들 간의 다툼의 문제들을 제거해 나가야만 한다.

(6) 인간의 모든 방법이나 조직을 과신하는 어리석음을 버리고 그리스도인 자신의 부족함과 무능함을 인식하여 진실로 세상에 영향을 줄 수 있고, 철저한 변화를 가져오게 할 수 있는 하나님만이 주실 수 있는 성령의 능력을 간구하면서 하나님의 영광이 나타나기를 간절히 소망해야만 한다. "부흥의 시작은 하나님의 능력의 나타남이 아니고는 아무것도 할 수 없음을 인식하는 바로 그것이다."[51]

11. 결론(Conclusion)

오늘 21세기는 영적 가치의 혼돈과 극심한 이데올로기의 대립과 도덕적 불감증 등이 성행하고 기독교 가치관의 실종 속에 거짓종교와 각종 사이비 종교가 우후죽순처럼 번져가고 있는 종교다원주의

---

49) Martyn Lloyd-Jones, *Revival,* (Westchester, Illinois: Crossway Books, 1987), p. 35.
50) Iain H. Murray, op. cit., p. 78.
51) Martyn Lloyd-Jones, op. cit., p. 182.

시대이다. 이런 시대를 맞이해서 절대적인 진리인 하나님의 말씀을 부정하고 기독교회를 조소하고 무시하고 있는 상황 속에서 무엇보다도 절실하게 요청되어지는 것이 바로 진정한 영적 부흥의 역사일 것이다.

또한 자정능력을 상실한 한국교회 역시 총체적인 위기에 직면에 있다고 할 때 해결책은 초대교회에 일어났던 강력한 성령의 부흥운동이 일어나므로 깊은 영적 잠에서 깨어나 새로운 회복과 영적 각성의 역사가 일어나는데 있음을 그 누구도 부인하지 못할 것이다. 참된 부흥은 영광중에 계신 구속주가 되시고, 모든 것이 되시는 예수 그리스도를 보고, 그 분에게로 돌아가고, 그 분을 존귀케 하는 것임을 교회역사가 증거해 주고 있다.

그러므로 주님의 교회의 얼굴에 하나님의 진리의 빛이 환하게 비치고 교회 안에서 성령의 능력과 불꽃이 일어남으로써 생명과 영광과 광채로 빛나는 원래의 교회로 회복되어지기를 바라는 뜨거운 소원을 가지고 참된 부흥을 위해 한 마음으로 기도해야만 한다. 왜냐하면 하나님은 부흥을 통하여 교회를 무장시키고 세상을 새롭게 하시기 때문이다.

"부흥이 없었다면 기독교회는 수세기전에 죽어서 끝났을 것이다"[52]라고 부흥의 중요성을 지적했던 로이드 존스의 언급대로 참으로 부흥이야말로 현 시대의 가장 긴박한 요구이기에, 부흥을 위해서 기도시간을 할애하고 기도하되 하나님의 이름과 영예와 영광과 하나님의 소유인 교회를 위해서 기도해야만 한다. 즉, 영광스러

---

52) Martyn Lioyd-Jones, *Joy Unspeakable: Power & Renewal in the Holy Spirit*, (Wheaton, Illinois: Harold Shaw Publishers, 1984), p. 275.

운 하나님의 임재를 깨닫고 하나님의 능력을 의식할 수 있도록 기도해야 할 것이다. 또한 우리의 반역과 어리석음과 미련한 교만과 죄악의 수치를 인정하고 완전히 겸비한 자세로 긍휼에 풍성하신 하나님 앞에 나아가·엎드리는 기도가 있어야만 할 것이다. 그리해서 부흥의 때에 교회와 그리스도인 개인에게 찾아오는 최상의 축복인 하나님의 선하심을 깊이 체험할 수 있어야 한다.

지난 19세기의 유명한 성경 강해자였던 알버트 반즈(Albert Barnes)가 "신앙을 고백하는 그리스도인들 전체가 한 덩어리가 되어 부흥이 존재한다는 사실을 인식하고 그것을 간절히 바라게 되는 그 날은 교회사에 있어서 새로운 시대를 열 것이며, 오순절에 나타난 것과 같은 능력이 나타남을 예고하는 날이 될 것이다"[53]라고 언급한대로 이런 자세와 믿음을 가지고 이 패역한 시대에 하나님의 때에 하나님의 방법으로 진정한 부흥의 역사가 이 땅에 일어날 수 있기를 기도하면서 이런 축복을 누릴 수 있어야 할 것이다.

---

53) Martyn Lloyd-Jones, *Revival*, (Westchester, Illinois: Crossway Books, 1987), p. 93.

참고도서(Reference List)

Baker, Ernest. *The Revivals of the Bible*. London: The Kingsgate Press, 1906.

Bruner, Frederick D. *A Theology of the Holy Spirit*. Grand Rapids: Eerdmans, 1970.

Campbell, Duncan. *The Price and Power of Revival*. London: Scripture Illustrations, 1956.

Coleman, Robert E. *The Spark that Ignites: God's Promise to Revive the Chruch Through You*. Minneapolis, MIN.: World Wide Pub., 1989.

De Haan, Richard. *How To Have a Revival*. Grand Rapids: Radio Bible Class, 1993.

Finney, Charles G. *Lectures on Revival*. Old Tappan, J.N.: Revell, n.d.

Goforth, Jonathan. *By My Spirit*. 3rd ed. London: Marshall, Morgan & Scott, n.d.

Hulse, E. *Give Him No Rest*. Durham, England: Evangelical Press, 1991.

Kuyper, Abraham. *The Work of the Holy Spirit*. Grand Rapids: Eerdmans, 1956.

Lloyd-Jones, Martyn. *Joy Unspeakable: Power & Renewal in the Holy Spirit*. Wheaton, Illinois: Harold Shaw Publishers, 1984.

_____. *Revival*. Westchester, Illinois: Crossway Books, 1987.

_____. *The Puritans: Their Origin and Successors*. Edinburgh: Banner of Truth, 1987.

Lovelace, Richard F. *Dynamics of Spiritual Life: An Evangelical Theology of Renewal*. Downer's Grove, IL.: InterVarsity Press, 1979.

Murray, Iain H. *Pentecost-Today?: Biblical Basis for Understanding*

Revival. Edinburgh: The Banner of Truth Trust, 1998.

Packer, J. I. *A Quest for Godliness: The Puritan Vision of the Christian Life*. Wheaton, Illinois: Crossway Books, 1990.

Stott, John. *The Spirit, The Church, and The World: The Message of Acts*. Downers Grove, Ill.: InterVarsity Press, 1990.

Wallis, Arthur. *In the Day of Thy Power*. London: Christian Literature Crusade, 1956.

Winslow, Octavius. *The Work of the Holy Spirit*. London: Banner of Truth, 1961.

10장

효과적인 사역의 모델로서의 팀 사역

Team Work as A Model of Effective Ministry

제 10 장
효과적인 사역의 모델로서의 팀 사역
(Team Work as A Model of Effective Ministry)

- 살전 3:1-3 을 중심으로 -

1. 서론(Introduction)

지난 2001년도에 교회사역 모델에 관한 연구결과로 "팀 리더십 파워"라는 책이 출판되어졌는데, 이 책은 미국의 유명한 마케팅 전문연구 기관인 바나 리서치 그룹의 설립자이자 회장인 조지 바나 (George Barna)가 쓴 책이다. 조지 바나는 21세기에 그리스도인들이 효과적으로 교회사역을 이루어 나가기 위해서는 이제는 혼자서 일을 해서는 안되고 다양한 은사를 가진 사람들이 팀을 이루어서 협력하며 함께 사역을 할 때에 사역의 성취도가 극대화되어지는 시너지효과가 나타나질 수 있다는 결론을 내리면서, 이런 팀 사역을 어떻게 이루어 나갈 수 있을 것인가에 대한 나름대로의 제안들을 내어 놓고 있다.

그는 "팀을 사용하지 아니할 때에 교회는 고통을 겪게 되어지고 교회지도자들은 탈진되고 효과적으로 사역해야 할 능력이 제한된 다. ... 역사적으로 대부분의 위대한 리더십은 팀을 통해 이루어졌다"라고 언급을 하면서, 그 구체적인 실례로 구약에서는 모세와 느헤미야를 들고 있고, 신약에서는 예수님과 바울을 실예로 들면서 사도 바울의 경우 바나바, 마가요한, 시므온, 루기오, 마나엔, 디모데, 누가, 실라와 같은 사람들과 함께 팀을 이루어서 동역을 했던 성경적인 모델로서 설명한바 있다.[1]

현장 목회자 겸 교회미래학자로 알려져 있는 연동교회 이성희 목사는 팀 사역에 대하여 다음과 같이 언급하고 있다: "포스트모던 시대는 팀의 시대다. 시대의 기조는 통합과 조화이며 나아가 일치와 공동창조. 이런 시대에 팀 스피리트는 교회의 핵심 가치로 부상하고 있다. ... 포스트모던 시대의 교회는 팀이어야 한다. 내 교회만이 아니라 모든 교회가 잘되어야 한다. 교회의 관심은 내가 아니라 우리가 되어야 한다. 이런 교회의 팀 스피리트가 교회를 함께 건강하게 하고, 사회에 대한 사명을 효율적으로 수행하게 할 것이다."[2]

특별히 본 연구의 배경이 되어 지고 있는 데살로니가전서는 사도 바울의 첫 번째 선교서신으로서 이런 효과적인 팀 사역을 예수님 이후 사도 바울 자신이 친히 실천하므로 풍성한 사역의 결실을 거둘 수 있었던 것을 구체적으로 보여주고 있다. 따라서 본장에서는 살전 3장의 초반부를 중심으로 팀 사역의 필요성과 이점, 그리고 기본자세와 목적 등에 대하여 살펴보므로 오늘날의 그리스도인들의 효과적인 사역의 모델로서 팀 사역을 활용해 나가는 일에 도움을 받고자 한다.

---

1) George Barna, *The Power of Team Leadership* (팀 리더십 파워), 홍영기 역, 청우, 2003, pp. 41, 37. 45-48.
2) 국민일보, 2006년 3월 31일자 신문 기고문 "교회의 팀 스피리트."

2. 팀 사역의 정의(Definition of Team Ministry)

"팀이란 다른 사람을 보완해줄 수 있는 기술을 가진 소수의 사람들로 상호 간의 신뢰를 바탕으로 정해놓은 동일한 목표를 이루기 위해 목표지향적인 접근 방법에 헌신된 사람들을 말한다."[3] 그러므로 단순히 함께 일하거나 가까이 있는 사람 모두가 결코 팀은 아니다. 팀 사역이란 정보와 자원과 기술과 은사의 측면에서 상호의존적이며 공동의 목표 달성을 위하여 의도적으로 연합하여 사역하는 것을 의미한다. 진 윌크스(C. Gene Wilkes)는 "팀 사역이란 그리스도를 주인으로 섬기는 제자들이 모여 교회의 전반적인 사역과 연관된 필요들을 구체적으로 채워주기 위해, 그리고 그 밖의 목적들을 이루기 위해 노력하는 그룹이다"라고 정의하고 있으며,[4] 안토니 벨라감바(Anthony Bellagamba)는 "팀 사역이란 모든 구성원들이 동등하게 여겨지는 섬김의 방식이다"라고 말하고 있다.[5]

3. 팀 사역의 필요성(Necessity of Team Ministry)

미국 달라스 신학대학원의 선교신학 교수였던 조지 피터스

---

3) Jon R. Katzenbach and Douglas K. Smith, *The Wisdom of Teams: Creating the High-Performance Organization*, (Boston: Harvard Business School Press, 1993), p. 45.
4) C. Gene Wilkes, *Jesus on Leadership* (마음을 움직이는 리더십), 정인홍 역, 도서출판 디모데, 2003, p. 253.
5) Anthony Bellagamba, *Mission & Ministry in the Global Church*, (New York: Orbis Books, 1992), p. 71.

(George W. Peters)는 "교회는 팀 사역에 의하여 가장 잘 성장 한 다"라고 강조한바 있다.[6] 미국 하와이의 힐로에서 교회를 개척하여 팀 사역으로 3년 만에 5000명으로 성장하게 되어진 뉴호프 교회(New Hope Christian Fellowship)의 담임목사인 웨인 코디로(Wayne Cordeiro)는 "하나님께서 우리 각자에게 직분을 주셨고, 또 서로에게 도움을 받도록 창조하셨다. 혼자 모든 일을 다 할 수 있는 사람은 없다. 교회도 공동체 없이는 존재할 수 없다. 모두가 함께 일해야만 한다. 사역도 함께 할 때 가능하고 교회도 팀으로서 이끌어갈 때 가능하다"라고 팀 사역의 필요성을 말해 주고 있다.[7]

더 구체적으로 말한다면, 팀 사역이 필요한 것은 팀이 사역해야 할 대상자들에게 효과적이고 만족스러운 사역의 결과를 가져다주고, 어떤 영역에서 최상의 성과와 전문성 획득을 이끌어 내고, 정보화 시대를 맞이하여 기하급수적으로 증가하고 있는 정보와 지식들을 통합하여 사역에 활용하는 것이 절실히 요구되어지고, 세계화의 시대에 효과적인 네트워킹을 통한 효율적인 사역의 성과를 확산시키고 극대화시켜 나가기 위하여 요청되어지고 있다.

신약시대에 팀 사역의 모범을 보여 주셨던 예수님은 사실 팀 사역이 필요 없었던 전능하신 하나님이셨지만 지상사역을 하시는 동안에 어디를 가시든 최소한 3명의 제자들과 함께 하였으며, 12 제자들과의 동역 팀을 이루어서 그들을 진정한 사역자들로 세우는 일에 초점을 맞추심으로 승천이후에 주님 자신의 사역이 전 세계적으

---

6) George W. Peters, *A Theology of Church Growth*, (Grand Rapids: Zondervan, 1981), p. 238.
7) Wayne Cordeiro, *Doing Church as a Team* (팀으로 이끄는 교회), 김경섭 역, 프리셉트, 2001, p. 35.

로 확장되어지는 놀라운 역사를 이루신 것은 팀 사역의 중요성과 그 필요를 깨우쳐 주고 있는바, 이것은 하나님 나라를 세우는 사역은 팀 사역을 통하여 이루어져야 함을 일깨워 주고 있다.

사실 성경에 등장하는 지도자들 가운데 사도 바울만큼 은사가 많고 지성과 영성과 사역에 필요한 언어적인 도구를 갖추고 그 시대의 문화를 제대로 이해하면서 열정을 가지고 일을 할 수 있었던 사람을 발견하기가 쉽지 아니할 것이다. 이렇게 은사가 많고 사도로 부르심을 받은 바울이었지만 그럼에도 불구하고 그가 혼자서 사역을 한 것이 아니라 언제나 팀을 이루어서 사역을 했다고 하는 것은 오늘날 우리에게 많은 깨달음과 도전을 던져 주고 있다.

전도서 4장 12절에 "한 사람이면 패하겠거니와 두 사람이면 능히 당하나니 삼겹줄은 쉽게 끊어지지 아니 하느니라"는 언급은 한 사람보다는 여러 사람이 협력하여 사역할 때에 쉽게 무너지지 아니하고 어려운 때에도 서로를 격려하고 지원하고 도와주므로 위기를 잘 극복해 나갈 수가 있을 뿐만 아니라, 심리적으로도 안정감을 가질 수가 있고 탈진되지 아니하고 지속적으로 사역의 효과가 극대화 되어지는 이런 효과가 있음을 가르쳐 주고 있다.

교회가 행해야할 중요한 사역들을 효과적으로 성취해 나가며 영적 공동체 구성원들의 필요를 충족시킬 수 있는 것은 다양한 사역 팀들을 세워나감으로 가능하게 되어 진다. 특히 급변하는 사회 속에서 발생되는 여러 가지 문제들을 수습하고 그 문제들을 통하여 복음의 영향력을 확산시켜 나가기 위해서는 큰 조직체가 아닌 소규모의 팀들이 있어야만 하는데, 이는 정보 통신기술의 급속한 발전과 교통수단의 발달 그리고 과학기술의 발전 등으로 사역의 전문화와 다원화 그리고 기능화를 요구하고 있기 때문이다. 따라서 팀 사역은 21세기 미래사회에 교회의 영적 리더십의 제일의 과제인 "성도를 온전케" 하는 사역을 효과적으로 수행해 나갈 수 있는 유용한 채널이 될 수 있다.

살전 3장에서의 사도 바울의 사역을 살펴보면, 자신이 직접 재방문하기 어려웠던 데살로니가 지역에 자신을 대신하여 그의 젊은 동역자요 팀사역의 멤버인 디모데를 보내므로 이 어려운 위기의 때를 잘 극복할 수가 있었던 것을 볼 수 있다. 바울의 동역자요 팀원인 디모데가 선교지의 정확한 형편을 파악하여 보고해온 것을 토대로 다시금 편지를 보내므로 데살로니가 교회를 말씀 위에 굳건하게 세울 수가 있었을 뿐만 아니라, 오고 오는 세대의 모든 주님의 교회와 성도들을 세워 나가는 일에 지속적으로 기여할 수 있는 영감된 서신서를 남기게 되는 이런 놀라운 성과를 거두게 되어진 것이 바로 팀사역의 결과로 나타나진 성과였던 것이다.

케네스 갱글(Kenneth O. Gangel)은 "무엇보다도 기독교 사역은 하나님께서 운전석에 계시기 때문에 차별화된 팀 사역이다"라고 팀 사역이 기독교 사역의 본질적인 모습인 것을 역설한바 있다.[8] 특별히 하나님 나라 확장의 가장 중요한 기관인 교회의 사역은 하나님의 탁월하심을 나타내 보여줄 수 있는 최우수성을 추구해야 하는데, 이를 위해서 무엇보다도 팀 사역이 필요하고 또한 요청되어 진다는 것이다. 따라서 팀 사역은 해도 좋고 안해도 좋은 선택 사항이 아니라 모든 족속으로 제자삼기 위한 복음사역을 위한 필수적인 원리인 것을 성경이 강조하고 있으며, 오늘날 기독공동체도 이것을 점점 더 요구하고 있음을 인식해야만 할 것이다.

---

8) Kenneth O. Gangel, *Team Leadership in Christian Ministry*, Revised Edition, (Chicago: Moody Press, 1997), p. 308.

4. 팀 사역의 이점(Advantages of Team Ministry)

1) 팀 사역은 팀 리더의 잠재력을 극대화시킬 수 있으며 약점은 극소화시킬 수 있다.
2) 팀 사역을 하게 되면 각 개인의 노력을 합하는 것보다 훨씬 더 효과적으로 목표를 달성할 수 있다. 왜냐하면 팀 구성원들 사이에서 생각과 노력의 상승효과가 일어나기 때문이다.
3) 일반적으로 사람들은 집단에 소속되려는 본성을 가지고 있으므로, 자신이 속한 집단에 대한 만족감이나 팀의 높은 명성이나 성과가 자신의 정체성을 확립하고 자긍심을 고양시킬 수 있는 중요한 요인이 되어 진다.
4) 팀 사역은 그 구성원 개인의 실패나 부족함을 채워 주므로 보완 및 완충역할을 해 주며, 개인적 실패로 동요를 느낄 때에도 소속 팀의 격려와 도움으로 빠른 회복이 가능하다.
5) 팀 사역은 다양한 은사들을 가지고 있는 구성원들의 효과적인 기여와 공헌을 가능하게 한다.
6) "팀 사역은 사역에 있어서 공유된 주인의식을 가질 수 있으며, 의사결정에 책임감을 구성원들이 가지게 되며, 자유롭게 아이디어를 공유할 수 있으며, 보다 창의적인 접근방식으로 프로그램을 진행해 나갈 수 있게 한다."[9]
7) "팀 사역은 구성원들의 과중한 사역의 부담을 경감시켜 주는

---

[9] Michael J. Anthony, *Effective Church Board: A Handbook for Mentoring and Training Servant Leaders*, (Grand Rapids: Baker Book House, 1993), p. 124.

효과가 있다."¹⁰⁾

8) 팀 사역은 팀 구성원 개인의 성장과 발전을 효과적으로 이루어 나갈 수 있다.

이상과 같이 팀 사역을 통하여 팀원들 개개인이 가지고 있는 은사와 재능과 장점과 기술과 경험을 최대한으로 발휘할 때 놀라운 사역의 결실을 기대할 수가 있을 것이다.

5. 성공적인 팀 사역의 실례
(Examples of Successful Team Ministry)

1) 바울 사도(Paul the Apostle)

사도행전은 바울이 보통 그의 선교 여행 동안 2 명 혹은 3명의 동역자들을 동반했음을 보여준다. 제1차 선교 여행기간에는 바나바와 마가를 동반했다(행 13-14장). 2차 여행때는 바울은 선교 사역의 잠재가능성이 있는 사람들을 선택했는데(행 15:40), 디모데는 이들 중의 한 명이었다(행 16:1-3).¹¹⁾ 누가는 바울의 선교 사역을 그룹사역(a group effort)으로 묘사한다(행 14:6). J. A. 그라시(J. A. Grassi)가 정확하게 언급하고 있듯이, "사도 바울은 팀사역자(teamworker)였다."¹²⁾

---

10) Ibid.
11) 사도행전은 바울의 선교 팀이 누가, 실라, 디모데, 에라스도, 소바더, 아리스다고, 세군도, 가이오, 두기고, 드로비모와 같은 사람들을 포함했음을 보여준다(행 17:15; 19:22; 20:4).
12) Joseph A. Grassi, *A World to Win: The Missionary Methods of Paul the Apostle*, (New York: Maryknoll Publications, 1965), p. 73.

사도 바울에게 있어서 단독으로 사역한다는 것은 생각할 수도 없는 것이었으며, 그는 팀으로 사역할 때의 많은 유익한 점들을 익히 알고 있었다. 바울의 팀 사역에 관하여, 조지 W. 피터스(George W. Peters)는 다음과 같이 말한다: "바울은 상호 신뢰와 존경으로 협력하는 일단의 복음사역자들로 둘러싸여 있었다. 그런 팀 사역은 심리적으로도 유익한 것이었다. 팀은 그들이 이교주의와 직면하게 될 때에도 지원을 제공할 수 있었다. 팀 사역(teamwork)은 또한 단독 사역자(a lone worker)보다 팀 사역으로 말미암는 효과로 인해 전체 공동체에 대한 복음침투를 더욱 용이하게 한다."[13]

물론 선교 사역에 대한 이런 접근법은 성령께서 안디옥에서 "내가 불러 시키는 일을 위하여 바나바와 사울을 따로 세우라"(행 13:2)고 교회를 지도하셨을 때부터 시작되었다. 바울의 계획은 아직 복음이 선포되지 않은 곳으로 가는 것이었기에, 움직이고 있는 교회의 생생한 모습을 제시하는 것이 필요함을 느꼈을 것이다. 또한 바울 사도로부터 복음을 받은 사람들은 삶 속에 나타나고 있는 기독교의 생생한 모습을 보는 것이 필요했을 것이다. 그래서, 그의 동역자들에 대한 바울의 애정은 새로운 삶의 기본원리와 그리스도 안에서 다른 사람들에게 어떤 의미와 관계를 가지는가를 보여 주었다(골 4:7, 9). 사실상, 그 선교 팀은 다른 사람들로 하여금 참여하도록 초청할 수 있었던 축소된 형태의 한 교회(a church in miniature)를 형성하였다.

바울의 선교팀은 또한 그 선교사역에 동참한 자들을 위한 하나

---

13) George W. Peters, *A Theology of Church Growth*, (Grand Rapids: Zondervan Pub., 1981), p. 225.

의 선교 훈련원으로서의 역할을 담당하였다. 바울 자신이 바나바에게서 훈련을 받았듯이, 그는 그와 함께 동역하도록 하나님이 부르신 자들을 훈련시켰다. 동역자들과 함께 사역하면서, 바울은 선교사역에 대한 팀사역적인 접근법의 가치를 증명했을 뿐 아니라, 서로 돌보고 함께 증거하는 공동체로서의 교회의 참된 모습을 보여주었다.

바울 사도를 돕는 자들은 이교 세계가 주시하는 가운데 그와 함께 사역했고, 또 다른 신실한 자들을 훈련시키므로 효과적인 사역을 이루어 나갈 수가 있었다(딤후 2:2). 그러므로 신약 성경의 선교운동은 몇몇 개인의 사역이 아니라, 사도적 동역자들의 확장된 그룹 사역이었다고 말할 수 있다. 하나의 선교 팀을 조직하는데 있어서 바울의 능력은 그의 선교전략의 한 중요한 요소이었으며, 그것은 또한 그의 사역의 효율성에 대한 열쇠였음이 분명하다.

2) 윌리암 케리(William Carey)

사도 바울이후 세계 선교역사상 가장 성공적이고도 효율적인 팀선교를 통하여 풍성한 결실을 거두었던 3사람의 선교사들을 든다면 현대 선교의 아버지라고 불리운 윌리암 케리(William Carey)와 그의 2명의 동역자 죠수아 마쉬맨(Joshua Marshman), 윌리암 워드(William Ward)를 들 수 있다.

이들은 '세람포의 트리오'라고 불리워질 정도로 선교 역사상 가장 유명한 동역 팀이 되었는데, 케리는 인도에 1793년에 도착하여 40년을 지내는 동안 34년을 세람포에 정착하여 이들과 사역하면서 모든 것을 함께 공유하고 서로 사랑하고 이해하고 관용하면서 은사에 따라 일을 분담하는 방식으로 사역을 하였던 것이다. 체계적이고 효율적인 사역을 통하여 이들은 3개 언어로 성경을 완역하였고, 29개의 다른 언어와 방언으로 신약성경과 쪽복음을 번역하였다. 또한 인쇄소를 세워서 1829년에는 6개의 언어로 67가지의 서로 다른 소책자들을 발행했는데 모두 33,050권에 달했다고 한다.

케리 자신은 7개 언어에 대한 문법책을 편집하는 일에 관여했고, 그 언어들 중에서 3개의 언어로 사전을 발행하였다. 이외에도 의료선교사역과 세람포 대학을 설립하여 교회 지도자들과 복음 전파자들을 양성하는 다양한 사역들을 이루어 나갈 수 있었는데 나중에는 함께 사역하는 선교사의 수가 12명이 넘었다고 한다.[14]

3) 디 엘 무디(D. L. Moody)

19세기에 복음으로 미국 사회를 변화시켰던 유명한 부흥사요, 19세기 최고의 칼빈주의 복음전도자요, 청교도 신앙의 설교자였던 디 엘 무디는 생키와 함께 사역을 하므로 수백만의 영혼들을 주님께로 인도하는 엄청난 결실을 거둘 수가 있었다. "구두 수선공으로 정력적이고 세련되지 않은 전도자 무디는 아이라 생키의 부드럽게 해주는 세련되고 완숙한 음성이 필요했다. 두 사람이 함께 했기에 그들은 미국과 유럽의 많은 대도시들에 예수 그리스도의 복음을 전

---

14) Ruth A. Tucker, *From Jerusalem to Irian Jaya* (선교사 열전), 박해근 역, 크리스챤 다이제스트, 1991, pp. 144-151. Allan M. Harman, "William Carey and the English baptist missionaries at Serampore" in 선교신학과 선교이슈, 고신대학교 기독교 사상연구 제 6호, 2000, pp. 68~75.

할 수 있었다."[15] 이 무디가 죽은 이후에도 그가 설립한 미국 시카고의 무디 바이블 인스티튜트(Moody Bible Institute)라는 기관을 통하여 전 세계의 수억의 사람들에게 지속적으로 복음을 전하고 영적인 영향력을 끼치므로 지금도 그의 사역은 계속되어지고 있는 이 모든 것들이 바로 팀 사역의 놀라운 결과인 것이다.

4) 브리스길라와 아굴라(Priscilla and Aquila)

오늘날 인건비가 날이 갈수록 증가하고 있는 이 시대에 저비용 고효율의 가장 효과적인 사역 팀을 이룰 수 있는 대상이 바로 남편과 아내로 이루어지는 부부 사역 팀이라고 말을 할 수 있을 것이다. 가장 성공적이면서 대표적인 사례가 바로 브리스길라와 아굴라 부부이다.

브리스길라는 지적이고 조리있는 여성이었던 반면에 그의 남편 아굴라는 조용한 남자로서 이들은 역동적인 부부 팀을 이루어 효과적인 사역을 수행해 나갈 수 있었다. 리차드 롱네커(Richard N. Longenecker)는 "아마도 그들은 아굴라의 기술과 브리스길라의 자금과 거래를 동원해 천막을 만들고 가죽을 가공하는 회사를 경영했을 것이다"라고 이들 부부의 직업에 대하여 설명하고 있다.[16] 이들 부부는 로마에서 만나 결혼하여 살고 있을 때에 복음을 받아 로마 교회의 일원이 되었으며, 그후 모든 유대인들은 로마를 떠나라는 글라우디오 황제의 칙령에 의하여 고린도에 내려 왔다가 사도 바울

---

15) Charles R. Swindoll, *Paul: A Man of Grace and Grit* (바울: 은혜와 근성의 사람), 곽철호 역, 생명의 말씀사, 2004, p. 146.
16) Richard N. Longenecker, *Acts of the Apostles*. Expositor's Bible Commentary, Vol. 9, ed. Frank E. Gaebelein, (Grand Rapids: Zondervan, 1981), p. 481.

을 만나 바울과 함께 18개월간 하나님의 말씀을 가르치는 사역에 참여하였다.

바울과 함께 고린도를 떠나 에베소에 도착했을 때(행 18:19), 새로운 사역을 시작할 수 있을 정도로 사역경험이 축적되어 있었다. 바울이 수리아로 떠난 이후에도 계속 에베소에 남아 있으면서 알렉산드리아 출신 성경교사 아볼로에게 하나님의 말씀을 정확하게 가르치는 사역을 행했을 뿐만 아니라(행 18: 24-26), 자신의 가정을 성도들의 회집장소인 교회로 제공하였으며(고전 16:19), 사도 바울을 위하여 목숨까지도 아끼지 아니하고(롬 16:3-4) 선교사역에 헌신하였던 신실한 동역자로서 팀 사역의 훌륭한 모델로 나타나고 있다.

벤 위더링턴(Ben Witherington)은 "사도행전과 바울서신 사이에서 이들은 에베소와 고린도와 로마에서 중요한 역할을 한다. 이들은 바울의 가장 가깝고 가장 믿을 만한 두 일꾼이라는 인상을 주며 바울을 접대하는 일에서 교회개척과 가르침과 전파에 이르기까지 광범위한 활동에 참여했던 것 같다. … 분명히 이들은 이방인 선교에서 중요한 역할을 감당했다"라고 이들 부부의 팀 사역을 높이 평가한바 있다.[17]

캐나다에 있는 리젼트 신학대학원의 실천신학교수인 폴 스티븐스(R. Paul Stevens)는 부부가 함께 사역팀을 이루는 것이 참으로 효과적인 것을 강조하면서 다음과 같이 말하고 있다: "부부인 남녀가 함께 사역의 협동체를 이룰 때 그 효과는 상승작용을 불러 일으킬 수 있다. 아굴라와 브리스길라는 이 신령한 상승작용에 대한 훌

---

17) Ben Witherington, *Women in the Earliest Churches*, (Cambridge: Cambridge University Press, 1988), pp. 153-154.

륭한 본보기가 된다. 이들의 공동사역은 그들의 개별적인 노력의 합보다 더 위대했다. 아내인 브리스길라는 남편보다 이름이 먼저 나오는 경우가 많다. 아마 그녀는 타고난 지도자였을 것이며, 아굴라는 아내의 은사가 그렇다면 아내가 주도권을 쥐도록 인정해 준 통이 큰 남자였을 것이다. 이들의 사역은 함께한 사역이었기에 더욱 풍성했다."[18] 그는 "남편과 아내는 아굴라와 브리스길라처럼 지도자와 하급자로서가 아니라 동역자로서 하나님을 가장 잘 섬길 수 있다"고 언급하고 있다.[19]

5) 안산 제일교회(고훈목사)

안산 제일 교회(고 훈 목사담임)는 부목사 당회위임제도를 정착시켜서 보다 수평적인 교역구조 속에서 부교역자와 함께 장기간 사역하는 팀 목회를 통하여 교회성장을 이루어 나간 대표적인 사례로 볼 수 있다.[20] 효율적인 팀 목회를 위해서 모든 교역자들의 은사와 전문성이 최대한 발휘될 수 있도록 팀웍을 이루어 나가는 것이 중

---

18) R. Paul Stevens, *Disciplines of the Hungry Heart* (현대인을 위한 생활영성), 박영민 역, IVP, 1996, p. 114.
19) R. Paul Stevens, *Marriage Spirituality* (영혼의 친구, 부부), 강선규 역, IVP, 2003, p. 146.
20) C. Peter Wagner는 "공유된 목회 없이 교회는 200명까지는 성장할 수 있지만 그 이상은 더 나아갈 수 없다"고 언급하면서 다음과 같이 제안한다: "만일 교회가 200명의 한계선을 깨뜨리려고 한다면 목회자는 목회를 나누어 하기 시작해야 한다. 200명 정도에 이르러서 성장이 멈출 때까지 기다린 다음에 함께 목회하기로 결정하는 것은 좋지 않다. 성장의 운동량을 잃지 않기 위해 가능한 한 미리 하는 것이 중요하다. 미리 준비하기보다 운동량을 잃은 후에 복구하기가 더 어렵기 때문이다(C. Peter Wagner, *Leading Your Church to Growth*, California: Regal Books, 1984, pp. 55-56).

요함을 인식하고 실천에 옮긴 것을 "교회 성장을 위한 팀 목회"라는 논문에서 소개해 주고 있다.

고훈 목사는 현대인의 전인적인 요구(total need)에 부응하는 총체적인 목회(total ministry)가 팀 사역을 통하여 가능함을 언급하면서 "주어진 팀 구성원이 목회기능을 더 효율적으로 수행하기 위해서는 무엇보다도 팀 구성원간의 긴밀한 협력관계가 요청된다. 그 위에 적절한 역할분담, 그리고 민주적인 조직체계 또한 필요하다"고 말하고 "한국교회의 팀 목회의 가장 큰 장애요인이 있다면 담임목사를 중심한 권위주의적인 목회구조에 있다"고 지적한다.[21]

6. 팀 사역의 기본자세(Basic Attitude of Team Ministry)

사도 바울의 경우 그는 살전 3장 2절에서 자신이 파송한 젊은 사역자 디모데를 "우리 형제 곧 그리스도 복음의 하나님의 일꾼인 디모데"라고 부르고 있는데, "우리 형제"라는 말은 그리스도의 보혈로 죄씻음 받고 거듭나서 함께 하나님 나라의 영광스러운 후사가 되어진 하나님의 권속이요 백성이라는 의미로 부르는 호칭으로 다른 팀원을 존중히 여기는 겸손한 자세를 나타내 보여주고 있다.

사실 바울은 디모데보다도 연령 면에서 나이가 많고, 또 지식적인 면이나 삶의 경험이나 직책에 있어서 엄청난 차이가 나는 그런 사이였지마는 선교 팀에 참여한지 얼마 되지 아니하는 나이어린 사역의 협력자를 "우리 형제"라고 호칭한 것은 비록 젊고, 나이가 어

---

21) 고훈, 교회성장을 위한 팀 목회, 베드로서원, 1996, 99. 15, 83.

리고, 경험이 적은 사역의 협력자이지마는 그 디모데를 존중히 여기는 마음을 가지고 있었기 때문이었을 것이다.

또한 사도 바울은 디모데를 "그리스도 복음의 하나님의 일꾼"으로 부르고 있는데, 다른 헬라어 사본에 보면 "그리스도 복음의 하나님의 동역자"라고 기록되어 있다. 그래서 NIV판 영어성경에도 "our brother and God's fellow worker"라고 번역을 해놓고 있다. 이것은 사도 바울 뿐만 아니라 디모데도 하나님의 영광스러운 사역에 부름을 받은 동역자라고 하는 분명한 인식을 나타내 보여준 호칭으로서 아직 나이 어리고 젊은 디모데에게 인정과 신뢰를 보여줌과 동시에 존중과 칭찬의 표현인 것이다. 이와 같이, 주의 일에 부름을 받았다는 강한 동역자의식을 가졌기 때문에 함께 팀을 이루어서 아름다운 복음사역을 이루어 나갈 수가 있었던 것을 말해 주고 있다.

오늘날에도 효과적인 팀 사역을 이루어 나가기 위해서는 사도 바울처럼 함께 부름받은 구성원들에 대한 이런 사역의 자세를 가질 수 있어야 할 것이다. 비록 자신보다 연령이나 경험이나 지식이나 직책에 있어서 미치지 못하는 그런 사람이라고 할지라도 그를 존중히 여기고 사랑과 인정과 신뢰를 줄 수 있는 이런 겸손하고도 동역자적인 자세를 소유할 수 있을 때에 진정한 의미에 있어서 팀을 이루어서 협력하면서 동역이 가능하게 되어진다는 것이다.

왜 오늘날 사도 바울과 같은 이런 팀사역이 잘 이루어지지 못하고 있는가에 대하여 조지 바나(George Barna)는 그가 쓴 "팀 리더십 파워"에서 다음과 같이 지적을 하고 있다: "많은 지도자들이 자신이 중요하다고 인정받고 싶어하는 뿌리 깊은 욕구를 가지고 있기 때문에 완전한 권위를 유지하기 위해 고군분투한다. ... 요점은 팀 리더십의 도입은 그런 사람들에게는 개인적인 위협으로 느껴진다는 점이다. 이런 사람들은 사역의 유익에 초점을 맞추기보다는 자신들에게 무엇이 최상인가를 추구한다. 그리고 어느 것이 사역을 위해 옳은 것인가를 생각하기보다는 개인적 지위와 명망을 얻고자 한다."[22]

그러나 사도 바울은 이런 개인적인 지위나 명성에 결단코 얽매이지 아니했고, 언제나 사역의 유익과 그 효과에 항상 초점을 맞추어서 사역을 해 나갔기 때문에 그런 놀라운 사역의 결실을 거둘 수가 있었고, 위대한 영적 지도자로서의 아름다운 평가를 받을 수가 있었던 것이다. 그래서 사도 바울은 빌립보서 1장 15절 이하에서 사도 바울 자신을 괴롭힐 목적으로 순수하지 못한 불순한 동기에서 다른 사람들이 복음을 전하고 사역한다고 할지라도 전파되는 것이 그리스도라고 한다면 그것으로서 자신은 기뻐하고 또 기뻐할 것이라고 고백하였던 것이다.

오늘 이 시대에 부름받은 사역자들도 자신의 명예나 자기 인기나 자기 지위에 연연하거나 이런 것들에 얽매이지 아니하고 오로지 주님만이 존귀케 되어지고 주님의 복음이 더욱 힘있게 효과적으로 전파되어지고 하나님의 나라가 확장되어진다면 그것으로 기뻐하고 참으로 하나님께 감사하고 즐거워할 수 있는 이런 겸손한 자세를 지닐 수 있어야만 한다. 따라서 팀 사역의 구성원들 중에 자신보다 더 효과적으로 사역을 수행해 나갈 수 있다면 그로 인하여 더욱 하나님께 감사하고 그 구성원이 그 사역을 발전시켜 나갈 수 있도록 최대한의 배려와 지원을 아끼지 아니하는 자세를 지닐 때 팀 사역

---

22) Barna, op. cit., p. 86.

을 제대로 이루어 나갈 수 있는 준비가 되어진 사역자라고 말을 할 수 있을 것이다.

7. 팀 사역의 목적(Purpose of Team Ministry)

진 윌크스(C. Gene Wilkes)는 "팀 사역의 목적은 이 땅에서 그리스도의 사역을 더 효과적으로 수행할 수 있도록 모든 필요들을 채워주는 것에 있다"라고 말하고 있다.[23] 피터 드러커(Peter F. Drucker)는 "팀의 목적은 팀원 각자의 장점을 유효하게하고 약점은 부적절한 것으로 만드는 것"이라고 언급하고 있다.[24]

사도 바울의 경우 팀 사역의 목적을 살전 3장 2절과 3절에서 밝혀주고 있다. "이는 너희를 굳게 하고 너희 믿음에 대하여 위로함으로 누구든지 이 여러 환난 중에 요동치 않게 하려 함이라"고 팀 사역의 2 가지 목적을 말해주고 있다.

첫 번째 목적은 굳게 하는 것이다. 여기에 "굳게 하다"라는 단어는 "강하게 하다, 고정시키다, 확고하게 하다, 안정하게 하다, 튼튼하게 하다, 단단하게 놓다, 강화하다"라는 의미를 가지고 있는 단어로서 사도 바울이 디모데를 파송하는 목적이 바로 데살로니가 교회 구성원들을 튼튼한 기초 위에 세우기 위한 것이었다. 즉 그들이 그리스도 안에서 성숙한 삶, 부르심에 합당한 온전한 삶을 살아갈 수 있도록 하기 위함이었다.

---

23) Wilkes, op. cit., p. 253.
24) Peter F. Drucker, *Managing the Non-Profit Organization*, (New York: HarperBusiness, 1992), pp. 152-153.

눅 22장 32절에 보면 예수님께서 베드로의 믿음이 떨어지지 않기 위해서 기도하신 것은 베드로가 돌이킨 후에 다른 사람들을 굳게 하도록 하기 위함인 것을 말씀해 주고 있다. 이와 같이, 그리스도인 사역자의 팀 사역이 바로 굳게 하는 사역이라는 것을 주님이 친히 말씀해 주셨다. 로마서 1장 1절에서도 사도 바울이 로마교회 성도들을 보기를 간절히 원했던 것도 그들을 견고케 하기 위함이었다는 것을 밝혀주고 있는데, 본문의 "굳게 한다"라는 동일한 단어를 사용하고 있음을 볼 수 있다.

이와 같이, 굳게 하는 사역은 롬 16장 26절에서는 복음으로 하나님께서 그리스도인들을 견고케 하신다고 말씀하고 있으며, 살전 3장 13절에서는 아가페의 사랑으로 마음이 굳게 되어 진다고 말씀하고 있으며, 벧후 1장 12절에서는 말씀의 진리 속에서 굳게 서는 것으로 말씀해 주고 있다. 굳게 하는 사역의 영역에 대하여 살후 2장 17절에서는 모든 그리스도인들은 모든 선한 일과 모든 선한 말에 있어서 굳게 되어져야 한다는 것을 말씀하고 있다.

이것은 그리스도인이 행하는 모든 일들과 모든 말들이 선한 것이 되어질 수 있도록 성장하고 변화되어지므로, 삶과 사역의 모든 영역에서 주님께 영광을 돌리고 하나님께 감사할 수 있는 삶이 되도록 구성원들을 세우고 양육하고 훈련시켜 나가야한다는 것이다. 그래서 골 3장 17절 말씀에 "무엇을 하든지 말에나 일에나 다 주 예수의 이름으로 하고 그를 힘입어 하나님 아버지께 감사하라"고 말씀하고 있다. 따라서 사도 바울이 디모데를 파송하는 팀 사역의 가장 큰 목적이 데살로니가 교회 모든 구성원들이 단순히 회심하는 것으로 끝나는 것이 아니라 그들로 하여금 하나님의 부르심의 목적대로 믿음 안에서 성숙한 삶, 합당한 삶을 살도록 이끌어 주는 것이었음을 밝혀주고 있다.

두 번째 목적은 위로하는 것이다. 살전3장 2절 하반절에 "이는 너희를 굳게 하고 너희 믿음에 대하여 위로함으로"라고 말씀하고 있는데, 여기에 위로한다는 단어는 "자기 곁으로 부르다, 권면하다, 간청하다, 초청하다, 위로로서 용기와 힘을 돋우다, 격려하다, 상쾌하게 하다, 유쾌하게 하다, 가르치다"라는 다양한 의미를 가지고 있는 단어로서 "어려움을 겪고 있는 사람의 곁으로 다가가서 도움을 준다"는 뜻이다. 따라서 본문에 "위로한다"는 것은 단순히 위로하는 것이 아니라 그들의 삶에 필요한 조언과 구체적인 가이드라인 즉, 나아갈 방향을 제시하므로 도움을 주는 것을 뜻하는 단어이다.

빌레몬서 7절에 "사랑이 많은 기쁨과 위로를 준다고 말씀하고 있는 그대로 효과 있는 위로와 권면을 하기 위해서는 아가페의 사랑으로 해야 할 것을 언급하고 있다. 또한 히브리서 12장 5절에 보면 "권면하신 말씀"이라고 했는데, 이 말씀은 "위로의 말씀"이라는 뜻으로 말씀이 우리에게 위로를 준다는 뜻이다. 그래서 살전 4장 18절에 "이 여러 말로 서로 위로하라"고 말씀하고 있는데, 이것은 하나님의 말씀 자체가 위로를 주는 말씀이기 때문에 하나님의 말씀에 능한 자가 되어질 때 효과적인 위로가 가능함을 깨우쳐 주고 있다.

살전 3장 2절의 문맥으로 볼 때, 이 위로하는 것이 굳게 하기 위한 것임을 말해주고 있다. 다시 말하면, 위로와 권면을 제대로 하게 되어질 때에 굳게 되어지는 결과가 주어지게 되어진다는 것을 암시해 주고 있다.

이렇게 위로함으로 굳게 되어질 때에 그 결과로서 요동치 않게 되어진다는 것을 살전 3장 3절에 말씀해 주고 있다. 요동한다는 단어는 "앞뒤로 흔들리다, 불안정하게 되다"라는 의미를 가지고 있

단어로서 요동치 않게 된다는 것은 떠내려가는 표류하는 인생 삶을 살지 않게 되어 진다는 것을 의미한다. 삶의 목표와 방향이 확실하여 시냇가에 심기운 나무와 같이 시절을 쫓아 과실을 맺는 하나님 지향적인 삶, 사명지향적인 삶, 말씀 중심의 삶을 통하여 풍성한 결실을 맺게 되어 진다는 것을 암시해 주고 있다. 즉, 하나님 사랑과 이웃사람을 실천하는 하나님의 부르심의 목적대로의 삶을 흔들림이 없이 살게 되어 진다는 것이다.

또한 이 "요동한다"는 단어는 "개가 꼬리를 흔들다, 아부하다, 아첨하다, 알랑거리다, 감언이설로 유혹하다"라는 의미를 가지고 있는 단어로서 요동되어진다는 것은 "속임을 당한다"는 의미를 가지고 있다. 그러므로 요동치 않게 되어진다는 것은 속임수와 유혹에 걸려 넘어지는 자리에 들어가지 않게 되어 진다는 것을 암시해 주고 있다.

사도 바울 당시 핍박하던 유대인들은 데살로니가 교회 구성원들에게 유대교로 개종만 하면 아무런 어려움이 없을 것이라고 설득하면서 기독교를 포기하고 유대주의를 받아들이라고 은근히 유혹하는 이런 상황에서, 끝까지 말씀 위에 굳게 서서 믿음을 지킬 수 있게 되기를 바라면서 팀 사역의 일원이었던 디모데를 파송하게 되었다는 것이다.

오늘날도 그리스도인들을 유혹하는 이단사설들이 횡행하고 있는 때에 이런 여러 가지 유형무형의 속임수들과 유혹들에 넘어지지 아니하고 말씀 위에 굳건하게 설 수 있도록 교회 구성원들의 양육과 훈련을 효과적으로 수행해 나가기 위해서 사도 바울과 같은 팀 사역이 이루어져야 한다는 것을 분명히 보여주고 있다. 따라서 어떠한 환난과 시련 가운데서도 낙심하거나 넘어지지 아니하고 그 모든 고난까지도 능히 극복하고 승리할 수 있는 온전한 성도들로 세워나가는 것은 교회의 팀 사역의 변함없는 목표가 되어져야만 할 것이다.

8. 효과적인 팀을 구성하는 방법
(Method of Organizing An Effective Team)

조직 개발전문가인 윌리엄 다이어(William G. Dyer)는 "성공적인 팀을 개발하기 위해서는 팀 구축에 충분한 시간을 할애하고자 하는 팀 리더와 팀 구성원들의 강한 의지가 결정적으로 중요한 변수가 된다는 생각은 예나 지금이나 변함이 없다"라고 말하면서 "동료 팀원들과 더불어 함께 효과적으로 작업하기 위해 서로 신뢰하고, 존경하고, 열성적으로 헌신하게끔 만드는 사람들이야 말로 팀을 세워나가는데 있어서 가장 중요하다"라고 언급하고 있다.[25]

윌리엄 다이어(William G. Dyer)는 효과적인 팀에 관한 특성들에 대하여 다음과 같이 설명하고 있다:
(1) 모든 구성원들이 목표와 가치를 이해하고 받아들이고 있으며 목표와 성과를 달성하려고 한다.
(2) 구성원들은 그들의 책임과 역할을 잘 알고 있다.
(3) 조직체의 전반적인 풍토는 서로 신뢰하고 돕는 풍토다.
(4) 커뮤니케이션이 개방적이다: 구성원들은 팀과 조직체의 목표 달성에 관련된 모든 데이터를 기꺼이 공유하고자 하고, 또

---

25) William G. Dyer, *Team Building: Current Issues and New Alternatives (세계 초일류 조직을 위한 팀 빌딩: 현안 문제와 새로운 대안)*, 강덕수 역, 삼성북스, 2002, p. 7, 13.

공유할 기회가 있다.
(5) 구성원들은 의사결정에 참여할 수 있다: 실권자가 그러한 의사결정을 원한다고 그러한 결정을 내린 것이 아니라 구성원들이 자유롭게 의사결정을 하고, 그들이 내린 의사결정의 내용을 잘 알고 있다.
(6) 모든 구성원들은 결정된 사항을 열과 성을 다하여 실행에 옮긴다.
(7) 리더들은 다른 사람들을 잘 지원해 주고, 그들 자신도 높은 성과를 올리려고 노력한다.
(8) 견해차를 무시하지 않고 인정하고 있으며 잘 관리한다.
(9) 팀 구조와 절차들은 과업 및 목표와 모순되지 않고 일치하고 있으며, 구성원들은 팀 구조와 절차에 참여한다.[26]

1) 팀의 크기

업무수행 및 성과 분야의 컨설턴트인 존 R. 카첸바크(John R. Katzenbach)와 더글라스 K. 스미스(Douglas K. Smith)는 팀원이 10-12명 이상이면 팀제를 효과적으로 적용하고 운영해 나가는데 비효율적임을 지적하면서, 바쁜 조직의 경우에는 5-10명 정도가 유연성이 있고 필요할 때 쉽게 모여 사역을 효율적으로 수행해 나갈 수 있음을 말하고 있다.[27] 미국 노스턴 대학교 켈로그 경영대학원

---

26) Ibid., p. 43.
27) John R. Katzenbach, Douglas K. Smith, *The discipline of Teams: A Mindbook-workbook for Delivering Small Group Performance* (팀을 이끄는 원칙), 권성은 역, 태동출판사, 2002, p. 121.

의 교수인 리 L. 톰슨(Leigh L. Thomson)도 "팀은 일반적으로 10명 이내여야 하며 가급적 5-6명 정도가 좋다"고 조언하고 있다.[28]

작은 팀의 장점은 구성원들이 더 열심히 일을 하고 팀의 성과에 대하여 더 많은 책임을 느끼며 다른 구성원들과의 일체감을 더욱 느끼게 되어 진다. 그러나 팀의 인원이 너무 많은 경우 서로 쉽게 자주 모일 수 없으며, 제대로 사역을 수행해 나가기 위한 공동탐구 및 시간제한이 없는 토론과 회의를 하기가 어렵게 되어 진다. 또한 인원이 많을 경우 강력한 1인 중심의 리더십에 편향되기가 쉽고, 구성원들의 역할이 거의 고정되어 역할 변화에 따른 유연성과 실험정신과 모험심을 유지하기가 어렵게 되어 지며, 팀의 응집력이 떨어진다.

더 나아가 큰 팀의 구성원들은 소속감이 저하되며, 팀 활동에 대한 참여도가 낮고, 팀 사역의 결과에 대하여 개인적인 책임감을 덜 느끼게 되며, 부정적이고 비판적인 자세를 취할 가능성이 높아지는데 이는 구성원들이 익명성을 느끼며 스스로가 드러나 있지 않다고 생각하기 때문이다.

2) 팀 구성의 다양성

좋은 팀은 구성원들 사이에 서로를 보완해 줄 수 있는 은사나 기술이나 재능이 있어서 서로 다른 역할을 하는 다양성을 가지고 있다. 사도 바울은 에베소서에서 그리스도의 몸된 교회를 세워나가는

---

28) Leigh L. Thomson, *Making the Team: A Guide for Managers* (최상의 팀 만들기), 홍석우 외 역, 한울 아카데미, 2004, p. 38.

데에는 다양한 은사를 가진 자들의 사역이 필요함을 역설한바 있다(엡 4:11-12).

윌리엄 다이어는 "다양한 배경과 스타일과 경험을 갖고 있는 팀원들로 구성된 팀들이 그렇지 못한 팀들보다도 더 혁신적, 창조적이고 또 타 팀원에게 자극을 줄 수 있는 기회들을 더 많이 갖는다는 사실은 그 동안의 많은 연구에 의해서 증명되었다"라고 이의 중요성을 강조하고 있다.[29] 리 L. 톰슨(Leigh L. Thomson)도 "다양하고 이질적인 성격의 팀은 창조적인 해결능력을 가지며 동질적인 팀에 비해 문제를 더 정확하게 해결한다. … 이질적 성격의 팀은 복잡한 문제를 해결하는 데 동질적인 팀보다 더 효과적이다. … 다양성이 있는 의사결정형 팀은 그렇지 못한 경우보다 훌륭한 의사결정을 한다"라고 그 장점들을 설명하고 있다.[30]

그러나 이와는 반대로 "친구나 또는 서로 좋아하는 사람들로서 구성된 팀들은 대부분의 시간을 그들 사이의 좋은 감정이 훼손되지 않고 계속 유지될 수 있도록 하는데 쓸 수도 있으며, 또 의견 불일치, 논쟁, 대립, 서로 의견이 다른 가운데에서 문제를 해결하려고 하지 않거나 또는 생산적으로 문제를 해결하는데 있어서 결정적으로 중요할 수도 있는 그 밖의 다른 문제들을 다루길 꺼릴 수도 있을 것이다"라고 말하고 있다.[31] 그러므로 효과적인 팀을 구성하기 위해서는 상호보완 능력을 가진 구성원들로 하여금 팀을 이루어 목표 달성을 위해 공동으로 책임을 지고 사역을 수행해 나갈 수 있게 해야 할 것이다.

---

29) Dyer, op. cit., p. 53.
30) Thomson, op. cit., p. 114.
31) Dyer, op. cit., p. 54.

3) 팀의 리더의 역할

윌리엄 다이어는 "효과적인 팀을 개발하는데 있어서는 팀 리더의 역할이 결정적으로 중요하다"라고 말하면서 팀 리더의 역할은 촉매자(facilitator), 교육자(educator), 혹은 코치(coach)의 역할임을 설명하고 있다.[32] 따라서 팀 리더는 자신의 팀의 구성원들이 참으로 훌륭한 역할을 수행해 나가는 사역자들이 되기를 원한다면 자신이 친히 본보기가 되어져야만 한다. 왜냐하면, 일반적으로 사람들은 자신 이외에 모방하고 본받을 만한 모델이 없을 경우에는 발전하기가 힘들기 때문이다. 팀 구성원들이 발전하도록 돕는 가장 좋은 방법은 팀 리더가 친히 모범사례를 만들어 주는 것이다.

성공적인 리더는 자신의 은사와 능력 개발에만 힘쓰는 것이 아니라 팀 구성원들의 은사와 능력개발을 위하여 관심을 가지고 힘쓰므로 성공적인 사역을 이루게 되어 진다. 리더의 팀 관리에 있어서 발생하는 문제들을 개선하고 해결해 나가기 위해서 가장 중요한 것은 높은 수준의 동기를 부여하고 유지시켜 나가는 것이고, 그 다음으로는 혼란을 최소화하고 조화를 이룩하는 것이다. 그리해서 구성원들이 최상의 능력을 발휘할 수 있게 해야 한다.

팀 리더십 형태에 있어서 지시 중심적이나 지휘 통제 중심인 전통적인 리더십 형태는 팀 중심의 조직에서는 비효과적임을 잊지 말아야 한다.[33] 직무 지향적인 리더는 팀 목표달성에 초점을 맞추는 반면, 관계 지향적인 리더는 그 곳에 도달하는 과정에 초점을 맞추

---

32) Ibid., p. 109.
33) Thomson, op. cit., p. 299.

게 되어 진다. 그러나 어떤 스타일의 리더이던지 간에 팀 구성원들을 존중하는 가운데 조정자나 조립자로서의 리더의 역할을 수행해 나갈 때, 팀 사역의 성과가 더욱 풍성하게 나타나질 수 있을 것이다. 결국 우수한 리더는 스스로가 어떻게 생각하느냐에 따라 정해지거나, 외부의 제 3자에 의해 결정되는 것이 아니라, 그가 이끄는 팀의 구성원들에 의해 결정되어 진다.[34]

팀 리더는 팀원들에게 과업수행에 필요한 적절한 권한과 책임을 부여할 수 있어야 한다. 왜냐하면 사람들과 조직들은 위임과 완벽한 스탭 사역이 없이는 큰 성장을 이루지 못하기 때문이다.[35] 스티븐 코비(Stephen R. Covey)는 "리더의 기본적인 역할은 상호존중의 풍토를 촉진시키고 각자의 강점이 생산적이 되도록 하며, 각자의 약점이 가려지는 상호보완적인 팀을 만드는 것이다"라고 언급하고 있다.[36]

4) 팀의 응집력

오늘날 극단적인 개인주의의 영향으로 팀 사역이 어려워지고 있다. 이것은 더불어 일하기보다는 혼자 컴퓨터 앞이나 개인적으로 일하기를 더 좋아하는 사람들이 다수를 차지하고 있기 때문이다. 이런 상황에서 팀의 응집력을 유지해 나가는 것은 팀 사역의 성패를 좌우하는 중요한 문제가 아닐 수 없다.

---

34) Ibid., p. 297.
35) Stephen R. Covey, *Principle-Centered Leadership*, (New York: Simon and Schuster, 1990), p. 237.
36) Ibid., p. 246.

"팀의 응집력이란 팀의 구성원들을 함께 묶고 합치는 과정을 일컫는다."[37] 이것은 "충성과 헌신과 그 그룹을 위하여 기꺼이 희생하고자 하는 자세와 마음가짐을 동반하는 것이다."[38] 리 L. 톰슨은 응집력이 있는 팀의 구성원들은 "가까이 앉으며, 서로에게 더 관심을 가지며, 행동의 조화를 보여준다. 또 그러한 팀의 구성원들은 동료에게 공을 돌리는 반면 그렇지 못한 팀의 경우에는 실패의 원인을 상대에게 돌린다. ... 가장 중요한 것은 결속력이 있는 팀의 구성원은 그렇지 못한 팀의 구성원보다 일에서 더 생산적이라는 점이다"라고 이의 중요성을 말해주고 있다.[39]

윌리엄 다이어도 "명확한 사실은 서로 신뢰하는 사람들은 팀에서 생산적이고도 효과적으로 공동작업을 할 수 있다는 것이다. 실제로 신뢰 구축이야 말로 어떤 팀의 경우에도 가장 중요한 목표가 되어야만 한다. 신뢰는 팀원들이 계속해서 함께 작업할 수 있게끔 하는 촉매이다"라고 말하고 있다.[40]

무엇보다도 팀의 리더는 자신이 가장 어려운 일을 함으로써 신뢰를 이끌어 내므로 팀의 응집력을 강화시켜 나가야 한다. 아무리 팀 구성원들의 자질과 능력이 뛰어난다고 할지라도 팀 구성원들 간의 관계가 손상되거나 그 공동체 안에서 일하는 것을 즐거워하지 않는다면 팀 사역의 성과는 현저히 저하될 수밖에 없을 것이고 장기적으로 함께 일하기가 어렵게 되어질 수밖에 없기 때

---

37) Thomson, op. cit., p. 65.
38) Gay Lumsden and Donald Lumsden, *Communicating in Groups and Teams: Sharing Leadership*, (Belmont, California: Wadsworth Publishing Company, 1993), p. 93.
39) Thomson, op. cit., p. 126.
40) Dyer, op. cit., p. 54.

문이다.

리 L. 톰슨은 팀의 응집력을 만드는 법을 다음과 같이 설명하고 있다: (1) 팀이 정체성을 가지도록 한다-단순하게 사람을 팀으로 모아 놓는 것만으로도 응집력을 만드는데 충분하다. 그리고 많은 시간을 함께 보내면 보낼수록 응집력은 커진다. 팀원이 그들의 존재의의를 생각하고 그들 간의 공통점이 무엇인지를 생각할 때 응집력은 더욱 커진다. (2) 팀원들이 가까이 있기 쉽도록 한다-육체적 거리는 물론, 실질적인 또는 관념적인 유사성은 팀 응집력을 강화한다. (3) 팀원 간의 유사성에 초점을 맞춘다-팀원 간의 차이보다 유사성에 초점을 맞출 때 결속력은 더욱 커진다. (4) 팀의 성과도 중요하게 여긴다-팀은 그들이 실패했을 때보다 성공했을 때 결속이 더 커진다. 물론 실패의 경우에도 결속을 유지할 수는 있다. (5) 팀은 도전적이어야 한다-외부충격과 팀 성과에 대한 보상은 도움이 된다.[41] 존 맥스웰(John C. Maxwell)은 "응집력을 가능케 하는 것은 공통된 비전과 공유된 가치다. 모든 사람이 동일한 가치들을 품고 있다면 팀 멤버들은 여전히 서로간의 연계 그리고 더 큰 팀으로의 연계를 가질 수 있다"고 강조하고 있다.[42]

5) 팀웍 저하의 방지

"팀 빌딩은 사람의 감정, 태도 그리고 행동이 심리적으로 미묘하게 상호 작용하는, 인간에 의해서 이루어지는 작업과정 즉 휴먼 프

---

41) Thomson, op. cit., p. 127.
42) John C. Maxwell, *The 17 Indisputable laws of Teamwork* (팀워크를 혁신하는 *17가지 불변의 법칙*), 채천석 역, 청우, 2002, p. 232.

로세스(human process)이다"[43] 일반적으로 팀 구성원들 간의 관계에 갈등이 있을 경우 사역 수행이 비효율적이 되어 지며, 최상의 성과를 거두지 못하게 되어 진다. 인적 자원개발 분야의 컨설턴트인 리차드 장(Richard Y. Chang)은 팀웍 저하의 증후를 다음과 같이 언급하고 있다:

(1) 방어적 의사소통-자유롭게 개진한 아이디어 때문에 처벌을 받거나 부정적 평가를 받는다고 생각되면, 그때부터 팀원들은 거의 입을 다물고 말하는 바에 대해 극히 조심하게 된다.

(2) 의견불일치의 결여-일반적으로 팀 구성원들 사이에 의견이 일치하지 않는 것은 동일한 쟁점에 대해 서로 다른 관점을 가지기 때문이다. 그리고 이러한 차이로 인해 과거에는 생각지도 못했던 좋은 아이디어가 나오는 경우도 흔하다. 그런데 팀 구성원들 간에 의견이 불일치하는 경우가 거의 없다면, 이는 팀 구성원들이 각자의 본심을 감추고 있거나 아이디어 공유를 꺼리기 때문일 가능성이 많다.

(3) 정보공유를 꺼림-팀 구성원들은 문제를 해결하거나 결정을 내리는데 도움이 될 정보나 경험을 많이 가지고 있다. 그런데 이들이 관련 정보를 내놓으려 하지 않는다면 팀은 쇠퇴하게 될 것이다.

(4) 비효율적인 팀 회의-회의는 팀의 현재 진행상황을 보여주는 지표이다. 회의에서 안건이 없다든지, 불분명한 안건이나 참여가 저조하든지, 긴 시간동안 의미없는 토의가 계속될 경우 또는, 결론이 나지 않는 경우 등의 징후를 발견한다면 즉각

---

43) Dyer, op. cit., p. 12.

적으로 변화조치를 취해야 한다.
(5) 비현실적인 목표-비현실적인 목표는 팀 구성원들의 능력수준 이상을 요구한다. 따라서 팀 구성원들은 어찌할 바를 모르게 된다.
(6) 비생산적인 경쟁-팀이 전체로서 함께 목표를 달성하려고 노력할 때 생산적인 경쟁이 된다. 반면 비생산적인 경쟁은 팀 구성원들이 서로를 불신하고 정보를 공유하려 하지 않으며 내부에서 서로 경쟁한 결과이다.
(7) 타인에 대한 신뢰부족-활력에 찬 팀의 구성원들은 모두가 각자의 역할을 충분히 수행할 것이라는 점에서 서로를 신뢰한다. 비효율적인 팀에서는 구성원들이 동료를 신뢰하지 않는다. 이러한 문제가 발생할 때 생산성은 떨어지게 된다.[44]

따라서 활력에 찬 효과적인 팀의 특징을 다음과 같이 설명하고 있다:

(1) 팀의 사명과 목표를 명확하게 기술한다 (2) 창조적으로 운영된다 (3) 결과에 초점을 맞춘다 (4) 역할과 책임을 명료화 시킨다 (5) 조직화가 잘 되어 있다 (6) 개인의 강점을 활용한다 (7) 리더십 역할을 공유하며 구성원 상호간에 지원을 아끼지 않는다 (8) 팀 풍토를 발전시킨다 (9) 의견의 불일치를 건설적으로 해결한다 (10) 개방적으로 의사소통 한다 (11) 객관적으로 결정을 내린다. (12) 팀 자체의 효과성을 평가한다.[45]

---

44) Richard Y. Chang, *Building A Dynamic Team* (*최고의 팀 만들기 4단계*), 이상욱 외 역, 21세기북스, 1997, pp. 65-72.
45) Ibid., pp. 114-115.

6) 팀의 학습 및 훈련

일반적으로 효과적인 팀을 세워나가기 위해서는 팀은 끊임없는 학습과 훈련이 필요하다. 그러므로 팀의 리더는 구성원으로서의 역할 수행에 필요한 능력과 경험이 부족한 팀원들에게 학습과 훈련의 기회를 제공해 주어야만 한다. 이것이 때로 당장의 사역수행에 차질을 빚을 수도 있지만 장기적으로는 엄청난 성과를 가져오는 것이 되어 지므로 이를 장려하는 리더가 현명한 리더인 것이다. 따라서 팀 구성원들이 사역수행에 필요한 기술 능력 및 대인관계 능력, 의사결정 능력, 문제해결 능력 등을 배양해 나갈 수 있도록 지속적인 학습과 훈련의 기회를 제공해 주어야만 한다.

사실상 팀은 효과적인 학습을 위한 요람이라고 볼 수 있다. "개인들이 배울 때에는 그들은 그들의 통찰력들을 다른 사람들과 나눌 수도 있고 그렇지 않을 수도 있다. 그러나 어떤 그룹이 함께 배울 때는 구성원들은 서로 다른 사람들의 학습을 강화시키게 되어 진다. 팀은 새로운 아이디어들을 한 공동체 전체를 통하여 더욱 빨리 확산시키게 된다. ... 대부분의 배움은 우리가 다른 사람들과 상호작용을 하게 될 때 일어난다."[46]

---

46) Thomas R. Hawkins, *The Learning Congregation: A New Vision of Leadership*, (Louisville, Kentucky: Westminster John Knox Press, 1997), p. 101.

9. 팀 사역의 구체적 적용
  (Concrete Applications of Team Ministry)

(1) 21세기의 정보화 시대의 두 가지 특징이 다양화와 전문화라고 할 때 더욱이 팀 사역의 원리가 이 시대의 선교사역과 목회사역 현장에 접목시켜 나감으로 팀 사역이 가져다주는 엄청난 상승효과(synergy effect)를 가져올 수 있어야 한다.

(2) 이 방법은 선교와 교회사역이 다양한 은사를 가진 지체들이 함께 연합하고 협력하므로 이루어 나가는 사역임을 나타내 보여주고 있다. 그러므로 사역의 효율성을 극대화시켜 나갈 수 있도록 이 원리를 사역현장에 반드시 적용해 나가야 한다.

(3) 지속적이고 효과적인 사역을 위하여 하나님께서 예비하신 동역자를 기도하는 가운데 찾고 만나는 것이 사역의 성패를 가름하는 중요한 관건이 되어진다. 사역의 팀을 구성할 때는 ①영적 자질(딤전 3:1-13, 딛 1:6-9, 행 6:3), ②동일한 비전, ③상호 보완적인 은사, ④열정 등을 소유한 사람을 선택해야 한다.

(4) 가장 이상적이고 효과적으로 사역의 팀을 이룰 수 있는 대상은 남편과 아내로 이루어지는 부부 사역 팀이라고 볼 수 있다. 날이 갈수록 인건비가 상승하고 있는 21세기에 보다 효과적인 선교 사역 및 교회 사역을 위해서는 부부가 함께 사역하는 것이 바람직할 것이다. 따라서 교단 신학교들은 앞날의 사역 후보자들의 배우자도 신학 및 영성 훈련을 같이 받을 수 있도록 부부가 함께 수학할 경우 그 배우자는 학비를 적어도 절반이나 그 이하로 최대한 감면해 주므로 부부 팀 사역을 제

도적으로 장려해 나가는 정책을 펴 나가야 할 것이다.[47]
(5) 일반적으로 교회사역을 위한 팀 구성은 설교자, 예배를 위한 교회음악 전문가, 교회행정 전문가, 교회교육 및 상담 전문가, 프로그램 기획 전문가, 선교와 전도 전문가 등이 한 팀을 이루어 사역하는 것이 바람직 할 것이다.
(6) 전도 및 선교 사역의 효율을 극대화시켜 나가기 위해서는 같은 지역에 거주하는 신자들이나 교회들, 기독교 관련기관, 단체들과 긴밀한 유대체제를 형성하여 협력하되 기도의 지원과 더불어, 가지고 있는 자원들을 최대한 함께 활용하고 또 분담케 하므로 풍성한 사역의 효과를 거둘 수 있는 전략을 수립하여 실행해야 한다.

10. 결론(Conclusion)

오늘날 한국교회는 1년에 1만명 이상의 목회자를 배출하고 있지만 교회 성장은 정체상태에 빠져있으며, 교회 구성원들의 의식 수준과 요구는 날로 높아만 가고 있지만 이들을 만족시킬 수 있는 수준 높은 사역이 제대로 제공되어 지지 못하고 있는 실정이다.

이러한 문제를 해결해 나가기 위해서 요청되어지는 것이 팀 사역을 통한 사역의 전문화를 이루어 나가는 것이다.

효과적인 사역의 모델로서의 팀 사역은 성경에서 보여주고 있는

---

47) 미국의 Reformed Theological Seminary에서는 부부가 신학대학원 과정에 함께 등록할 경우 그 배우자의 등록금을 절반으로 감면해 주므로 부부 사역을 적극 장려해 나가고 있음을 볼 수 있다.

사역의 기본 방식으로 다양성과 전문성을 특징으로 하는 21세기의 시대적인 요구들을 충족시킬 수 있는 가장 효과적인 접근 방법이다. 오늘 이 시대의 사회를 복음으로 변화시키기 위해서는 그리스도인들의 가정과 기독교 학교와 교회와 선교 및 기독교 관련 단체들에서 가장 훌륭하게 팀워크가 이루어져야 한다. 참으로 효과적인 팀을 세워 사역해 나가는 것이 그들 개인의 성장과 역량과 만족의 극대화뿐만 아니라 그들의 사역을 통하여 엄청난 복음적인 역사를 이루어 나갈 수 있는 가장 효과적인 사역방법인 것이다. 그래서 앨런 넬슨(Alan Nelson)은 "하나님으로부터 위대한 일을 세우려면 목회사역에서 팀 사역을 받아들여라. 모든 사람들의 목소리에 귀를 귀울인 다음 하나님의 영광을 위해 교회를 세워라"고 역설하고 있다.[48]

그러나 효과적인 팀을 세워나가는 것은 우연히 그렇게 되거나 단 시일 내에 이루어질 수 있는 것은 아니다. 이를 위해서는 팀에 대한 철저한 이해와 준비와 훈련이 있어야하며, 이런 사역을 제대로 이루어 나가기 위해서는 사역의 비전에 대한 열정과 상호 보완적인 은사와 다양한 재능과 경험을 가진 구성원들로 팀이 이루어져야만 할 것이다. 또한 개인이 아무리 유능하다고 할지라도 팀 사역으로 인한 결과가 개인의 노력으로 성취되는 것 보다 훨씬 낫다는 확신을 가지고 서로 존경하고 신뢰할 수 있어야만 한다.

이러한 팀 사역을 시도하고자 하는 지도자는 그 사역에 대한 구체적인 비전과 그 비전의 실행을 위한 가시적인 전략과 성숙한 인

---

48) Alan Nelson and Stan Toler, *The Five Star Church* (파이브 스타 교회), 홍용표 역, 서로사랑, 2002, p. 92.

격을 갖추어야 한다. 또한 언제나 팀 구성원들을 격려하고 그들을 세워주므로 구성원들이 가지고 있는 개개인의 능력을 최대한 발휘할 수 있는 분위기를 조성해 나갈 때, 리더로서의 역할을 제대로 수행해 나갈 수 있게 될 것이다.

결론적으로, 오늘날 정보화 시대를 맞이해서 그리스도인 공동체의 사역의 효과가 극대화되어질 수 있도록, 사도 바울을 통해서 우리에게 보여준 팀 사역의 귀중한 원리를 잘 적용해 나가므로 그리스도인 공동체의 구성원들이 하나님께서 공급하신 은사와 재능과 열정을 최대한 발휘할 수 있게 되어질 뿐만 아니라 사도 바울의 사역에서와 같이 하나님의 교회가 든든히 세워져 가며 하나님의 나라가 확장되어져 가는 풍성한 사역의 결실을 맺을 수 있어야 할 것이다.

참고도서(Reference List)

Anthony, Michael J. *Effective Church Board: A Handbook for Mentoring and Training Servant Leaders.* Grand Rapids: Baker Book House, 1993.

Barna, George. *The Power of Team Leadership (팀 리더십 파워).* 홍영기 역, 도서출판 청우, 2003.

Bellagamba, Anthony. *Mission & Ministry in the Global Church.* New York: Orbis Books, 1992.

Chang, Richard Y. *Building A Dynamic Team (최고의 팀 만들기 4단계).* 이상욱 외 역, 21세기북스, 1997.

Cordeiro, Wayne. *Doing Church as a Team (팀으로 이끄는 교회).* 김경섭 역, 프리셉트, 2001.

Covey, Stephen R. *Principle-Centered Leadership.* New York: Simon and Schuster, 1990.

Drucker, Peter F. *Managing the Non-Profit Organization.* New York: HarperBusiness, 1992.

Dyer, William G. *Team Building: Current Issues and New Alternatives (세계 초일류 조직을 위한 팀 빌딩: 현안 문제와 새로운 대안).* 강덕수 역, 삼성북스, 2002.

Gangel, Kenneth O. *Team Leadership in Christian Ministry.* Revised Edition, Chicago: Moody Press, 1997.

Grassi, Joseph A. *A World to Win: The Missionary Methods of Paul the Apostle.* New York: Maryknoll Publications, 1965.

Harman, Allan M. "William Carey and the English baptist missionaries at Serampore" in *선교신학과 선교이슈.* 고신대학교 기독교 사상연구 제 6호, 2000.

Hawkins, Thomas R. *The Learning Congregation: A New Vision of Leadership.* Louisville, Kentucky: Westminster John Knox Press, 1997.

Katzenbach, Jon R. and Douglas K. Smith, *The Wisdom of Teams: Creating the High-Performance Organization.* Boston: Harvard Business School Press, 1993.

_____. *The discipline of Teams: A Mindbook-workbook for Delivering Small Group Performance* (팀을 이끄는 원칙). 권성은 역, 태동출판사, 2002.

Longenecker, Richard N. *Acts of the Apostles*. Expositor's Bible Commentary, Vol. 9, ed. Frank E. Gaebelein, Grand Rapids: Zondervan, 1981.

Lumsden, Gay, and Donald Lumsden, *Communicating in Groups and Teams: Sharing Leadership*. Belmont, California: Wadsworth Publishing Company, 1993.

Maxwell, John C. *The 17 Indisputable laws of Teamwork* (팀워크를 혁신하는 17가지 불변의 법칙). 채천석 역, 청우, 2002.

Nelson, Alan and Stan Toler, *The Five Star Church* (파이브 스타 교회). 홍용표 역, 서로사랑, 2002.

Peters, George W. *A Theology of Church Growth*. Grand Rapids: Zondervan, 1981.

Stevens, R. Paul. *Disciplines of the Hungry Heart* (현대인을 위한 생활영성). 박영민 역, IVP, 1996.

_____. *Marriage Spirituality* (영혼의 친구, 부부). 강선규 역, IVP, 2003.

Swindoll, Charles R. *Paul: A Man of Grace and Grit* (바울: 은혜와 근성의 사람). 곽철호 역, 생명의 말씀사, 2004.

Thomson, Leigh L. *Making the Team: A Guide for Managers* (최상의 팀 만들기). 홍석우 외 역, 한울 아카데미, 2004.

Tucker, Ruth A. *From Jerusalem to Irian Jaya* (선교사 열전). 박해근 역, 크리스챤 다이제스트, 1991.

Wagner, C. Peter. *Leading Your Church to Growth*, California: Regal Books, 1984.

Wilkes, C. Gene. *Jesus on Leadership* (마음을 움직이는 리더십). 정인홍 역, 도서출판 디모데, 2003.

Witherington, Ben. *Women in the Earliest Churches*. Cambridge: Cambridge University Press, 1988.

고 훈, 교회성장을 위한 팀 목회, 베드로서원, 1996, 99. 15, 83.

이성희, 국민일보, 2006년 3월 31일자 신문 기고문 "교회의 팀 스피리트"

11장

형제사랑과 이웃사랑의 장(場)으로서의 직업생활

Occupation Life as A Field of Brotherly Love and Neighborly Love

제 11장
형제사랑과 이웃사랑의 장(場)으로서의 직업생활
(Occupation Life as A Field of Brotherly Love and Neighborly Love)

- 데살로니가전서 4장 9-12절을 중심으로 -

1. 서론(Introduction)

그리스도인의 이 땅위의 삶 가운데 노동으로 표현되고 있는 직업생활이 차지하고 있는 비중은 절대적이라고 할 만큼 인생의 대부분을 차지하고 있다고 보아도 결코 지나친 말이 아닐 것이다. 일반적으로 대부분의 사람들은 일주일에 40시간, 일년에 50주, 일생동안 40년이라는 엄청난 시간을 직장에서 보내면서 삶을 살아가고 있다. 따라서 우리 인생의 노른자위와 같은 시간을 직장에서 사용하고 있음을 알 수 있다.

이럼에도 불구하고 한국교회는 그리스도인들의 직업생활에 대한 적극적인 관심과 교육과 지도에 소극적이라는 지적을 받고 있다. 고려대학교 이 장로교수는 다음과 같이 말하고 있다: "한국 교회 대부분의 목회자는 성도들의 직장생활에 관해서 침묵하고 있다고 해도 과언이 아니다. 대부분의 그리스도인들은 신앙생활을 교회

생활에 국한하여 생각하는 경향이 있다. 신앙이 좋다는 것은 교회에서 많은 봉사를 하고 가급적이면 교회에서 많은 시간을 보내는 것이라고 생각한다. 그리고 직장은 속된 곳이고 직장생활은 신앙생활에 방해가 되므로 가급적이면 직장의 일을 최소화하는 것이 바람직하다고 생각하고 있다. 직장에서 일하는 것은 먹을 양식을 위한 것이므로 가능하면 직업을 그만두고 목사가 되거나 해외 선교사로 떠나는 것이 영적인 일이라고 생각한다. 이런 신앙을 가진 사람은 직장에서 열심히 일하는 것에 대해서 죄책감을 갖기도 한다. 교인들은 이런 죄책감과 갈등에서 벗어나는 나름대로의 방법들을 찾는다. 어떤 이들은 직장을 떠나서 전임 목회자 혹은 해외선교사가 된다. 다른 이들은 교회를 떠나거나 혹은 형식적인 교인으로 살 수 밖에 없다고 자신을 합리화한다. 대다수는 교회와 직장을 철저히 분리해서 생활한다. 즉, 교회는 신앙생활을 하는 곳이고, 직장은 일하는 곳이라는 생각을 가지고 있다."[1]

그러므로 인생의 전 삶에 절대적인 비중을 차지하고 있는 노동과 직업을 그리스도인은 과연 어떻게 보아야 하며 어떤 자세로 수행해 나가야 하는가? 하는 질문은 참으로 중요한 문제가 아닐 수 없다. 이 문제에 대한 올바른 해답을 찾아 자신의 삶에 적용해 나가는 것은 하나님의 소명을 직장생활에 온전히 적용해 나가므로, 직장에서 하나님의 영광을 드러내고 하나님의 나라확장에 기여하게 되어지므로, 참으로 만족스럽고, 보람되고, 가치있고, 행복한 삶을 살아가는데 있어서 결정적인 역할을 하게 되는 것이다.

---

1) 오성춘, 기독교인의 직업과 영성, 장로회신학대학교 출판부, 2001, p. 253.

2. 노동과 직업의 성경적 근거
   (Biblical Basis of Labor and Occupation)

성경은 노동과 직업의 기초를 이루고 있는 것이 바로 창조명령(Creation Mandate) 혹은 문화명령(Cultural Mandate) 또는 기독교 청지기직(Christian Stewardship)이라고 불리워지는 창 1:28의 "하나님이 그들에게 복을 주시며 그들에게 이르시되 생육하고 번성하여 땅에 충만하라, 땅을 정복하라, 바다의 고기와 공중의 새와 땅에 움직이는 모든 생물을 다스리라 하시니라"는 말씀임을 밝히 보여주고 있다. 이 명령은 인간이 범죄 타락하기 이전에 축복으로 주신 것으로 인간의 노동과 직업이 결코 죄의 결과로 주어진 저주나 형벌이 아니라, 오히려 하나님께서 하나님의 형상으로 지음받은 인간에게만 주신 축복인 것을 분명히 천명하여 주고 있다.

구체적으로 이 창조명령은 하나님을 대신하여 피조세계를 다스리고 관리하며, 보존하고, 발전시켜 나가므로 하나님께 영광을 돌리고 하나님의 통치가 온전히 이루어지도록 하기 위하여 주어진 위대한 하나님의 명령임에 틀림없는 것이다. 이 명령을 안토니 A. 후크마(Anthony A. Hoekema)교수는 "하나님을 위해서 땅을 통치하고 하나님을 영화롭게 하는 문화를 개발시키라는 명령"이라고 언급하고 있다.[2] 이와같이 인간의 노동과 그것의 체계적인 형태로 나타나고 있는 직업은 이 명령에 근거하고 있는 것으로 참으로 고귀하고 거룩한 신적인 소명인 것이다.

---

2) Anthony A. Hoekema, *Created in God's Image*, (Grand Rapids: Eerdmans, 1986), p. 14.

그런데 인간이 범죄 타락하므로 이 신적 명령과 소명을 제대로 수행해 나가지 못하게 되어지므로 예수 그리스도의 구속사역을 통하여 잃어버린 하나님의 형상을 회복시켜 다시금 이 창조명령을 온전히 수행해 나가는 새로운 인간존재로 만드시고자 주신 두 번째 명령이 바로 예수 그리스도의 대위임령(The Great Commission), 또는 선교명령(Mission Mandate)이라고 불리우는 마 28:19-20의 "너희는 가서 모든 족속으로 제자를 삼아 아버지와 아들과 성령의 이름으로 세례를 주고 내가 너희에게 분부한 모든 것을 가르쳐 지키게 하라 볼지어다 내가 세상 끝날까지 너희와 항상 함께 있으리라"는 분부를 주신 것이다.

그러므로 대위임령은 창조명령의 온전한 회복과 완성을 위하여 주신 명령이라고 볼 수 있다. 그렇다고 할 때, 창조명령의 핵심인 노동과 직업의 영역에서 하나님의 뜻을 이루어 드리므로 하나님께 영광을 돌리고 하나님의 통치가 인간 삶의 모든 영역에 미쳐 지도록 하는 수준에까지 이르게 되어질 때에 비로소 대위임령의 성취가 이루어졌다고 말을 할 수가 있을 것이다.[3]

다시 말하면 대위임령의 성취는 모든 그리스도인의 노동과 직업의 현장에서 하나님이 기뻐하시는 변화와 결실이 이루어질 때에 완성되어졌다고 볼 수 있기 때문에 노동과 직업의 현장에서 창조명령을 수행해 나가지 못하는 그리스도인이라고 할 때 하나님의 뜻을 온전히 따르고 있는 예수님의 진정한 제자라고 말을 할 수가 없는 것이다.

---

3) 이 점에 관한 보다 구체적인 논의는 Francis Nigel Lee가 쓴 *The Origin and Destiny of Man*, (Memphis, Tenn.: Christian Studies Center, 1977), pp. 121-160까지를 참고하라.

신약에 와서 예수님께서는 요 13:34-35에서 "새 계명을 너희에게 주노니 서로 사랑하라 내가 너희를 사랑한 것 같이 너희도 서로 사랑하라 너희가 서로 사랑하면 이로써 모든 사람이 너희가 내 제자인 줄 알리라"고 이 제자됨의 구체적인 증거가 바로 사랑임을 말씀해 주셨다. 특별히 사도 바울의 첫 번째 선교서신으로 알려져 있는 데살로니가전서 4:9-12까지에서 바울은 형제사랑과 이웃사랑을 실천할 수 있는, 빼놓을 수 없는 중요한 방편과 장으로서 노동과 직업의 문제를 취급하고 있음을 볼 수 있다. 따라서 이 본문을 중심으로 그리스도인들이 직장생활을 어떻게 수행해 나가야 하며 직업생활의 목적이 무엇임을 구체적으로 살펴보고자 하는 것이다.

3. 예수 그리스도를 섬기는 봉사와 예배의 장(場)으로서의 직업생활
(Occupation Life as A Field of Service and Worship Which serves Jesus Christ)

원래 직업이라는 말은 영어로 vocation이라고 하는데, 이 vocation이라는 단어는 "부르심"이라는 의미의 라틴어의 vocatio라는 단어에서 파생되어진 낱말이 바로 영어의 직업이라는 단어가 되어진 것이다. 그러므로 그리스도인은 자신의 직업을 하나님의 부르시는 소명으로서 그 직업을 볼 수 있어야 하고, 그렇게 대할 수 있어야 한다는 것을 가르쳐 주고 있다. 독일에서는 종교 개혁자 마틴 루터로 말미암아 소명이라는 뜻의 Beruf라는 단어가 일상적인 직업을 지칭하는 단어로 정착되어진 것을 볼 수 있다.

독일의 종교개혁자 마틴 루터는 자신이 사역하는 그 시대에 성직체제만이 영적이고, 나머지 모든 기독교인들은 세속적이라고 하는 주장에 반대하면서, 모든 기독교인들이 영적 신분을 가지고 있기 때문에 세상에서 하는 모든 활동까지도 영적이 되어진다고 역설하면서, 그는 말하기를 "구두 수선하는 사람, 대장장이, 농부 등은 각각 자기의 직업과 직책을 수행한다. 그러나 이들은 모두가 거룩한 사제요 주교들이다. 더욱 나아가서 마치 한 몸의 여러 지체들이 상호 섬기듯이 각 사람은 자신의 직업과 직책을 통하여 서로 섬김으로 한 공동체의 영적이고 물질적인 복지를 위하여야 한다"고 강조한 바가 있다.[4]

사도 바울이 골 3장 23과 24절에서 "무슨 일을 하든지 마음을 다하여 주께 하듯 하고 사람에게 하듯 하지 말라 이는 유업의 상을 주께 받을 줄 앎이니라"고 언급한 말씀도 모든 직업과 노동을 수행해 나갈 때에 주님께 봉사하고 주님께 예배하듯 해야 한다는 의미를 내포하고 있는 말씀이기도 하다.

존 스토트(John Stott)는 다음과 같이 설명하고 있다: "주부가 마치 예수께서 그 음식을 드실 것처럼 정성스럽게 요리하며, 또한 예수께서 손님으로 오신 것처럼 정성스럽게 집안을 청소하는 것은 모두 가능한 일이다. 마찬가지로 교사들이 어린아이들을 교육할 때, 의사가 환자들을 치료할 때, 점원이 손님을 대할 때, 간호사가 환자를 돌볼 때, 변호사가 의뢰인을 도울 때, 회계원이 장부를 정리할 때, 비서들이 편지를 타이프 칠 때, 등 각각의 경우에 예수 그리스도께 봉사하는 것처럼 일할 수 있는 것이다. 이와같은 주장을 기계적인 작업을 하는 공장 노동자들이나 지하에서 작업해야 하는 광부

---

4) "To The Christian Nobility of the German Nation", in Luther's Works. vol 44. pp. 127f.

들에게도 말할 수 있겠는가? 물론이다. 나쁜 조건이라 해서 광산이나 공장에 그리스도께서 임하시지 않을 이유는 없다. 반대로 그리스도의 임재하심은 나쁜 조건들을 개선시키는 데 큰 격려가 되어야 할 것이다."[5]

또한 고전 10:31에 "그런즉 너희가 먹든지 마시든지 무엇을 하든지 다 하나님의 영광을 위하여 하라"는 말씀은 그리스도인이 몸으로 행하는 모든 일들 가운데 대부분을 차지하고 있는 직업활동도 하나님을 영화롭게 하는 일이어야 한다는 것을 가르쳐 주고 있다. 이 말씀은 그리스도인의 직업활동은 하나님을 위한 봉사의 일이 되어져야 하고 다른 사람들의 유익을 도모하며 다른 사람들의 돌아보는 사랑의 사역이 되어져야 함을 강조하고 있다(고전 10:33 참조). 더 나아가 롬 12:1에서 "그러므로 형제들아 내가 하나님의 모든 자비하심으로 너희를 권하노니 너희 몸을 하나님이 기뻐하시는 거룩한 산제사로 드리라 이는 너희의 드릴 영적 예배니라"고 하신 말씀도 그리스도인의 일상의 삶 자체가 하나님이 기뻐 받으실 수 있는 영적 예배 행위가 되어져야 함을 암시해 주고 있다.

그리스도인이 주일날 하나님 앞에 공적으로 모여 회중예배(Congregational Worship)를 드리는 목적이 무엇인가? 그 회중예배 자체가 예배의 최종 단계나 목적이 아니라 월요일부터 토요일까지의 우리의 일상생활의 삶의 현장에서 하나님 앞에 산제사를 드릴 수 있는 생활예배(Whole Life Worship)가 이루어질 수 있도록 하기 위해서 주일을 성수하는 것이고, 주일예배를 드리는 것이다. 따

---

5) John Stott, *God's New Society: The Message of Ephesians*, 전영근 역, "성도들이 만드는 새로운 사회" (서울: 기독지혜사, 1986), pp. 305f.

라서 월요일부터 토요일까지의 우리의 노동과 직업생활 자체가 하나님이 기뻐 받으실 수 있는 예배행위가 되어지지 못한다면 그것은 예배의 미완성이요, 예배의 실패라고 볼 수밖에 없을 것이다.

따라서 우리의 삶의 현장에서 예배를 드리지 못하고, 이웃사랑의 장으로서의 직장생활이 되어지지 못한다고 하면 그 원인이 직업의 내용에 문제가 있는 것인지 그렇지 않으면 자신의 가치관과 직장에 대한 자세가 잘못되어 있는지를 살펴보아야만 한다. 많은 직종들 가운데 이웃사랑을 실천하는 방편이 되지 못하는 직업이 있을 수가 있다. 예를 들면 매춘을 하거나 마약을 팔거나 사람의 건강과 생명을 해치고, 돈만 벌면 된다는 생각으로 사람들을 속이고 사람들에게 해를 끼치는 그런 일들이 있을 수가 있다. 이런 일들은 그리스도인들이 단호히 배격하고 떠나야 하는, 하나님이 기뻐하지 아니하시는 악한 행위가 되어지기 때문에 이런 일들은 결코 그리스도인의 직업으로서는 적절하지 못한 것이다.

왜냐하면, 그리스도인들은 사도 바울의 고백과 같이 "우리가 살아도 주를 위하여 살고 죽어도 주를 위하여 죽나니 그러므로 사나 죽으나 우리가 주의 것이로라"(롬 14:8)는 말씀대로 직장에서의 노동의 결과로서 주어지는 급료나 어떤 보상 때문이 아니라 소명에 따라 주를 기쁘시게 하고자 주를 위해서 일을 하는, 차원이 다르고, 가장 고상한 사역의 목적을 가지고 일을 하는 자들이기 때문이다. 따라서 그리스도인의 직업생활은 직업자체나 생계만을 위한 것이 아니라 예수 그리스도를 위한 봉사와 하나님의 영광을 위하는 예배행위로서 이루어져야하는 거룩한 소명이다.

4. 살전 4:9-12이 보여주는 그리스도인의 직업생활의 자세
(Attitude of Christians' Occupation Life which 1 Thess. 4:9-12 Shows)

캐나다의 Regent 신학대학원의 실천신학 교수인 폴 스티븐스 (R. Paul Stevens)는 그가 쓴 "현대인을 위한 생활영성"이라는 책에서 "사랑이 없는 노동은 어떻게 되는가?"라는 질문을 던지면서, "내가 내 몸과 마음을 불사르며 직장에서 탁월한 성과를 거둔다고 할지라도 사랑이 없으면 내 영혼은 마른 잎처럼 될 것이며, 사람들은 내 일에서 하나님을 느끼지 못하게 될 것이다. 노동에는 탁월한 성과보다 더 탁월한 것이 있다. 바로 사랑이다"[6]라고 말을 하면서 "사실상 어느 직업에 종사하든 다른 사람을 사랑으로 섬길 기회가 주어진다"라는 언급을 한바가 있다.[7] 그러므로 모든 그리스도인은 자신의 직장 속에서 사역을 하도록 부름을 받은 자들이며 파송받은 선교사임을 잊지 말아야 한다.

총독 빌라도와 같이 직장에서의 사역의 과오와 실패로 인하여 책임을 다하지 못하게 될 때 자신이 소속한 직장 공동체와 사회를 와해시키고 혼란과 고통을 초래하는 엄청난 결과를 가져오게 되어질 것이다. 이와는 반대로, 아합시대 궁내 대신으로 하나님의 선지자 100명을 살릴 수 있었고, 엘리야로 하여금 갈멜산의 위대한 역사를 이룰 수 있도록 배후의 역할을 신실하게 수행하였던 오바댜와 같이 경건한 직업인으로서 그 직장에서 역할과 사명을 다하게 될 때에, 한 사람이 그 시대의 역사를 뒤바꾸어 놓는, 이런 놀라운 축

---

6) 폴 스티븐스, 현대인을 위한 생활영성, 박영민 역, IVP, 1996, p. 38.
7) Ibid., p. 44.

복의 역사를 이룰 수 있다는 사실을 잊지 말아야 할 것이다.

(1) 그리스도인은 조용하기를 힘써야 한다.

사도 바울은 데살로니가 성도들이 조용한 삶을 살기를 힘쓸 것을 권면하고 있다. 본문 살전 4장11절에 "종용하여"라는 단어는 "말한 뒤의 침묵, 노동후의 휴식, 전쟁후의 평화"를 나타낼 때 사용되어진 말로서[8] 나 자신과의 관계에 있어서 마음의 안식과 평안을 상실하지 아니하고, 대인관계에 있어서 화평을 유지하는 삶을 살아갈 수 있도록 끊임없이 노력해야 한다는 것을 암시해 주고 있다. 골 3장 15절에 "그리스도의 평강이 너희 마음을 주장하게 하라 평강을 위하여 너희가 한 몸으로 부르심을 받았나니"라는 말씀대로 그리스도인은 자신이 화평의 사람이 되어져서 자신의 직장이 샬롬의 공동체가 되어질 수 있도록 기여할 수 있어야 한다.

원래 이 평강이라는 단어는 헬라어로 "에이레네"라는 단어로서 "통일되었다, 연합되었다"는 의미를 가지고 있다.[9] 엡 2장 14절 말씀에 "그는 우리의 화평이신지라 둘로 하나를 만드사 중간에 막힌 담을 허시고"라고 말씀하신 그대로 하나님과 인간 사이, 인간과 인간 사이를 가로막는 죄악의 담을 허시므로 하나님과 우리가 하나되게 하시고, 성령 안에서 인간관계가 회복되어지는 결과를 가져왔다는 것이다. 이처럼 예수 그리스도를 통하여 하나님께로부터 구원의 은혜를 받은 그리스도인은 하나님과 일치되는, 연합하는 삶을 통하

---

8) D. Edmond Hiebert, *1&2 Thessalonians*, (Chicago: Moody Bible Institute, 1992), p. 194.
9) 이순한, *바울 소서신 야고보서 강해*, 한국기독교 교육연구원, 1992, p. 189.

여 "영원한 평강, 참 평안"을 얻었음을 나타내 보여주고 있다.

그러므로 그리스도인이 가지는 평강은 하나님께로부터 말미암는 영적이고 지속적이고 환경을 초월하는 절대적이고 내적인 평화를 의미하는 것으로, 이것은 단순히 소극적으로 "다툼이나 갈등이나 싸움이나 전쟁이 없는 것"을 의미하는 것이 아니라 보다 적극적인 의미를 가지고 있다. 이 평강이라는 단어를 요즈음 말로 번역하면 영적 행복(spiritual well-being), 안전(security), 번영(prosperity), 강건함(health)이라고 말할 수 있는 것으로 믿는 자만이 누릴 수 있는 참된 행복을 의미하는 단어이다.[10]

사탄의 도전과 죄의 유혹이 많은 이 땅위에서 예수 그리스도를 구주로 믿고 영접하므로 예수 그리스도 안에 있는 자는, 이 세상에서 벌써 천국을 맛보고 그 심령에, 하늘나라가 임하게 되어지고 범죄하기 이전에 아담이 누렸던 에덴동산의 평화가 임하게 되어지므로, 영혼 깊은 곳에서 솟아나는 참된 기쁨과 참된 행복을 누리게 되어지고 영적인 안전감과 번영과 강건함의 축복을 누리게 되어진다는 것이다.

미국 델라웨어 메디칼 센터와 토마스 제퍼슨 대학교의 의과대학 신경학과 임상교수인 배성호 박사는 그가 쓴 "두뇌 프라이밍"이라는 책에서 하나님의 평강이 임하게 될 때에 우리의 신체에 놀라운 생리적 변화가 일어나서 실제로 병의 회복과 치유의 역사가 일어날 수 있다고 말하면서, 하나님의 평강이 충만히 임하게 되어지면 "몸

---

10) Thomas L. Constable, *1 Thessalonians*, The Bible Knowledge Commentary, Korean Trans. 두란노, 1988, p. 20., Leon Morris, *The First and Second Epistles to the Thessalonians*, (Grand Rapids: Eerdmans, 1959), p. 49. Also See, *성서원어 헬한 완벽사전, II*, 한국 성서 연구원, p. 225.

의 회복에 필요한 내분비기관의 여러 호르몬들이 분비되고 신진대사가 촉진되고 부교감신경계통의 활동이 촉진된다. 그래서 위산과다증이 줄어들어 위궤양이 낫고, 혈압도 뚝 떨어지고, 변비도 없어지고, 협심증이 줄어들며, 만성두통 같은 여러 통증을 수반하는 병이 실제로 많이 낫는다"라고 평강의 효력을 설명하고 있다.[11]

막 5장 25절 이하에 12년 동안이나 혈루증을 앓고 있던 한 여인이 예수님의 옷자락에 손을 대었을 때 즉각적으로 병이 치유되어진 것을 깨달았지마는 누가 내 몸에 손을 대었느냐?고 물으시는 주님 앞에 나아와 모든 것을 다 고백하고, 주님과의 관계가 회복되고 주님을 알게 되었을 때, 주님께서 말씀하시기를 막 5장 34절에 "딸아 네 믿음이 너를 구원하였으니 평안히 가라 네 병에서 놓여 건강할 찌어다"라고 전인적인, 총체적인 건강을 얻게 되었음을 선포해 주셨던 것을 볼 수 있다.

이때 예수님께서 "평안히 가라"는 말씀을 하셨는데 여기에 평안히 가라는 말씀은 "평안가운데서 삶을 살아가라"는 것으로 직역할 수 있는바, 하나님의 소명에 따라 결실있는 노동과 직업생활이 이루어지기 위해서는 이런 평강이 그리스도인의 심령 속에 날마다 충만히 넘치게 되어질 때 가능하게 되어짐을 가르쳐 주고 있다.

또한 조용하기를 힘쓰는 것은 노동과 직업생활에 지속적인 풍성한 결실을 거두기 위해서는 적절한 휴식이 있어야 함을 암시해 주고 있다. 올바른 식사, 규칙적인 운동, 적당한 휴식이 병행되어짐으로 최상의 상태를 유지해 나가는 것이 필요함을 암시해 주고 있다.

---

11) 배성호, 두뇌 프라이밍, 두레시대, 1996, p. 121.

토마스 칸스터블(Thomas Constable)은 본문의 "종용하여"라는 단어는 "휴식 속에서 조용한 것"을 의미한다고 말하면서 "언제나 움직이는 사람은 자기 자신이 하나님과 동행하는 것으로부터 이탈될 뿐만 아니라, 다른 사람을 귀찮게 할 경우도 많다. 그러나 자신과 하나님 사이에서 평화를 갈구하는 그리스도인은 다른 형제들에게 평안의 원천이 되어 준다. 이러한 조용함은 형제를 사랑하는 실제적인 방법이 될 수 있는 것이다"라고 설명하고 있다.[12]

이와 같이 참으로 우리에게 주어진 사명과 사역들에 몰두하기 위해서는 나 자신과의 관계에서 영혼의 안식과 마음의 평안과 다른 사람과의 관계에서 화평을 유지해 나갈 때에만이 가능하다는 사실을 가르쳐 주고 있다. 즉, 조용한 삶이 없고, 진정한 휴식이 없는 사람은 효과적으로 사명을 수행해 나갈 수가 없고, 직장생활에 결실을 기대하기가 어렵게 되어진다는 것이다.

성경의 창조기사는 하나님은 창조사역의 일을 하신 후 안식하셨지만 제 6일째에 창조되어진 인간은 창조된 그날 저녁부터 바로 안식에 들어간 것을 말해 주고 있는데, 이는 인간에게 있어서는 안식이 먼저고 그 다음이 일이 되어져야 함을 암시해 주고 있다고도 볼 수 있다. 본문 살전 4:11에서의 순서와도 일치되어지고 있는 점은 참으로 시사하는 바가 크다고 하지 아니할 수 없다. 그러므로 일에 대한 지나친 집착이나 직업 자체를 우상화하여 일 중독에 빠지는 것은 하나님의 뜻이 아님을 기억해야만 한다.

그래서 영국의 극작가 J. 포오드는 "노동만 하고 휴식을 모르는

---

12) Thomas L. Constable, *1 Thesalonians*, The Bible Knowledge Commentary, Korean Trans. 두란노, 1988, p. 54.

사람은 브레이크가 없는 자동차와 같이 위험하기 짝이 없고, 기계를 계속 사용하고 쉬지 않는다면, 그 기계의 수명은 짧아진다"라고 말을 한바가 있으며, 미국의 발명가 에디슨은 "내 나이 80세가 되어도 원기 왕성하여 탐구를 계속할 수 있는 비결은 일과 휴식의 조화 때문이다"라고 고백을 한바가 있다. 그러므로 그리스도인들은 주기적으로 휴식의 시간을 가지는 것이 하나님의 뜻이요, 하나님의 일이고 하나님의 명령이라는 사실을 잊지 말아야 할 것이다.

　그러면 어떻게 할 때 제대로의 휴식을 얻고, 평강을 충만히 누릴 수 있는 준비의 시간을 가질 수가 있을 것인가? 이 질문에 대하여 사도 바울은 빌립보서 4장 6-7절에서 "아무 것도 염려하지 말고 오직 모든 일에 기도와 간구로 너희 구할 것을 감사함으로 하나님께 아뢰라 그리하면 모든 지각에 뛰어난 하나님의 평강이 그리스도 예수 안에서 너희 마음과 생각을 지키시리라" 이렇게 염려대신 기도할 때에 하나님이 주시는 참된 평강 즉 영적인 평안과 전인적 건강을 풍성히 유지해 나가게 되어지므로 사명과 사역에 온전히 효과적으로 몰두할 수 있게 되어지고, 사역에 풍성한 결실이 맺어지게 되어진다는 사실을 가르쳐 주고 있다.

　이처럼 조용한 삶을 힘쓰므로 휴식과 준비의 여유있는 시간을 가질 때에 사역에 필요한 새로운 영감과 나아가야 할 방향에 대한 통찰력을 얻을 수 있으며, 감정에 사로잡혀 격분하여 다른 사람들에게 상처를 주지 아니하고, 더 나아가 화평케하는 사람으로서 형제와 이웃을 사랑하는 결실있는 직업생활이 가능하게 되어질 것이다.

(2) 그리스도인은 자기 일을 힘써야 한다.

살전 4:11에 "자기 일을 하고"[13]라는 언급은 그리스도인들은 그들 자신의 본연의 임무에 주목하고 전념해야만 한다는 것을 말씀해 주고 있다. 여기에 "자기 일"은 문자적으로 "당신 자신의 것들(your own things)을 뜻하는데, "여러분 자신의 일들" "여러분 개인의 일들"을 의미한다. 따라서 그리스도인들은 그들 자신의 개인적인 임무들을 신실하게 수행함으로 하나님을 섬겨야 한다는 것이다. 따라서 이 권면은 다른 사람들의 일들에 참견하는 것을 그만 두고(벧전 4:15), 그 자신의 고유한 사역과 책임들에 게으르지 아니하고 그것들을 신실하게 수행해 나가는 습관을 가져야 한다는 것이다.

21세기는 전문성과 다양성의 시대로서 직업의 종류도 보다 세분화되어져 가고 있기 때문에 그리스도인들도 이전 보다 더욱 더 자신의 은사와 재능과 적성에 맞는 전문적인 사역을 개발해 나가야 한다. 특히 살전 4:11은 하나님께서 자신에게 주신 고유한 사명이 무엇임을 분별하여 그 일에 집중하고 헌신해야 함을 가르쳐 주고 있다. 미국 클레어몬트 대학의 경영대학원 사회과학부 교수인 피터 드러커(Peter F. Drucker)는 "인간의 커다란 잠재능력을 생산적으로 활용하는 데는 무엇보다도 '집중'이 반드시 필요하다"고 강조하고 있다.[14] 토마스 스탠리가 미국의 백만장자 733명을 표본 조사하

---

13) "하고"($\pi\rho\acute{\alpha}\sigma\sigma\omega$)라는 단어는 "~로 바쁘다, ~에 종사하다, 실천하다"의 뜻인데, 이 동사의 부정사 현재시제는 이러한 실천이 계속적인 의무인 것을 가리키고 있다.
14) 고바야시 가오루, 피터 드러커-미래를 읽는 힘, 남상진 역, 청림출판, 2002, p. 206.

여 얻은 자료를 검토한 결과 미국의 백만장자 다섯 사람 중 네 사람은 자신이 좋아하고 잘하는 일을 선택한 결과로 그렇게 되었다고 한다.[15]

이와 같이 자신의 열정을 바칠 수 있는 가장 좋아하고 잘할 수 있는 일을 선택하여 그 일에 집중할 수 있다면 그 일은 더 이상 노동이 아니라 놀이가 되어질 것이고, 이렇게 자기 일에 지속적으로 힘쓰는 것이 바로 그 분야에서 최고의 전문가로서 공헌할 수 있게 되어진다는 것이다. 적어도 매일 2시간씩 우선적으로 시간을 할애하여 자신이 좋아하는 일에 푹 빠져서 즐기는 자세로 임한다면 엄청난 결과가 주어지게 될 것이다. 왜냐하면 참으로 자신이 좋아하는 일을 하게 되면 일과 취미가 통합되어지는 상태가 되어지므로 삶의 보람과 기쁨을 맛볼 수 있게 되어지고, 가장 풍성한 결실을 거둘 수가 있게 되어지기 때문이다. 이런 의미에서 성공하는 사람들이 "나는 한평생 쉬지 않고 일했다"고 말하는 것이나 "나는 단 하루도 일이라는 생각을 가지고 일한 적이 없다"라고 말하는 것은 모두가 다 옳은 말이다. 사도 바울이 예수님 이후 기독교 역사상 가장 위대한 사역의 발자취를 남길 수 있었던 것은 그가 부활하신 예수님을 만났을 때 사도행전 22장 10절에 "주여 내가 무엇을 하리이까?(What shall I do, Lord?)"라고 기도하였기 때문이었다고 볼 수 있다. 이와 같이 하나님께서 자신을 통하여 하고자 하시는 일이 무엇인지를 기도하므로 하나님께서 하고자 하시는 그 일을 찾아서 그 일에 최신을 다 할 수 있는 행복한 그리스도인의 직업생활이 되어져야 한다.

---

15) 구본형, 그대, 스스로를 고용하라, 김영사, 2001, p. 90.

이런 중요한 기도를 하나님 앞에 드릴 수 있었기 때문에 사도 바울은 사도행전 20장 24절에서 "나의 달려갈 길과 주 예수께 받은 사명 곧 하나님의 은혜의 복음 증거하는 일을 마치려 함에는 나의 생명을 조금도 귀한 것으로 여기지 아니하노라" 이렇게 자신이 주님께로부터 받은 사명이 무엇인지를 분명하게 인식을 하고 있었고, 그 사명을 다하기 위하여 자신의 생명까지도 아까워하지 아니할 정도로 뜨거운 열정을 가지고 그 사명에 충성하는, 참으로 복된 삶을 살았던 것이다.

이렇게 자신의 직업이 하나님이 주신 소명이라는 의식을 가지고 있는 사람이 그 직업에 끝까지 즐거움으로 최선을 다할 수 있고, 많은 사람들에게 유익을 끼칠 수 있고, 그 공동체와 교회와 사회에 공헌할 수 있으며, 그 직업을 통하여 하나님께 영광을 돌릴 수 있는 축복을 누리게 되어진다는 것을 기억해야만 한다. 그래서 미국의 리더십의 전문가인 존 맥스웰은 "아무런 대가가 없어도 즐겁게 일할 수 있을 정도로 좋아하는 직업을 택하라 … 그리고 그 일을 아주 잘 할 수 있는 방법을 배워서 고용주가 일의 대가를 치를 때도 기쁨으로 지불할 수 있도록 만들라"고 조언을 하고 있다.[16]

또한 "자기 일을 하고"라는 권면은 다른 사람들의 일에 공연히 간섭하므로 남의 일을 방해하고 화평을 깨뜨리거나, 동시에 자신의 고유한 임무에 충실하지 못하는 이런 결과를 가져와서는 안된다는 사실을 암시해 주고 있다. 더 나아가, 하나님이 부여하신 자신의 사역의 전문성 개발에 전력투구하므로 사역의 탁월성을 나타내 보일 수 있어야 함을 일깨워 주고 있다.

---

16) 존 맥스웰, *당신 안에 잠재된 리더십을 키우라*, 강준민 역, 두란노, 1997, p. 54.

벧전 2:9은 그리스도인들을 향한 부르심의 목적이 "이는 너희를 어두운데서 불러내어 그의 기이한 빛에 들어가게 하신 자의 아름다운 덕을 선전하게 하려 하심이라"고 설명해 주고 있다. 여기에 "덕"이라는 말씀은 헬라어로 "아레테"라는 단어를 사용하고 있는데, 이 아레테라는 단어는 원래 탁월성(excellency)이라는 의미를 가지고 있다. 따라서 "아름다운 덕을 선전한다"는 것은 하나님의 탁월하심과 위대하심을 자신의 삶의 현장에서, 일하는 직업생활의 영역에서 드러낼 수 있는 삶을 살도록 하기 위해서 그리스도인들에게 택하신 족속이요 왕같은 제사장들이요 거룩한 나라요, 그의 소유된 백성이라는 특별한 신분을 부여해 주셨다는 것이다. 이런 하나님의 탁월하심을 드러내기 위해서는 그리스도인 자신의 성품을 다듬어 나가는 동시에, 자신이 사역하고 있는 어떤 전문분야에서 탁월하게 뛰어날 수 있는 이런 역량 즉 실력을 배양해 나가지 않으면 안된다는 것을 가르쳐 주고 있다.

(3) 그리스도인은 자기 손으로 일하기를 힘써야 한다.

본문 살전 4:11의 "너희 손으로 일하기를[17] 힘쓰라"는 권면은 노동의 가치와 중요성을 제대로 인식해야 함을 일깨워 주고 있다. "너희 손으로"라는 말은 명백히 노동이 의도되어지고 있음을 보여 준다. 이 부분은 데살로니가 교회의 일부 교인들처럼 예수 그리스도의 재림에 대한 기대와 흥분으로 말미암아 그들 자신이 행해야

---

[17] 여기에 "일하다"($\dot{\varepsilon}\rho\gamma\acute{\alpha}\zeta o\mu\alpha\iota$)는 "일하다, 노동하다"는 뜻으로 부정사의 현재시제는 이것이 그들의 지속적인 의무임을 밝혀주고 있다.

하는 매일의 일들을 하지 못하게 되어서는 안 된다는 것을 깨우쳐 주고 있다. 토마스 칸스터블(Thomas Constable)은 "기꺼이 손으로 일할 준비가 되어 있는 사람은 타인에게 짐이 되지 않고 겸손하게 자기 자신의 필요를 채움으로써 형제 사랑을 실천하는 것이 된다"고 설명하고 있다.[18]

그러나 그 당시 헬라인들에게는 육체노동은 노예들에게나 적합한 비천한 것으로 간주되었다고 한다. 그래서 헬라 사회에서는 노동자와 노예라는 말의 어원이 같았을 정도로 노동을 천시하였다. 그러나 이와는 반대로 유대인들은 모든 종류의 노동의 존엄성을 지지하였고, 유대인 자녀들은 그의 가정이 아무리 부유하다고 할지라도 손으로 하는 기술직업을 갖도록 교육하였다. 일반적으로 유대 랍비들은 그들의 생계비를 벌기 위하여 직접 직업에 종사하였는데, 사도 바울 역시 그러하였다.

노동을 천한 것으로 여겼던 이런 시대에 사도 바울은 정신노동이나 육체노동의 존엄성을 인식하고 자신이 직접 자신의 손으로 수고하는 이런 정직한 수고의 대가를 기쁨으로 지불해나갔을 뿐만 아니라, 모든 그리스도인들이 바로 이런 삶을 살아가야 할 것을 본문에서 엄숙히 명령하고 있는 것이다. 이렇게 성경은 정직한 노동과 개인적 경건 사이에 어떤 불일치나 모순도 존재하지 않음을 분명히 언급하고 있다(골 3:17, 23~24). 제임스 데니(James Denney)는 "만일에 우리가 우리의 일에 거룩해 질 수 없다면, 다른 시간들에 거룩해지려고 어떤 수고를 하는 것도 가치가 없을 것이다"라고 적

---

18) Thomas L. Constable, *1 Thessalonians*, The Bible Knowledge Commentary, Korean Trans. 두란노, 1988, p. 55.

절히 말해주고 있다.[19]

실제로 예수님 자신이 나사렛의 목수로서 갈릴리 작업장에서 노동을 하면서 친히 자신의 손으로 일하기를 힘쓰는 모범을 보이시므로 자기 손으로 일을 하는 것이 결코 천한 일이 아님을 몸소 나타내 보여주었으며, 노동의 성스러움을 강조하셨다고 볼 수 있다. 그러므로 일의 축복과 성과를 기대하기 전에, 먼저 하는 일의 가치를 알고, 그 일을 귀히 여기고, 사랑할 수 있을 때 그 일은 우리의 인생을 즐겁게 만들고, 가치있게 그리고 열매를 풍성히 맺을 수 있게 만들게 되어진다는 것이다.

본문에서 바울의 언급은 사역의 풍성한 결실은 지속적이고 규칙적인 노동을 통해서 주어지는 것으로 이런 수고가 반복되어질 때에 엄청난 결과를 가져오게 되어짐을 암시해 주고 있다. "물방울이 그 힘으로서가 아니라 잦음으로서 돌을 뚫는다"(The drop hollows the stone, not by its force, but by its frequency)는 격언이 있는 바, 사실 물방울 하나는 아무런 힘이 없지만 쉬지 않고 계속하여 떨어지다 보니 결국 단단한 바위도 구멍을 내고 뚫게 되듯이, 성실하게 꾸준히 노력하면서 자신의 손으로 수고하는 자가 어학이나 학문도 마스터 할 수 있을 뿐만 아니라 무슨 일을 하던지 그 분야에서 성공할 수 있는 그런 사람이 되어질 수 있다는 것을 깨우쳐 주고 있는 것이다.

이와 같이 사도 바울은 본문에서 노동의 존엄성을 이해하고, 노동의 즐거움을 누릴 수 있어야 하며, 열심히 성실히 사역에 임하므

---

19) James Denney, "The Epistles to the Thessalonians" In *An Exposition of the Bible*, Vol. 6, Hartford, (Conn.: The S. S. Scranton, 1903), p. 342.

로 정직한 수고의 대가를 기꺼이 지불해야 함을 말해주고 있으며, 자신의 건강과 성장을 위하여 노동이 참으로 유익함을 기억하면서 직업생활에 임할 수 있어야 함을 가르쳐 주고 있다.

더 나아가 본문은 그리스도인이 직업인으로서 사명을 완수하기 위해서는 그 사명수행의 효과적인 방법을 끊임없이 배우고 터득해 나가야 함을 암시해 주고 있다. 오늘날 이 사회는 이미 인터넷망으로 연결되어진 컴퓨터화된 사회(computerized society)로서 이제는 직장의 활동 영역의 장소적 제한성을 극복할 수 있고, 새로운 정보의 유통과 획득 그리고 재생산이 어디서나 가능하게 되어지고 있다. 급변하는 시대에 이런 새로운 사역의 도구들을 효과적으로 사용하므로 사역의 효과를 극대화시켜 나갈 수 있도록 노력해야 한다.

5. 살전 4:9-12이 보여주는 그리스도인의 직업생활의 목적
(Purpose of Christians' Occupation Life which 1 Thess. 4:9-12 Shows)

(1) 불신자들에게 존경과 칭송을 받으므로 복음전도의 열매를 맺기 위함이다.

본문 12절에 "이는 외인을 대하여 단정히 행하고"라는 말씀은 그리스도인들의 직업생활은 불신자들에게 칭찬과 존경을 받을 수 있는 삶이어야 한다는 것을 가르쳐 주고 있다.

초대교회 성도들이 바로 이런 삶을 통하여 지속적인 복음전도의 결실을 거둘 수가 있었던 것을 사도행전이 우리에게 가르쳐 주고 있다.

행 2장 47절에 "하나님을 찬미하며 또 온 백성에게 칭송을 받으니 주께서 구원받는 사람을 날마다 더하게 하시니라"는 언급 그대로 초대교회 성도들은 그들의 일상적인 삶과 그들의 직장생활을 통하여 불신자들에게 인정과 존경과 칭찬을 받을 수가 있었기 때문에 교회의 머리되시는 주님께서는 날마다 믿는 자들을 교회에 더해 주시는 이런 전도폭발이 일어났던 것을 말씀해 주고 있다. 그래서 화란의 자유대학의 선교학 교수였던 J. Verkuyl(베르카일) 박사는 "1세기 기독교의 경이적인 확장은 한 가지 요인으로 설명될 수 있다. 즉, 군중들 가운데서 나타내 보였던 기독 신자들의 매력적인 삶의 방식(the attractive lifestyle of the Christian members)때문이었다"라고 요약을 하고 있다.[20]

오늘 그리스도인들이 자신의 일상 삶의 현장인 직장에서 불신자들의 존경과 인정을 받지 못한다고 할 때에 지속적인 복음전도의 열매를 맺기가 어렵게 되어진다는 사실을 기억하면서, 자신의 직장에서 참으로 그리스도의 향기를 발할 수 있는 이런 매력적인 그리스도인들이 되어질 수 있어야만 한다. 또한 이런 그리스도인의 직장생활이 되어질 수 있도록 교회 목회자는 양육의 책임을 다 할 수 있어야 한다.

(2) 경제적인 자립과 풍성함을 통하여 더욱 선한 일에 열심하는 삶을 살도록 하기 위함이다.

본문 12절 하반절에 "또한 아무 궁핍함이 없게 하려 함이라"고

---

20) J. Verkuyl, *Contemporary missiology: An introduction*, (Grand Rapids: Eerdmans, 1978), p. 333.

말씀해 주고 있다. 이 말씀은 경제적인 면에서 다른 사람들에게 의존하지 아니하고 자립적인 삶을 살아가는 것 자체가 역시 이웃사랑의 한 표현이 되어진다는 것을 암시해 주고 있다. 사도 바울 자신도 다른 사람들에게 누를 끼치지 아니하려고 밤낮으로 일하였던 것을 고백하고 있다(살전 2:9).

이와 같이 그리스도인들은 이웃사랑을 더욱 풍성하게 실천하고 선한 일에 열심하고 헌신할 수 있는 그런 삶을 살기 위하여 직장생활에 최선을 다해야 한다는 것을 깨우쳐 주고 있다.

디도서 2장 14절 말씀에 "그가 우리를 대신하여 자신을 주심은 모든 불법에서 우리를 구속하시고 우리를 깨끗하게 하사 선한 일에 열심하는 친 백성이 되게 하려 하심이니라"고 그리스도인들을 향한 주님의 죽으심의 중요한 목적 가운데 하나를 분명히 언급하고 있다. 행 20장 34절과 35절에서 사도 바울은 "너의 아는 바에 이 손으로 나와 내 동행들의 쓰는 것을 당하여 범사에 너희에게 모범을 보였노니 곧 이같이 수고하여 약한 사람들을 돕고 또 주 예수의 친히 말씀하신바 주는 것이 받는 것보다 복이 있다 하심을 기억하여야 할지니라"고 말하므로 약한 자들 즉 가난하여 궁핍하고 병든 자들과 의지할데 없는 자들을 돕는 것이 노동의 중요한 또 다른 목적임을 밝혀주고 있다. 또한 에베소서 4:28에서는 "돌이켜 빈궁한 자에게 구제할 것이 있기 위하여 제 손으로 수고하여 선한 일을 하라"고 빈궁한 자의 구제와 선한 일을 위하여 노동을 해야 할 것을 언급하고 있다.

이렇게 그리스도인들이 사명감을 가지고 직업생활에 충실하여야 하는 두 번째 이유가 경제적인 자립을 통하여 다른 사람들에게 짐스러운 존재가 되지 않을 뿐만 아니라 더 나아가 지속적으로 이웃사랑을 실천하고 선한 일에 더욱 열심하는 삶을 살기 위하여 그렇게 해야 한다는 것을 밝혀주고 있다.

6. 결론(Conclusion)

지금까지 살펴 본대로 데살로니가전서 4:9-12의 본문은 그리스도인의 직장은 바로 형제사랑과 더 나아가 이웃사랑을 실천하는 장이며, 그리스도인의 직장생활 자체가 바로 주를 섬기는 생활이며, 직장에서 하는 일이 바로 주의 일임을 인식하여 사명의식과 기쁨 가운데 일할 수 있어야 함을 일깨워 주고 있다.

국제신학대학원대학교의 이승구 교수는 다음과 같이 적절히 그리스도인이 가져야 할 직업관에 대하여 언급하고 있다: "하나님 나라 이해의 빛에서 보면 이 세상에서의 진정한 그리스도인의 삶은 하나님 나라 백성으로서의 삶이다. 그러므로 하나님 나라의 일에는 종교적인 활동만이 아니라, 우리의 모든 활동이 포함된다. 따라서 그리스도인에게 있어서는 우리의 직업활동도 진정하고 실재적인 의미에서 하나님 나라의 일이다. 따라서 우리의 직업과 그와 관련된 활동은 그저 우리가 돈을 벌거나 이 세상에서의 삶을 살기 위해서 하는 일이 아니라, 결국은 하나님 나라를 이 땅에 잘 드러내기 위해서 하는 활동이 된다. 이런 의식이 충실한 가운데서 성령에 의존해서 수행되는 우리의 직업활동은 그 자체가 하나님 나라 안에서의 일이요, 바로 하나님 나라의 일이다"[21]

---

21) 오성춘, 기독교인의 직업과 영성, 장로회신학대학교 출판부, 2001, p. 240.

이 땅위에서의 한 인간의 한 평생의 삶을 일생(一生)이라고 하는데, 이 말은 한번 밖에 살 수 없는 삶이라는 뜻이고, 연습이 없는 생이라는 뜻이다. 시편 90편 10절에 "우리의 년수가 칠십이요 강건하면 팔십이라"는 하나님의 사람 모세의 언급 그대로 이런 짧은 생애를 사는 가운데 잠자는 시간외에 일상생활 가운데 가장 많은 시간을 보내는 것이 바로 직장에서의 삶임을 기억할 때 그리스도인의 직업생활은 참으로 중요하다는 것이다.

그러므로 가장 많은 시간을 보내는 직장에서의 삶에 만족하지 못하고, 보람을 느끼지 못하고, 행복할 수 없다면 그 인생 삶은 행복하지 못한, 불만족의 실패의 인생 삶이 되어짐을 잊지 말아야 할 것이다. 더 나아가, 한 민족과 국가의 흥망성쇠도 생사화복의 주권을 가지신 하나님을 섬기는 그리스도인들이 각자의 직장에서 얼마나 사명감을 가지고 신실하게 일을 하면서 이웃사랑을 제대로 실천해 나가느냐에 달려있다는 사실이다.

참으로 그리스도인의 노동과 직업생활은 하나님과의 올바른 관계를 맺는 일에, 인간의 존엄성 신장과 전인적 성장과 건강증진에 이바지하므로 인간의 삶의 질을 향상시키고, 인간의 창의성의 개발과 그 표현에 기여하므로, 하나님 사랑과 인간 사랑의 실천의 방편이 되어져야만 한다. 그러므로 사랑은 노동과 직업생활의 기본 동기이자 방법이며 목적이라고 말을 할 수 있다.

이렇게 그리스도인들의 노동행위와 직장생활은 하나님께로부터 부여받은 사명을 수행해 나가는 중요한 방편이 되어지고 장이 되어지기 때문에, 하나님 앞에서 자신의 삶을 완성시켜 나가며, 더 나아가 이웃을 섬기므로 하나님의 영광을 드러내고, 하나님의 나라가 그 직장과 삶의 현장에 임하게 하는 거룩한 예배행위가 되어진다는 사실을 인식하면서, 사명감을 가지고 기쁨으로 신실하게 이 사역에 임할 수 있는 그리스도인들이 되어져야만 할 것이다. 그리해서 이 노동과 직업생활을 통하여 하나님의 창조명령과 하늘과 땅의 모든 권세를 가지신 예수 그리스도의 대위임령을 신실하게 수행해 나갈 때에 하나님의 나라가 확장되어지므로, 하나님을 기쁘시게 해드릴 뿐만 아니라 하나님의 창조사역에 동참하게 되어지므로 주 안에서 진정한 행복과 참된 만족을 누릴 수가 있게 될 것이다.

참고도서(Reference List)

Constable, Thomas L. *1 Thessalonian*. The Bible Knowledge Commentary, Korean Trans. 두란노, 1988.

Denney, James. "The Epistles to the Thessalonians" In *An Exposition of the Bible*. Vol. 6. Hartford, Conn.: The S. S. Scranton, 1903.

Hiebert, D. Edmond. *1&2 Thessalonians*. Chicago: Moody Bible Institute, 1992.

Hoekema, Anthony A. *Created in God's Image*. Grand Rapids: Eerdmans, 1986.

Lee, Francis Nigel. *The Origin and Destiny of Man*. Memphis, Tenn.: Christian Studies Center, 1977.

Morris, Leon. *The First and Second Epistles to the Thessalonians*. Grand Rapids: Eerdmans, 1959.

Stott, John. *God's New Society: The Message of Ephesians*. 전영근 역, "성도들이 만드는 새로운 사회," 기독지혜사, 1986.

Verkuyl, J. *Contemporary missiology: An introduction*. Grand Rapids: Eerdmans, 1978.

고바야시 가오루, 피터 드러커 — 미래를 읽는 힘. 남상진 역, 청림출판, 2002.
구본형, 그대, 스스로를 고용하라. 김영사, 2001.
배성호, 두뇌 프라이밍. 두레시대, 1996.
오성춘, 기독교인의 직업과 영성. 장로회신학대학교 출판부, 2001.
이순한, 바울 소서신 야고보서 강해. 한국기독교 교육연구원, 1992.
존 맥스웰, 당신 안에 잠재된 리더십을 키우라. 강준민 역, 두란도, 1997.
폴 스티븐스, 현대인을 위한 생활영성. 박영민 역, IVP, 1996.
성서원어 헬한 완벽사전. II, 한국 성서 연구원.

그리스도인과 교회를 위한
실 천 신 학

■

초판 1쇄 인쇄 / 2008년 9월 25일
초판 1쇄 발행 / 2008년 9월 30일

■

지은이 / 임 영 효
펴낸이 / 김 수 관
펴낸곳 / 도서출판 영문
122-070 서울시 은평구 역촌동 10-82
☏ (02) 357-8585
FAX • (02) 382-4411
E-mail • kskym49@yahoo.co.kr

■

출판등록번호 / 제 03-01016호
출판등록일 / 1997. 7. 24

파본은 교환해 드립니다.
본 출판물은 저작권법으로 보호 받는
저작물이므로 출판사나 저자의 허락없이
무단 전재나 무단 복제를 할 수 없습니다.

정가 13,000원
ISBN 978-89-8487-246-2 03230
Printed in Korea